U0458425

The Works of John Ruskin
罗斯金文集

永久的欢乐

给那后来的

微尘的赠礼

罗斯金政治经济学三论

永久的欢乐

A Joy For Ever

Ruskin's Three Essays On Political Economy

[英] 约翰·罗斯金 著

董志刚 译

上海三联书店

A Joy For Ever: *And Its Price in the Market* (*or The Political Economy of Art*). Included in The Works of John Ruskin, Library Edition, Vol.16, edited by E. T. Cook, Alexander Wedderburn, London: George Allen, 1905, pp.1—169.

Unto This Last: *On the First Principles of Political Economy*. Included in The Works of John Ruskin, Library Edition, Vol.17, edited by E. T. Cook, Alexander Wedderburn, London: George Allen, 1905, pp.1—114.

Munera Pulveris: *Six Essays on the Elements of Political Economy*. Included in The Works of John Ruskin, Library Edition, Vol.17, edited by E. T. Cook, Alexander Wedderburn, London: George Allen, 1905, pp.115—293.

永久的欢乐，及其在市场上的价格（艺术的政治经济学）
给那后来的：政治经济学要义
微尘的赠礼：政治经济学原理六篇

目录

给那后来的：政治经济学要义

微尘的赠礼：政治经济学原理六篇

译者前言

在国内，约翰·罗斯金（John Ruskin，1819—1900）是一个很受欢迎的作家，他的作品目前已有不少中译本；然而，他也是一个不太受欢迎的作家，因为国内对于他的学术研究仍然少得可怜。这些中译本，如《建筑的诗意》《现代画家》《建筑的七盏明灯》《威尼斯的石头》（节选本）、《透纳与拉斐尔前派》《给后来者言》（即本书中的《给那后来的》）、《芝麻与百合》《过去——约翰·罗斯金自传》等，还有一些文集，如《罗斯金论绘画》《艺术十讲》等，它们确实是罗斯金的代表作，但却多半属于其早期作品——且不说翻译质量如何——是不足以代表其思想的全貌的。更麻烦的是，几乎所有的中译本都不标明原著的发表时间，也没有介绍其背景和主要内容主旨，因此有读者大概对此也不甚了了。罗斯金的著述生涯超过六十年，通行的图书馆版《罗斯金文集》（*The Works of John Ruskin*，*Library Edition*，ed. E. T. Cook，Alexander Wedderburn，London：George Allen，1903—1912），有皇皇三十九卷，其思想历程自然有所变化，若不了解各部作品的背景，对其理论的认识自然也难免会产生一些误解。所以，译者斗胆在此写个简单的"前言"，希望能给诸位读者提供一些线索和提示。

要综述罗斯金的思想体系，译者自然难以胜任，不过，他的著述还是有一个大体的线索，那就是从艺术批评转向社会和文化批评，评论者们一般认为这个转变发生在1860年。然而，这个转变并非陡然发生的，事实上，从十八岁那年写作《建筑的诗意》开始，他便不是把艺术看作一个独立封闭的领域，在他眼中，一个地方的建筑是自然环境、那个地方人民长久的生活习俗，乃至民族性格，融合而成的结晶。到后来（1836年），当听到有批评家抨击和嘲讽透纳的时候，他强烈意识到自己有必要为透纳申辩，或者倒不如说阐明他自己关于艺术之本质的看法。经过几年的准备和写作，他在1843年和1846年相继出版《现代画家》的前两卷，其中明确指出，透纳比同时代，以及之前的画家更细致地认识了自然，更真实地反映了自然，透露出对自然及其中生命的热爱、对显现于自然中的上帝的力量的虔诚崇拜，因而透纳更深刻地领悟到了自然的美。这两卷《现代画家》给读者一个印象，即罗斯金是一个唯美主义者，同时他试图构建一种以真实、美和想象等概念为核心的批评理论。

然而，艺术与社会、道德之间的亲缘关系，始终是萦绕在罗斯金心里的一个情结，在他为《现代画家》的续集收集材料，屡次赴欧洲大陆考察古代艺术的过程中，这个情结越发强烈，让他不吐不快。在这期间，威尼斯的艺术尤其令他印象深刻，以至于让他停下了《现代画家》的进程，先是写了《建筑的七盏明灯》（1849），概述建筑艺术的总体原则，尔后又出版了三卷本《威尼斯的石头》（1851—1853），对这些原则予以详尽的扩充和阐发。他试图表明，威尼斯哥特式建筑的兴衰，是与其国民的宗教信仰和国家的政治体制密切相关的。威尼斯共和国早期独特的政治体制，使其国民保持着诚笃而纯朴的信仰，也无私而勇敢地献身于国家利益；正如在建筑事业当中，各个阶层、各种行业、各具优长的个人，都奉献自己的才智和力量，尤其是底层的工匠也可以发挥自己的创造力，表达自己对宗教的理解和信念。这造就了威尼斯哥特式建筑崇高、怪诞又质朴的风格。十五世纪之后的威尼斯，唯利是图，背弃信仰，寡头们篡取政治权力，将平民排斥在外，共和国便一步步走向衰落，同时艺术上逐渐走向奢侈富丽、精巧浮华的文艺复兴风格。此乃艺术的堕落。

　　十九世纪的英国和整个欧洲，资本主义所向披靡，工业化浪潮奔流浩荡，但也造成了巨大贫富差距和社会矛盾；劳工阶层生活艰难，被迫起而反抗，寻求变革。罗斯金对此早有感触，而此时他更觉得自己的研究成果正可以匡正时弊，革新社会。人们首先需要反思，一个国家或社会，发展各种工业的目的何在，真正的财富是什么，若是导致许多人的贫穷和死亡，这些工业和财富又有何意义。这是他从威尼斯共和国的历史中得到的启示，他感到自己需要将这个启示传播给英国人，并能够付诸实践。从 1853 年开始，罗斯金展开了较为广泛的社会交往，此间他结识了前拉斐尔派的艺术家，并撰文支持他们的创作，但更重要的是，他这一年 11 月在爱丁堡做了名为《建筑和绘画讲义》的四期讲座，正式向公众宣讲自己关于艺术和社会的思想主张。同时，他也积极参与到与艺术相关的社会实践中，1854 年他开始与一些上流社会的人物筹建牛津自然历史博物馆（Oxford Museum of Nature History），又在伦敦新办的工人学院（Working

Man's College）为工人们开设绘画课程，后者的意图是，避免让工人的劳动成为机械的苦力，而是使他们因智力和想象的运用而感到劳动的快乐和生命的意义。所以这里也要提示一点，罗斯金所谓的艺术既包括所谓的美的艺术，也包括装饰艺术或实用艺术。

为出版《现代画家》第三和第四卷忙碌了两年之后，罗斯金又怀着一种传道的热情投入艺术教育和社会实践中。从1856年到1860年，他在各处举行演讲和讲座不下二十次，有很多是在制造业发达的城市举行的，这显然是为了影响英国的现代制造业。其中1857年7月在曼彻斯特的两个讲座占据特殊地位。这两个讲座随后出版，罗斯金命名为《艺术的政治经济学》（*The Political Economy of Art*），1880年再版时更名为《"永久的欢乐"，及其在市场上的价格》（*"A Joy for Ever" and its Price in the Market*），并增添了后来的三个演讲。1857年的这两个演讲标志着罗斯金正式踏入政治经济学领域。

从亚当·斯密到李嘉图，再到马尔萨斯和约翰·穆勒，在十九世纪的英国，政治经济学俨然是一门显学。但罗斯金并非政治经济学"专家"，此时的他也承认，自己只是在二十年前读过亚当·斯密的《国富论》而已。不过，此前的政治经济学鲜有涉及艺术问题，或者说艺术仿佛并不是政治经济学的研究课题，这门科学研究的是"有用的"财富。罗斯金敏锐地捕捉到一个问题，既然艺术出自一个民族或国家的习俗和性格，也在很多时候为人们所用，那么，人们是否可以把政治经济学的原则运用到艺术研究中？他首先看到，人类的生活包括两个基本方面，即生存和审美，任何一方面的过分突出或偏废，都不会有完善的生活，而且会使另一方面的意义遭到扭曲和破坏。显而易见的是，现代人过分突出了生存的方面，即追求所谓实用的物质财富，或者错误地对待了审美的那一方面，即不知道如何正确对待艺术，这使得对物质财富的追求变成低俗的贪欲，使得珍贵的艺术遭遇损坏和误用。

在罗斯金看来，艺术实际上也是一种经济，而且是一种政治经济，因为经济乃是管理的艺术。但凡是经济活动，都涉及生产、保存和分配等环节，而论到艺术，还要增加发现这一环节，因为艺术需要一种特殊的因素，即天才。这样一来，艺术的政治经济学便有四个方面：发现、运用、积累或保存，以及分配。

要创造丰富而优秀的艺术作品，首先要有具备艺术天赋的人；这些人不能被创造或生产出来，只能被发现。但在一个讲究实用的时代和社会中，艺术的天才最容易被埋没。多数人，尤其是中下阶层的人，从小便不得不为了生存和养家糊口，而从事机械枯燥的劳动，没有余力，也没有资产学习艺术，而富人们又很少会在艺术家成名之前给予资助，那些成名的艺术家也未必是真正优秀的艺术家。所以，有天才的艺术家由于贫困而得不到培养，或者为迎合公众趣味而创作庸俗之作，而成名的艺术家则唯名利是瞻，不顾艺术法则，粗制滥造。这个时候，国家和上流阶层需要负起责任，给天才以表露和施展的机会，例如国家可以创办"实验学校"，让更多孩子进入学校接受教育，进行尝试，而对那些显出天赋的学生和年轻的画家，公众应该多给表扬，少去责难，富有阶层要慷慨解囊，让他们衣食无忧，尽情抒发自己的情感和想象。

　　发现天才固然重要，正确地运用天才也不可或缺。罗斯金提出，人们雇用艺术家的时候，要注意给艺术家多样的、轻松的和持久的工作。多样的工作不致使人倦怠，从而时时充满热情，富有想象，而且提高工作效率；这恰恰与工业化要求的单一机械劳动相反。轻松的工作，当然是与繁重的劳动相反的。罗斯金曾明言，人不应该工作太长时间，这让人想起亚里士多德的话：哲学源于惊异和闲暇；罗斯金的意思必然是，劳累困乏之下的工作，容易让人敷衍了事，产出的结果不但低劣，更是一种浪费，因此，轻松的工作自然是符合经济原则的。持久的工作，同样是为了符合经济原则。持久即是要求产品不易朽坏，所以，但凡要创作艺术作品，就应该用优质的材料。用优质材料创作艺术作品，艺术家就会用心，欣赏者也会珍惜，总之，要宁缺毋滥。持久也是要求人们不要把艺术家的劳动用在没有价值和意义的目的上，不要奢侈，不要浪费，不要随波逐流，因此艺术作品便具有了道德的价值和意义。

　　时至二十一世纪的今天，人们仍然热衷于积累"财富"，可是没有哪个时代像今天的人们这样浪费：我们生产了前所未有的物品，也制造了前所未有的垃圾，这便是鲍德里亚、费瑟斯通等人所谓的"消费文化"。罗斯金早已看出，现代人实际上并不是在积累财富，否则，为什么有那么多古代艺术瑰宝毁于战争和奢侈呢？如果一边生产和创造，一边又破坏和毁灭，人们最后得到的是什么呢？在罗斯金看来，哪怕战争和奢侈不可避免，人们也不必毁灭得来的战利品，不必浪费他人的劳动。所以，要积累财富或艺术，首先就要学会保存和维护，甚至于不惜代价地保存和维护，无论这些财富和艺术是本国的还是他国的。

不过，积累和保存艺术作品仍不是经济的最终目的，这个目的乃是让它们物尽其用。艺术不该自命清高，孤芳自赏，而应该让尽可能多的人接触到，这样才会真正给人们带来审美的愉悦，感化人的内心，改良社会风俗。再强调一遍，罗斯金不认为艺术仅仅是为审美之用的，而是应该切切实实为生活所用，比如，绘画能让学生更清晰地认识自然，体会历史，领悟其中的优美和崇高，优美而舒适的建筑可以使人超脱低俗卑屈的生活，让劳动蕴含更多精神的满足。当然，这些问题关涉到如何分配艺术，也就是，谁来占有艺术作品，如何占有。这不是无关紧要的问题，也不是尽人皆知的事情，例如只要富人们花钱购买，或国家出面收藏即可。这些措施值得提倡，但罗斯金也说，绘画的价格不应该太便宜，但也不应该太昂贵，作品的价格应该能让中产阶级家庭承受得起，这样他们就能长久地欣赏和学习；这是因为，如果艺术作品过于昂贵，人们购买艺术作品的目的就变成了竞相炫富，而不是欣赏和保存；同时也是因为，如果艺术家得到太多钱，他们就可能傲慢自大，将金钱视为成败的标准。优秀的艺术家绝不是为金钱而创作的，甚至不是为某个主顾和公众创作的，他们是为了美和善本身而创作的。同时，国家和相关社团也可以设立博物馆和图书馆，以供公众使用，只是珍贵作品一定要得到妥善保管。

诚如他自己所言，这些仿佛都是些老生常谈的自明之理，他的阐述也只是为了让公众看得更明白，然而，在今天这个时代仔细思量，他的很多话又是振聋发聩的。当今时代，学艺之人蜂拥麇集，果真是为了发现天才吗？果真是为了献身于美吗？又试问，艺术真的是高雅活动，普罗大众应该敬而远之吗？我们真的发现了艺术的真正用途吗？凡·高生前不名一文，如今其作品却价值连城，我们这样真的是在尊重艺术，善待艺术家吗？扪心自问，大概没有几个人能想得明白。再者，这些问题难道无关乎政治经济，不值得政治经济学家们深切思索？罗斯金有志于回答类似的问题，而他的答案确实不同凡响，他自己也对这两个演讲颇为看重，认为他之后的政治经济学作品都是从此引申而出的。

按此说来，《艺术的政治经济学》应该是广受赞誉才对，然而，事实却是读者响应寥寥，如果有人回应，也多是负面评论。不过，比之后来所写的《给那后来的》和《微尘的赠礼》遭受的批评，乃至侮辱，罗斯金倒应该感到庆幸。1850年代，罗斯金作为艺术批评家正是声名鹊起，好评如潮，但他偏要越俎代庖，跨到政治经济学领域，自然少不了遭遇专业作家的非难。这次小范围内的演讲没有引起广泛的注意，但罗斯金渴望得到关注，渴望公众听从他的"说教"，在完成《现代画家》的同时，他开始阅读李嘉图、约翰·穆勒等人的著作，更多地关注时政，不再满足于做一个政治经济学的"门外汉"，而是要深入这门学科的内部，直击其核心原理，扭转思潮，革新社会。

罗斯金得到了一个不错的机会，1860年，《谷山杂志》(*Cornhill Magazine*) 的编辑愿意接受他的稿子，并在7月发表了第一篇，但编辑在一开始就提醒罗斯金及其父亲，他的文章可能会招致政治经济学家的反击和责难；事实上，罗斯金的父亲此前就不太愿意他的儿子再写政治经济学方面的文章，以免招惹是非。结果不出所料，许多读者无法接受罗斯金的观点，学者们也在各类杂志上群起而攻之，言语刻薄而粗鲁。罗斯金倍感沮丧，而《谷山杂志》的编辑也迫于压力不得不停发他的文章。当这些文章在 1862 年以《给那后来的》① 为标题结集出版时，销量也十分惨淡，一直到 1870 年，罗斯金的思想才终于发挥影响，销量直线上升，一个季度可售出两千册。

起初这些文章遭遇抨击，实乃"有情可原"，因为罗斯金直指当时流行的、以约翰·穆勒为代表的功利主义政治经济学，试图颠覆其理论基础。在罗斯金看来，当时的政治经济学甚至算不上是一门严格的科学，因为其根基就不牢靠。政治经济学号称研究社会中人的经济活动，但它对人的认识是有问题的；学者们假定人都是贪求物质财富的、自私自利的动物，完全没有社会感情，尔虞我诈，六亲不认。但事实并非如此。由此而来，政治经济学家们对于这门科学中的诸多定义，例如，财富、价值、价格等，也必然是谬误百出或含糊不清。这样建立的科学无疑是跛脚的、抽象的，也确实无助于解决实际问题，例如它们并没有阻止宪章运动的发生，也没有改善资产阶级与工人阶级之间的矛盾。

人有感情，并且有社会性的感情，这是罗斯金政治经济学的基点。人与人之间，如果没有信任和亲爱，人类就无法形成稳定的经济关系，最终而言，双方都要承受伤害。人们

---

① 本书《给那后来的》一部分参照了台湾学者薛绚的译本，他定名为《给后来者言：商人与企业家的社会责任》（英属盖曼群岛商网络路与书股份有限公司台湾分公司，2017 年），在此谨表谢意。

以为，只要给足够的价钱或施加足够的压迫，就一定有人为自己工作，并得到最大的利益，就像给机器足够的燃料就能得到最大的产量；然而，如果工人对雇主没有感激之情，甚至怀恨在心，那么他必定会消极怠工，敷衍了事，甚至奋起反抗，捣毁机器，到最后雇主和工人落得两败俱伤。反之，如果雇主同情工人，与工人同甘共苦，工人则可能感激雇主，工作时就分外卖力，甚至以死相报，就像爱兵如子的军官很可能获得士兵的爱戴，士兵们会奋勇作战。所以，自然而然的事情是，相互扶持、相互友爱是最为经济的。

概而言之，经济是以道德为基础的。在社会性感情这个动力的感发之下，每一种人都不是为自己而活，而是为他人而活，为社会无私地奉献自己，并且把自己的事业当作天职，鞠躬尽瘁死而后已。在《给那后来的》中，罗斯金最为着力探讨的是商业活动，因为现代人把商业视为积累财富的最有效的途径。但即使现代人也知道，投机取巧，不劳而获的财富是最受人鄙视的，因此，人们敬重军人、牧师、律师、医生，却看不起商人，犹如中国人说"无商不奸"。不过，从古到今，商人都是社会不可缺少的一个职业，并且需要高超的智慧，实际上商人也可以担负起崇高的道德责任，那就是信守承诺，精益求精，童叟无欺，为此他可以承担金钱上的损失，乃至献出生命。真正的商人该当如此。

基于自私的理念，在现代社会中，商业成了人与人之间赤裸裸的竞争，雇主与雇主竞争，工人与工人竞争，雇主与工人竞争，利用对方的窘迫和无知尽可能地为自己争取利益，雇主尽量压迫和剥削工人，工人则仇视雇主，乘人之危获得高薪，如此一来，人人都将失去安全感，相互之间只有赤裸裸的、可计算的金钱关系，完全不为对方考虑。富人们奢侈淫靡，纵欲无度，全然不顾穷人的死活，而穷人则因为没稳定收入，所以得过且过，今朝有酒今朝醉。在这种情况下，一个社会或国家并不会积累起真正的财富，任何人都算不上真正的富有。

因此，罗斯金重新定义了"富有"的内涵。所有人都追求富有，以富有为荣，但不一定理解何为"富有"。一个人可能认为，拥有无数的土地、豪宅、牛羊、珠宝、金钱，便是富有，但如果他的邻居却不需要他的这些东西，不愿意为他服务和劳动，这些东西的大部分实际上都是无用的，他必须自己耕种、自己放牧、自己做饭、自己缝衣，那么我们很难说他是富有的。由是观之，所谓"富有"，实际上是获得他人的服务和劳动的能力，概言之，即支配他人的能力，因而，富有乃是一个相对的概念，指的是特定情况下人与人之间的相互关系。忽视这一点，人们手中所谓的"财富"，就没有什么意义，因为这些财富不能发挥什么效力。

在任何情况下，财富都可能是不均等的，因为人的能力或由于先天条件，或由于后天境遇，都存在巨大的差异。罗斯金明言，一些人总是比另一些人聪明，甚至一个人比其他所有人都聪明，因此能掌握更多财富。然而，只有当财富流动起来，在各人手中发挥作用，才有真正的富有，如果是不恰当地使用财富，倒可能带来贫穷。你可以把面包以高价卖给一个濒死之人、一个强盗，但濒死之人明天就再也没钱买面包了，而强盗则可能明天就抢劫你的财产。你可能无法控制所有人，但一定要保证你和他人的直接交易是公平正义的，不要眼看着他拿你卖给他的东西去作恶。

在商业经济中要保持诚实和正义，这些也许都不过是陈词滥调，然而现代人却未必能完全做到。罗斯金的理论绝不是停留于说教，而是要从中引出解决问题的途径，即怎么做才是诚实而正义的。经济学家总是强调，要把经济活动交给市场，然后自然而然就产生了诚实和正义。理性地说，乘人之危而低价雇用或高价售卖，也算符合市场规律，但这真的诚实和正义吗？那应该怎么做呢？首先，至少不要让你雇用的人吃不饱饭，要让他能养活妻子和孩子；其次，他的工资要有节余，以让他从事一些能满足自己正当兴趣的事情；再次，你给他的工作尽量是真正有用的、有好处的工作，而不纯粹是机械单一的苦力（这一点罗斯金已在《永久的欢乐》中讲到）。罗斯金进而提出，一种行业应该有一个恒定的工资或报酬（有些类似今天所谓"最低工资标准"），无论你雇用的是谁，无论他技能高低，都要给他同样的报酬，不因有人与他竞争就压低；当然，如果你事先知道谁的技能更高，你可以选择雇用他而放弃其他人。

在罗斯金眼中，以竞争而估价是现代商业活动和经济学中最为恶劣的现象。人们自然会想到，那些因低能而没有被雇用的人怎么办？罗斯金提议，国家应该推行义务教育，创办国营工厂，让国民从小在其中学习和锻炼，也给失业的人提供培训。如果有人由于先天缺陷或偶然事故失去劳动能力，国家也应给予抚恤或补助，如果有人不愿劳动，国家也可予以强制。这正是后来福利社会的基本理念，不过罗斯金绝不支持无条件的福利，也反对公有制。

是的，也许罗斯金最看重的莫过于道德教育了，也就是坚持诚实和正义，让财富服务于他人和社会整体。既然基督教本来就叫人诚实正义，基督教徒应该衷心恪守才对。从制度上说，根据正义，财富对人的支配力不应集中在一个人手中，雇主要把工作交到有能力的人或专业人员手中，再让这些人雇用其他具备较为单一的技能的人，这样每个人都可以得到他擅长的工种，如此层层扩散，人人有份，有人指挥，有人管理，有人制造，每个人都能发挥积极性和创造性，在其工作和劳动中得到精神和情感上的满足。这些都是所谓"穷人"应得的，正如富人也得到其应得的。确实，一个社会中依然有贫富之分，但正义却得到了推行，罗斯金说："人们早已知道并言明，穷人无权侵占富人的财产，那我也希望人们知道并言明，富人也无权侵占穷人的财产。"

　　财富和富有乃是一种能力，这种能力既是指事物本身的本质或性质，也是指人使用事物的能力，而这两方面恰恰就是"价值"。政治经济学研究不能忽视任何一方，尤其是后一方面，所以这门科学，如果不理会人的能力、性格、德行，便是偏颇且无用的。需要指明，罗斯金所谓事物的性质，既指其物质属性，更指其影响人的情感和理智的能力，而所谓使用事物的能力，当然也就包括知识、技能、德行，以及审美趣味。事物的性质是固有的，但被交到能使用它的手中才称得上有价值，才变成真正的财富。罗斯金从词源上追溯"价值（value）"一词的本义说，价值乃是人强健的生命，若用于指物，则是有利于生命强健的性质。他后面径直说："唯有生命是财富。"

　　有现代政治经济学家习惯于将价值等同于"交换价值"，但罗斯金指出，单纯的交换本身不产生任何价值，或经济学家通常所说的"利润"，因为交换中双方的财富总和既不增也不减，一方的增加总是意味着另一方的减少。如前所述，有人说自己赚了钱，不过是利用对方的无知或无能而骗取对方，或者乘人之危胁迫和剥削对方。当然，如果交换需要中间人，即商人，买卖双方给这个商人适当的报酬是应该的，因为他承担了传递信息、看管和协调的工作；但正义的商人不该隐瞒信息，克扣双方的财产，而是要让双方相互知晓，正如《微尘的赠礼》中所言，商人的职责就像是信使。

交换不能创造价值，创造价值的只能是劳动，而且这个劳动的性质和目的应该是建设性的，而非破坏性的，前者才是真正的生产。最具建设性的生产是生养子女，而最具破坏性的劳动则是杀害生命，例如战争。这里可以再次表明，罗斯金并不歧视商业，因为商业让人互通有无，雪中送炭，促使人更有效地劳动和生产，发明更先进的技术；但若是没有正确的道德目的，技术就可能是最具毁灭性的手段。

报纸杂志对《给那后来的》诸文的批评，让罗斯金郁郁寡欢。随后三年里，他很长时间旅居瑞士，过着隐士一般的生活，他苦闷迷茫，彷徨无助，以致健康不佳。但他生性勤奋，不会无所事事；他一面对阿尔卑斯山练习绘画，一边阅读古代典籍，特别是柏拉图和色诺芬的著作，从中得到了关于政治经济方面的许多启发。但他不满足于做一个艺术家和艺术评论家，而是要走向更广阔的领域，实现经世致用的抱负。眼见瑞士山区居民的贫苦和愚昧，他忍不住怜悯悲痛；想到上流社会的荒淫无道，逆天违理，他又不禁义愤填膺；而听到欧洲经久不息的战事，他心中时时感到现代人的堕落和罪恶。是的，他无法熟视无睹，感到天降大任于己，要承担起先知的角色。他厌倦了孤僻的生活，开始参与一些社交活动，也与朋友到意大利研习绘画，并抽出时间回英国给工人学院授课，虽然大多数时间他仍旅居在瑞士山区。

当然，他也得到了一些支持，尤其是来自他尊称为良师益友的托马斯·卡莱尔①，卡莱尔鼓励他说，《给那后来的》是一部真诚而真实的著作，但他应该继续构建自己的政治经济理论。通过卡莱尔，罗斯金结识了《弗雷泽杂志》(Fraser's Magazine)的主编弗鲁德（Froude），这位主编虽然知道罗斯金的政治经济学理论饱受非难，但仍愿意冒险发表罗斯金的著作。自不必说，罗斯金又即将迎接无法预料的批评和责难，但他认为，自己已经经历了失败的痛苦，虽时感焦虑抑郁，但这也会让自己更加奋勇。1862年，他整理出版了《艺术的政治经济学》，并于同年6月在《弗雷泽杂志》上发表了一系列论文，到1863年4月，共发表四篇。编辑弗鲁德本来还打算继续发表，但仍旧是因为读者的舆论压力，出版商不敢再承接，连载文章也就此中断。不过，1871年结集出版时，罗斯金作了不少修订，把整本书分为六章，成为相对完整的作品，命名为《微尘的赠礼：政治经济学原理六篇》(Munera Pulveris：Six Essays on the Elements of Political Economy)。

如果说《给那后来的》的任务在于驳斥流行的政治经济学，那么《微尘的赠礼》的目的则在于建立罗斯金自己的理

---

① 卡莱尔（Thomas Carlyle, 1795—1881），苏格兰哲学家、社会批评家、历史学家，著有《法国大革命》《论英雄、英雄崇拜和历史中的英雄事迹》；他关注工人阶级的贫苦生活，强调道德教育的意义，对罗斯金有很大影响。可参阅雷蒙·威廉斯：《文化与社会：1780—1950》，高晓玲，吉林出版集团有限责任公司，2011年版。

论体系。自然而然，建立新理论的出发点是厘清其基本概念，所以罗斯金在第一章的任务就是定义这些概念。

罗斯金首先指出："正如家庭经济调节一个家庭的行为和习惯，政治经济调节的是一个社会或国家的行为和习惯，以维持其运转。政治经济既不是一门艺术，也不是一门科学，而是一套行动和立法的系统，它以科学为基础，指导艺术；若非以一定的道德文化为条件，它便不可能存在。"这句话当中重要的一点是，政治经济必须有一定的道德文化为条件，而这个道德条件是指这样一个目标，即"保证人口的健康和幸福，并且保证人口数量的增长"，而且这两条不能有所偏废。如果一个国家的行为与这个目标相悖，那就是导致人的死亡和痛苦。健康和幸福这两个词，虽然是抽象的，但罗斯金的意图在于表明，健康和幸福既指身体，也指灵魂；他反对禁欲主义，同时也反对现代政治经济学将物质财富作为人类生活的终极目标。而且他也顺便指责马尔萨斯的人口理论，认为十九世纪的人口尚未达到极限，未来很长时间内也不会，相反，要造就完美的人，就必须首先生育尽可能多的哪怕不完美的人。

现代政治经济学的目标是积累财富，但问题是学者们通常并不明白何为财富，一个重要原因是，他们往往混淆了财富、货币和富有这三个概念。人们以为致富的意思是积累金钱，但没有哪个国家会制造一座金子做的金字塔，也不会用这些金子赚取更多金子，而是用金子实现其他目的，但这个其他目的，则少有人追究。无论如何，财富并非金钱或者货币。

经济学家也说，财富就是有价值的东西，而且说，人人都懂得价值的意义，无需定义。但罗斯金却给出了它的定义："价值指的是有助于维持生命的所有事物的劲力或效用，而这总是双重的：首先是内在的（intrinsic），其次是有效的（effectual）。"作这个区分，他依然是为了说明，财富或价值既是事物的固有属性，也依赖于人使用事物的能力，两者缺一不可，事物的内在价值只有在有能力的人那里才变成有效价值。但这里还要强调一点，在列数财富的种类时，罗斯金所谓的内在价值，不仅指其物质属性，而且也包括其形式属性，即内在地给人美感的能力，还有精神属性，亦即关乎知识、伦理和宗教。后两点算是对《永久的欢乐》的呼应。常人一般把财富视为货币，但货币本身不是财富，而是一种债务契约，或者对财富的索求凭证，在交换行为中体现为价格。把世界上所有的货币烧掉，财富本身也不会有所增减，但人与人之间的关系发生了变化，也就是消灭了贫富关系。以此看来，所谓"富有"就是一个人或团体对于财富所拥有的索求权，虽然这并不意味着富有本身就是财富，因为持有货币者只有能够买到他想要的东西，或者支配他人为自己服务，才算是拥有了财富。

罗斯金说，人对自身财产的能力，从主体方面而言有两种："对于自己是使用和管理的能力，对于他人是炫耀、毁灭或赠与的能力。"这些能力给人快乐，人们总是试图获得这些能力，虽然也必将失去它们（所以，财富及其带来的快乐很多时候是一种幻象）。这从另一方面解释了人类社会为什么有频繁而多样的经济活动，但其首要基础仍是人的社会感情。

需要注意的是，财富的存在状态必然依赖于整个社会和国家的状态。人类总是要构成一个社会和国家，一定程度上，个体需要凭借其公共权力机构或政府才得以生存，所以在一定程度上，人们的财富也是公有的。但反过来说，政府也是为人民守护和保管财富的一种力量。政府这种力量可能创造和积累财富，也可能破坏和毁灭财富，导致人民的不幸和死亡。从经济职能方面而言，政府也为个体和团体之间的经济提供一般等价物的保证（虽然这并非源自政府），它一方面保管着实物储备，另一方面发行货币或索求凭证，因而促进财富的流通。进一步说，政府由此具备的一些职能影响着财富的状况。罗斯金举例说，如果一个政府热衷于组织各种庆典活动，让人们觉得烟花才是最需要的、最贵重的物资，那么多数人都会去生产这些东西，而忘记了生活还需要谷物和羊毛；如果一个政府以货币为工具，激励人们运用头脑、心灵和双手的劳动，创造有用的和美的东西，那么人们手中的货币就会增值，但如果政府隐瞒民众无限制地提供通货，让某些人用于自私的奢侈享受，那么这就等于变相地借贷和征税，给另一些人增添负担，为后代制造麻烦；因为冤有头债有主，不断积累债务，就等于自我毁灭。罗斯金愤慨宣称，无限制地发行通货，乃是人类社会最可耻的行径之一。

关于商业，罗斯金在之前已经多有评述，这里主要强调以下几点。商业表面上看是一种物品转移的交换行为，但实则仍是以道德为基础的。如果人们之间有敌对关系，没有任何的信任，那就不会有交换；从事商业的商人，如果对买方和卖方有所隐瞒和欺骗，到达极致状态时，就会导致交易的终结。商人从中获取的报酬，是基于他们承担了信息传递、保管的工作，同时也冒了风险，但他得到多少报酬，是三方都应知道的，否则他就是以其他两方的不幸和愚昧为生，在罗斯金眼中，这种行为无异于高利贷。这大概是与今天人们的观念大相径庭的，罗斯金自己也知道，即便不义之财在道德上邪恶，在宗教上不敬，但其诱惑是如此之强烈，以至于很少有人能独善其身，而是不惜铤而走险，冒死以求，哪怕是最严苛的法律也不能禁绝。他说，商人所从事的"交易（trade）"，按其字面意思讲本来是"赠与（crossgive）"，但由于现代商业的堕落，"商人（trader）"一词反倒变成了与"叛教者（traditor）"和"叛徒（traitor）"差不多的意思。

　　罗斯金眼中的商业需要卓越的智慧和机敏，是一个社会中最为重要的行业之一："如果把自然的身体比作国家，那么统治和组织的能力可以比作大脑，在公共事务变化时管理着事物的调配；劳动可以比作四肢，就像商业在公共事务发生变化时指挥着事物的流通的调配；商业也可比作心脏，如果心硬了，那么一切都要失去。"在《给那后来的》中，他要求商人应诚实、正义，而到这里，他引经据典，追本溯源，阐明运作财富的商业的法则，实乃掌握着世间的命运，商人追求的不应是"报酬（merces）"，而应是"仁慈（mercy）"，是慷慨的"恩惠（Grace）"。有了恩惠和仁慈，世间才会有"和平"、"欢乐"。犹如赫尔墨斯（Hermes）作为商人的保护神，同时是宙斯的忠实信使，世间的商人也本应是仁慈、恩惠、和平的信使。此时的商业和商人已经有了神圣的意味。

　　不义之财的诱惑如此之强，单凭个体的力量无法抵御，所以需要整个社会和国家的努力，也就是形成一种制度。但这个制度并非仅仅是一般的"规章和公约"，让人遵照执行即可，因为如果商人内心之中没有真诚和正义的思想，制度也不过是摆设而已。真正的制度，也就是一个社会和国家的政体，包括了其习俗、法律、议会，及其实施措施。首当其冲的是习俗，其鲜明特征是出自国民的内心，形成一种自治的能力。值得强调的一点是，习俗还意指这个国家或民族的敏感，即对于美、适当和正确的感知力，因此而有精雅的教养，这实则是教育的真正目标。值得强调的一点还有，这种精雅的教养，确实可以表现为举止得体、温文尔雅，而非肮脏粗鲁、猥琐卑鄙，但也不拒斥体力劳动。罗斯金尤为推崇农业劳动，而且还倡导上层阶级参与其中，这既有益于身体健康，也使精神官能得到调剂，从而能更活泼地发挥出来。除了那些机械单一的苦力，罗斯金仿佛并不歧视某一职业，然而，这并不表明劳动或工作没有高低之分：有人的本性和才干适宜于管理和指挥，有的人则适合于服从性的工作，或者需要别人加以引导和约束。

然而，无论如何，一个国家或民族的习俗不是自然而然地形成的，任何人都必然经历锻炼和挫折，逐渐领会做人的本分和真义，罗斯金将这个过程比作"火的洗礼"。

既然社会经济的目的是造就和重造生命，那么一个国家或民族采取何种形式的政体是无关紧要的，无论是君主制、寡头制还是民主制，目的都是要让聪明而高尚的人引导愚笨和卑贱的人。如果根据一种抽象的理念，强行建立一种政体，倒会与纯良风俗和公平正义背道而驰。但无论如何，都要避免一个"昂贵的"政府，避免把人民的精力和财富浪费在没有回报的工作上，或者各种繁琐而无用的程序上（这与当今注重的程序正义论相悖，但如果想到罗斯金主张自治社会，读者也许会理解他的用意）。

依照上述政治观念，所谓好的政府，会发现那些富有才智的人，并让他们成为领导者；体现在经济上，这些人会得到更多财富：节俭之人将会富有，挥霍之人将要受穷。这样就有了贫富关系。但这并非是一种单纯的经济关系，因为导致贫富的原因不仅有地理条件，还有人的性格，而且如前文所述，贫富实际上也是道德关系，即富有之人对贫穷之人的支配权。这种支配关系随着许多因素而不断变化，诸如贫富人数的比例，他们各自的习俗或作风、他们之间的敌对关系。如果富人很少而穷人很多，富人实际上很难控制穷人，如果穷人粗野蛮横，富人就有性命之忧，如此发展下去，原有的贫富关系就会解散，这意味着一个国家或民族发生内战，或被外国外族征服。

在任何情况下，贫富关系都要出现，但这并不意味着整个社会的财富会不断增加，所有人都能过上安宁的生活，所以，只有富人和穷人之间维持稳定的关系，双方才能都得到好处。当然，这并不是说富人一定要仁慈，穷人一定要服从，就能实现这个目的。首先，所谓好的生活不在于占有多少财物，而在于做适合自己的事，自由地占有自己的成果。其次，仁慈不一定能保证穷人一定服从，即便服从，也未必有高的生产效率，到最后仁慈也会让富人一无所有。这其中需要智慧。富人占有财物，仿佛可以随意支配自己的财物，但他一定要知道，他不过是财物的保管者，要让这些财物发挥有效的作用，而不是自私地花钱；他要把剩余的财物给出去，但也要知道在什么时候，以什么方式，给谁；人们通常说节俭是富人应有的美德，但节俭不是吝啬，一个人宁可穷死，而不是富死，他的钱财才算发挥了作用。穷人（或者任何人）也不要指望得到便宜的东西，否则最后他仍然要付出更高的代价，因为他自己的工资也会随之降低；一个人以德行、劳力、技能立身，就是自由的，而不算是受任何奴役，哪怕他确实是跟随他人的领导和指挥。

说到奴役，在罗斯金看来，不仅在奴隶制社会才有奴役，任何时代都可能有奴役，现代工业中的机械劳动，就是工厂主对工人的奴役（今天所谓的白领，未必不是过着被奴役的生活）；同样，富人如果为金钱而活，也可以说是受着金钱的奴役。

罗斯金时时处处强调，生命即是财富，但什么样的生命才算真正的生命呢？这样一段话或可作为答案："画家和歌唱家（无论是唱音符还是唱旋律），小丑和说书人，道德家、历史家、牧师——只要他们画画，或唱歌，或讲故事，或逗乐，或'主持'他们的仪式，是为了报酬——就此而言，他们都是奴隶；如果只是**为了报酬**而服务，都是非常卑微的；卑微的程度，依他们的义务中有或**能够**有多少**爱和智慧**而有高低，犹如强壮之人根据他们的才能而要价和工作，或者幼稚之人根据他们的娱乐、诱惑和欺骗而要价和工作。"而这一点，也是之前《威尼斯的石头》一书早已透露的一个主旨，到此则得到了肯定的阐明。

译者并非政治经济学专家，就自己狭窄的阅读范围，除了二十世纪早期法国人季德（Gide）在《经济学说史》中对罗斯金有所讨论之外，未见多少经济学或政治经济学论著会严肃地看待罗斯金，恐怕多半是只字不提。即使在二十世纪六十年代之后，西方学者对罗斯金也一直是定位为艺术批评家和文化批评家，最多是社会学家，而不会称其为政治经济学家，正如罗斯金自己所说，在现代经济学家们眼中，只要一部论著不符合学术规范和基本概念，它就对人类毫无用处。但要说罗斯金对经济问题一无所知，也不合实情，他父亲便是一位成功的商人，他自己起码对伦敦的酒商还是很熟悉的，所以他说，比起书斋式的经济学家来，他有丰富的实践经验；不过，他根据自己的理念所进行的社会实践（1871年的圣乔治公会，这个公会今天依然存在），则算不上成功。无论如何，在今天的经济学家看来，罗斯金的著作大概不值一晒，显得太不专业，他的许多观点也与今天的"常识"简直格格不入。他说不要购买你负担不起的东西，但今天的人们（甚或政府）却崇尚提前消费；今天的经济学家普遍认为适度通胀是合理的，但罗斯金却几乎视其为罪恶；罗斯金主张，政府可以强制某些懒惰的人从事危险的苦力，但今天的人们却视为不人道；今天多数人信任自由竞争可以提高生产效率，并积累最大量的财富，但罗斯金极力反对任何"自由放任"的政策。有人甚至认为罗斯金是中世纪的崇拜者和国家主义的支持者，但这多半是夸大其词和一种并非中肯的指责，相反，他有很多主张是在今天得到了普遍接受的，例如，推行义务教育、通识教育和职业教育；由政府建立国营工厂，制定生产标准，为民众提供基本的生活物资，为失业者提供培训和工作机会；由政府制定最低工资水平；由政府为老弱病残者提供抚恤金和养老金。在其他方面，如建立公共图书馆和博物馆，强调具有创造性和想象力的劳动，等等，也是今天普遍认可的政策。

可是另一方面，译者也有一个疑惑，经济活动明明是一个社会中人人参与的，但当今所谓专业的经济学和政治经济学论著，绝大多数是普通人看不懂的，各种名词、指标、模型、数据，简直让人望而生畏，不敢发表任何意见。这就像人们常常说，某某人犯了法，法律专家们的解释是，因为他没文化，不懂法，但令人奇怪的是，世间居然有人们不懂的法律，这不禁让人怀疑，这些法律本来就不想让人弄懂，或者让人们无法遵守。同理，既然经济学和政治经济学研究的是人的经济行为，而不是非人的其他东西的运动，那么经济和政治经济学的目的，在任何时代、任何社会，都是所有人需要想一想，问一问的。这也是译者钦佩于罗斯金的一点，他敢于将艺术、经济、道德、政治等各种专门的知识和技艺，还原到人类生活最根本的问题上来，即个人和社会的生活的目的和意义何在。对于各种专门的知识和技艺，"外行"必须要心存敬畏，但是，对于人类生活的根本问题，却是身负这些知识和技艺的人有必要，也有义务思考的，而"外行"们也有权利去思考，而不是把这些问题推诿给经济学家，或者哲学家、伦理学家。

最后，罗斯金有一句话，译者愿意再说一遍："唯有生命是财富。"

永久的欢乐，及其在市场上的价格

（艺术的政治经济学）

1880 版序

　　这本书的标题，或者准确地说，其论题的标题——因为过去任何一位作家都可能像我近来这样，希望他们的读者从自己付出最多辛苦的事情上获得长久的快乐——也许有人看出来了，是出自曼彻斯特善良的人们选取的济慈一句诗的后半句，[①]他们用金字把它写在了大展[②]的展馆檐口上，或者说是圣十字架上。这次大展开启了许多人的事业，因为各个外国政府和我们自己的政府组织这次大展，是为了鼓励艺术作品的生产。但是，生产它们的国家远不是想让这些作品成为自己的"永久的欢乐"，而只是希望将它们尽快卖出去，所以，人们引用这句格言，却没有领会它传扬的福乐：因为，一件艺术作品作为特定的、宝贵的家具的一部分，如果不是基于对其光荣的持久和当地的影响的设想，那么它就从来没有，也无法拥有任何根本的美，无论这家具是在大教堂里、居所里，还是欢乐的大道上，而这些地方所在的国家应该是怀着感恩走进它们的大门，带着赞美踏入它们的庭院的。[③]

[①] 济慈：《恩底弥翁》（*Endymion*），第一句："A thing of beauty is a joy for ever"，试译为："美的事物是永久的欢乐。"——译者注
[②] 指 1857 年曼彻斯特艺术珍品展。——译者注
[③] 《诗篇》100:4。——编者注

在这样一些民族的心里，"它们的"庭院或"他的"①庭院，乃是同义的：指的是这样一些生活习惯，即认可一种依偎在未被傲慢的理论所撼动的信仰之地周围的家园的欢悦，也承认这些家园的神圣：这些家园本身以对过去的不渝感情、对未来的深切关怀为根基；而通往这些家园的道路，只为诚实的行为敞开，仅由平安的脚步穿过。

我一生的主要精力，都被用来阐发这些真理，人们也会发现，下面这些文章首次系统地、条理地承担了这个任务；此后我所写的关于艺术的政治影响的作品，都不过是从最初这些演讲扩充而来的，这里再版，也没有一句话被遗漏或改动。

增补的文章以最简短的形式包含了关于艺术教育的原理的一些警世之言，我在牛津担任教授期间对艺术教育的关注，让我觉得更有必要在此诚挚而满意地重申这些原理。

约翰·罗斯金

1880 年 4 月 29 日于布兰特伍德

---

① 这里用的是首字母大写的"His"，指的是上帝。——译者注

1857 版序

下面文章的大部分内容都保留了在曼彻斯特宣读时的原貌；不过，其中一些段落是被用作即兴演说的底本的，因而较为随意，我现在把它们写得更为清晰和充实，这是讲话时做不到的；同时我也添加了不少注释，用以解释我在讲堂上没有时间充分考虑的一些要点。

我应该向读者表达一些歉意，因为在尝试要引起他注意的题目上，我通常投入的工作看起来是与任何艰深的研究都格格不入的。但在这个问题上，不论是对于作者还是读者，艰深的研究都是不必要的，虽然一定程度的准确研究对于我们所有人都是必要的。用浅白的英语来说，政治经济不过是指"公民的经济（citizen's economy）"，因而，所有想要担负公民责任的人，都应当理解其首要原理，就如所有担负一家之主的责任的人，都应当理解家庭经济的首要原理。政治经济的那些原理一点都不晦涩；但在实际要求上，它们许多都是令人不快的，所以，人们就常常自称不能理解它们，是因为他们不愿意遵循它们罢了。倒不如说，由于习惯于不遵循，人们便扼杀了自己理解它们的能力。然而，真正重要的科学原理，没有一个是晦涩难懂或者可以争议的——一个年轻人，一旦能够被交给一笔年金，或者一位女士，只要到了管家能与其商议事情的年龄，就都可以学习它们。

人们可能更多是装着正义的样子而指责我，说我认为有必要强行灌输每一个人都理所当然地知道的东西。但他们很难在我身上发现这样的错误，倒是我们的报纸每日记载的商业活动，还有更多试图对这些活动进行的解释，都说明一大批我们所谓的商人不懂得金钱的本质，正如他们在使用金钱的时候也是漫不经心、偏颇不公，而且遭遇灾祸。

正文中对经济原理的那些论述，虽然我知道大部分，如果不是全部的话，是被这门科学的当今权威接受的，但却得不到文献上的支持，因为我从未读过任何讨论政治经济的作家，除了亚当·斯密，而且还是在二十年前。每当我拿起现代的政治经济学著作，就总是发现它们因为充斥着对偶然的或次要的商业成果的研究而深受其累，普通读者没有空闲从事这些研究，而且在我看来，作家们自己也因为小题大做而常常不能洞察事情的根本。

最后，如果读者忍不住要指责我对政治实践在未来的各种可能性的叙述过于乐观，那就请他想想，如果目前的社会经济状态在爱德华一世①时代被预言为必然的，或者甚至被描述为是很有可能的，那么这种预言和描述在那个时代会显得多么荒谬。我相信，从爱德华一世时代到我们这个时代的进步，尽管人们公认是伟大的，但这个进步与其说在于我们实际完成的东西，倒不如说在于我们如今能够设想的东西。

---

① 爱德华一世（Edward I, 1239—1307），英格兰金雀花王朝第五位国王，1272 年到 1307 年在位。——译者注

第一讲　艺术的发现和运用

（在曼彻斯特的演讲，1857 年 7 月 10 日）

1. 我们所生活的这个时代的各种特征，与这个经验尚不**非常**丰富的世界的其他时代的特征比较起来，在我看来，其中最显著的一个，就是我们对贫穷的公正而有益的蔑视。再说一遍，是**公正**而**有益**的蔑视；虽然我看到有些听众对这个表述大感惊诧。我向他们保证，我是真诚地说这话的。我不该斗胆请你们今晚来听我演讲，除非我对财富顶礼膜拜——我说的是真正的财富。因为，我们当然不应该尊敬虚假的财富，也不应该尊敬任何其他虚假的东西。真财富与假财富之间的区别，是我马上要向你们稍进数言的几个问题之一。但我说了，我对真正的财富，是怀有莫大的尊敬的；而且，对于当今时代这样公开尊敬富有的异乎寻常的态度，我也表示极大程度的赞同。

2. 然而，我不能不注意到，这种态度是如何异乎寻常，而且也注意到，在衣衫褴褛的贫穷之神缺乏哲学和宗教上的崇拜者这一点上，我们这个时代如何不同于所有过往时代。在各个古典时代，不仅有人情愿住在桶里，①惯于严肃地把

---

① 指第欧根尼（Diogenēs，约公元前 412—公元前 324），古希腊哲学家，犬儒学派代表人物，主张禁欲和苦行。——译者注

桶里的生活看得高于城里的生活，而且希腊人和拉丁人很尊敬这些古怪的，我也要毫不犹豫地说是荒唐的人，犹如我们尊敬大资本家和大地主；真的，那个时代，没有可被称作以钱袋为荣的人，相反，只有可被称作以空钱袋为荣的人。那些奇怪的希腊人对自负的穷人给予的尊敬，是与他们谈到富人时所怀的不敬态度一样明显的；所以，听希腊人或者模仿他们的罗马人的话时间长了，人们肯定会发现自己对各种貌似荒诞不经的行为困惑不解；人们很难相信，收藏我们所谓金子的那种笨重黄货是无用的，因而大概要不禁怀疑一切最为根深蒂固的政治经济学准则。

3. 中世纪的情况也大抵如此。因为希腊人和罗马人以嘲笑富人为乐，而且虚构了冥府渡神喀戎与犬儒第欧根尼或梅尼普斯[①]之间一段愉快对话，其中说，当看到国王们和富人们成群结队来到冥河边，哀切而可怜，把王冠投进黑水，又从曾经对他们有用的宝囊中搜索出——有时是徒劳地——最后一枚金币，[②]摆渡人和犬儒一起乐不可支。

4. 但是，相比中世纪人们的看法，这些异教徒的看法还算是宽容的，中世纪最高尚的人，似乎不仅把财富看作是可鄙的，而且是罪恶的。因而，在描绘地狱的图画中，绕在脖子上的钱袋是定罪的主要标志；[③]贫穷之神则被真心顺服、情真意切地敬拜，就像忠诚的骑士面对他们的贵妇，或者忠诚的臣民面对他们的女王。要让我们摆脱这些情感，承认他

---

① 梅尼普斯（Menippus），古希腊哲学家，活动于公元前三世纪早期，也属犬儒学派。——译者注
② 作为给喀戎的费用。——编者注
③ 但丁：《神曲·地狱篇》，第17章，第52—57行。——编者注

们的褊狭或错误，真的是需要些勇气的；然而，我们一定要这样做。因为财富只是委托于人类之手的最伟大力量之一：这种力量不会被嫉妒，因为它很少会给我们带来幸福，虽然也很少会被抛弃或轻视。而在这个时代，在这个国家，它却已经变成了最受人看重的力量，因为一个富人的财产，不像以前那样体现为金锭或珠宝，而是体现为以各种方式受雇的人的数量，财富发出不同指示，对他们的身体和心灵施加有害或有益的影响，就因此成为邪恶的或正直的玛门①。

5. 按照你们的说法，这样大量收集起来的大英绘画②是珍宝（Treasures）——我也以为，它们是这个国家的真正财富不可或缺的一部分——但在我看来，你们可能没有兴趣探索与这种特殊形式的财富相关的某些商业问题。多数人都说自己对这些绘画的数量感到惊讶，之前还不知道英国对优秀艺术的积累达到了何种程度；因此我应当认为，人们会把优秀艺术看作一个值得思考的题目，比如，这样一些积累包含有什么政治意味，它们代表了什么类型的劳动，同时，这种劳动通常可以如何被运用和经营，以能够生产出最丰富的成果。

6. 在揭示这个题目的独特之处的过程中，如果我啰啰嗦嗦谈论政治科学中一些众所周知或久已确立的观点，你们一定要对我有些耐心：因为尽管是久已确立，而我也相信如此，但其中一些我有机会加以论证的观点，却绝不是被普遍接受的。所以，虽然我不会浪费时间为它们详细辩护，但却有必要明确告诉你们，我是以什么方式接受它们的，又希望

———————————

① 玛门（Mammon），《圣经》中所称的异教的财神。——译者注
② 指曼彻斯特艺术珍品展中展出的绘画作品。——译者注

以什么方式从它们出发进行一些论证；还有就是，因为我的听众当中，也许有人对政治经济学不感兴趣，因为它涉及的是一般的劳动领域，但可能还是希望听听其原理如何能被运用到"艺术"上面。因此，我要冒昧打扰你们的耐心，让我在一开始作一些基本描述，也在我们具体研究的过程中不时提出几条一般原理。

7. 那么，就让我们从这些必要的自明之理的其中一条开始吧。所有的经济，无论是国家的、家庭的，还是个人的，都可被定义为管理劳动的艺术。这个世界是受上帝的律法支配的，因而一个人的劳动，只要被善加运用，就始终足以让他一生中获得他所需要的一切东西，而且不仅如此，甚至还有许多令人快乐的奢侈之物；进一步说，还能使他获得大量时间进行健康的休息和有用的休闲。一个国家的劳动也是如此，如果被善加运用，就足以给它的全部人口提供上好的食物和舒适的居所；不仅如此，还可以提供良好的教育、奢侈的物品、艺术的珍宝，就如现在你们在自己身边拥有的这些东西。但是，出于自然和上帝的这些相同的律法或规律，如果国家或个人的劳动被运用不当，而且如果被运用得不很充分，也就是如果国家和个人懒惰而愚蠢，那么他们就导致困苦和缺乏，而这些是与其懒惰和不慎成比例的，也与其拒绝劳动或运用不当的程度成比例。不管在哪里，只要你们在周围看见有匮乏、痛苦或堕落，那一定要相信，这是因为缺乏勤劳，或者是误用了勤劳。不是偶然的事情，也不是天降的灾祸，也不是人类本性中原始的、必然的罪恶，让你们的街道充满哀号，让你们的坟墓充满冤屈。这只是因为，在需要节俭的时候却挥霍无度，在需要劳动的时候却淫乱无道，在需要顺从的时候却任性放纵。①

8. 我们的英文歪曲了"经济（economy）"这个词，乃至与其本义全无关系。我们使用的这个词，总是仅仅指省俭或节约；金钱的经济，意思是节约金钱——时间的经济，就是节省时间，以此类推。但是，这完全是这个词的野蛮用法，说野蛮有两层意思，因为它不是英文，而且是糟糕的希腊文；也可以说有三层意思的野蛮，因为它不是英文，是糟糕的希腊文，而且还包含了更糟糕的意思。经济与其说意味着省钱，不如说意味着花钱。它的意思是，为了可能的最好益处而管理一所房子，管理其服务人员，管理支出和储蓄，无论是金钱还是时间，或者任何其他东西。在这个最简单，也最明白的定义中，经济，无论是公共的还是私人的，意指对劳动的明智管理，这主要有三层意思，首先，合理地**运用**你们的劳动，其次，仔细**保存**其成果，最后，适时地**分配**其成果。

9. 我首先来说合理地运用你们的劳动，也就是通过合理劳动，尽你们所能获取最宝贵的东西和最长久的东西；不要在适宜种小麦的土地上去种燕麦，不要在你们不穿的布料上作精致的刺绣。其次，仔细保存其成果，也就是说，把你的小麦明智地储存在仓库里，以防饥馑，小心把你的刺绣放在远离蛾子的地方。最后，适时地分配劳动成果，也就是说，能够及时把你的谷子拿出来，送到饥饿的人那里，把你的刺绣拿出来，送到欢乐的人那里。因此，在所有方面都做一个"明智之人"该做的事，不管是高贵的家庭主妇该做的事，

———————

① 参见《箴言》13：23："穷人耕种多得粮食，但因不义有消灭的。"——作者注（即1857版作者的注释，下同。——译者注）

还是高贵的国家该做的事。"未到黎明她就起来，把食物分给家中的人，将当作的工分派婢女。她为自己制作绣花毯子，她的衣服是细麻和紫色布作的。能力和威仪是她的衣服。她想到日后的景况就喜笑。"①

10. 现在你们会发现，对最好的经济学家，或者家庭女主人的这个描述，刻意表达了她如何在实用和华丽这两大目标之间平衡分配她的心思；她右手上是食物和细麻，为的是生存和穿衣；她左手上是紫袍和刺绣，为的是荣耀和美。所有完善的家务或国家经济，都以这两方面为人所知；但凡在某一方面有缺乏的地方，经济都是不完善的。如果华美这个动机占了上风，那么这个国家的经济学家的心思就仅仅被引向存储黄金、绘画、丝绸和大理石上面；你们立刻就知道，在不久的将来，所有这些珍宝都必将被散落和粉碎在国家的废墟中。相反，如果实用这个要素成为主导，国家无论如何都不屑于从事各种美丽的或悦人的艺术，那么，不仅是适合在艺术中发挥的那部分精力必定要被全部浪费——这当然是糟糕的经济——而且与财产的实用相关的各种情感，也会变得病态地强烈，成为一种只为积累而积累，甚或只为了劳动而劳动的低贱贪欲，最终要像过度的骄傲，以及诸如游乐的各种东西一样，完全驱走生命中的安宁和道德，甚至还会有更加屈辱的下场。同样，而且在这里更为明显，在个人或家庭的经济中，你们也始终可以用财产的实用和快乐这两个目的之间的美妙平衡，来判断其是否完善。你们会看到聪明的乡下人，在花园里把苗壮的蔬菜和芬芳的花朵整齐隔开；你

---

① 《箴言》31:15、22、25。——编者注

们会看到精干的主妇为漂亮的桌布、明净的橱柜感到骄傲，如同为她为丰盛的餐桌和盈满的谷仓感到骄傲一样；她脸庞上既有忧虑，也有欢快，虽然你们也尊重她的严肃，但只有通过她的喜笑，你们才能最好地了解她。

11. 正如你们所料，在今晚及明晚，我主要讲的是更多与花园，而非农场有关的经济。我要请你们与我一同思考，凭借什么样的法则，我们将会最好地划分我们国家的花园，然后在里面种植最优美的一排树木，这树木不仅让我们的眼睛感到快乐，也让我们欲求它们（没有禁止的意思），以使我们变得聪明。[①]但是，在继续阐明我们这个话题的特殊性之前，让我稍停片刻，恳请你们接受关于政府或权威的一个原则，这个原则必定是所有经济的根基，不论是对于实用还是快乐。刚才我说过，一个国家的劳动如果被善加运用，就足以为其全部人口提供上好的食物、舒适的衣服，还有令人快乐的奢侈。但最为关键的是良好的、及时的和恒久的运用。当我们有力的双手消停下来，我们不能因为它们无事可做就慌乱地四处环顾。如果我们感到了这种无事可做，那就标志着，我们的整个家庭已经混乱失序了。试想有一位农民的妻子，每天中午十二点都有一两个仆人过来找她，叫嚷着他们无事可做；他们不知道接下来做什么：想得再远一点，这位主妇绝望地看着自己的各间房屋和院子乱作一团，不知道让闲下的女仆们到哪里工作，最后痛苦地抱怨说，她得白白让她们吃晚饭了。在英国，我们太经常遵行这种政治经济学了。难道你们不会马上断言，这样一位女主人对她的责任

---

① 参见《创世记》3:6：“因为神知道，你们吃的日子眼睛就明亮了，你们便如神能知道善恶”。——编者注

一无所知吗？难道你们不相信，如果这个家庭管理得当，这位女主人任何时候都很高兴有任何数量的闲人过来帮忙；她立刻就知道让他们做什么，明天工作的哪一部分提前来做最合适，下个月工作的哪一部分事先准备最明智，或者有什么新的有益的任务需要完成？到了傍晚，她打发仆人们去娱乐或休息，或者傍晚时招呼他们在屋檐下的桌子旁边一起读书，你们难道不会发现，没有人任务过重，是因为没有人无所事事；每件事情都完成了，是因为每个人都有事可做？这位女主人既善良又清醒，把轻省的活儿交给体弱的人，把繁重的活儿交给强壮的人；没有人因为懒散而挨骂，因此也没有人因为辛苦而累倒。

12. 如果一个国家对政治经济的理解是正确的，那么我们看到其情况就跟一个家庭一样。你们抱怨说，你们很难给你们的工人找到工作。事实上，真正的困难倒不如说在于为你们的工作找到工人。对你们来说，迫切的问题不是你们必须供养多少人，而是你们必须做的事情有多少；毁掉我们的是怠惰，而非饥饿。从来不要害怕我们的仆人胃口太大——我们的财富就在他们的力气当中，而不是在他们的饥饿当中。放眼看看你们的这个岛国，去发现你们必须在上面做些什么。海浪拍打着没有港口的悬崖——你们必须建造防波堤，并且开掘避风港；肮脏的瘟疫在街道上肆虐——你们必须从山上引来充足的溪水，并且让清新的风吹过大街；饥荒让你们嘴唇苍白，身体消瘦——你们必须开掘荒地，排干沼泽，要让泥淖产出，而非吞吃，而且还要从石头里榨出蜜和油来。在我们这个巨大的农场上，这些事情，还有成千上万的这些事情，是我们必须做的，而且必须一直做下去；不要认为这些事情不重要。用到经营农场或地产上的经济法则，同样可以用到一个地区或者一个岛屿上。凡是你们斥责对祖产管理不善的浪荡子弟的话，恰恰是我们应该用到自己身上的，只要我们让我们的人民无所事事，让我们的国家混乱无序。一块地产的主人向你们抱怨自己的贫穷和无能，如果你们对他说，他的土地有一半野草横生，栅栏全部毁坏，羊圈破败不堪，劳工躺在树篱下面，没吃没喝，奄奄一息，他却对你们说，这些事情花费太大，他负担不起，还说他不知道怎么养活工人，也不知道怎么付他们工钱，那么你们会对他说什么呢？难道你们不会立刻回答他说，给田地除草不会让他破产，而是在救他；是懒散让他衰败，让劳工干活儿就是养活他们？现在，只要你们愿意，你们的土地就会不断扩大，地产也不断增加，但如果无视这些简单的法则，你们就将永远没有安身之地。如果管理几块田地的原则是正确的，那么将其用于管理一个无比巨大的国家也是正确的：懒惰不会因为广泛就不再有危害，勤劳也不会因为普遍就不再有收获。

13. 但你们会回答说，不，国家经济与私人经济是有巨大差别的：农场主对工人有充分的权威，他能指挥他们去做需要做的事情，不论他们是否愿意；如果他们拒绝工作，或者妨碍他人工作，或者不服管教，或者无理取闹，他就可以把他们赶走。这里**确实有**很大区别，我恰恰是希望你们注意到这个区别，因为你们必须消除这个区别。我们知道农场里，或者舰队和军队里，需要有权威，但我们一般不承认国家这个组织里需要有权威。让我们稍微思考一下这个问题。

14. 经过各种艰难而不幸的努力，法国发展出了一套社会制度，其中他们至少表明了一条正确的原则，即互助会或兄弟会的原则。不要害怕，他们的实验全都错了，因为他们完全忘记了，兄弟会这个事实隐含着另外一个同样重要的事实，也就是父权或父道（paternity or fatherhood）。这就是说，如果他们要把国家看作家庭，那么其团结的条件，既在于成员要有一个首脑或一个父亲，也在于他们是忠诚的、友爱的成员或兄弟。我们一定不要忘记这一点，因为我们长期以来只是在嘴上承认它，在生活中却拒绝承认。在每个星期天的那一个半小时里，我们都期待一个身穿黑袍的人告诉我们真理，作为兄弟向我们讲话；虽然我们竟然对这个观念感到震惊，即在教堂外面，我们中间也存在兄弟情谊。讨论任何政治问题的那些书，只要读上几句我们就几乎总能遇到"父权政府"这个用语，虽然一想到有政府像凌驾于我们头上的父亲的权威一样提出各种要求，我们就会惊恐万分。我相信那两个正式用语，[①]在两种情况中都是十分贴切而准确的，而我此前用农场及其仆人这个形象来表现健康的国家组织活动，却不是这样贴切而准确，不是因为它有太多家庭意味，而是因为并不足够；因为一个组织良好的国家的典型，不能由为了受雇而辛劳的仆人（如果拒绝劳动就可能被赶走）耕作的农场来表现，而是必须由这样一个农场来表现，其中主人就是父亲，而仆人则是儿子；因而这意味着，在其所有的管理行为中，不仅有有益的命令，而且有情感的纽带，以及相互关系上的责任；在其中，所有的行动和服务，不仅因为兄弟般的和睦而充满温情，而且也因为父亲般的权

---

① 应该是指"父权或父道"。——译者注

威而得到施行。①

15. 请注意，我的意思绝对不是说，我们应该把这样一种权威交到任何个人手里，或者交到任何阶级和团体手里。我只是说，正如一个做事明智的个体必定会给自己制定法则；这些法则在某些时候显得让人厌烦或者造成伤害，但恰恰是在它们显得令人厌烦的时候，他才最有必要遵守；所以，一个想要明智行事的国家，也必须给自己建立权威，被赋予国王、立法机构，或者法律，即使法律或权威在全体人民那里显得令人厌烦，或者在其中某些人群那里显得有害的时候，国家也必须坚决遵守。这种类型的国家法律，迄今为止只存在司法意义上，也就是满足于尽力防止或惩罚暴力和犯罪；但是，随着我们在社会知识上的进步，我们就要努力使我们的政府成为父权的，正如也是司法的。也就是说，我们要建立的法律和权威可以立刻在我们的职业中给我们指导，不让我们做愚蠢的事情，而是在我们处于困境的时候救助我们。这是必将压制欺诈的政府，正如它现在惩罚盗窃；它必将展示，众人的纪律如何可被用来辅助和平的劳作，正如它此前曾被用来凝聚战斗的士气；这个政府必将拥有扶犁的军人，一如拥有握剑的军人，它将更加骄傲地颁发勤勉黄金十字勋章，黄金表示收获的那种金色，而不是像现在授予青铜十字勋章，是用血的深红镀上的铜色。

16. 当然，我没有时间深入阐述这种政府的性质或细节，我只是请你们将来各自思考这个真理，即"纪律"和"干预"的观念，就潜藏在人类所有的进步或力量的根基之中；

———————

① 见附录注解 1。——作者注

"自由放任"的原则，在人类面临的所有事情当中，都是死亡的原则；这个原则对于他确定无疑就是毁灭，如果他对自己的土地放任不管，如果他对自己的同胞放任不管，如果他对自己的灵魂放任不管。相反，他们的整个生命，如果是健康的生命，就必定是一个持续不断的扶犁和修剪、责备和帮助、治理和惩罚的生命；因而在国家的行动中，只有承认某个约束和干预的伟大原则，他们才有望找到防止国家堕落的奥秘。我相信，群众有权要求从他们的政府那里得到教育，前提只是，他们承认自己有服从政府的义务。我相信，他们有权要求从统治者那里得到工作，前提只是，他们服从统治者给他们的劳动制定的指示和纪律；只要他们同意那些在他们头上设立父亲权威的人们，去克制对于国家的幼稚幻想，纠正国家能量的任性放纵，然后他们就有权要求所有困苦都应得到缓解，所有残弱都应得到照料，他们中间不能有苦难、饥寒和危险，对此父亲的手不应遥不可及，父亲的盾不应无所作为。[①]

17. 我让你们受累听了这么许多，其详细程度实际上超出了我们眼下研究目的的需要，或者有些不成比例，因为我不能第一次向你们讲政治经济学这个题目，而不清楚说明我

---

① 参看华兹华斯的《论贫穷法修正法案》（*Essay on the Poor Law Amendment Bill*）。我引述其中重要的一段："但是，如果人们不敢触及社会状态中的人类权力这个抽象问题，因而不能甚至在紧要关头帮助自己，那么难道我们还不可以就基督教政府的责任展开争论吗——它在其所有臣民面前代替父母，提供有效的救济，不会因为其立法的疏忽或严苛而让任何人面临死亡的危险？或者，如果免除这个义务，那么，国家对忠诚的要求就包含了对其臣民的保护，这一点还确定无疑吗？正如一个党派的所有权利都在另一个党派身上强加相关的义务，那么，一个国家要求其民众效劳的权利，甚至在公共防卫中面临生命危险，就在人民中间确立一种权利（功利主义者和经济学家也不会否认），就是当他们无论出于什么原因而不能养活自己的时候，要求公共赡养。"——作者注

相信是其首要原理的东西。然而，这个原理对于当下事情的意义主要在于，当我可以将其作为艺术中合理的经济学向你们提出的东西，显得包含了对资助人或艺术家的自由的太多约束或干预的时候，避免你们马上过于强烈地反对我。虽然总体而言我们是一个谨慎的民族，但是，哪怕在单纯的商业问题上，我们也有一点过于意气用事；在那些不断需要我们想象力的事情上，就更是这样了。因而，我所提出的制度或约束，在多大程度上是合理的，需要你们自己判断；我只请求你们，不要仅仅因为它们**是**一些制度和约束就觉得受了冒犯。

18. 你们是否还记得卡莱尔那段很有趣的话，在其中他比较了在这个国家，在这个时代，人和马在智力和商业上的价值；他很纳闷，为什么马大脑低级，蹄子笨拙，而不是像人手那样灵巧，却在市场上总是值十几或几十英镑，而人呢，不仅从来不能在市场上控制自己的价格，而且还经常被认为，只要他把自己杀了，给马让路，就算为社会作了贡献？卡莱尔没有回答自己的问题，因为他觉得我们立刻就会知道答案。马的价值，仅在于你能给它套上辔头。人的价值也是完全一样。如果你能给他套上辔头，或是更好一点，如果他能给自己套上辔头，他马上就是一种很有价值的动物，否则，从商业的角度来看，他就没有价值，或者只有些偶然的价值。当然，只是适合人的辔头不是皮子做的，至于用什么材质才合适，我们可以从那个训令中得知："你不可像那无知的骡马，必用嚼环辔头勒住它，不然，就不能驯服。"①

———————
① 《诗篇》32:9。——编者注

的确，你们不能没有缰绳，只是这缰绳是另一种类型的："我要定睛在你身上劝戒你。"①所以，人的辔头是上帝的眼睛。如果他拒绝这种引导，那就最好用无知的马和骡子的辔头；如果他也拒绝这种缰绳，拒绝把嚼环好好咬在牙上，那么留给他的，就只有城市里流出的血了，这血一直流到辔头上面。

19. 然而，关于政府的一般的、重要的法则，我们就告一段落——或者不如说让它们更贴近我们眼前的事情——我们必须考虑人类劳动的那个特殊分支中的三点纪律，这个分支无关生产食物，而是关乎情感表现。我们必须就艺术作些思考：首先如何把我们的劳动运用于其中；其次如何积累或保存劳动的成果；再次如何分配这些成果。但是，由于我们必须运用的艺术中的那种劳动，是一个特殊阶层的人的劳动——他们在这种行业上有独特的天才——因而我们不仅要考虑如何运用这种劳动，而且要首先考虑如何生产这些劳动者；因此，在这个特殊情况下，问题就变成了四重：首先，如何得到具有天才的人；其次，如何雇用他们；其三，如何最大数量地积累和保存他们的作品；其四，如何分配他们的作品才能给国家带来最大的好处。

20. 一、**发现**。我们要如何得到具有天才的人：这就是说，通过何种途径我们可以在自己中间在任何时候生产最大数量的有效的艺术才智？你们说，这个问题太大了，需要叙述艺术教育中一切最好的手段。是这样，但我不打算考虑那些手段；我只是想阐明处在问题基本层面的少数几条原理。

---

① 《诗篇》32∶8。——编者注

其中第一条是，你们始终不得不去发现艺术家，而不是制造他，你们不可能制造出艺术家，犹如不可能制造出黄金。你们能够发现他，并提纯他：你们要把他挖掘出来，他就像山间溪流里的金块；你们把金块带回家，制作成流通的金币或家用的盘子，但你们不可能起初就制造出哪怕一粒金子。每个国家每年都会出生一定数量的艺术才智，其多与少根据国家的天性和教养，或人的种族而有所不同；但是每年都是完全固定的数量，不能有一点增加。你们可能丢掉它，或者可能收集起来；你们可以让它散落在沟壑，埋藏在沙土中，或者可以拿它做成国王的宝座，包裹神殿的大门，全看你们怎么选择；但你们能处理它的最好方式，不过是筛选、熔化、锤打、净化，但绝不能创造。

　　21. 关于这种艺术的金子，有另一点需要注意，也就是它不仅数量有限，其用途也是有限的。你们不必拿它制作宝座或者黄金大门，除非你们愿意，但一定要确信，你们除此之外做不了任何其他东西。你们不能拿它制作刀子或盔甲，也不能拿它修建铁道。金子不能割伤你们，也不能承载你们：将它用于机械，就等于立刻毁掉它。同样真实的事情是，在最伟大的艺术家身上，真正的艺术才能是与每一种其他才能结合在一起的，你们可以利用其他的才能，而将艺术才能埋没。说不定，就在此时此刻，有两三个莱奥纳多·达·芬奇在你们的港口里或铁道上受雇劳动；但是，你们没有在那里利用他们身上莱奥纳多式的或金子式的才能——你们只是在压制、毁灭这种才能。在普通人身上，艺术天赋没有与其他天赋结合在一起；你们天生的画家，如果你们没有让他成为画家的话，也不会是一流的商人或律师；在所有情况下，无论成为什么，他自己的特殊天赋都没有被你们利用，也没有在其他行业中帮助他。所以，你们有一定数量的特殊类型的才智，每年由上天的律法为你们生产，只有将其放在合适的工作中，你们才能利用它，任何用到其他方面的尝试，都意味着许多人类活力的纯粹浪费。

22. 好了，假设我们希望利用这种才智，如何才能最好地发现并提纯它呢？发现是很容易的。希望利用它就是去发现它。你们需要做的全部事情就是，在每一个重要城市都有一所试验学校①，在这些城市里，那些懒散的农家孩子，他们的师父一直没能避免他们制造麻烦，那些愚蠢的裁缝学徒，总是在以错误的方式缝袖子，但他们可以在其他行业尝试一下。不过，这个学校不能完全由艺术教育的正规法则加以管理，但最终必须是优秀的绘画老师的工作室，他会让少年们在某种艺术上作一尝试，直到发现他们适合哪一种艺术。

23. 在建立试验学校之后，你们想轻易而稳定地雇用一些孩子，这是重中之重。因为，即使根据目前的制度，真正具有出色艺术才能的男孩们通常也会让自己成为画家，但到那个时候，他们早年最好的那一半精力，已经在生活这场战争中丧失掉了。一个优秀的画家在得到工作之前，他的心灵总是充满怨恨，他的天才总是被扭曲。心智平凡的人，通常在塑造的模具中屈从于人们对他提出的任何要求，然后为了迎合公众的喜好而沾沾自喜地胡涂乱抹。②但伟大的人们会与你们争吵，然后你们就让他们在前半生忍饥挨饿，当然你

① 见附录注解 3。——作者注
② 见附录注解 4。——作者注

们是在报复你们自己。同样地，凡是具备原创天才的画家，如今都怀着一种不断增强的道德信念，也就是，在他早年，他会经历一场艰苦的战斗；正当他的构思应该充实而快乐，他的性情应该温良，他的希望应该热烈的时候——正在这最关键的阶段，他的内心却充满了焦虑，还有家庭生活的忧愁；他在失望中心灰意冷，因不公而苦恼；他对自己的错误变得固执，一如在德行上变得固执，他的理想之箭锈迹斑斑，他依靠的苇杖也就此折断。①

24. 因此，我们想要的东西，主要是一种充分而平稳地利用这种天才的手段：不是拿出大奖让年轻画家去争夺，而是为他们所有人提供充分的支持，以及展示自己能力的机会，而他们不拒绝，也不感觉受了屈辱。我无需说，这类劳动的最好领域，将通过包括各种装饰在内的公共作品的不断进步呈现出来；因而我们马上就将考察，什么类型的公共作品可以这样处于不断进步中，同时也有利于国家。但是，甚至比这种稳定利用更加重要的事情是，要有一种批评，作为公众你们可以根据这种批评接受年轻人呈交给你们的作品。你们可能因为轻率的表扬和责备而造成很大的伤害；但要记住，主要的伤害始终是由于责备。一个年轻人的作品不完美是很正常的；它肯定或多或少是浅薄的；它肯定或多或少是无力的；也有可能，它或多或少是试验性的，既然是试验性的，就会在这里那里犯些错误。因此，如果你们看到第一个错误就不由分说大加叱责，那么你们可能是因为年轻人在进步的这个阶段自然而然和不可避免出现的缺陷而辱骂他；你

① 见《列王记下》19:21："看哪，你所倚靠的埃及，是那压伤的苇杖，人若靠这杖，就必刺透他的手。埃及王法老向一切倚靠他的人也是这样。"——译者注

们苛责孩童不像枢密院大臣那样老成，或者挑剔小猫不像大猫那样稳重，倒还合理些。

25. 但是，你们可以相信，有一种缺陷是不必要的，因而是一种真正的、值得被责备的缺陷：那就是急躁，包括疏忽。不管什么时候，只要发现一个年轻人的作品是大胆的，或者马虎的，你们要坚决批评；要相信这样批评是对的。如果他的作品是大胆的，那就是傲慢的；要压制他的傲慢；如果作品是马虎的，那就是怠惰的；对于这种怠惰，要加以鞭策。只要他的作品是草率的或鲁莽的，那么他最好的希望就在于你们的轻蔑；只有他不寻求你赞许他的时候，你才可以猜测，他值得你们赞许。

26. 但是，如果他真的值得你们赞许，你们一定要给他赞许，否则你们就有可能让他因为得不到鼓励而偏离正确的道路，而且你们也将剥夺自己一个最快乐的特权，就是对他的劳动给予奖赏。因为，只有年轻人才会觉得能从别人的表扬中得到很多奖赏，而年龄大的人，当他们变得伟大，就会过于远离你们，乃至鄙夷你们，是不在乎你们怎么看他的。你们本可以在他们年轻时，看到他们在开满水仙的草地上赛跑而为他们喝彩；你们本可以让他们的脸上泛着骄傲而欢愉的鲜红，如果在他们实现早年雄心的第一个目标时，你们哪怕只喊一句"干得不错"。到如今，他们的快乐已成追忆，他们的抱负已在天国。他们能够对你们友善，但你们却再也不能对他们友善。你们可以享受到他们老年时的累累硕果，但在他们正值芳华之时，你们却犹如寒风让他们枯萎，如今你们的赞美，不过是像在秋天送给枯枝的暖风。

27. 舍不得及早给人帮助，还会产生一个最令人伤心的结果。一些人天性高尚，童年时期的热心和温情，就算得不到回应，也不会黯然沮丧，到了老年，如果最终得到久违的同情，也仍能满心欢喜。但是，这些生性高尚的人心里想到的事情几乎总是这样，即他们在今世成就事业的主要动机，不是让自己感到喜悦，而是让他们的父母感到喜悦。每一个高贵的年轻人，感到今世的荣耀带来的最大欢喜时，都要回想那样一个时刻，也就是看着父亲那闪着骄傲的眼睛，看着母亲转过头去，以免他以为她眼中的泪水是悲伤的泪水。即使是作为爱人的欢乐，也就是当他身上的一些优点当着恋人的面得到赞许的时候，都比不上前一种欢乐那么强烈，因为这种欢乐并不非常纯粹——给她愉快的渴望，也夹杂着在她面前显得扬眉吐气的渴望；但他不需要在父母面前显得扬眉吐气，他只是单纯希望，当他告诉他们他做了什么，人们如何看待他时，他们能感到快乐；因而他自己的快乐是更为纯粹的。然而，只要可能，你们就拒绝给他这种最纯粹、最美好的奖赏：在他脆弱的年轻时候，你们让他饱受冷眼和羞辱；然后你们来到他面前——但已经太迟——用干硬的桂冠奉承他，叶子上的露珠早已干透；你把这桂冠塞到他那疲倦的手里，而他却无言以对。他拿这东西干什么呢？除了把它放在母亲的坟头，他还能干什么呢？

28. 这样你们就看到，你们必须要为年轻人提供这些东西：首先是寻找和发现的学校；其次是冷静的利用；然后是公平的表扬：还有一样你们也必须做，以让他们作好充分服务的准备——在服务这个词的高贵意义上，就是让他们成为绅士（gentlemen）；也就是说，要注意让他们的心灵接受训练，无论他们要画什么，都要去观看和感受其中最高贵的东西。我要很遗憾地说，在艺术家要接受的教育中，这是人们最忽视的部分；即使年轻人天然的趣味和感受本来是纯粹的、真实的，即使他们身上有成为绅士的合适材料，但你们还是可以经常发现，他心灵中有一些刺眼的裂纹，在处理一些题材时有堕落的因素，这是因为他们缺少文雅的训练，缺少文学的充分滋养。这一点在我们最伟大的艺术家那里也是明显可见的，哪怕是透纳、庚斯博罗；而在二流的庸俗画家身上，这些弊病就更加明显了，根本不必细说。这需要我们认真对待。因而，艺术经济中最重要的一个分支就是，你们要让自己可以利用的才智既纯洁，也有力；这样，它就始终可以为你们收集最甜蜜、最美好的东西。根据你们的训练，出自同一个人手里同样数量的劳动，可能产出可爱而又有用的作品，也可能产出低俗而又有害的作品；毋庸置疑，无论这样的作品凭借画家的技巧而有什么价值，它对于任何国家的主要的、最终的价值都取决于，它能够得到提升和提纯，也能够给人快乐；最能真正地担得起艺术珍品之名的作品，都是由好人画出来的。

29. 如果我展开来说，你们肯定会看到这个话题包含多少东西。我必须在其他时间将其作为一个单独的题目去讲：眼下来看只是要注意，一个国家花钱的最好方式，是当年轻画家发展到关键阶段时，为他们提供一种慷慨的，也严格的教育；还要注意，他们一生中的很大一部分能力都依赖于你们，也就是公众，要求他们画何种题材，以及由此而来，你们要求他们习惯上熟悉何种思想。后面谈到他们应该在公共建筑中从事什么工作的时候，我还将就这个题目多说两句。

30. 关于天才的成长这个问题，还有其他许多几乎同样重要的问题，都需要解释。如果要详述其中的细节，我得请你们来听六节课，而不是两节课。例如，我没有谈到，你们应该如何在各个手工艺行业寻找能工巧匠，他们身上没有你们希望奉献给更高级的目的的那等天才，但拥有巧思、幽默，在色彩方面有感觉，在形式方面有妙想——如同才智的数量，它们在商业上都很有价值，而且在诸如铁艺、陶艺、装饰性雕塑等低等艺术上，也或多或少都能得到表现。但是，这些细节尽管都很有趣，但我必须交给你们自己去思考，或者留到将来去研究。现在，我只想把这整个论题的意义大略介绍给你们，但会用足够的例子使其明白易懂；因此，我这里必须离开其中第一个题目，转到第二个题目上，即如何最好地利用我们已发现的天才。一定数量能干的双手和头脑已经供我们驱遣，我们让它们干什么才最明智呢？

31. **二、运用**。这里有三个要点是经济学家必须要关注的。

第一，给人们安排多样的工作。

第二，轻松的工作。

第三，持久的工作。

对于前两点，我只点到为止，因为我想让你们把注意力放在最后一点上。

32. 首先说第一点，多样的工作。假如你们找到两个人，他们作为风景画家能力不分高下，也都有一小时听你差遣。这时你不会安排让他们画同一处风景。当然了，你宁可拥有两幅题材不同的画，而不是重复一个题材。

好了，假设他们都是雕塑家，难道同样的准则不也成立吗？你们自然会立即断定，是成立的；但你们需要费些工夫去说服现代的建筑家们。他们会安排二十个人去雕刻二十个柱头，而且是一模一样的柱头。如果此刻我能带你们去看看建筑家们在英国建造的院子，门一打开，你们也许就会看到，一千个聪明的人都被雇来雕刻同样的图案。这个国家陷入这样一种习惯的艺术才智的退化和僵化，此前我都不由得或多或少说到过，[①]但我没有指明这种习惯如何增加诸如此类**作品**的价格的明确趋势。当人们被雇来不断雕刻同样的装饰品，他们就会形成一种单调而刻板的劳动习惯——恰如切割石块，粉刷墙壁的习惯。当然，他们一直做这样的工作，做起来也很轻松；而且，如果给他们增加工资，让他们暂时干劲十足，你们也可以让他们在短时间内完成很多作品。但是，除非这样刺激，否则被迫进行这样单调运动的人只会以不紧不慢的速度工作——由于人性的规律，事情肯定始终是这样——绝不会在规定时间内产出最大数量的成果。但是，如果你们允许他们修改图案，因而使他们的双手和头脑对所做的事情发生兴趣，你们会发现，他们首先会急切地表达他们的想法，然后又急切地完成这种表达；由此影响这件事情的道德活力会在最大程度上加快生产，也降低其价格。在我来这里路过牛津的时候，建造牛津新建博物馆的建筑家托马斯·迪恩爵士[②]告诉我，他发现，单单是这个原因，就使图案多样的柱头比图案单一的柱头（各自使用的体力劳动的量

---

① 例如《建筑的七盏明灯》(《图书馆版文集》第 8 卷，第 214、218 页) 和《威尼斯的石头》(《图书馆版文集》第 10 卷，第 204—207 页)。——编者注

② 托马斯·迪恩爵士 (Sir Thomas Deane, 1792—1871)，爱尔兰建筑家，出生于爱尔兰科克郡，并曾任科克郡郡长和爱尔兰皇家学会的主席。——译者注

是一样的），在制作上便宜百分之三十，手工劳动的费用也是如此。

33. 这是你们可以有效利用才智的第一种方式；简单遵守政治经济学的这个浅显法则，就会在你们的建筑行业当中引起一场伟大的革命，虽然你们现在甚至还无法设想这样一场革命。我们要防止浪费的第二种方式是，派我们的工人去做最轻松的，因而是最快速的符合目的的工作。例如，大理石像花岗岩一样持久，但柔软得多，容易加工，因而当你们找到一位优秀雕塑家的时候，要让他雕刻大理石，而非花岗岩。

34. 你会说，这是显而易见的。是的，但不太明显的是，你们每年让他们切割玻璃时浪费了多少时间，你们本应该让他们在玻璃柔软的时候塑造，却要等到玻璃变硬。同样不太明显的是，你们每年在切割钻石和红宝石上浪费了多少费用，它们是最硬的东西，你们却要让工人切割成毫无意义的形状，而同样的工人可以把砂岩和毛石雕刻成有意义的形状。还有不太明显的是，在意大利你们浪费了艺术家的多少时间，你们以巨大代价强迫他们把石屑粘合起来，为你们制作低劣的小幅图画，而他们本可以用十分之一的时间，为你们用水彩画出优秀而高贵的作品。

35. 针对这种巨大的商业错误，我还可以举出无数个例子，但这只会让你们厌倦和困惑。因此我请你们自己思考这个题目，现在我来说最后一个题目，也是我今晚要烦请各位耐心听下去的最后一个题目。你们知道，我们现在考虑的是如何运用我们的天才，而我们要作为经济学家以三种方式来运用：

多样的作品；

轻松的作品；

持久的作品。

36. 我们的最后一个问题是，作品的持久性。

你们很多人也许还记得，米开朗基罗曾受彼得罗·德·美第奇（Pietro di Medici）之命，用雪塑造一尊雕像，然后他服从了这个命令。[①]我很高兴，我们也没有理由不高兴，这个德不配位的国君有这样一个奇想，高兴的理由在于：那个时代，各门艺术在能力上登峰造极，而在托付给他们、由他们引导的天才的能力上，彼得罗呈现了所有国家、所有君王能犯的最大错误的一个可能是完美的、准确的，也是最鲜明的典型。这里你们看到，最强大的天才也最为顺从；他能坚强地独立，却全心全意服从资助人的意志；他最有才华，最有创造力，在人力所及范围内无所不能。而他的统治者、他的指导者、他的资助人，让他用雪树立一尊雕像——让他投身毁灭这项服务——让这天才化作一片云，从世间消失。

37. 彼得罗·迪·美第奇的的确确是这样做的，也是我们所有人正在做的事情，我们恰恰是在同样程度上，指示我们资助的天才用或多或少是容易消失的材料来工作。我们诱使画家用褪色的色彩作画，或者诱使建筑师用残缺的结构建造，或者在任何其他方面仅仅考虑如何容易而便宜地制造我们想要的东西，唯独不考虑它们在将来的持久和有用；就如

---

① 见《圭迪宫的窗子》（Casa Guidi Windows）对这个传说的绝妙叙述。——作者注（瓦萨里最早讲了这个故事："据说洛伦佐的继承人皮耶罗·德·美第奇历来与米开朗基罗亲熟，经常派他购买浮雕或其他古董；有一年冬天，佛罗伦萨下了大雪，他让米开朗基罗在庭院中用雪做一尊雕像；雕像做得非常漂亮。"《名人传》，第5卷。——编者注）

我们是在强迫我们的米开朗基罗用雪雕刻。艺术领域的经济学家的首要职责就是要保证，没有什么才智应该仅仅像白霜那样闪耀；相反，它应该凝结成玻璃，就像彩绘窗子那样，应该被置于石柱之间、铁条之间，让阳光穿过其中，直至万代。

38. 然而，我能想到，有些政治经济学家会在这里打断我，说："如果你让你的艺术过于耐用，你很快就会得到太多作品；你将使艺术家们失去工作。最好还是允许存在些许有益的转瞬即逝——这是仁慈的毁灭：让每个时代都自己为自己提供艺术吧，否则我们很快就会有许多优秀的绘画，都不知道该拿它们怎么办了。"

我亲爱的这样认为的听众，请记住，政治经济，就像任何其他课题，如果我们试图在同一时间解决两个问题，而不是一个问题，那么它是得不到有效处理的。如何得到许多事物，这是一个问题；得到许多事物是否对我们有好处，这是另一个问题。要把这两个问题分开考虑；永远不要把它们纠缠在一起，把你们自己搞糊涂。如何耕作你们的田地，以获得好收成，这是一个问题；你们是否希望有个好收成，或者确切说，是否让谷子维持一个很高的价格，这是另一个问题。怎么嫁接树木，以得到最多的苹果，这是一个问题；把这样一堆苹果放在储藏室，是否不会让它们全部腐烂，这是另一个问题。

39. 因此，既然我们谈论的只是嫁接和种植的事情，那就请你们不要因为想着怎么处理苹果点心而让自己烦恼。拥有很多或者很少艺术，对我们来说可能都是可取的——我后面会顺便考察这个事情；但现在，先让我们简单考虑一下，如何得到许多好的艺术，如果我们想要的话。合理的事情也许是，一个中等收入的人应该能够买得起一幅好画，正如一幅真正具备优点的作品应该卖到五百或一千英镑；但无论如何，政治经济学的分支一个是确定，如果愿意的话，我们如何能获得很多数量的事物，例如许多谷子、许多葡萄酒、许多金子，或者许多绘画。

刚才说了，第一个重要的奥秘，是产出持久的作品。作品得以持久的条件是两方面的：它不仅必须有持久的材料，而且本身必须有持久的品质——它必须足够好，能经得起时间的考验。如果不够好，我们很快就厌烦它，扔在一边——收集它，我们不会有什么乐趣。所以，关于作品，优秀的艺术经济学家遇到的第一个问题是，保存起来的时候，它是否会失去味道？眼下它可能非常有趣，看起来很像是天才的作品；但一百年以后，它有什么价值呢？

你们并不总是能够确定这一点。你们可能得到你们以为的品质最好的作品，但却惊讶地发现它无法存放。但有一件事情是你们可以肯定的，即快速制造的艺术也会很快腐朽；你们现在看来最便宜的作品，到最后却可能是最昂贵的。

40. 我要很遗憾地说，这个时代的大趋势是，让它的天才消耗在这种容易腐朽的艺术上，仿佛将其思想在篝火里烧掉就算成功。每年都有数量巨大的才智和劳动，消耗在我们那些廉价的带插图的出版物上面；在这些东西上，你们成功了；你们觉得，花一个便士就能得到那么许多木刻，这是件好事。但木刻、便士，这一切，对于你们都是很多损失，就好像你们把钱花到了蛛丝上。甚至还是比这更大的损失，因为蛛丝只能让你们脸上痒痒，只能在你们眼前闪烁；但它不会缠住你们的脚，把你们绊倒；但是坏的艺术能，而且也做了；因为，只要看着坏的木刻，你们就不能喜欢好的木刻了。如果我们此刻偶然遇到提香或丢勒的木刻，我们应该是不喜欢的——至少是我们当中习惯了当今廉价作品的那些人不喜欢。我们会不喜欢，也不可能喜欢，**那么**长时间；相反，当厌倦了糟糕的廉价东西，我们把它扔在一旁，然后买另一件糟糕的廉价东西，这样一来，我们一辈子都看着低劣的东西。现在，制作速成而低劣的作品的这些人，有能力创作完美的作品。只是完美的作品不能急就而成，因而也不可能太便宜。但是，假设你们花了现在十二倍的价钱，用一先令买到一幅木刻画，而不是十二幅；那么用一先令买来的这幅木刻画是艺术的极致，所以你们看着它永远不会厌倦；它是用上好的墨水印在上好的纸上的，所以你们把玩的时候永远不会把它磨坏；而你们花一便士买来的那些木刻画，没到一个星期你们就开始讨厌，而且到那个时候也几乎磨掉了一半。难道你们花一先令买木刻画，不是最好的买卖吗？

41. 然而，不仅是在买最好的版画或木刻画的时候，你们才会实践经济学。原创的绘画有某种品质，是你们在木刻画里无法得到的，许多人最好的那部分天才，只有在原创作品中才能表现出来，无论用的是钢笔或墨水，还是用铅笔或色彩。事情并不总是这样；但总体上说，最杰出的人，是只能在纸张和帆布上表现自己的那些人；因而长远来看，你们购买原创作品，钱是花得最划算的；按照已经确定的原理，最好的东西到最后可能是最便宜的。当然，低于一定成本，原创作品是无法被生产出来的。如果你们让一个人给你画一幅他需要六天时间才能画好的画，那么无论如何，你们必须让他在这六天里有吃有喝，有穿有住；这是他能为你工作的最低成本，但这并不非常昂贵：在艺术领域，如果诚实的话，最好的买卖——对于购买者来说，正是廉价购买的理想——就是用面包和水养活一个伟大的人，让他用必要的天数生产原创作品，或者我们也可以说加上必要的洋葱，让他有个好心情。这样你们就总是会拿你们的钱得到最多的东西；任何机械的复制或精明的商业筹划，都不能像这样带给你更划算的艺术买卖。

42. 然而，无需这样极端严格的计算，我们也可以将此确定为艺术经济中的一条规则，即总体而言，原创作品是最便宜的，也是最值得拥有的。但是，与它作为一种产品的价值确切相应的是，用永久性材料制作它的重要性。这里我们便看到当今时代的第二大错误，即，我们不仅要求工人制作低劣的艺术，而且还让他们将其形诸于低劣的材料。例如，在过去二十年里，我们让大量天才从事水彩画，却最草率地忽视所用的颜料和纸张是否持久。在多数例子中，它们都不能持久。只是偶然情况下，某幅画所用的颜料质量尚可，纸张也没有因为化学作用遭到损坏。但是，你们丝毫不费心思保证这一点，我自己见过一些水彩画，画成之后的二十年内就发生了最具毁灭性的变化；关于现代造纸业的不负责任，我所收集的所有作品都让我相信，虽然你们依然可以放心把玩年龄两百岁的阿尔伯特·丢勒的版画，但过不了一百年时间，你们多数的现代水彩画都要变成白色或褐色的破纸条；而你们的后代轻蔑地用两个手指把它们扯成碎片时，会半是鄙视半是气愤地抱怨你们说："十九世纪的那些人真是可怜啊！他们把整个世界搞得乌烟瘴气，做他们所谓的生意，却连一张耐用的纸也造不出来。"

43. 请注意，这并非现今艺术经济中毫不重要的一部分。你们的水彩画家天天在进步，能够表达更伟大、更美好的东西；而他们的材料尤其适应你们最好艺术家的心灵的转变。你们能在这种作品中积累起来的价值，很快就会变成国家艺术财富中最重要的一项，只要你们能付出一点点必要的努力，去保证这价值的永久性。我自己倾向于认为，水彩根本不应该被用在普通的纸上，而只应该被用在羊皮纸上，这样的话，如果保存得当，画作几乎是不会腐烂的。纸张仍然是快速创作的便利材料，但我们没有道理不保证其上乘质量，如果能轻而易举就做到的话。在我打算从我们的父权政府请求得到的许多恩惠中，当我们得到的时候，其中之一便是，它能给它的孩子们提供良好的纸张。你们需要做的事情只是让政府建一个造纸厂，让我们的一流化学家进行监督，他们要为整个制造过程的安全和完整负责。政府在做工完美的画纸角上盖上印章，你们要为此花一个先令，而这也可以增加一点税收。当你们花五十或一百几尼买一幅水彩画的时候，你们只需检查一下纸角上的印章，然后付额外的一先令，保证你们的那一百几尼真正花到了画上面，而不是一张花花绿绿的烂纸。在这件事情上用不着垄断或者管制；就让纸张生产商与政府竞争，如果人们愿意省下一先令碰碰运气，就让他们去碰吧；不过，如果愿意，艺术家和买家那时可以确信得到的是上好的材料，而现在他们是无法确信的。

44. 我也希望政府建一个颜料厂，虽然不是非常必要，因为相对来说，艺术家是有能力检验颜料的质量的，而我也毫不怀疑，如果愿意，所有画家都可以从正派的厂家那里得到色泽持久的颜料。我这里无意完整探究这个题目，因为它涉及建筑，以及我们现代的建造方法，而之前我也讲过一些了。

45. 但是，我不得不简要提到我们的一个习惯——在我看来，这个习惯正日甚一日——也就是每年都要把大量的思想和工作，都投入那些其性质必然容易腐朽的事物上，例如服装；否则就投入在迎合当今时尚上，例如餐具，虽然这些事物不容易腐朽。我猜测，在伦敦安家的富有年轻夫妻的第一个想法就是，他们必须有新餐具。他们父辈的餐具可能也很漂亮，但时尚变了。他们会从一流厂商那里购买整套餐具，而那些旧餐具，除了一些刻有使徒像的汤匙，或者是查理二世向他漂亮的女祖先敬茶时所用的茶杯，都让人熔掉重铸，然后刻上新的装饰，打磨光亮。只要情况是这样——请注意，只要餐具制造业还受到时尚的影响——**你们在这个国家就无法拥有金匠的艺术**。你们会认为，名副其实的工匠会用心制作茶杯或者茶壶吗：他知道，过不了十年这些东西都会被熔掉？他不会，你们也不会请求或者期待他这样做。你们请他做的只是一件速成的小工艺品——这里的把手需要一个精致的旋转样式，那里需要一个底座，或者是从最新的设计流派那里看到的旋花，从兰西尔①绘制的游戏卡牌上看来的锦鸡；②你们要一对凄美的小人作为支腿——就像保险公司的招牌那个样子——然后给研磨器上做点装饰，你们的果盘上，是婚礼早餐上男仆们翘首艳美的姿态，以及不幸少年

---

① 兰西尔（Sir Edwin Landseer, 1802—1873），学院派画家、雕刻家。——译者注
② 1825年，兰西尔为沃本修道院绘制了两套游戏卡牌，后来被蚀刻并出版。——编者注

无法透过树枝看到对面漂亮女孩的伤心模样。

46. 但是，你们不会认为**这**就是金匠的作品吧？金匠的作品，做出来是要持久的，是要把人的全部精神和灵魂融入其中的；真正的金匠工作，当其存在的时候，通常是培养当时最伟大的画家和雕塑家的手段。弗朗西亚①是个金匠；弗朗西亚不是他自己的名字，而是身为珠宝商的他师父的名字；他几乎总是在他的画上签上"金匠弗朗西亚"，以表示对他师父的爱；吉兰达约②也是个金匠，是米开朗基罗的师父；韦罗基奥③也是个金匠，是莱奥纳多·达·芬奇的师父。吉贝尔蒂④是个金匠，米开朗基罗说，他打造的青铜大门能作为天堂的大门。⑤但是，如果你们想要再次得到像他们那样的作品，就必须先保存它们，虽然很不幸的是，它们会变得过时。你们不能打碎它们，也不能把它们熔化。因为这样做不经济；这是对才智最严重的浪费。大自然可以在每个日落时分，熔掉她的金匠的作品，只要她愿意；然后又在每一次日出，把它们锻造成精雕细镂的金条；但你们做不到。拥有一套真正高贵的餐具的方式，是不断添加，而不是

---

① 弗朗西亚（Francesco Raibolini, 1450—1517），意大利博洛尼亚画家，也是位金匠和徽章设计制作者，还负责铸币厂。——译者注
② 吉兰达约（Domenico Ghirlandajo, 1449—1494），意大利画家，代表作品是在圣玛丽亚诺韦拉教堂绘制的壁画《圣母诞生》。——译者注
③ 韦罗基奥（Andrea del Verrocchio, 1435—1488），意大利雕刻家、画家和金首饰匠，代表作有雕塑《大卫》《巴特罗梅奥·科雷奥尼》《基督受洗》和《圣母马利亚与圣子》等。——译者注
④ 吉贝尔蒂（Lorenzo Ghiberti, 1378?—1455），意大利雕刻家，代表作是佛罗伦萨洗礼堂的《天堂之门》。——译者注
⑤ 金匠的工作有益于年轻的艺术家，有以下几点理由，其一，它让手在处理一些坚硬的材料时变得非常稳定；同时，它让人变得谨慎而稳健——一个男孩拿上粉笔和纸，想都不想就忍不住在上面乱画，但他不敢在金子上面乱画，他也不能随便玩弄。最后，它让人在微小的形式上工作时微妙而准确地刻画，并立志制作与材料的珍贵相配的丰富和细腻的图案。——作者注

把它们熔化。每一场婚礼，每一个孩子的出生，如果愿意，你们可以买一件新的金质或银质餐具，但上面要有高贵的工艺，这是为了永恒，然后你们将它放到你们的宝库中；金子主要是用来制作这种东西的，是用来制作不会腐朽的东西的。当我们多懂得一点政治经济学，我们就必将发现，只有某些尚未完全开化的民族，才需要强行把金子作为通货；①但是，金子已经被赐予我们，因而我们可以把优美的工作融入它不朽的光彩中，而那些拥有最旺盛想象的艺术家，在他们的梦想需要的时候，可以有这样一种材料：它经过拉伸和锻打，然后献上他们安排它承担的稀有的、体贴的服务，同时会带着难以置信的顽强持存下去。

47. 所以，装饰艺术的这个分支，是富有的人可以无私地在其中放纵自己的；如果他们从中索求优秀的艺术，那么在购买金银盘子的时候就可以确信，他们是在对年轻艺术家施加有用的教育。但对于装饰艺术的另一个分支，我要很遗憾地说，至少是在今天的环境下，我们在其中放纵自己是不能指望为任何人带去好处的：我指的是伟大而精妙的服装艺术。

48. 在这里，我必须岔开一两句，以便说明政治经济学的一条原理，我相信，这条原理虽然现在是被这门科学的一流大师们充分理解和主张的，但我要伤心地说，它并没有被管理财富的那些人付诸实施。任何时候我们花钱，当然是安排人们去工作；这是花钱的意义所在；确实，我们可能没有雇用任何人就把钱损失掉；但是，我们任何时候花钱，都是

---

① 见附录"论财产的本质"的注释。——作者注

安排一定数量的人去工作，当然，人数的多少与工资的多少有关，但长远来看，是与我们所花的钱的总数成比例的。那些浅薄的人们，因为发现自己无论怎么花钱，都总是在雇用某些人，因而是在做好事，然后就这么想，也这么对自己说：**怎么**花钱都是一样的——他们所有表面上的自私的奢侈，实际上都是无私的，是在做像把所有钱财都施舍出去一样的好事，或者也许是比这还要大的好事；我也听说有愚蠢的人们宣称这一点是政治经济学的一条原理，即无论谁发明了一种新的需要，都是为社会做了一件好事。① 我找不到足够严厉的词语——至少是不能使用可能足够严厉的词语，否则会让你们难以接受——来表达我对这种流行谬见的荒唐和危害的评价。所以，我还是尽量克制一下，不用尖刻的词语，而只是试着简单地说明其性质，及其影响的范围。

49. 既然承认我们任何时候为了任何目的而花钱，都是安排人们去工作；暂且不说我们给他们的工作对他们来说是否既是健康的，也是合适的，只是假设，不管什么时候花一个几尼，我们都是为同等数量的人提供可用一定时间的健康的生活资料。但是，通过花钱的方式，我们也完全是在这段时间内指导这些人的劳动。我们成为他们的主人，并强制他们在一段时间内生产某种物品。这件物品可能是有用且持久的，或者可能是无用且易朽的；它可能对整个社会有用，或者只是对我们自己有用。而我们的自私和愚蠢，或者我们的高尚和谨慎，不是通过花钱，而是通过为错误的或正确的东西花钱体现出来的；我们的明智和友善，不在于在一定时间

---

① 见附录注解 5。——作者注

内供养一定数量的人，而在于我们要求他们在这段时间内生产的那种东西必将是对社会有用的，而不仅仅是对我们自己有用。

50. 因此，例如，如果你是一位年轻女士，雇用一定数量的裁缝在一定时间内缝制简单而耐用的衣服，比如说，缝制七件；在冬天里你只能穿一件，而把剩下的六件送给一件也没有的贫穷女孩，那么你就是无私地花自己的钱。但是，如果你雇用同样数量的裁缝，在同样天数内为你缝制四件、五件，或者是六件漂亮的荷叶裙边，用来装饰自己的舞会礼服——这些荷叶裙边只有你自己用，而且你自己也只能用在一次舞会上，那么你就是在自私地花你的钱。的确，在两种情况下你都供养了同样数量的人；但在前一种情况下，你指导他们的劳动是为社会服务的，而后一种情况下却将其全部消耗在你自己身上。我不是说，你永远不要这么做，也不是说，你不应该有时仅为自己着想，不应该把自己打扮得尽可能漂亮；而只是说，你不要把招摇和仁慈相混淆，也不要自欺地认为，你能穿的所有艳丽服饰都是为了让比你地位低下的饥饿的人糊口；事实并非如此。你们自己，无论是否愿意，有时必定本能地感觉到事情是这样；那些在街头瑟瑟发抖的人们，排成一排望着你们从马车下来的人们，**知道**事情是这样，亦即，那些漂亮衣服并不意味着，有那么多东西被放到他们嘴里，而是意味着，有那么多东西被从他们嘴里夺走。

51. 那些美丽盛装的每一件，其真正的政治经济学意义正在于此：你让一定数量的人在一定时间内完全受你支配，你是最严厉的奴隶主——他们饥寒交迫；你对他们说："是的，许多天里，我会给你们吃，给你们穿，给你们燃料；但这些天里，你们要只为我工作。你们的弟弟需要衣服，但你们不要给他们做；你们生病的朋友需要衣服，但你们不要给他们做；你们自己也需要另一件更暖和的衣服，但你们不要给自己做。你们不要做其他东西，只给我做花边和玫瑰；在接下来的两个星期里，你们要做这些图样和花瓣，到时候我会用一个小时把它们碾碎、毁掉。"你也许还会接着说："这样做也许并不十分仁慈，我们也不会这么说；但无论如何，既然我们付他们工资，那么拿走他们的劳动就没有错；如果我们为他们的工作付了钱，那么我们就有权利处置他们的劳动。"

52. 不，绝不是这样。你们付钱得到的劳动，确实通过买卖行为变成了你们自己的劳动：你们买了那些工人的双手和时间；凭借权利和公正，它们成为你们自己的双手，你们自己的时间。但是，你们有权利花你们自己的时间，用自己的双手工作，而只为了自己的好处吗？进一步说，什么时候，你们通过购买，把他人的身体的力气注入自己的身体里，把他人的一部分生命添加到你们自己的生命里了呢？确实，在一定程度上，你们为了自己的愉悦而使用他们的劳动；记住，我不是笼统地反对服饰的炫丽，或者生命的附属物的浮华；相反，我们有很多理由认为，我们目前并未充分重视美丽服装作为影响普遍的趣味和性格的手段之一的重要意义。但我**的确**要说，你们必须以价值自身的准确天平，去衡量你们要求这些工人为你们生产的东西的价值；你们的友善与否这个问题，取决于所生产的这个东西是否值得，是否可取，而不仅仅取决于你们雇用人们生产它这个事实；进一步说，只要你们身边的土地上还存在寒冷和赤裸，那么毫无疑问，礼服的华美就是一种罪恶。在适当的时候，也就是没有更好的工作让人们去做的时候，让他们制作花边、切割珠宝，可能是合适的，但是，只要还有人寝无被褥，衣不遮体，我们就必须安排人们去制造毯子和衣物，而不是花边。

53. 如果有这样的盛大聚会，虽然让年轻而浪荡的人目眩神迷，欺骗在刺绣之下跳动的温柔心灵，让他平静地感觉奢华的仁慈①，但仿佛因为他们身上所穿服装的那种任性的美，困苦之人才初次得到舒适，贫穷之人才初次得到援助，那么这不会令人心生蹊跷吗；我是说，如果**真理**和**恐怖**两个神灵不可见地穿行于尘世的假面之中，有那么一个片刻消除我们的错误思想让我们变得清醒，然后向我们指明，为了营造豪华而耗费的金钱，如何本可以让许多曝尸荒野、冻馁街头的人起死回生，而穿金戴银之人，实实在在是与死神为伍，他们身上穿的乃是他的赃物，那么这不会令人心生蹊跷吗？是的，如果不仅你们思想上的面纱被揭去，而且你们凡俗视力前的面纱也被揭去，那么你们就会看到——天使确实看到了——在你们艳丽而洁白的礼服上，有你们未曾知晓的奇怪而黑暗的斑点和深红图案——是所有的海水都不能涤除的那种红色的斑点；是的，在你们漂亮的头上戴着的，你们盘绕的头发上闪着的迷人花朵之间，你们将看到，缠绕着一株人们从未想到的野草——那是长在坟墓上的草。

54. 然而，我今晚请你们接受的，还不是关于我们课题的这最后一个最清楚的，也最惊人的观点；除非刨根问底，

---

① "奢华的善行"，原文为："luxurious benevolence"，读者可以联想到今天所谓的"慈善晚会"。——译者注

否则我们便不可能让事情的任何一部分显出真相。但是，我们这项特殊任务所要考虑的重点，不是礼服的昂贵是否与慈善背道而驰，而是它是否与单纯世俗的智慧南辕北辙：即使假设我们知道礼服的华丽不是以苦难和饥饿为代价，难道我们就不可以把这种华丽更明智地放到其他事物上，而非礼服上吗？同时，即使我们的服装款式真正是优雅或优美的，这仍可能是一个大为可疑的问题；因为我相信真正高贵的服装是一种重要的教育手段，正如它当然是一个希望拥有活生生的艺术的国家所必需的，这关乎人类本性的肖像。如果一个时代的服装并不优美，那就不会有优秀的历史画，或者说也不可能有；如果不是因为有可爱而绚丽的服饰，那么十三到十六世纪法国、佛罗伦萨和威尼斯的艺术，就无法达到那样的高度。不过，甚至在那个时候，最好的服饰也绝不是最昂贵的；其效果更多是取决于它优美的设计，而在早些时代则是取决于端庄的设计，也取决于质朴而可爱的色彩块面，而不是取决于炫丽的纽扣或刺绣。

55. 我们是否能回归到那些更完美的形式风格，这是有疑问的，但毫无疑问的是，我们花到当下所穿服装的形式上的所有金钱，就任何美好目的而言，是全部被浪费掉了。请注意，在说到这个的时候，我所谓的美好目的，包括人们说年轻女士有时关心的一个目的，也就是结婚；但是，无论穿得素净还是靓丽，她们都会很快嫁出去，穿得素净还可能嫁个更聪明、更优秀的丈夫。我相信，只需要把她们花在梳妆上的金钱可以实现的真正好处客观地、大略地摆在她们面前，她们马上就会仅仅信任自己明媚的双眸和曼妙的辫子，去代替她们有心要造成的全部危害。我希望我们现在能得到伦敦社交季节的统计资料。上周的议会上，有人就国家为保罗·委罗内塞①在威尼斯最好的画作付出的巨额资金说了很多抱怨的话：一万四千英镑；我很好奇这个国家为舞会服饰花了多少钱！假如我们能够看到伦敦女装商那里从四月到七月单单是不必要的衬裙和荷叶裙边的账单，我不知道一万四千英镑是否够用。但是，这些宽大的衬裙和裙边，就像去年冬天的雪一样已经无影无踪了；它们的好处并没有那么多。而保罗·委罗内塞的画作却可以流传几百年，如果我们精心保存的话；然而我们却抱怨画作的价钱，而不抱怨炫耀的价钱。

56. 我没有时间更详细地说明我们用雪花树立雕像，把我们的劳动浪费在很快消失的事物上的种种方式。我必须让你们自己彻底探究这个问题，如我说过，我会在下一讲继续考察我们论题的两个其他分支，即如何积累，又如何分配我们的艺术。但在结束这一讲的时候，由于我们已经就好的政府的话题讲了很多，无论是我们自己的，还是其他国家的政府，我再举一个例子，说明好的政府是什么意思，明天晚上，我会根据这门古老的艺术向你们证明，其道德的和商业的价值，比我们通常认为的巨大得多。

57. 安布罗齐奥·洛伦泽蒂②在锡耶纳市政厅有一幅壁画，它通过几个象征性形象描绘了良好的市民政府，以及通常的良好政府的几条原理。代表高贵的市民政府的形象落身

---

① 保罗·委罗内塞（Paul Veronese，1528—1588），意大利文艺复兴时期画家，是提香的弟子，与提香、丁托列托合称威尼斯画派三杰，其代表作品是威尼斯总督宫的《天堂》。——译者注

② 安布罗齐奥·洛伦泽蒂（Ambrozio Lorenzetti，1290—1348），意大利锡耶纳画派画家。——译者注

良好的市民政府

王座，代表各种美德的形象则环绕周围，以种种方式支持或执行其权威。现在我们观察一下各种美德被分配以什么工作。带翅膀的三个形象——信仰（Faith）、希望（Hope）和仁爱（Charity）——环绕在政府形象的头部；这不仅仅是遵守她们在各种美德中常见的、纹章学的优先法则，就如我们现代人习惯看到的那样，而且也符合画家方面的独特目的。如此被描绘的支配着贤明统治者的思想的信仰，不仅是指那时人们看来所有人——不管是被统治者还是统治者——都必备的宗教信仰，而且还指使工作得以稳定开展的信仰，尽管面对种种不利的表象和权宜之计；对伟大原则的信仰，使公民的统治者无视一切让普通人气馁的当下的困境和黑暗，他知道正确的作为将有正确的结果，他坚持自己的道路，纵然有人拉扯着他的披风，有人在他耳边说各种闲言碎语；他坚忍不拔，因为他心中有信仰，这信仰是不可见之物的明证。

58. 同样，这里的希望，不是可以激励所有人的进入天国的希望；相反，她侍奉良好的政府，去表明所有这样的政府既是**展望的**也是**保守的**；如果它希望有更好的东西，那么它就不再是当下之物的聪明的保卫者；只要这个世界存在下去，它就不应该只是满足于制度或财产的现存状态，而是还希望有更多的智慧和力量。它不是不安地、焦躁地固守这个状态，而是感受到，自己真实的生命在于平稳地步步上升。的确要保守，而且是心怀艳羡地保守古老的东西，但要像保守立柱，而不是像保守尖塔——要像保守国库，而不是像保守偶像；主要是在国家经受考验或磨难时满怀希望，积极活跃，遵守形容女王的国家的那些最重要的、令人尊敬的话：

"未到黎明她就起来。"①

59. 再来看作为良好政府的侍从的带着翅膀的仁爱，她在这幅壁画中有特殊的职能。你们能猜到是什么吗？如果考虑到国王们为王冠进行的争夺的特点，以及他们加强或巩固其权力时通常采用的自私而暴虐的手段，你们也许会很惊奇听到，仁爱的职能是为国王加冕。然而，稍作思考，你们还会发现安排她发挥这个职能的思想的美，因为首先，一个称职的统治者的所有权威，只是为了他的人民的福利才被他渴望的，所以，只是"爱"才让他接受或保卫他的王冠；其次，他主要的伟大之处在于，他运用他的爱，并且，只有他的行为和思想充满了仁慈，他才真正被敬重；所以，"爱"是他的王冠的光，也是这王冠的赐予者；最后，因为他的力量依赖于他的人民的感情，所以只有他的爱，才能为他稳固地加冕，并且使他永远为王。所以，"爱"才是他王冠的力量，正如是他王冠的光。

60. 然后，环绕国王，或者说以各种方式服从国王的，是各种从属的美德，如刚毅（Fortitude）、节制（Temperance）、忠实（Truth），以及其他陪伴的精神，对此我不能一一解释，只是希望你们注意到，公共税收被委托给其中一个去保卫和管理。你们能猜到是哪个吗？你们会认为，仁爱与这个任务有关；但并不是她，因为她太热心，而不能仔细照看。你们其次也许会想到审慎（Prudence）。不，她过于胆怯了，在下定决心时会错过很多时机。能是慷慨吗（Liberality)？不，慷慨只负责其中的一小部分；她不是个好会

————————————————

① 《箴言》31∶15。——编者注

计，在国库中没有被委派以重要岗位。掌管宝藏的这位美德，我们现代很少听说她与其他美德有所不同；她是宽宏（Magnanimity）；她内心宽广：注意不是柔软或软弱——而是内心的容量——她是伟大的**衡量的**美德，以神圣的天平称量一切可被给出的东西，以及一切可被获得的东西；她明白如何以最高贵的方式做最高贵的事情：衡量两种善中哪个包含更大的善，因而就选择更大的那种；两种个人的牺牲中，哪种更敢于牺牲更大；在善行的各条道路之间，哪条可以最远地通往未来的蓝色田野；总之，在我们首先用来描绘万国之中的王后的词语中，哪种品格较少看着眼前的权力，而是展望遥远的前景："能力和威仪是她的衣服。她想到**日后的**景况就喜笑。"①

---

① 《箴言》31:25。——编者注

第二讲　艺术的积累和分配

(之前演讲的继续，1857 年 7 月 13 日)

61. 我们今天晚上要考虑的题目，你们还记得，是艺术作品的积累和分配。我们的整个探讨分为四块：首先，如何得到我们的天才；其次，如何运用我们的天才；然后，如何积累天才的成果；最后是如何分配这些成果。昨天晚上我们考察了如何发现和运用天才，今晚我们要考察保存和分配的方式。

62. **三、积累**。在一开始，我们还是来回答一下之前撇开的那个反对意见；也就是，创作大量好的艺术也许并不可取，而且它们不应该变得太廉价。

"不，"我能想到你们中间一些比较慷慨的人会大声说，"我们不用麻烦您驳斥那个反对意见；它当然很自私也很低俗：好的艺术，就像其他好东西一样，应该尽可能便宜，我们要尽自己所能让每个人都能得到。"

63. 很抱歉，我不准备承认这一点。我宁愿支持自私的反对者，而且相信艺术不应该变得廉价；因为你们能从伟大的作品中获得多少快乐，全部依赖于你们在思想上为之付出多少注意和多少精力。这种注意和精力在多大程度取决于一个事物的新颖，大大超过你们所认为的那样；除非你们非常认真地研究了自己心灵的活动。如果经常看到同样类型、同等价值的事物，你们对它们的崇敬必然会减少，注意力也逐渐衰退，兴趣和热情也都会耗尽。在这种状态下，你们就不会为任何作品付出享受它所必要的精力。的确，如果问题只在于，在欣赏许多画作，却对每一幅画都浅尝辄止，与欣赏一幅画，却欣赏得非常仔细，这两种情况之间进行选择的时候，也如果两种情况下得到享受一样多，那么你们可能会理性地渴望占有更多，而不是更少画作；这既是因为一件艺术作品始终都或多或少诠释另一件，也是因为数量多了就会降低全部损失的概率。

64. 但是，这不是一个像这样的单纯算术问题。各种断断续续的欣赏的碎片，加起来并不等于一次完整的欣赏；在这种情况下，二加二不是等于四，也不是像四这样的东西。你们手里的好画或好书，或者任何类型的艺术作品，始终都在某种程度上得到精心保存，层层包裹。你们可以把它们看成可可果，壳子常常是不好看的，但里面却有美妙的汁液和果核。现在，如果你们渴的时候有二十个可可果，然后急躁地拿起这个，又拿起那个，用刀尖只在每个上面划一下，那么无论哪个的汁液你们都得不到。但是，如果你们丢开十九个，在留下的那一个上面划上二十下，你们就可以划透，喝到里面的汁液了。不过，人心的倾向总是在划上二十下之前就疲倦了，然后去尝试另一个：而且，即便有足够的毅力砸开果子，它也肯定会尽力吃，吃得太多，然后把自己噎住。于是，有人明智地告诉我们，我们所渴望的东西，很少是不付出大量的劳动，不经过大量的时间间隔，就能拥有的。一般来说，我们的晚餐是无法不劳而获的，而且劳动也让我们有吃饭的胃口；我们无法不经历等待就过上节日，而且只有等待才使我们充满热情；我们也不应该不花钱就得到画作，而且购买才会让我们有心思观赏它。

65. 不，我甚至还要说，我们不应该花太少钱就得到书。我相信，没有哪本书，相比人们在书店垂涎一年，然后用攒下来的半便士买到的那本书，或许还是因此饿了一两天肚子的那本书，其价值就减少一半。这是获得一本书的精华的途径。我应该在这个问题上多说两句，并且极力抗议廉价文学带来的祸害，我们现在就受到这种祸害的折磨，但我担心你们会喝止我，认为我不切实际，因为我目前还完全没有找到让每个人为他们的书饿肚子的办法。但是，人们可以看到有一个东西是可取也可能的，即使不会立刻发现得到它的最佳途径——在我的巴拉塔利亚岛,[①]在我将一切都整理有序之后，我向你们保证，任何书的价格都不会低于一个纯银英镑；如果出版的成本比这低，多余的钱将进入我的国库，让我的臣民在其他方面省下税钱；只是确实贫穷到付不起一英镑的人，才可以免费分到少量他们想要的书。我还没有决定这个数量，制度上的几个其他问题也没有得到解决；当它们都被确定下来，如果你们允许，我会再来给你们做个讲座，讲讲文学的政治经济学。[②]

66. 回到我们眼下的课题上来，我对慷慨的听众说——他们想给我们无数提香和透纳的作品，就像秋天的落叶——"绘画不应该太便宜"；但是，我会以更强烈的语气对那些想

① 巴拉塔利亚岛（Barataria），是塞万提斯《堂·吉诃德》中桑丘担任总督的那个岛城。——译者注
② 见附录注解6。——作者注

要让绘画财产维持高价的人们说，绘画也不应该太昂贵，也就是说，不要像现在这么昂贵。因为，就当下的情形来看，任何生活境况一般的英国人，是完全不可能自己拥有一件杰出的艺术作品的。一幅中等水平的现代素描，或者一流的版画，一个收入微薄的人可能会自责地用尽全部积蓄买下来；但一流艺术的范例——大师级的作品——就完全超出了他的能力。我们习惯于认为这是自然而然的事情，因此从不想办法减少这种罪恶；然而，这是一种完全可以减少的罪恶。

67. 这种罪恶，恰恰像中世纪存在的罪恶一样，我觉得，那时的每一个人都认为好书难得是自然而然的事情，就像我们现在认为好画难得是自然而然的事情。那个时代，你们无法学习伟大的历史学家或者诗人的作品，一如现在你们无法研习伟大画家的作品，除非付出高昂的代价。那时如果你们想要一本书，就必须让人们给你们抄写，或者自己抄写。但印刷术出现了，穷人可以阅读自己手里的但丁和荷马的作品；而这些作品的价值也没有因此就有所减损。但现在，只有在文学方面，中等家资的个人才可以拥有和研习名作；而在艺术方面，他们是无法在家中学习名作的。我们当前积累名作的目标，就像政治经济中的第三方物品，是让大众能在某种程度上接触到伟大的艺术；还有就是，在比我们现在更大也更多的美术馆里，同时，根据其财富和愿望加以分配，在每个人的家里，使艺术的影响达到与文学的影响大致相当的程度。这就是你们的经济学家必须实现的微妙平衡：根据整个国家的需要，积累大量艺术，以能够给它提供储备，并且也能够调节这种储备的分配，那样就不会有过剩，也不会有缺乏。

68. 的确，这个平衡是很难把握的，如果仅仅依靠我们的技巧去操作的话；但在匮乏与充沛之间的恰当中点，却已经由上天的明智法则为我们准确确定下来了。如果你们密切关注你们所发现的所有天才，安排它们进行好的服务，然后恭敬保存它们生产的东西，那么你们就永远不会有太少艺术；另一方面，如果你们从不强迫艺术家为了每日衣食匆忙地工作，也不让他们因为你们宁可要华而不实的艺术而敷衍了事，那么你们也永远不会有太多艺术。不强求艺术的产量，你们就不会让它过于廉价；不随意毁坏艺术，你们就不会让它过于昂贵。

69. "但谁会随意毁坏艺术呢？"你们会问。哎呀，我们都在这样做啊！我开始谈到我们课题的这个部分，就像谈到家庭主妇的经济时说"让她的刺绣远离蛾子"指出的那样，那时你们也许认为，我只是要告诉你们如何更好地保存绘画，如何清洁它们，如何上漆，当你们出门时如何安全地存放起来。哦，我绝不是这个意思。我向你们提出的最大请求是，不要把它们撕成碎片，不要用脚践踏它们。"什么！"你们会说，"我们什么时候做这种事了？我们难道没有为我们必须保管的画作建造美轮美奂的美术馆吗？"①是的，为了送来曼彻斯特需要保管的画作，你们是这样做的，但是，保管曼彻斯特之外的大量画作，同样是你们的，也是我的责任；就在此刻，我们自己正忙着雇人撕毁这些画作。我会马上告诉你们这些画作是什么，在哪里；不过，首先来让我阐明这

_____

① 　指的是在老特拉福德公园为1857年艺术珍品展修建的"水晶宫"。——编者注

件事情所依赖的政治经济学的另一条主要原理。

70. 我必须说几句题外话，并请你们反省一下，我们在英国浪费钱财的方式，是否不仅仅是修建漂亮的坟墓。当人们**刚刚**死去的时候，我们对死者的尊敬真是令人瞠目结舌，而且我们表现尊敬的方式更是令人瞠目结舌。我们用黑色的羽毛和黑色的马匹来表现；我们用黑色的衣服和鲜艳的纹章来表现；我们用昂贵的方尖碑和形容凄楚的雕像来表现——它们损坏了我们一半最美的大教堂。我们用安静草地中间吓人的栅栏、穹窿和阴森石头的封顶来表现；最后，但并非最不重要的是，我们还允许自己在墓碑上讲些我们认为是友好的或可信的谎话。这种感觉无论是穷人还是富人都有；我们都知道有多少贫穷的家庭，为了证明对坟墓里的某个成员的尊敬而几乎倾家荡产，而他还在外面的时候，他们却是不闻不问；有多少贫穷的年老妇女为了能被体面下葬而让自己活活饿死。

71. 这是彻头彻尾浪费钱财的方式之一；用来装点殡葬仪式的钱是最没好处的，或者说没有一点点好处。所有出色的经济学家，以及善良之人，当仁不让的职责，便是不断向穷人和富人们证明和宣讲：对死者表达尊敬的真正方式，不是在他们身上竖立巨大石头，告诉我们他们在哪里，而是即便没有石头的帮助，也能记住他们在哪里；是把死者托付给神圣的草地和哀伤的花朵；而且，表达对他们的尊重和爱，不是凭借我们用**我们的**双手建造的巨大纪念碑，而是凭借他们用**他们自己的**双手竖立的纪念碑。这才是问题的重点所在。

72. 请注意，有两种关于勤劳的重要的相互责任，始终是在生者和死者之间相互交换的。生活和工作的时候，我们始终要想着后来者；要想着，我们的所作所为是可以对他们有用的，正如对我们有用。然后，当我们死去的时候，后来者的责任是心存感谢和怀念地接受我们的这种工作，而不是觉得它毫无用处的时候，把它们扔掉或推倒。每一代人，只有在履行对过去和未来的这两项责任时，才会在应有的程度上感到幸福和强大。如果他们没有为后辈的眼睛准备自己的工作的话，那么他们的工作从来不会是正确地完成的，从来不会是美好的、高贵的，或者令他们自己的眼睛愉悦的。对于他们自己，他们的财产是永远不够的，他们的智慧也是永远不够的，除非他们能心怀感激、倍加珍爱地利用从前辈继承而来的财富和智慧。

　　73. 因为，要相信，这个世界上所有最好的东西和财宝，都不是由每一代人为自己生产的；我们在世，不是要用将会融化的雪雕刻自己的作品，相反，我们每一个人都要沿着人类力量的阿尔卑斯山不断滚雪球，越滚越高，越滚越大。因此，国家的学术就从父辈积累到子辈：每一辈人都多学一点，接受已知的东西，再把自己的收获添加进去；国家的历史和诗歌也应该是积累的，每一代人都珍惜前辈的历史和歌谣，再把自己的历史和歌谣添加进去。国家的艺术也应该是积累的，正如学术和历史；生者的工作不是取代，而是在前人的工作之上建设自己。这个世界上几乎每一个伟大而理智的民族，在其每一个历史阶段，都生产带有独特而珍贵的特征的艺术，它是任何其他民族、任何其他时代都完全无法模仿的；显而易见，上天关于艺术的旨意是，艺术应该汇聚成一座宏大的神庙；粗糙的和光滑的石头都找到自己的位置，在更华美、更高耸的尖塔中日日上升，直达苍穹。

74. 好了，想象一下这个世界，假如被看作一个巨大的车间——一个圆球形式的巨大工厂——如果它在最低程度上理解这个责任，或者能够理解，那么它如今会是个什么样子。再想象一下，如果各个国家在工作中相互协助，而不是因为它们的工作相互争吵和打斗，或者，即便它们相互征服，却能保卫胜利得来的战利品，而不是销毁它们打败和征服的国家的遗产，那么如今我们身边会有些什么东西。再想象一下，如果希腊人精致的雕塑和神庙，罗马人宽阔的道路和厚重的城墙，还有中世纪神圣而幽暗的建筑，没有因为人类的暴怒而化为齑粉，那么欧洲现在会是个什么样子。你们说时间如镰刀，如牙齿；我告诉你们，时间没有镰刀也没有牙齿，是我们像蠕虫一样咬噬，像镰刀一样刈割。是我们自己在破坏，是我们自己在消耗，我们就是霉菌，我们就是烈火；对于自己的成果，人类的灵魂就像蛾子，在不能飞的时候就在啃噬，就像一团暗火，在不发光的地方也在烧毁。所有这些失去的人类才智的珍宝，都是被人类毁灭性的勤奋摧毁的；大理石光滑的雕塑能矗立两千年，一如帕罗斯岛①的悬崖，但我们人类却将它们碾成粉末，与我们自己的骨灰搅在一起。城墙和道路将依旧存在，如果不是我们将它们拆毁，让荒漠再次无路可走的话；古老宗教的教堂还会巍然屹立，如果不是我们用锤子斧头把雕塑打碎，让高山的青草长到路面上，把海风的旋律引到美术馆的话。

75. 你们也许会认为，所有这些都是人类的发展所必要

---

① 帕罗斯岛（Paros），爱琴海众多岛屿之一，盛产大理石，著名的雕像维纳斯便由这里的大理石雕成。——译者注

的。我现在没有时间为此争辩，虽然我很想这样；但你们认为，**这还是**这种发展所必要的吗？在十九世纪的今天，你们是否认为，欧洲各国依然有必要把它们艺术珍宝的所在之地变成战场呢？因为甚至在我说话的时候，它们还在这样做；此时世界这个巨大的公司正经营着自己的生意，正如它过去所做的那样。想象一下，生产一些精致产品——例如玻璃和瓷器——的工厂会是怎样的繁荣景象，在车间和展厅里，工人和雇员至少一天打闹一次，首先吹出蒸汽，打烂手边的机器；然后把货架都当成堡垒，攻击和守卫展台，获胜的一方最后把所有能拿起的东西都扔出窗外，以表示他们的胜利。可怜的工厂主这里捡起一只茶杯，那里捡起一个把手，然后又扔到一边。这真是生意兴隆，不是吗？然而，这正是世界这个巨大的制造公司经营生意的方式。

76. 六七百年来，这个世界都是这样处理政治纠纷的，没有一个纠纷不是依靠在最珍贵的艺术中间的打斗解决的；而且直到今天还是如此。例如，如果有人让我在世界地图上指出，此刻哪里是艺术教育和艺术珍宝最集中的地方，我一定会指在维罗纳城①这个名字上。的确，其他城市包含更多可移动的艺术，但没有一个城市保存有如此众多辉煌的地方性艺术，它们是后来艺术的源泉，也是绝对不可能被打包带走的；我要悲伤地说，它们一件也没有得到抢救。首先，维罗纳城的罗马圆形剧场不是最大的，但却是最完美的、最清晰的，圆形阶梯都完好无损，连续的拱顶和券拱依然坚固；这里还有较小的罗马纪念碑、门道、剧院、浴场、神庙遗

① 维罗纳（Verona），位于意大利北部，也盛产大理石，保留有古罗马的圆形剧场和许多教堂。——译者注

址，这使这座城市郊区的街道具有除罗马本身以外，其他地方都无可比拟的古代特色。其次，这里还保存有十二世纪重要的伦巴底式建筑的完美典范，这是罗马也没有的，这种艺术是中世纪所有意大利艺术的根源，没有它就不可能有乔托、安杰利科①和拉斐尔等人的作品；它所包含的这种建筑不是粗糙的形式，而且表现出这种建筑曾经取得的最完美、最优美的形态——这些形态不是废墟，不是改动过的、难以辨认的碎片，而是从门廊到后殿都完好无损的教堂，里面的雕刻清晰如新，立柱依然坚固，连接非常紧实。除此之外，这里还有十三、十四世纪重要的意大利哥特式建筑的范例，不仅保存完整，而且举世无双。在罗马，还有比萨、伦巴底，人们可以看到更为宏大、同样高贵的古罗马建筑，但罗马、比萨、佛罗伦萨和其他城市，都没有像维罗纳那样的伟大的中世纪哥特式。其他地方的哥特式，要么是在风格上不纯粹，要么在工艺上不优美，只有在维罗纳，你们才能看到其质朴的朝气活力，以及纯熟细腻的美。最后，维罗纳拥有意大利文艺复兴时期最优美的建筑，这些建筑上没有傲慢习气的干扰，也没有奢侈之风的玷污，其存在只是为了恰当地发挥民用职能，表现出一种举重若轻的优雅和含蓄内敛的端庄；朝向最狭窄的街道和最宁静的花园的窗户上，都用到最丰富的工艺。维罗纳所拥有的这些建筑，点缀于这个宜居星球的其他地方都不存在的自然景色之中：来自阿尔卑斯的狂

---

① 安杰利科（Angelico, 1387—1455），意大利文艺复兴时期画家，生于佛罗伦萨，也是佛罗伦萨画派的代表人物；他原名圭多·德·彼得罗（Guido di Pietro），后来进入修道院，取名菲耶索基的乔瓦尼（Giovanni da Fiesole），"安杰利科"意为天使，是后人对他的尊称。——译者注

野河流在她脚下翻涌，河岸边的石头陡然崛起，形成一个巨大的新月形崖壁，柏树森森，橄榄成荫；在她南面，植被茂盛的意大利平原连绵铺展开来，隐没在金色的光芒中；在北面和西面，环绕她的阿尔卑斯山犹如头戴羽缨的军队，而贝纳库斯①则给她送来冰雪的清凉。

77. 在拥有这样一些美好事物的城市周围，意大利的关键战争正在持续；②她的高塔在阿尔科拉（Arcola）的炮声中瑟瑟发抖，直到现在，从明乔河（Mincio）而来的鹅卵石还在分割她的田野，残破的城墙被当作阵线，战争的浪潮从这里返回到纳瓦拉（Navarre）；此时她东边的新月形悬崖，满月曾经在炎炎夏日的黄昏穿过柏树枝丫升起，用不断上升的银色光芒抚摸玫瑰色的大理石露台——沿着环绕的山石的背脊，其他的圆形也在上升，它们是白色的，而且有些苍白：那是残暴力量用墙围着的高塔，大炮留下的弹痕犹如墙壁的层理。我告诉你们，我曾经见过，当雷云降临那些意大利山丘，它们的所有峭壁都浸着深深的颜色，是可怕的紫色，仿佛神烈怒的酒泼在山上③——我也曾经见过，冰雹降临在意大利，树木的枝条都被打击得光秃裸露，好像蝗虫侵袭过一样；但是白色冰雹从天堂的云中降临，却从不像黑色冰雹从地狱的云中降临那样，而是让意大利生命的一丝气息在维罗纳街道上再次萌动。

---

① 贝纳库斯（Benacus），即今天的加尔达（Garda），那里有著名的加尔达湖，阿尔卑斯山的萨尔卡河等溪流从北端注入此湖。——译者注
② 这里指意大利独立战争（1848—1870）期间撒丁王国与奥地利之间的战争。1857年，奥地利仍占领着维罗纳，并加固工事，与佩西耶拉、曼图亚和莱格纳戈构成著名的"四边形"。——译者注
③ 《启示录》19:15。——编者注

《从维罗纳高处俯瞰的风景》，罗斯金作

　　78. 尽管你们对此深感痛心，但我不是说你们能马上阻止其发生；你们无法把奥地利人赶出意大利，也无法阻止他们到处构筑要塞。但我要说，①你们，还有我，以及我们所有人，都应该带着对这些东西的一种充分认识和理解去行动

————————

① 读者们会不由得想起布朗宁夫人（Mrs. Browning）为意大利呼吁的那首优美诗歌，写于英国第一次盛大的艺术展览期间：

> 哦，东方和西方的祭司，
> 你们的熏香、黄金，还有没药，尽善尽美！
> 　除了这些，你们还为基督带来哪些礼物？
> 你们的手艺很好。你们的勇气是否
> 　只用在了手艺里？你们是否没有最好的东西，
> 可以让慷慨的灵魂加以完善和呈现，
> 　而基督也必感谢赠与者。开明的国家，
> 难道没有教诲之光，给予
> 　夜晚坐在黑暗中的穷人？
> 对恶劣的孩童没有矫正？基督啊，没有！
> 　难道没有给女人的救助，她们哭瞎了双眼，
> 因为制定法律的是男人？没有诱人的青楼，
> 　被普遍的闪电烧毁？我的英格兰，
> 难道你没有为这些苦难找到救药？
> 　奥地利啊，没有给受鞭打者和受束缚者的出路，
> 没有召唤流亡者回来的呼声吗？俄罗斯啊，
> 　没有给在地下工作的被鞭笞的波兰人，
> 给在冰天雪地憔悴苍白的温柔夫人们的修养之地吗？
> 　美利坚啊，没有给奴隶的宽恕吗？
> 自由的法兰西，勇武的法兰西，没有给罗马的希望吗？
> 　我说，呜呼，伟大的国家必有巨大的耻辱。
> 哦，这个世界，没有怜悯，没有仁慈的
> 　温柔话语，没有这样的祈祷，
> 给被磨难所困的意大利吗？
> 　哦，仁慈的万国，请听听我的诉说！
> 你们都去宴饮游乐，而我，
> 　在人性的路边，
> 乞求你们的施舍——上帝的正义终将到来。
> 　给我们繁荣！

　　——作者注（布朗宁夫人全名为 Elizabeth Barrett Browning，1806—1861，伊丽莎白一世时代著名诗人。罗斯金所引诗句出自其代表作《圭迪宫的窗子》；另参见第 36 节作者注。——译者注）

和感受；不必试图激起革命或者削弱政府，我们就可以献出我们自己的思想和帮助，并在一定程度上阻止不必要的毁灭。只要我们充分意识到这件事情，我们就应该这样做。你们每天都驱车穿过你们宜人的郊外，你们只是想着怎么把钱省下来，然后把你们的门廊装点得更漂亮一点，把马车大道打造得更宽阔一些，把客厅整理得更敞亮一些，这个时候心里有一种模糊的观念，以为自己是在支持艺术，促进艺术；你们没有费心设想这个事实，也就是在你们旅行的几个小时里，有些门廊和客厅也可能像这些一样是你们的，都已经建好了；门廊是由有史以来最伟大的雕塑大师建造的；客厅是由提香和委罗内塞描绘的；你们不想原模原样接受和保存它们，相反倒愿意从街对面叫来油漆工，把提香和委罗内塞装饰的房子留给老鼠。

79. 当然，你们会回答说："是的，我们想要这里的漂亮房子，而不是维罗纳的房子。我们该拿维罗纳的房子怎么办呢？"我会回答，像你们对待你们这里财产最昂贵的那部分一样对待它们：以它们为骄傲——只是一种高贵的骄傲。当反躬内省，你们清楚地知道，你们为这些财产花的钱，大部分是为了骄傲。你们的马车为什么外面被描绘得很漂亮，制作得很精致？你们坐在里面的时候并看不到外面，外面是给别人看的。你们房子的外部为什么建造得很精致，家具明亮而贵重，而只是为了让别人去看？其实你们自己也是舒服的，那张桌子是你们的老朋友了，它的皮子有白色的云纹，你们在上面写字的时候阳光从窗户照进来，而窗户也不过是砖墙上的一个洞而已。在这个问题上，所有要做的可取的事情，不过是因保存伟大的艺术，而非因制作低劣的艺术感到骄傲；是因拥有远处珍贵而持久的事物而感到骄傲，而不是因拥有手边廉价而易朽的事物而感到骄傲。你们知道，在英国**古代**，我们的国王喜欢把贵族和公爵送到国外，而你们作为商家的王子①，为什么就不愿意在国外拥有爵位和领地呢？相信我，如果理解正确，相比拥有一群身穿最好看的衣服的仆人，哪怕他们能从这里排到博尔顿，作为维罗纳一座宫殿的主人，作为佛罗伦萨一条画满壁画的走廊的主人，是一件更令人骄傲的事情，也是一件更"令人尊敬"——在这个英文词语的充分意义上说——的事情。是的，把人们送到意大利旅行是件令人骄傲的事情，他们会时常不得不这样说某件精美的艺术："啊！这是由曼彻斯特的善人为我们**保存**在这里的"，胜过让他们千里迢迢来到这里，对你们的这种艺术珍品发出惊叹："这些是曼彻斯特的善人们为我们**带来**这里的，虽然并非毫发无损。"

80. 但你们说："唉！举办艺术珍品展是可以带来回报的，但保护委罗内塞的宫殿却不会。"抱歉。这些宫殿也**会**，虽然不那么直接，但带来的回报会多得多。你们是否认为，大陆现在这个样子，长远来看真的对曼彻斯特有好处，或者对英国有好处吗？你们是否觉得，永远惧怕革命，永远压制笼罩和妨害欧洲诸国的思想和活力，最终会给**我们**带来利益吗？1848 年事态的进程让我们变得更好了吗？或者说，意大利宏大别墅中的龙骑士战马马厩，对促进棉花贸易有显著效果吗？不是的。但是，你们在稳定的大陆上所能持有的每一笔股份，你们在大陆推行英国习俗和原则的范例时能作的

———————
① 见《以赛亚书》23:8。——译者注

每一次努力，你们在大陆缓解苦难和防止绝望时能做的每一件功绩，都会为英国的繁荣带来十倍的动力，并且在无数潜在的方向上打开贸易的渠道，鼓动工业的源泉。

81. 如果可以，我要更有力地把这些令人骄傲的、带来自身利益的动机强加给你们，但它们根本不应该是刺激你们的动机。我应该摆在你们面前的唯一动机是，这样做是正确的；在海外持有财产，英国人缓解外国局势的个人努力，属于我们的财富加给我们的不可推卸的最直接的责任。我不知道——我这样说是完全出于真实和审慎——我不知道，在好心人的自欺当中，还有什么比他们的爱国主义观念更可笑的东西，说这种观念要求他们把自己的努力限制在自己国家的好处上——这种观念意味着，仁爱是一种地理性的德行，对于河岸这边的人来说神圣而正义的事情，对于对岸的人来说却是错误的、悖理的。总有一天，基督教世界想起这件事情会觉得不可思议，即两千年来人们一直在认为，邻居在耶路撒冷就是邻居，到了耶利哥①就不算是邻居了；以后的岁月里，英国人想起这件事情来也会觉得不可思议，即曾几何时，我们能跨过浅浅的盐水与任何人握手，是两岸的白垩粉末把从福克斯通到昂布勒特斯的盐水染白的。②

82. 感激的动机，一如怜悯的动机，也不应该让你们无

---

① 耶利哥（Jericho），位于今天巴勒斯坦境内的一座古城，在圣经属于上帝分给以色列人便雅悯支派的土地，《约书亚书》18:21："便雅悯支派按着宗族所得的城邑，就是耶利哥、伯曷拉、伊麦基悉……"——译者注

② 福克斯通（Folkestone）和昂布勒特斯（Ambleteuse）分别属于英国和法国，相望于英吉利海峡对岸；又，"盐"在圣经中有特殊的含义，意味着永恒、圣洁，见《民数记》18:19："凡以色列人所献给耶和华圣物中的举祭，我都赐给你和你的儿女，当作永得的份。这是给你和你的后裔，在耶和华面前作为永远的盐约（'盐'即'不废坏'的意思）。"——译者注

动于衷，首先是你们要求看到，并且首先是你们给我们展示，这个不幸的失败的意大利给英国的这些珍品。请记住，所有这些在这里带给你们愉悦的东西是意大利的——不论作为事实，还是作为教诲，都是她的；作为事实，她的这些东西是如今在你们墙上闪耀的古代最有力、最动人的绘画；作为教诲，她的这些东西是流传下来的最优秀和最伟大的灵魂——要不是威尼斯，你们的雷诺兹，你们的庚斯博罗，就从来不会画画；给你们现今艺术以唯一真正生命的那些活力，首先是由出没在比萨圣地的死者的声音唤起的。

好了，我们这一方面向外国展开的明确行动的所有这些动机，都取决于一些非常严肃的事实；这些事实太过严肃，因而你们也许认为还是不要干预；因为我们所有人都习惯于在重大事情面前置身事外，仿佛上天会为它们操心，我们也习惯于让自己关注一些小事，而我们实际上知道，除非我们做了，否则上天是不操心的。我们充分准备好照顾凤梨和莴苣的生长，知道它们不会自然而然就长得又大又甜，除非我们精心照料；但是我们却没有为意大利或德国的利益操什么心，因为我们认为，无需我们插手，上天也会为它们赐福。

83. 让我们离开这些重大的事情，来看一些小事情；这些小事情不是像战争中整个省份的毁灭——这可能与我们无甚干系——而是像和平时代一些小画的毁灭，拯救它们对我们来说不是太难的事情。你们懂我的意思，正在此时，我们所有人都忙着让我们的助手撕碎绘画，而你们却不相信我。那么想一想，我们自己是不是也一样。假如你们看到（我们相信你们经常看到）一个细心而善良的年轻女士正在安静屋子的角落坐着工作，给她的亲戚织围巾，而在外面的大厅里，你们看到一只猫正和它的幼崽们在家里的一些画中间玩耍；尤其是玩弄范戴克①最好的画，它们跳到画框上，用爪子在画布上爬上爬下；有人把这事告诉这位女士的时候，假如她回答说，那猫不是她的，而是她妹妹的，那画也不是她的，而是她叔叔的，她不能丢开手头的活儿，因为到晚饭之前她必须织好多条围巾。你们难道不会说，总的来说，这位细心而善良的女士要为画上多出来的抓痕负责吗？

84. 而这就是我们细心而善良的英国人正在干的事情，只不过事情更大一些。现在我们在曼彻斯特，坐在这里，努力工作，为全世界的亲戚织围巾。就在外面的大厅里——意大利漂亮的大理石大厅——猫和幼崽们正在画中间玩耍：我向你们保证，过去十五年里我在拥有欧洲艺术现存最珍贵的遗迹的那些地方工作，无论我是否愿意，都有一种感觉在我心里变得越来越清晰而深刻，即我是在一窝猴子中间生活和工作的；有时候是可爱而温柔的猴子，举止迷人，心意善良；但更多时候是自私而恶毒的猴子；不过，不管它们性情如何，都是在为一些坚果和光秃树枝上的最好位置而吵闹；不幸的是，这些猴子的窝里面有各种珍贵的画，这些机灵而任性的动物总是把画披在身上，睡在画里面，或者是在画上面抠些洞，然后在后面做鬼脸；或者尝一尝，然后吐出来，或者搓成绳子，在上面荡来荡去；只是在有些时候，人们瞅准时机，冒着被抓被咬的风险，才能把丁托列托②或者委罗

---

① 范戴克（Vandyke，全名 Sir Anthony van Dyck，1599—1641），英国画家，长期服务于宫廷，著名作品有《查理一世像》。——译者注

② 丁托列托（Tintoretto，1518—1594），意大利威尼斯画派著名画家，师从提香，代表作有《圣乔治与龙》《基督灌足》《圣马可的奇迹》等；罗斯金对他极为推崇。——译者注

内塞的画的一个边角救出来，然后透过一些栅栏推到安全的地方。

85. 我向你们保证，这确实曾经是，现在也是，意大利的局势给我留下的挥之不去的印象。让我们看看事情怎么会是这样。在意大利的艺术教授们长期以来都遵循他们独有的研究方法，最终得出一种他们独特的艺术形式；与柯勒乔①和提香所得出的形式有所不同。自然而然，教授们最喜欢他们自己的形式，因为古代绘画普遍不如现代绘画艳丽夺目，拥有古代绘画的公爵和伯爵们，以及那些想让他们的画廊看着新颖而精致的人（并且也被说服，著名杰作应该在四分之一英里外就吸引人的目光），他们相信教授的话，即，他们那些素淡的画褪色严重，一无是处，应该再次变得明亮；因此他们把画交给教授们，按照他们的艺术法则加以复原。于是，教授们便把古画的重要部分重画一遍，或许仅留背景部分原封不动，以衬托他们的工作。所以通常而言，在我心里这些教授就好似猴子，在画上面挖洞，然后在后面做鬼脸。因而，靠画为生的画商们，无法把原汁原味的画卖给英国人；所有的好作品都被覆上新油彩，然后抛光，看起来像是大画廊中正在出售的教授们的画作一样。因此，在我心里，画商就像把画搓成绳子的猴子，抓着绳子荡来荡去。然后，在一些老旧的马厩、酒窖，或者木料仓库里，人们时常会发现在一些遗弃的大桶或柴垛后面有佩鲁吉诺②或乔托的壁画，但

① 柯勒乔（Correggio，1494—1534），意大利文艺复兴时期最重要的画家之一，在壁画领域有开拓性的贡献。——译者注
② 佩鲁吉诺（Pietro Perugino，约1445—1523），曾为拉斐尔的老师，代表作有《基督将钥匙交给彼得》《基督受难与使徒》《圣母与使徒》等。——译者注

却并不重视，不想着让人进酒窖里面看看，或者应该把酒桶挪开；所以他就把壁画粉刷掉，把酒桶摆回去；因此，在我心里这种人就像是把画尝一尝又吐出来的猴子，发现味道不怎么样。最后，这窝猴子继续成天为坚果和苹果——在意大利被叫作"bella libertà"（美妙的自由）——吵闹。

86. 如果我们喜欢身体上旅行的英国人，也喜欢灵魂上的旅行，那么所有这种状况就可能很快结束！我们以为，把我们的包裹和人员快速运送是一个伟大胜利，但我们从来没有花一点心思让我们的知觉加快一点速度；从思想上的意义上，我们通常待在家里，如果我们要在精神上看看世界，那也是以老旧的公共马车或者四轮货车的速度。想象一下这是怎样一番奇特景象，如果事情的实际状况对于你们是非常清楚的——在英国这里我们正在付出巨大而昂贵的努力生产所有类型的新艺术，你们始终知道也承认其中大多数是很低劣的，但却仍然奋力生产新的墙纸图案、新的茶具样式，还有新的绘画、雕塑和建筑；如果一把茶壶或一幅绘画有那么一点优点，就沾沾自喜，大呼小叫——自始至终都不想着，已经存在的绘画、雕塑和墙纸可能是最好的，它们只是需要普通的维护，避免受潮和落灰；我们用获奖家具装饰我们的客厅，向乡村报纸报告我们美观的货栈，却任由乔托装饰过的墙壁倾倒，任由丁托列托描绘过的画布腐烂，任由圣路易①建造的建筑倒塌。不要以为我的话含糊地以偏概全，我说的都是不争的事实。此时此刻，乔托在阿西西（Assisi）的壁画因为保护不善而正在毁坏，丁托列托在威尼斯圣塞巴斯蒂

---

① 圣路易（St. Louis），即十三世纪法国国王路易九世（1214—1270），被视为中世纪欧洲君王中的楷模，曾发起第七次、第八次十字军东征。——译者注

安教堂（San Sebastian）的画正在变成灰色的破布，圣路易在卡尔卡索纳（Carcassonne）建造的小教堂正在闹市中倒塌成一堆瓦砾。而我们现在却像羽翼未丰的可怜寒鸦一样，因为自己巢里漂亮的草叶和绒毛而叽叽喳喳。我在家的时候，几乎每天都收到来自某位好心的乡村牧师的信，他深切担忧自己的教区教堂的状况，费尽心思筹款，以修整都铎时代残破的花窗，其角落有一个壁龛，但里面已经没有了雕像——与此同时，还有一些世人见过的最坚固的宗教建筑和雕塑正在被拆解和摧毁，没有人投以痛惜或遗憾的一瞥。乡村的牧师不关心**它们**——他晕船，无法渡过海峡。如果阿西西的天使从拱顶消失，或者沙特尔教堂里国王和王后雕像从底座上掉落，对这位牧师来说意味着什么呢？是啊，它们不在他的教区里。

87. "什么！"你们会说，"我们不要制造新的艺术，也不要保护教区教堂？"是的，当然了，直到你们适当保护了你们已经得到的艺术，以及教区之外的最好的教堂。你们首先的、真正的角色，不是在一个英国乡村担任教堂看守人和教区监督员，而是作为欧洲的基督教大共同体的成员。作为这个共同体的成员（请注意，只有在这个共同体里，才能看到现存纯粹的、珍贵的古代艺术，因为无论是美国、亚洲、还是非洲都没有），你们却像制造商一样：照看着自己的纺织机，但不管自己的货仓没有屋顶。暴雨冲击着货仓，老鼠在里面乱窜，蜘蛛在里面织网，山鸦在里面筑巢，墙壁起皮剥落；你们却一直在纺织，在那张残破的网中纺织，心里想着自己正在发财致富，但老鼠一个小时咬坏的货物，比你们一年织出来的还要多。

88. 即使是这个类比也并不足够荒谬，以让我们走上正确的道路。纺织工人至少会，或者可能，希望新屋顶像旧的一样坚固，纵有风雨雷电，也不至于当他需要的时候无以遮挡。但**我们的网**，织的时候就在腐烂。我们对过去伟大艺术的忽视这个事实表明，我们现在还不能生产出伟大的艺术。如果能生产出来，那么我们在看到它们生产出来的时候就肯定会喜爱它们——如果真的关心它们，那么我们就肯定会认识它们，保护它们；但我们不关心它们。我们想要的不是艺术，而是娱乐，是骄傲的满足，是眼前的收益——总之不是艺术：随它们去腐烂，反正总有东西可供谈论，总有东西可挂在餐边柜上方。

89. 你们最后会（我希望）问我，这一切最终的结果是什么，我们在座的各位明天早上可以做些什么呢？以下就是主要的实用结论：首先，当听说政府出高价购买一幅新画的时候不要抱怨。欧洲现在有许多画作正面临毁灭，它们是真正意义上的无价之宝；只要能得到和拯救它们，出多少价钱也是合理的。如果你们能用五十英镑买到，那就买下来；如果比一百英镑还多，也买下来；如果比五百英镑还多，也买下来；如果比两千英镑还多，也买下来。不要在意是否被讹诈：被讹诈没什么不光彩的；唯一不光彩的事情是讹诈人；就大陆的艺术来说，你们无法总是得到非常值得拥有的东西，但它们必须得到许多人的帮助或投机，的确，这些人本来与它毫无关系，但实际上与它有，也始终会有千丝万缕的关系；如果你们不情愿被他们在这里骗走一个金币，在那里被骗走一个银币，那么你们被他们骗走的就是一幅画；至于你们被迫损失的是一幅画，还是几个银币，我想留给你们自己来判断；尽管我知道有许多政治经济学家宁可把一袋金子藏在阁楼上，也不愿多花六个便士请搬运工搬到楼下。

因此，这便是这件事情上的第一个切实可行的结论。听说一幅新画被高价买了回来，你们不要抱怨，而是应该高兴才对。长远来看，最贵的画永远是最划算的买卖；我再说一遍（因为，否则你们就会觉得我是口不择言，而不是有意而言），有些画是无价的。从国家的角度说，你们应该站到多佛海岬的崖边——即莎士比亚海岬——向对面国家的人亮出一张空白支票，请他们为自己手中的某张帆布随便要价。

90. 下一个切实可行的结论是，任何情况下都不要购买复制品。所有的复制品都是低劣的，因为但凡有点尊严的画家都**不会**仿造。他会研究他喜欢的画，化为己用，但他不会，也不可能仿造；无论什么时候购买复制品，你们购买的都是对原作的误解，是在鼓励愚笨的人从事他并不适合的工作，这最终只能导致更多错误和欺骗，然后在所有方面推进无知的事业，就如金钱所**能**做到的那样直接。事实上，你们可以认为自己已经购买了一定数量的错误；你们能力越大，传播的错误就越多越广。

91. 然而，我的意思不是说永远不该有复制品。一些愚钝的人总是应该被政府雇用，最准确地复制所有优秀的画作；这些复制品虽然在艺术上没有价值，却在原作毁灭的时候有历史的和文献的价值。有些伟大的艺术家也会为了自己使用而画些习作[①]，但随后就会尽快卖出去；它们常常会被低价买走；从与机械的复制品的关系来看，它们会变得非常

---

① Studies，这里指的是带有模仿者自己理解的仿作。——译者注

珍贵：对壁画和其他大型作品的摹写也有很大的价值；因为，虽然摹写就如仿作一样容易有许多错误，但摹写的错误只有一种是容易出现的，而平庸模仿者的错误则是不可胜数的。最后还有版画，尽管它们只是传达画作的某些事实，而没有声称代表原作，或者让人了解原作，但也常常很有用处和价值。当然，我现在还不能细说这些事情，但有一条主要的忠告，是我可以稳妥地给你们的，就是永远不要为了私人拥有而购买妄称是可以代表或等同原作的复写。一旦买了，你们就是降低自己的品位，浪费自己的钱财。如果你们足够慷慨和明智，倒不如把愿意购买名作复制品的钱捐给国家，让国家购买它，或类似的东西。应该为购买画作成立一个大型国家协会，把画作介绍给各大城市的各种美术馆，并监管它们的安全：但与此同时，你们也始终能够仅仅委托你们的艺术家朋友为你们购买画作，如果他们发现有好画，那么你们的行为是安全的，也有利可得。绝对不要自己购买，也不要求助国外的画商；相反，要委托你们知道其可靠的画家，如果他发现一所老房子里有一幅被忽视的古画，就让他去试一试，看看他是否能为你们弄到；那时，如果你们喜欢，就留下它，如果不喜欢，就用来拍卖，然后你们发现自己没有为这样买下的画损失钱财。

92. 第三个，也是主要的实用结论，是这样一个普遍的结论：无论你们去哪里，无论你们做什么，都要多想一点**保存**，少想一点**生产**。我向你们保证，一般而言，这个世界之所以混乱不堪，正是因为你们设法把废物推到一边，然后给自己留出一个可用的角落，认为自己应该做的事情只是成天坐在那里纺纱，其他的一概不管——然而，作为一家之主和讲求经济之人，你们首先的思想和行动应该是，把自己周围的东西安排得更整齐一些：试着把地板清理干净，不要让谷仓发生腐烂。**然后**再坐下来纺纱，而且一定要等到这个时候。

93. **四、分配**。最后，我们来看第四个大题目，即如何明智地分配我们收集和保存的艺术。稍加思考，我们就必定明白，总的来说，艺术作品要对其所属的国家最有用，就必须要被收藏在公共美术馆里，假如这些美术馆管理得当的话。但是，美术馆的展览必然存在一个劣势，就是愚蠢的馆长可能会对作品造成一定程度的损坏。只要构成国家财富的画作成为私人藏品，那么购买它们的人，就始终可能正是那些钟爱它们的人；他们觉得自己占有的商品有交换价值，这会诱使他们（即使他们并不真的尊重这些商品）用心保管，因而使其价值不会降低。无论如何，只要艺术作品散落在全国各地，要将它们全部破坏就是不可能的；只有水平一般的作品不时因为意外而消失。但是，它们一旦被收集在一个大型公共美术馆里，如果人们再依照常规任命一个馆长，或者这个职位油水丰厚，以至于被一些官迷追逐，最后被一个愚蠢或疏忽的人占据，那么你们所有的好画或许都会被重画一遍，然后这笔国家财富就会在一个月之内被毁坏。此时此刻，这实实在在就是国外几个大型美术馆里发生的事情。这些地方就是绘画的葬身之地，迈过它们的门槛你们只能看到但丁的题词："进来的人们，你们必须把一切希望抛开。"①

---

① 见中文版《神曲·地狱篇》，田德望译，人民文学出版社，1990 年，第 16 页。——译者注

94. 然而，假如知道绘画的价值或者理解其意义的国家，能够恰当防止这种危险，①那么把画作安排在公共美术馆仍然是最安全，也最能发挥其效用；只有这样，画作的历史价值才能显露出来，其历史内涵也清晰起来。但是，鼓励私人占有画作也有很大好处；一方面是作为一种研究手段（任何艺术作品，永久占有的人会比仅仅不时看上两眼的人从中发现更多东西），另一方面是作为在家庭生活中改良大众风俗，感化大众心灵的手段。

95. 对于最后这些目的来说，最有用的艺术是当代的活的艺术；在人民中间创作、或多或少可以认识到自己的作品之被接受需要多大程度的共鸣的画家，可以最好地满足人民特殊的趣味，纠正他们特殊的无知。所以一般来说，政府，以及所有艺术资助人的目的应该是，只要可能，就把过世艺术大师的作品收集到公共美术馆里，把它们整理起来，以能显示国家的历史，以及它们的艺术的发展和影响；与此同时，其目的也是鼓励私人收藏**在世**大师的作品。鼓励这种私人收藏首先的、最好的方式，当然是把价钱降低到你们能负担得起的水平。

我希望这间屋子里没有很多画家；如果有的话，我恳求他们耐心听完我下面一刻钟的话；如果他们能忍耐我这么长时间，我也希望他们最后不会因为我要说的话感到生气。

96. 再说一遍——在此期间，请他们宽容——对于现代

---

① 如果制定一条规则，让画作经过每一次处置的时候，每一个被重画的具体地方都被记录在案，那么对于绘画的保存来说，这会是我们能达成的一个重要见解。——作者注

艺术的分配，我们的国家经济的首要目标应该是逐渐地、合理地限制其价格，因为这样的话，你们会造成两个效果：你们会使画家生产更多画作，如果他们想要挣钱，就画上两三幅，而不是一幅；其次，通过让普通收入的人群接触到好的画作，你们将刺激国民对它们的普遍兴趣，会让这种商品的需求增长一千倍，因而也带来健康的、自然的生产活动。

97. 我知道这个时候你们心里会对我的话产生许多反对意见；但你们必须明白，我不可能在一个小时里，把这样一个原理的所有道德的和商业的意义解释清楚。相信我，我不是信口开河；我认为自己考虑到了所有理性地提出的反对意见，虽然眼下的时间只够我简要提一下其中主要的一个，即，付给现代绘画以高价，对于画家是一种尊重，或者是一种善待。绝不是这样；我相信，现代艺术发展的主要障碍之一，就是付给现代优秀画作的高价。因为，首先要注意过高酬劳对于艺术家心灵的影响。如人们所说，如果他"扬名立万"，吸引了公众的目光，尤其是上层阶级的公众的目光，那么他可以获得的财富就无以计数；这样的话，在他年轻时候，他心里自然而然就想着这种世俗的和财富的成功，视其为艺术的主要目标；如果他发现自己没有稳步靠近这个目标，就会认为自己作品还有问题；或者，如果他太过骄傲，不这么认为，那么财富和荣耀的诱惑依然会扭曲他的思想，使他不会用诚恳的劳动吸引注意；然后，他逐渐丧失了心灵的力量和目标的正直。任何画家，心里的贪婪或野心有多大，必然地，对于财富和名声的期待对他的影响就有多大。但害处还不止这些，只要获得这种财富的可能性不断诱惑没有真正天赋的人成为画家；唯一影响他们的东西就是单纯的世俗利益的动机——这些人折磨和虐待吃苦耐劳的工人[①]，用自己俗艳而粗糙的画作遮盖或挤走所有微妙而优秀的画作，败坏公众的趣味，因而对他们时代的艺术流派造成最多的不幸，而且他们的能力也确实可能做到这一点；哪怕是浅薄的能力，造成的危害也是非常令人惊讶的。不管用何种方式，只要你们把画的价格降下来，就能立刻把所有这些害群之马赶走。

98. 你们或许认为这种严厉的做法弊大于利，因为消除竞争这个有益因素，就等于让人失去施展才能的动力；但我要很遗憾地说，艺术家彼此之间始终都有足够的相互嫉妒，无论你们出价高低；至于说施展才能的动力，请相信我，这个世界上的杰出工作，都不是为了金钱而被完成的，同时，对金钱的念头一点都不会扰动画家的心灵。他工作的时候，心里关于金钱价值的想法越是强烈，就越是削弱自己的能力。一个真正的画家，会为你们精益求精地工作，只要你们给他面包、水和盐，正如我前面所讲的那样；而糟糕的画家则粗制滥造，纵然你们给他宫殿住，给他裘皮穿。透纳在他早年间，一天只能赚到半个克朗，还有晚餐（这个报酬也不算太坏）；他就靠这些学画。我相信，任何国家的艺术都绝不可能真正繁荣，除非你们使其成为一项简单而朴素的事业，让大师们轻松谋生，但也不要给他们更多。我说这个，不是因为我轻视伟大的画家，而是因为我尊敬他们；我不认为，让他们富有就是给他们更多尊严和幸福，同样我也不会

---

① 指的是画家。——译者注

认为，如果莎士比亚或弥尔顿在世，让他们成为百万富翁就是给**他们**更多尊严，或者可能让他们带来更好的作品。

99. 但请注意，你们给画家太高的价钱，伤害的不仅是他本人，而且是当今的所有低级画家。如果他们果真谦虚，那么他们就会因为感觉自己的工作在你们眼中相对而言微不足道，而感到灰心沮丧；如果他们傲慢自大，那么他们所有最恶劣的情感都会被唤醒，同时，他们试图加到成功对手身上的羞辱或咒骂，不仅会折磨和伤害他自己，而且最后让对方变得乖戾和冷酷；他经受这样的考验必然要带来严重的危害。

100. 这就是你们对知名画家造成的影响，也是对地位不如他的拙劣画家们造成的影响。但还有更糟糕的影响，由于你们给予流行画作的待遇，你们剥夺了自己帮助初露头角的年轻人的能力。人们可以承认——为了方便讨论，如果我的话没有说服你们的话——你们没有因为给伟大人物高价而伤害他；但你们也肯定没有给他什么特殊的好处。他已经获得了名声，也积累了财富；他不在乎你们买还是不买；他认为他让你们拥有他的一幅画，倒不如说是给你们面子。你们给他的所有好处，不过是帮他买两匹新马；然而你们扔掉的那些钱，足以安抚二十个年轻画家的心，也让他们保持健康；如果在这二十个年轻画家当中，你们碰巧发现有一个真正天赋异禀，却受贫穷所累，那么你们认为，你们这笔幸运的支出是多么功德无量。我说这个"认为"等于白说，你们无法"认为"怎么样，因为你们无法设想，一个年轻画家最初默默无闻，备尝艰辛时心里的那份苦楚——他感觉自己内心有一种强烈的声音，但你们不会听——他对世间万物有自负的、欢喜的、好奇的见证，但你们不会看；他模糊感觉到有些事情，如果有安宁，有时间，他就能完成，但都遥不可及，慢慢消失，因为没有人给他安宁或者时间；所有的朋友都远离他；那些他最恭敬地顺从的人，都指责他，打击他；最后，也是最糟糕的是，那些最忠实地信任他的人，却因为他而经历最凄惨的痛苦——妻子的双眼含着甜蜜的期盼，虽然更加明亮，但面颊却消瘦下去了；身边的孩子嘴唇干涩苍白，他知道有一天，虽然可能永远见不到那一天，当他们叫他的名字，叫他"我们的父亲"，那些嘴唇会骄傲地颤动。由于为名画慷慨解囊，你们使自己丧失了缓解和补救这种苦难的能力；你们也伤害了你们为之如此慷慨解囊的画家——你们最终为自己做了什么呢，或者为自己得到什么了呢？这一点都不能推断说，因为得到了你们的金钱，一个当红画家的匆忙工作就比某个籍籍无名之人的安静工作包含了更多东西。最可能的是，如果轻率地为流行的东西出高价，你们会发现，你们得到的是自己并不珍惜的一幅画，所花的钱，本来是可以买到二十幅你们喜欢的画的。

101. 永远要记住，一位在世艺术家的一幅画的价钱从来不代表，也从来不**能**代表其中的劳动或价值的量。多数情况下，其价钱代表的是，这个国家的富人们不得不拥有它的那种欲望的强度。一旦让富有阶层产生一种想象，即占有某位画家的画就可以让他们变得更"文雅"，那么这位画家作品立刻就能涨到任何价钱，也会维持数年；同时，以那个价钱购买，你们不是做到钱有所值，而只是在炫耀的竞赛中争取胜利。没有什么比这样花钱更糟糕，或者更浪费的事情了；因为，虽然你们这样做不是为了炫耀，但因为你们的固执，你们助长了别人的炫耀；你们在他们的财富游戏中满足他们，也为了他们而继续这种游戏；如果他们找不到对手，游戏就结束了；因为一个骄傲的人，如果占有无人与其争夺的东西，他自己也没什么乐趣可言。所以，只要你们为一幅画多花超出其合理价格——也就是付给画家的时间的价格——的一法新①，那么你们就不仅是在欺骗自己，花钱买虚荣，而且也是在刺激他人虚荣，实话说，这样花钱乃是为了培养骄傲。你们可以认为，你们为一件艺术作品所花的高出其公道价格的每一英镑，跟在精神的生石灰或肥料上的投资一样，是放在人性的田地里，是要培养骄傲这种庄稼。事实上，你们在自己最有价值的那部分土地上耕耘，为的是收割旋风；②你们在让自己的双手固执地从事约伯的农艺："愿这地长蒺藜代替麦子，长恶草代替大麦。"③

102. 好吧，但你们会说，高价是有一个优势的，能抵消所有这种危害，也就是凭借丰厚回报，我们既可以激励画家，也使他们能够宁愿生产一幅完美的画，而不是许多低劣之作；这幅完美的画（你们这样对我们说，而我们也相信）能抵得上许多低劣之作。

是这样。但完美的画不是花钱就能得到的。只有当画家全神贯注，喜爱他的题材，决心精雕细琢，不关心是否有人购买，他才能完成一幅伟大的作品。而当他试图生产一幅华而不实之作，或者让其中显得包含了许多辛劳，因而值得高价的一幅作品的时候，就会生产坏的作品，而且通常是坏得

---

① 法新（farthing），旧时英国钱币，等于四分之一便士。——译者注
② "reap the whirlwind"，有自食其果、恶有恶报之意。——译者注
③ 《约伯记》31:40。——编者注

不能再坏的作品。①

103. 然而，对于交易而言还有另一点，这一点比把价格降到合理水平上更重要。也就是，你们要把价钱交到活人手里，而不是撒到棺材里面。

因为请注意，按照我们现在这样的价格体系，任何艺术家，在活着的时候，他的作品的价格都不到其真正价值的一半。到他去世的时候，他的画如果真的很好，其价值就能翻倍；但是，这个价格的增长，代表的只是精明的画商或买家以往交易的利润。所以真实情况是，每年在艺术中花一笔钱的大英公众决定，每一千镑里面，只有五百镑能到画家手里，或者应该与艺术的生产有关；而另外五百镑则仅仅作为一份推荐书，到了精明的画商手里，他们知道买什么。在一定限度内，推荐书是很好的东西，其存在也非常合理；但是，它们的费用占到全部支出的百分之百，就不符合好的政治经济学了。因此一般来说，除非你们发现其真的有必要保存，否则不要购买去世艺术家的作品。如果你们担心这样的作品会被人轻视或忽视，那就买下来；那时其价格也可能并不很高；如果你们想把它放到公共美术馆里，那也买下来，那时你们能确信这钱花得不自私；或者如果一位画家活着的

---

① 发表这个演讲的时候，我曾在这里大致估算了不同等级的现代优秀画作的平均价格；但这个题目太复杂，写作的时候无法深入探讨，因为那必须要介绍一些读者无法忍受的细节。但我可以粗略地说，一幅水彩画的价格高于一百几尼，一般来说就是虚高，而油画高于五百几尼就是虚高。一位艺术家，如果在一张画布上倾注多于这些价格可以给予补偿的工作，那么他就几乎总是在犯错——相比一幅这样雕琢的画，两幅画能更好地展示他的天才。一些水彩画画家也习惯于把画画得太大，而且在一定程度上根据面积定价，而不是根据富有思想的劳动定价。当然偶尔也有一些明显的例外，就像约翰·刘易斯（John Lewis，1805—1876，英国画家，擅长画动物，与乔治四世交好。——译者注），他的画无论篇幅大小都完美无瑕。任何价钱都很难补偿这样的工作。——作者注

时候你们就喜欢他的画，并且也买过，那就买下来，如果你们发现在世画家的作品不能与其相提并论的话。但是，如果这位画家活着的时候你们就没买过他的画，那么他去世以后也千万别买；那个时候你买了也不会给他带去什么好处，而且还会让你们自取其辱。要发现你们真正喜欢的画，买它的时候，你们能够帮助一些尚未陨灭的天才——那是你们弥补自己曾经忽视的天才的最好方式——要给那些活着的、奋斗的画家报酬，同时也给他推荐书。

104. 上面这些动机会促使我们要把现代艺术的价格降下来，并且虽然作为私人财产，但却让比现在更多的人们能够接触到它们。但是，我们也应该努力让人们以其他途径接近它们——主要是让它们成为公共建筑物的永久装饰；我以为，在这些领域中，我们可以期待为我们昨天晚上提到的年轻画家们提供持久而稳定的工作，而且这样做也是有利可图的。

我们始终肯定首先想要的，也最重要的那种公共建筑物，是学校。我请你们认真考虑一下，我们是否可以在学校装饰的方式上，明智地引入一些重大变化。就我所知，目前我们很难让我们的少年接受我们想要的教育，之前我们不得不采用的办法，如果真的想过办法的话，是使用便宜的家具和空白的墙壁；要不然就是认为，便宜家具和空白墙壁是教育手段中应有的一部分；而且也假设，坐在硬板凳上，教室上下左右都是空空的灰泥，男孩儿们才能学得最好，因为这些东西不会让他们分心；同时也假设，他们习惯这样粗糙丑陋的事物也不错，这一方面是让他们因此为艰难的生活作好准备，另一方面也是因为，当老师不在，这些东西变成他们打闹的场地或工具的时候，我们可以把损失降到最低。目前就其与乡村少年的训练，以及对男孩们最初的训练的关系来说，这一切都不错，也很有必要。但是，受过良好教育的年轻人到了一定的年龄，他们教育中的主要内容之一当然是，也应该是，让他们形成文雅的习惯；我们不仅要给他们其体格能够承受的艰苦锻炼，而且也要增加他们身体上的敏感和文雅，因而给他们展示一些小的东西，教他们如何得体地操作，谨慎地处理。

105. 不仅如此，我也相信，空空荡荡的教室能集中人的注意力，这个想法是完全错误的；我认为，在最是空空荡荡的教室里，心思才最是躁动不安，就像一只鸟儿没有栖身之木，就飞来飞去。即使努力让心思专注于眼前的任务，这件任务也会形成可恶的联想，因而本身变得不那么必要地令人厌恶；许多学习，如果放到一张满是污点的办公桌上进行，而旁边的墙上只有划痕和钉子，那么对于男孩来说会显得非常枯燥或痛苦；但是，如果放到父亲图书室窗前的桌子上，或者小屋的格子窗户边进行，就会显得足够令人愉快。我自己的信念是，最好的书房应该是最美的；一旦学会了乘法表，树林的安静空地，湖边的一个角落，就抵得上基督教世界的所有教室。但即便如此，一个受过良好训练的年轻人都应该经历这样的年龄，当他能坐在书桌前的时候，不会想着朝旁边的人扔墨水瓶；这个时候他也会感受到，周围优美精致的桌椅，比丑陋的桌椅更能让他的心灵使出力气。这个阶段到来的时候，他应该进入经过装饰的学校；而这个进步也应该是他生命中重要而光荣的阶段之一。

106. 然而，我现在没有时间细谈精美的建筑装饰对我们年轻人的这种作用；因为我想让你们考虑我希望你们为他们准备的特定类型的装饰，即历史画，可能有什么影响。你们知道，迄今为止，而现在也一样，我们习惯于仅仅利用耳朵传授所有的历史知识，而从未利用眼睛；我们关于事物外表的所有观念，都来自口头描述，而不是来自视觉。我毫不怀疑，随着我们逐渐变得更加聪明——我们每一天都在这样——我们最后肯定会发现，眼睛是比耳朵更高贵的器官；也发现，实际上我们必定是通过眼睛，获得我们将要拥有的关于这个世界的几乎一切有用信息的，或者将这些信息化作形式。即使就现下的情况而言，你们也会发现，一个男孩应该通过口头描述接受的知识，也只有在他以某种方式亲眼见到你们正在谈论的东西的时候，才会对他变得可用起来。我记得很清楚，很多年里，我都无法理解希腊骑士是什么样子，不知道是该听从对蒲柏所译荷马史诗袖珍版里的小插图的记忆，还是该参考对皇家骑兵卫队的认真观察。虽然我相信，多数男孩的想法的来源更为多样，也比我更仔细地整理了这些想法；不过，无论他们寻找的是什么来源，这些来源都一定是视觉的；如果更聪明，那么他们就会去看大英博物馆里的希腊陶罐和雕塑，以及我们各种军械库里面的武器——他们会看到真实的盔甲的光泽像什么，希腊盔甲的形式像什么，然后拼凑出一个比较正确的形象；但在一般情况下，这个形象仍然不那么生动或有趣。

107. 你们装饰画的作用就在于，以无数的方式让历史在他们那里鲜活起来，把过去事物的生动面貌像聪明的创造一样忠实地展现在他们眼前。这样一来，老师就不用做别的事情，只需指着教室的墙壁，往后任何词语的意义就以可能最好的方式铭刻在男孩们心里。古典服饰还会是问题吗？希腊人的外衣、斗篷，或者女式外衣像什么呢？在今天，你们不得不指着字典里那些粗劣的木刻画，那倒不如说是挂在棍子上的东西；但是以后，你们会看到上百幅人物形象，穿着真实的服装，色彩鲜亮，姿态多样而生动；你们马上就能理解，人物站立时衣服怎么垂在四肢周围，走路时衣服怎么在肩膀上飘动，哭泣时衣服怎么挡着脸，打仗时衣服怎么包着头。**现在**，如果你们想看到武器是什么样子，就以同样的方式参考书上那一页，那里有一排排矛头，有对称摆放的剑柄；而男孩也因此渐渐有了一种模糊的数学观念，就是看着一把弯刀如何弯到左边，另一把如何弯到右边，这支标枪有把手，而另一支没有；看一看你们的精美图画，他就明白——同时教室里第一次看到的雨天下午也永远留在他心里——短剑砍下来是什么样子，长矛飞出去是什么样子；它们怎么刺击，怎么弯曲，或者怎么断裂；人们怎么挥舞着它们，怎么被它们杀死。

108. 但还远不止这些，这个问题是否不是关乎服装或武器，而是关乎人呢？当世界向高贵的年轻人打开，我们怎么估量这个东西对他心灵的影响呢：也就是摆在他面前的对伟大人物的举止和风度的忠实而动人的描绘——某个朦胧的黄昏，当他透过自己的泪水，遇到伟大死者的影子那锐利的眼神，沉着冷静，无法逃避，刺入他的灵魂，或者当他想象，他们的双唇发出可畏的责备或者无声的劝诫，此时有多少将会改变和提升往后生活进程的决心可以形成起来呢？这么许多人物形象中，但凡有一个是真实的，又如果你们能够相信，在少数一些人那里，这种影响确实曾改变他们的思想和命运，也让把精力虚掷在赛马和赌桌上的躁动鲁莽的年轻时期，转向高贵的生命竞赛，转向圣洁的生命历险，而这种竞赛和历险不仅为他自己赢得荣耀，也为他的国家赢得所有好处——那么，对于某种目的来说，这难道就是"艺术的政治经济学"吗？

109. 同时要注意，需要这样被描绘的场景不能是千篇一律、屈指可数的。即使列奥尼达①的死只有一种场景，就如马拉松战役、克里奥比斯和比托②之死也只有一种场景，而你们希望这个王国的每一所学校所拥有的也只有一种场景：但即使这样，你们的艺术也不必像意大利宗教画家那样让人物围成一个圈子那样千篇一律。相反，我们完全不应该接纳一个圈子这样的东西。因为，虽然我们曾有许多伟大的学校，就如我们现在拥有伟大的城市（我希望我们未来**将有**许多），但数个世纪的绘画，哪怕还有这么多学校，也不会穷尽甚至从单单一个高贵国家的历史中选取出来的高贵的、感人的题材。除此之外，你们不久以后也不会把年轻人的学习限制在像你们今天这样狭隘的范围内。我敢肯定，将来人们会发现，对中世纪和现代历史的准确研究，就如对古代历史的准确研究一样，在精神训练和政治哲学中都将取得同样的

---

① 列奥尼达（Leonidas），古希腊斯巴达国王，英勇豪迈，战争中身先士卒，在第二次希波战争中率领三百精兵抗击波斯，终因寡不敌众而牺牲。——译者注

② 克里奥比斯（Cleobis）和比托（Bito）是希腊神话人物，以孝顺和强健而闻名。克里奥比斯和比托住在阿尔戈斯，是赫拉女祭司希第庇的儿子。一天是祭祀赫拉的节日，他们和他们的母亲从阿尔戈斯去赫拉的神庙祭拜；然而，他们的车载重过大，牛拉不动。于是，两兄弟扛着轭把车拖了约十公里。他们对赫拉的虔诚感动了赫拉，希第庇请求赫拉赐予儿子们凡人能得到的最好的礼物。赫拉接受了她的祈祷。吃完晚饭，兄弟俩躺在赫拉的神庙里睡觉，等着第二天把母亲接回家，但是他们始终没有醒来。他们在那里平静地死去了。通过他们的死亡，他们对母亲的孝顺和奉献得到了人们的赞赏，他们的同胞在特尔斐树立了雕像来纪念他们。——译者注

实际效果；而且总的来说，中世纪和现代历史的事实对于我们是最重要的。我预见，这样的高贵学校将在英国多若繁星，我也预见，思想会分化为不同的领域；同时，虽然每个学校、每个领域，都会让其中的学者们对于世界历史形成宏大的总体观念，正如每个人都应该掌握这样一种观念——但每个学校、每个领域，都将承担对特定地方、特定时代的事件进程的更深入的研究，也作为自己的独特研究。它们将回顾其余的历史，但会穷尽自己的独特领域；然后在对一个地方、一段时代的人类行为的结果进行最完美的分析的基础上，形成自身在道德和政治上的教训。那时，那个流派的美术馆将描绘有它选择其作为自身独特研究的那个时代的历史场景。

110. 好了，上面我讲了你们如何可以把艺术，运用到你们用来教育年轻人的那一系列重要的公共建筑物上。我们还可以将另一大类建筑物纳入其中，我认为，国家在未来几年的进步，将会使它们比近来的情况对我们更加有用。我指的是，各种贸易协会在其中举行会议的建筑物。

这里，我必须再次，也是最后一次，中断我们的主要研究，以便阐明政治经济学的另一条原理，这条原理非常简单，也无可争议；然而，因为对它缺乏理解，我们不断陷入商业上的困境；不仅如此，因为我们的许多商人实际上并不认可这个原理，我们的商业发现也遇到许多障碍。

假如有六七个人或者十来个人，因为船舶失事而流落到一个无人居住的岛屿上，需要自力更生；当然，根据各自能力，每一个人都被分配给一个职业；最强壮的人掘地、砍伐木头，为其余人建造木屋；最手巧的人用树皮做鞋，用兽皮做衣服；最有文化的人在石头里寻找铁和铅，同时为灌溉田地规划渠道。但是，虽然他们的劳动根据各自天性得到了分工，但这一小群难民还是非常清楚，最快的发展依赖于相互帮助，而不是相互敌对；他们也知道，只有在相互关系坦诚直率，每个人把自己面临的困难向其余人适当解释的时候，才能有真正的相互帮助。所以，他们中间任何人的行为表现出隐瞒或独立的样子，都会立刻受到其他人正当的猜疑，被看作出于个人角度的自私或愚蠢的标志。例如，如果从事科学的人，被发现在晚上不通知其他人就出去，修改水渠，其他人就会想——这样想也很可能是合理的——他想给自己的田地尽量多分些水；如果做鞋的人不让其他人知道他用来做鞋的树皮长在哪里，其他人也自然而然地认为——这样认为也很可能是合理的——他不想让他们知道那里有多少树皮，还打算让他们拿出更多谷子和土豆跟他换鞋，而他做鞋所费的工夫是不值这么多谷子和土豆的。于是，尽管每一个人都有归自己支配的时间，用来做自己选择的、不必经过允许或审查的事情，但是，只要他还在做他为了公共利益而承担的特定职业的工作，那么出于自身考虑的保密都马上会被认为意味着危害，并被要求作出解释，或者被要求停止保密。这更多是因为，不管他的工作是什么，其中肯定存在很多困难，一旦理解清楚，就可能在其余人的帮助下或多或少消除；所以可以确信，通过放弃私密，通过坦诚赠与和接受这种帮助，他们中间每一个人都不仅更快乐地获得进步，而且也会更有利、更快速地获得进步。

111. 坚持这样一种坦诚交流和互助劳动的制度，会给他们所有人在财富和幸福上带来最好最多的成果，而私密和敌对的制度的结果则恰恰相反；可以肯定，当嫉妒和隐瞒越是成为他们在社会和经济上的原则，每一个人所得的幸福和财富就越少。长远来看，如果一个了解科学的人不公开告诉别人在哪里发现铁，而是精心隐藏每一条新的矿脉，以便在将稀缺的犁头交换出去时，他能从农夫那里换来更多谷子，或者在将粗糙的针交换出去时，从裁缝那里换来更多劳动，那么他不仅得不到好处，而且还会得到坏处；如果农夫们设法烧掉对方的谷仓，以便提高他们的谷子的价值，或者如果裁缝们设法折断对方的针，以便一个人独揽所有的缝纫活计，那么他们最终带来的不是好处，而只有坏处。

112. 人类行为的这些法则，用到几个人身上，与用到几百万人身上都是一样可靠的。所有的敌意、嫉妒、对立和私密，在所有情况下，其本质上都是破坏性的，而不是生产性的；而所有的友善、情谊、交流，运作起来的时候都始终是生产性的，而非破坏性的；对立和排斥的邪恶原则，如果在广大人群中被接受，不是减少灾难，而是增加灾难；我要说，它们的影响越是隐蔽，就越是增加灾难。因为，虽然敌对总是造成它自身的简单的、必然的、直接的一些伤害，也总是从共同体财富的总量中抽取它自身的简单的、必然的、直接的那个数量，但随着共同体的规模的扩大，它就会导致另一种，也是比这更加难以觉察的灾祸，因为它以商业贸易的复杂和变通为幌子，隐藏自身的致命危害，并且催生大量的错误理论，而这些理论的基础是，浅薄地相信有着普遍而永久的邪恶性质的一些事情偶然带来的那种好处的狭隘的、直接的表象。所以，一个国家的时间和财力，不仅浪费在恶劣的相互争斗上，也浪费在徒劳的抱怨、无谓的沮丧、空洞的研究，和对法律、选举和发明的无用的实验上；人们总是希望从投票箱的某种新异开口上获取智慧，从电线的某种新式接头的一团乱麻中引来繁荣；然而，智慧一直在街市上呼喊，[①]天国的祝福已准备好降落我们头上，比河流更深，比露水更广，只要我们愿意服从人性最初的明白原则，服从天空最初的明白训诫：[②]"要按至理判断，各人以慈爱怜悯弟兄。不可欺压寡妇、孤儿、寄居的和贫穷人，谁都不可心里谋害弟兄。"[③]

113. 因而我最坚定地相信，当我们熟知国家繁荣的规律的时候，我们应该把精力更多投入到社会和交往的制度上；这样做的首要途径之一是，给每一个重要行业重建一个富有活力的，而非徒有其表的行会；这个王国中主要从事某一行业的城市，将为这个行业的所有成员成立一个大的委员会或者办公厅，而其他城市将成立一些小的理事会。每个理事会的官员们，其首要职责是调查那个行业的每一个技工的状况，只要他失业的时候选择向官员报到，如果他有能力也有

---

① 见《箴言》1:20—22。——编者注

② 《撒迦利亚书》7:9。——编者注

③ 如果我们的牧师不是不断宣扬信仰和善举的信条，而是给信众简单地解释一下善举是什么意思，那就好了。在我们自称相信的《圣经》中，整本书中没有哪一章比《哈巴谷书》第2章是更专门、更直接地写给英国人的，但我有生以来从来没听到哪段布道援引其中的文字。我认为，牧师们都很害怕他们的羊群，但也了解他们，他们虽然会正襟危坐倾听使徒给罗马人的书信中的三段论，但如果被要求熟记一段原文，就会坐立不安。但是，我们必不会有商业的灾祸，也不会有悲惨的贫困，只要我们经常阅读，并且用心领会这段文字："迦勒底人自高自大，心不正直；惟义人因信得生。迦勒底人因酒诡诈、狂傲，不住在家中，扩充心欲好像阴间。他如死不能知足，聚集万国，堆积万民都归自己。这些国的民岂不都要题起诗歌并俗语讥刺他说：'祸哉！迦勒底人，你增添不属自己的财物，多多取人的当头，要到几时为止呢？'"（《哈巴谷书》2:4—6。——译者注）关于贪求财富的人的生命，这是一段富含隐喻的光辉历史。"为本家积蓄不义之财、在高处搭窝、指望免灾的有祸了！以人血建城、以罪孽立邑的有祸了！众民所劳碌得来的被火焚烧；列国由劳乏而得的归于虚空，不都是出于万军之耶和华吗？"（《哈巴谷书》2:9—13。——译者注）美国人派出的船只，木头上装的是假冒的螺帽，而且只装了一半螺栓，他们可以细心掂量一下这句话，"以人血建城"。——作者注

意愿，官员们就要以理事会定期会议决定的固定工资给他安排工作；官员的下一个职责，是向委员会汇报行业的所有技术改良，以及扩张途径：不允许有任何的个人专利，而是让所有技术改良都为每一个成员所利用，只是在成功试验之后，分配给发明者一定的回报。

114. 我相信，为了这些，以及许多其他类似目的，这样一些会堂会得到完整重建，然后，在绘画和装饰上，人们尤其应该努力为使用它们的成员表现这个行业的可靠和可敬。因为我相信，现代社会最糟糕的病症之一，就是认为奸诈无耻是商人必有的性格。我相信，商人可以是，应该是，也经常是，比懒惰无用之人更有绅士气派的人；而且我相信，艺术可以在此做高贵的工作，就是在每个行业的会堂中记录这个行业的人为国家提供的服务，并且根据其生平的重要事迹，在其中保留那些推动了商业和文明的巨大进步的人们的肖像。在这里我不能充分展开这个话题，因为离题较远，枝节太多；另外，我不怀疑你们会立刻发现和接受这个原则的正确性，也能够自己把这个问题想清楚。我本来还想说一下我们如何可以以相同的方式为救济院和医院做些事情，就如我会尽力在这节讲座的注释里解释的那样，同时，不管它们的价值如何，我们可以希望在将来看到人们建立与现今不同的意义上的习艺所（workhouses）；但我已经耽误了你们太多时间，我无法允许自己再多冒犯你们的耐心，只是在结束的时候，扼要说说我们在探讨过程中积累起来的关于财富的一些简单原理；这些原理不过是忠实地、实际地接受了所有高尚之人说过的话——他们是托付给他们的天才的管家或者侍从。

115. 虽然我们会多多少少接受他们的话的含义，但只要这些话被认为是隐喻性的，那我们绝不会按照原本的说法接受其含义，这难道不是很奇怪吗？你们知道，这个教训是以一个关于金钱的故事的形式给我们的。钱被给到仆人手里，让他们利用，不知怎么获利的仆人把主人的钱埋到地下藏了起来。①好吧，在政治和精神层面上运用这个故事的时候，我们会说，钱当然不仅指的是钱，它指的是机智，是才智，是更高层次上的影响力，指的是世界上的任何东西，但不是金钱。在这种精神性的用法中，你们难道没有发现一种对我们多数人来说很有趣、很令人愉快的结果吗？当然，如果我们有机智，我们就会为我们同胞的利益而运用它。但我们没有机智。如果我们对主教有影响，我们就会为了教会的好处而使用这种影响；但我们没有这种影响。如果我们有政治权力，我们就会为了国家的好处运用它；但我们没有这种权力；我们没有受托于**我们**的任何类型的天才。确实，我们有一点钱，但这个寓言所谈的不可能是像钱这样庸俗的东西；我们理解的钱只是我们自己的钱。

116. 我相信，如果你们认真思考了这个问题，你们就会感受到，这个词首先的、字面的指称与任何其他指称一样必要；这个故事特指的就是它所说的东西——即普通的钱；我们之所以不立刻相信它是这个意思，是因为我们有一种心照不宣的看法，那就是，虽然思想、机智、才智，以及出身和地位带来的一切权力，确实是被**赐予**我们的，因而也要为**赐予者**展示出来，但是，我们的财富不是被赐予我们的；相

---

① 　见《马太福音》25。——译者注

反，我们是为财富工作了的，因而有权随意花费财富。我认为你们会发现，这就是我们对于这件事情的理解的真正实质。我们说，美是上帝赐予我们的——它是一种天赋；力量是上帝赐予我们的——它是一种天赋；地位是上帝赐予我们的——它也是一种天赋；但钱，却是我们每天工作的真正工价——这不是一种天赋，而是一种应得之物。如果我们为它工作了，我们自主地花钱就是正当的。

117. 而且，如果赚钱的能力本身，并不仅仅是我们认作天赋的才智或力量的运用方式之一，那么我们说正当还是貌似有点道理的。为什么一个人比另一个更富有呢？因为他更勤劳、更坚韧、更睿智。那么，是谁使他比其他人更坚韧、更睿智呢？那种忍耐的力量，那种机敏的悟性，那种冷静的判断，使他能够抓住别人失去的机遇，能够在别人失败的经营路线上坚持下来——这些难道不是天赋吗？在当今世界，这些难道不算是最卓越、最有力的心智天赋吗？虽然我们必定耻于运用身体的优势把虚弱的同伴从有利位置上推开，但我们会毫不犹豫地运用心灵的优势，把他们从心灵的力量能够获得的任何好处上推开，这难道不是很奇妙的事情吗？如果你们看到一个强壮的人走进剧院或讲堂，旁若无人地选择最好的位置，把旁边瘦弱的人用肩膀从那里挤开，然后推到后面的座位上，或者街上，你们会感到很愤慨。如果你们看到一个肥胖的家伙扑到桌子跟前，把正在吃饭的饥饿的孩子挤开，伸手从他们头上把面包抢走，你们也感到很愤慨。但是，对于下面的情形，你们却不会有丝毫的愤慨，反而觉得是完全正当的：即一个人有坚强的思想、敏捷的能力，不只有长长的胳膊，而且有聪明的头脑这种更重要的天赋，然后用自己的才智把城里所有同行嘴里的面包抢走，或者利用自己开阔的视野，把这个国家的某个商业分支聚拢成一个巨大的蛛网，而他自己是网中央的蜘蛛，用爪子控制每一条丝线，用自己的眼睛监视每一条道路。在这里你们却看不到有不公的地方。

118. 但是，这里确实存在不公；而且我们要相信，不远的将来，凡高尚的人都会对此表示鄙夷，视其为有罪。然而，在某种程度上，这也没有不公的地方；某种程度上是必然的、注定的。人们坚信为正义的事情是，勤奋之人应该超过懒惰之人；拥有最广泛影响的人应该是最有能力运用影响的人；聪明的人最后比愚蠢的人富裕。但是，由于这个原因，愚人就要活得悲惨，彻底被压倒，无助地承受其品行和能力自然招致的痛苦吗？不是这样。你们认为，为什么会有愚人存在呢？是为了让你们欺辱他们，虐待他们，在每一个方面超过他们吗？绝对不是。他们存在是为了让聪明的人照顾他们。这是每一个强壮聪明之人与周围世界的关系中真实而明白的事实。他被赐予力量，不是让他用来欺压弱者，而是让他扶持和带领弱者。在家庭之内，他是自己孩子的明灯和支柱，在家庭之外，他仍是父亲，是弱者和穷人的明灯和支柱；不仅是德高而体弱和清白而贫穷的人的明灯和支柱，而且是有罪的、应受惩罚的贫穷的人的明灯和支柱；是那些本应更明事理的人的明灯和支柱，是应该感到羞耻的穷人的明灯和支柱。给失去儿子的寡妇以补助和小屋，并不算什么；给失去手臂的工人和病容枯槁的老妇以食物和药物，也不算什么。但是，用你们的时间和力量与人类的任性和轻率斗争，是了不起的事情；让犯错的工人为你们服务，直到他成为不犯错的工人，是了不起的事情；指导你们的商业同行抓住他们因愚钝而丢失的机会，是了不起的事情。这很重要；但更重要的是，当你们充分取得了你们应得的优势，获得了作为你们的睿智的适当回报的财富的时候，你们是否庄严地接受这种优势和财富带来的责任，因为这个责任是劳动的船舵和指南。

119. 因为，身负这个责任的你们，实际上就是国家的力量和奋斗的领航员。①这个国家作为权威被托付给你们，被用来行善或作恶，完全如国王的权威被交给王子，或者军队的指挥权被交给上校。根据你们手上权威的多少，你们就是英国的意志和工作的裁决者；这个国家的工作是否能满足国家的需要，全都依仗于你们。你们可以把权杖伸到英国劳动者头上，并在他们服从于权杖的时候对他们说："把挡住我们父亲的这些石头清理掉，把吞噬我们孩子的瘟疫扫除掉；灌溉干旱的土地，耕种荒废的土地；把这食物带给饥饿的人，把这光明带给身处黑暗的人，把这生命带给面临死亡的人。"或者另一方面，你们也可以对劳动者说："我在这里；权力在我手上；过来，建一个高台，要又高又宽，我要在这里加冕；过来，给我制作皇冠，让人们从远处就看到它闪闪发光；过来，给我织地毯，我要踩在柔软的丝绸和紫衣上；②过来，给我跳舞，让我高兴；给我唱歌，让我睡着；我要活在欢喜里，死在荣耀中。"比这尊贵的死更好的事情是，我们出生的那日和说怀了男胎的那夜都灭没。③

---

① 见附录注解7。——作者注
② 见附录注解8。——作者注
③ 见《约伯记》3:1—3。——编者注

120. 我相信，不久之后，我们很少有富人因为冷漠或贪婪而丧失注定要承担的光荣职责。刚才我说，被错用的财富就是蜘蛛的网，在缠绕和毁坏东西；而使用得当的财富就是神圣渔夫的网，从深渊打捞人的灵魂。一个时代即将到来——而且我认为离我们不远——世界财富这张金色的网将铺展开来，像覆盖天空的清晨燃烧的云；承载着欢乐的光和清晨的露，也承载着对光荣而平安的劳作的召唤。英国的富人们，我们希望从你们的财富中得到的能比这少吗，一旦你们充分感受到如何凭借你们财产的力量——请注意，不是凭借耗尽财产，而是凭借对财产的管理——凭借你们指导整个人类的行动的能力，指挥整个人类的活力的能力，启蒙整个人类的无知的能力，延长整个人类的存在的能力；即使从人们忠实地利用的世俗智慧来理解，不仅她①的道路是喜乐如何是真实的，而且她的道路是平安也如何是真实的；同时真实的是，对于人类所有的孩子，还有她被赐予的那些人来说，她的右手有长寿，左手有富贵?②

---

① 即财富。——译者注
② 《箴言》3:16—17。——编者注

附录

注解 1："父亲的权威"①

121. 当然，某一派政治家听到这个说法肯定会很不高兴；当时曼彻斯特的报纸给这些演讲写的一份短评，也力图消解这个说法，说它指的是神的权威，借着神的权威这个唯一的父亲权力，人们才被真正称作"兄弟"。它当然是这样的，同样当然的是，整个人类政府不过是这个神的权威在执行上的表现。一旦政府停止执行神的律法，那它就是暴政；在较为宽泛的意义上，我用"父权政府"这个表述指的意思简单来说是这样的："通过正式的人类方法，在执行层面实现人类的'父亲'对于其孩子的意志。"在通俗的演讲中，我无法给政府下这样一个定义；即使是在书面形式中，这个定义也必然引来许多反对意见，我必须提到它们，并且回答人们最可能提出的那些。

只是为了避免重复"后面可以回答"、"然后可能遭到反对"等繁琐的措辞，我请读者允许我以简单对话的形式展开讨论，O 代表反对者，R 代表回应。

---

① 参见第 14 节。——译者注

122 O：你把你的父权政府定义为，以正式的人类方法，在执行层面实现神的意志。但可以肯定，这个意志不需要人类法律的帮助或表达。神的意志肯定会自己实现。

R：在最终意义上说，它无法自己实现；而且在你的那个意义上说，在这个世界上，正在谋杀和盗窃的人就像最高尚、最善良的人一样，是在实现神的意志。但是，在有限的、当下的意义上说，也是唯一与**我们**相关的意义上说，关乎人类的神的意志，是由某些人实现的，同时也受到其他人的阻挠。而那些或劝说或强制，去实现这个意志的人，与违抗这个意志的人是对立的，恰如一个家庭里忠实的孩子，当父亲不在眼前时，强迫或劝说其他孩子做父亲要求他们做的事情，就跟父亲在眼前一样；就他们暂时表达和坚持父亲的权威而言，他们就是在我想让人们理解的那种意义上，对其他人行使父权政府的权威。

O：但是，如果上天已经在许多事情上给人以自由，以便试验他们，那么，为什么人类法律要消除这种自由，并且自作主张强制人们去做伟大立法者并未强制的事情？

123. R：在制定任何法律的时候，人们都承认，人类立法者有权这样做。因为，如果你无权剥夺上天留给人类的自由，那你也无权惩罚任何谋杀或抢劫的人。你应该把他们留给神和大自然去惩罚才对。但是，如果你认为自己有义务在人类法律的能力范围内惩罚这些大的罪恶对神的意志的违反，那你就必定有相同的义务相应地对小的罪恶施以小的惩罚。

O：不；你一定不能用法律惩罚小的罪恶，因为你无法恰当地定义，也无法确定这些小的罪恶。每一个人都能确定是否有人犯了谋杀，但你无法确定人们在小的事情上有多大程度的不义或残忍，因而也无法制定或执行关于小的事情的法律。

R：如果我建议你惩罚无法被定义的过错，或者执行制定得公平的法律，那你可以反对我建议的法律。但是，不要笼统地反对法律的原则。

O：是的；对于那些用到小事上的法律，我是一概反对的；因为，如果你能成功地（但你不能）凭借法律控制人类的全部行为，无论事情是大是小，那你就会消除人类生命中所有适用缓刑的特征，而且使许多的美德和快乐变得不可能。你会把美德简化为机器的运转，而非精神的活动。

124. R：顺便提一下，你刚才说了，而且我也毫无保留地承认，凭借法律控制所有的小事是不可能的。但是，难道因此就可以说，凭借法律**可能**控制的程度，就等于**适当**控制的程度吗？或者，你会利用什么其他判断手段，来区分应该被正式控制的事情与不应该如此被正式控制的事情呢？你承认，大的罪恶应在法律上得到抑制，但你说小的罪恶则不应该在法律上得到抑制。你怎么分辨大恶小恶呢？你打算怎么确定，或者怎么在日常生活的实践中确定，你应该在什么场合强制人们做正确的事，又应该在什么场合由他们自己决定是否做错误的事呢？

O：我认为你无法在这种事情上作出任何精确的或合乎逻辑的区分；但是，在所有文明国家中，常识和本能已经表明，对于有着巨大社会危害的某些罪行，例如谋杀、盗窃、通奸、诽谤、等等，通过法律去抑制是合适的；常识和本能也表明，对于某个类型的罪行，法律放任不管是合适的，例如咒詈、咒骂，还有许多商业欺诈，虽然我觉得，你想让你的父权政府干预它们。

R：请不要因为我的父权政府可能会干预什么而吓唬自己，还是来看眼下的事情。你说在所有文明国家中，"常识和本能"，已经分辨了哪些罪恶是应该通过法律处理的，哪些不是；你的意思是不是，所有文明国家的法律都是完善的？

O：不，当然不是。

R：或者说，至少在辨别哪些罪行应该予以处置这个问题上，它们是完善的？

O：不，不一定。

R：那你的意思是什么呢？

125. O：我的意思是，文明国家的法律大体上是正确的；并且在适当时候，先天的感觉和本能会指出哪些事情是它们应该发挥作用的。每一个立法问题都必须在其出现的时候被作为单独的研究课题：你无法固定任何一般原理，说哪些事情可以通过法律处理，哪些事情不应该。

R：假如是这样，那你是否认为我们英国立法中的所有问题都能够被修正，正如当下涉及商业和经济的事情的时候？

O：当然，我认为是这样。

R：那好，我们一起心平气和地讨论一下这些事情；我想修正的条目，是否在你看来不能被修正，或者不需要被修正；但不要在一开始就反对这样一个纯粹的提议，即把法律运用到之前尚无适用法律的事情上。你已经承认我的"父权政府"这个表述是恰当的：我们之间只是有这样一个问题，而且现在也没有得到解决，即这种政府的职权应该扩张到什么程度。也许你愿意只是让它规定儿童的课时长度，而我也许还愿意让它规定板球的硬度；但是，在就事情本身争论之前，你能不能耐心等一下，先搞清楚我想让它做什么？

O：不，我不能耐心等待；事实上，我看不到讨论这个问题有什么用处，因为我一开始就很肯定，你想干涉与你无关的事情，并且以各种方式干预有益的行动自由；我知道，你无法提出任何真正有用的法律。[①]

126. R：如果你确实知道这一点，那你不该再听我说下去了。但是，如果你非常怀疑我，不愿意再浪费时间，我会事先告诉你我对于行动自由的真实看法，也就是，任何时候，只要我们能在任何事情上制定完全公平的法律，或者甚至是更多在整体上保护正义行为而非不义行为的法律，那我们就应该制定这个法律；而且，即便如此，还是始终有一些事情是条文主义和形式主义无能为力的；但这样做就完全足以让人施展个人判断等人性能力，也足以给个人性格留下各种空间。我是这么认为的；当然，我这个看法只能通过个别考察各个行为领域中正式约束的可能性来证明是否正确。而这两个演讲，不过是一个领域的详细考察的概要，也就是艺术领域。然而，在下一个注解中，你可以看到对这种可能性的另外一两点评论。

---

① 　如果读者因为我硬让他听这段愚蠢的对话而感到不快，那我请他原谅：但他可以相信，这就是许多人会进行的谈话，而且在这个节点上，也会有更多人心照不宣地感受到这段对话的实质。实际上，到这个时候，我已经努力让这个反对者看起来聪明一些，就像一个作家想象任何与他意见不同的人的时候可能做到的那样。——作者注

注解 2："获得公共赡养的权利"①

127. 在我看来，在口头演讲过程中不太适合讨论劳动的管理和救济的分配这些问题的细节，或者为其提供某些建议，因为，如果不涉及许多有争议和无争议的问题——而这些问题在普通听众面前也不容易解释——就不可能这样做。但是，为了把我的总体观点阐述清楚，我必须补充一些东西。

首先我相信，任何基督教国家，看到其成员陷入困苦都没有理由不加帮助，虽然与此同时也要予以惩罚：当然十有八九，帮助意味着引导，而不仅仅是给予礼物，因而也要干涉自由。如果一个农妇看到自己粗心的孩子掉进沟里，她首先会做的事情是把他拉上来；其次是给他两个耳光；再次，通常是手拉手小心带他走一小段路，或者把他送回家，让他休息几天。孩子经常会哭闹，并且经常宁愿待在沟里；如果他懂得政治学术语，肯定会对干涉他个人自由的做法表示愤恨，但他母亲尽了她的义务。然而，这种情形下，国家这个母亲通常对她孩子们的喊声，近来不过是像猎狐者的喊声一样："待着别动；我要把你清理干净。"因而，如果我们始终**能够**把他们清理干净，那么他们对于满身泥水的独立的要求，有时可能得到和善的人们的允许，或者他们请求帮助的喊声被刻薄之人鄙视。但这样的话，我们就无法把他们清理干净。事实上，整个国家是绑在一起的，就像人们被绳子绑

① 参见第 15、16 节。——译者注

在冰川上——如果一个人掉下去,其余的人必须把他拉上来,要么就一起把他像死人一样拖着,[①]因而必定给他们自己增加很多危险。正确的法则在这里是显而易见的——因为无论明显与否,这都是审慎的法则——唯一的问题是,这种有益的帮助和干涉要被怎样管理。

128. 首先的干涉必定是在教育当中。为了让人们可以在成年时能养活自己,他们的能力在年轻时就必须得到提高;而国家始终应该保证这一点——不允许他们的健康被过早的劳动损害,也不允许他们的力量因缺乏知识而被浪费。与此相关的问题,在"试验学校"这个题目下有更多评述:这里必须注意的一点是,我相信所有年轻人,不管来自哪个阶层,都应该精通一门手艺;因为非常奇妙的事情是,如果学会了用双手和臂膀把任何一件事情都做好,那么一个人的人生观会变得多么清醒。长期以来,欧洲上层阶级的所谓正确生活,很大程度上依赖于每个人都无力保卫的必需物;我相信,在今天,男孩们在公立学校学习的最有用的东西是骑马、划船和板球。但更好的事情是,议会中的议员能把犁拉得直,能制作马掌,而不只是把船桨削得光滑,或者漂亮地把鞋子插入马镫。因而,在文学和科学的教学中,经济的要领,是把其原理贯穿到能马上用于实际生活的知识中去。很长时间里,我们的文学作品在经济上对我们无用,因为太多作品只涉及死的语言;有些时候,我们的科学作品会遭遇很

---

① 人们会很好奇看到两个店主努力要把对方毁掉,都丝毫没有想到,破产的邻居最终必定要以他自己的代价而被救助,也就是增加了贫民救济税;他也想不到,他们相互之间的争斗实际上不会给他自己带来任何东西,相反,他自己,还有顾客都必定首先背上无偿供养对方家庭的负担。——作者注

大的迷失，是因为科学家过于钟爱或者过于自负于自己的体系，把学生的时间浪费在教他们宏阔的观点上，而不是让他们感知事实之间的有趣联系；那个时候，一千个学生里，也没有一个学生，不，甚至是没有一个人，能感受到体系的美，甚至无法在脑子里把这个体系理清楚；但是，几乎所有人，都能理解与日常生活有关的事实，而且也很感兴趣。植物学家在荨麻和无花果之间发现了一些奇妙关联，而一个在自己生活中永远不会看到一颗成熟无花果的放牛娃，是不需要为这些关联费心的；但如果他知道荨麻对干草有什么作用，加到燕麦粥里味道如何，那么他倒会觉得很有趣；如果他在春天里有一次机会好好观察一下白色荨麻花上美丽的小圈，跟他的老师一起量一下花瓣上的曲线，看一下花朵如何长在中间的茎秆上，那么这将给他一种全新的生命。所以，化学等价的原理虽然也很美妙，但跟农民家的儿子没太大关系，甚至跟多数绅士家的儿子也没太大关系，倒不如让他们知道如何发现后厨水箱里的水是否有益健康，家里的七英亩土地是否缺少沙子或者白垩。

129. 只要我们给年轻人的学习的指导，让他们在步入成年的时候成为实际有用的人，那么，在他们的个人环境没有给他们提供机会的情况下，成年的这个入口也始终是为他们准备好的。每一个行业都应该有国有企业，所有想进入这些企业的年轻人，都应该在他们离开学校的时候被接受为学徒；那些失业的人也应该随时被接受。在这些国有工厂里，应该有严格的纪律和稳定的工资，不会随着商品需求的变化而变化，而是仅与食品的价格相关；生产出来的产品摆在商店里，以满足紧急需要，避免价格突然波动——只有真正由原材料供应受到更大或更多限制，以及其他自然原因，造成的商品价格逐渐的、必要的波动，才是被允许的。当某种商品有明显过剩的趋势时，这个趋势应该通过指导正在公立学校学习的年轻人进入其他行业而得到遏制；而商品的年盈余量，应该是政府为穷人提供物资的主要手段。这种物资应该非常丰富，而且不能让受助穷人感到羞耻。当前，公众思想中对于接受救济有一种非常奇怪的观念：多数人愿意以政府补助金的形式接受救济，而不愿意以教区补助金的形式接受。这种怪异的偏见也许有些道理，因为政府补助金通常是对为国家作出的某些贡献的明确认可；但教区补助金也是，或者应该是，以同样的条件发放的。一个劳动者用铁锹为国家服务，正如中等阶层的人用剑、笔或者手术刀为国家服务；如果服务较少，因而健康时候的工资也少，那么当健康受损时得到的回报也少，但并不因此就不那么体面；一个劳动者从教区领取补助金，是因为他理应从教区得到厚待，这应该是自然的、简单的事情，就如地位较高的人从国家领取补助金，是因为他理应得到国家的厚待。

130. 如果接受教区补助金不光彩，是因为这可能意味着一个人早年间生活不节俭，那么他接受政府补助金就更加不光彩：因为浪费，在受过高级教育的人那里，比在受教育不足的人那里更不应该，而在上层阶级那里，比在下层阶级那里更不应该；在上层阶级那里挥霍必然是奢侈，而在下层阶级那里可能不过是为了舒适。所以真实的情况是，人们很乐意接受像马车和男仆这样的救助，因为这些东西在街上的人看来不像是救助；但他们不愿意接受面包、水和煤这样的救助，是因为每一个人都明白这些东西意味着什么。请注意，我不是让那些应该拥有马车的人拒绝马车，但我也不希望人们拒绝煤炭。如果我们在这些问题上的看法的变化，哪怕在最小程度上削弱了英国人思想中的自力更生的信念，我真的会感到遗憾；但是，人们普遍回避公共慈善，这并不算自立，而只是卑怯自私的傲慢。这不是说他们不愿意依靠邻居生活，而是说他们不愿意承认这样；他们希望避免的不是依靠，而是感激。他们愿意占据闲职，他们愿意借自己还不上的钱，他们愿意用别人的资金继续亏损的生意，他们愿意骗商店的东西，或者在朋友家里寄生，但他们傲慢地拒绝明说自己是穷人，需要国家的救助，需要进救济院，他们道貌岸然，宁愿做贼，而不做乞丐。

131. 我相信，虚伪之人显得要独立的努力，以及不幸之人保持独立的痛苦努力，都可以在某种程度上因为对扶贫法律更好的执行和理解而得到遏制。但是，救助的法令和劳动的法令必须同时付诸实施，否则，因不幸而产生的困苦，会像现在被混同为因懒惰、挥霍和欺诈而导致的困苦。只有当国家关注和引导人们的中年生活的时候，它才能在不使其受辱的情况下保护他们的老年生活，并在这样保护的过程中承认，他们在自己健康的时候完成了自己的职责，或者说至少完成了一部分职责。

我很清楚，对于今天多数商人来说，这些建议会显得很奇怪、很幼稚，或者行不通；这些人设想，这个世界的正常状态就是一群庞大的、混乱的乌合之众，人们相互争抢，把自己中间的孩子和老人踩倒在泥潭里，人们发现自己所做的工作是**必须**跟一帮被坑蒙拐骗而来的劳工一起完成的，随后他们又被丢在一边，不管他们的死活。的确，像我们这样身体健壮、内心刚硬的国家——不轻易因推搡而害怕，因跌倒而沮丧——可以照这种方式完成很多事情。但是，对于自称基督徒的人们来说，这样的做事方式仍不能说是正确的。每一个可被称作基督徒的人，童年时要求从每一个其他基督徒那里得到保护和教育，中年时要求得到帮助或惩罚，如有需要，老年时要求得到回报或救助；所有这些都应该被完全地、慷慨地给予，也只能被如我描述的这样一个体制的机构给予。

注解 3："试验学校"①

132. 读者可能会严肃地提问，即，由于我们目前的体制，②我们真正损失了多少绘画天才，提议的试验学校又会

---

① 参见第 22 节。——译者注

② 人们可以注意到，这个演讲**假设**艺术作品是国家的财宝，而且应该从其他工作中抽调所有能够绘画和雕刻的手来创造这种财富。这样假设的时候，我的意思不是说，艺术作品可以为国家增加能以金钱衡量的那种资源，或者在庸俗的意义上构成这种财富的一部分。在一个国家本身之内，销售一幅画的结果，只是一定数量的货币从购买者 B 手中转移到了生产者 A 手中；这个要被分配的数量最终是不变的，只是 A，而不是 B，最终花费它，而在此期间 A 的劳动被从生产渠道抽离出来；他画的画，是任何人在可以种谷子或盖房子的时候，都无法依靠其生活，或者住在里面的；因此，当销售在这个国家本身当中实现的时候，它不是增加，而是减少了这个国家的金钱资源，只是目前来看，基于其他理由这种事情显得非常可能的，即，从他的画那里得到钱的 A，可能比要把钱花出去的 B 把钱花得更合理、更有用。事实上，如果这幅画或其他艺术作品是在外国销售的，外国的钱或者其他有用产品在交换画的时候被进口进来，那么，这样的售卖增加了卖出国家的金钱资源，减少了买入国家的金钱资源。但是，合理的政治经济学，尽管初看起来这样说显得很奇怪，与国家利益之间的分割毫无关系。政治经济学意味着对**公民**事务的管理，它要么单单关注对一个国家的事务的管理，要么把整个世界视为一个国家，关注对其事务的管理。所以，当个体之间的一笔交易，使 A 变富，也在同等程度上使 B 变穷的时候，清醒的经济学家会认为这是个体之间一笔非生产性的交易；如果两个国家之间的贸易，使一国变富，也在同等程度上使另一国变穷，那么清醒的经济学家会认为这是两国之间一笔非生产性的贸易。这不是一个一般的政治经济学问题，而只是与地方情况有关的特殊问题，也（转下页）

让我们收获多少？因为人们可能认为，就目前情况而言，我们的画家超过了我们应该拥有的数量，而且许多还是拙劣的画家，因而真正具备绘画天赋的年轻人难有出头之日。

事实并非如此。很难分析，是什么性格使年轻人误解了自己的职业，使没有真正艺术天赋的他要努力成为艺术家。但事实是，确实有大量年轻人成为艺术家，而且目前为止，在世的艺术家大多都误解了自己的职业。现代生活的一些特殊情形是，我们的大城市里人们几乎在以每一种形式把艺术展现在年轻人眼前，自然而然的倾向是在他们的想象中填满了借来的观念，在他们心灵中填满了残缺的学问；许多年轻人单纯地不喜欢技工的工作，或者觉得它们令人厌恶，或者认为它们很不体面，这种心理促使他们成为画家，这种心情就像想要当兵或者出海一样。另一方面，雕刻师或者艺术家

（接上页）就是本身没有价值的物品是否可以在与其他国家的交易中承载一种交换价值。经济学家只考虑已完成或已生产的东西的实际价值；如果他看到一定量的劳动，比如说被瑞士，消耗在销往英国的木材制品的生产上，他马上就把英国买家的在商业上的变穷与瑞士卖家的在商业上的变富对立起来，而且认为，只有当木材制品本身真正增加世界财富时，整个交易才是生产性的。一个国家设置法律以保护其自身的最大优势，并留给其他国家最小的优势，这不是政治经济这门科学的一部分，而是一种欺诈性科学的广泛应用。因此，抽象地考虑，画作不是对世界的货币财富的增加，除非是按照人们每天从它们那里获得快乐或教益的数量计算；但是，高级艺术的作品对财富发挥的一定的保护作用，始终必须被纳入在对其价值的估算当中。一般来说，用画装饰住所的人，是不会把太多钱花在壁纸、地毯、窗帘，或者其他昂贵而易损的奢侈品上的。优秀艺术的作品，就像是书，对收纳它们的房间发挥一种守护作用，虽然其他房间的墙壁会被重新贴壁纸或装墙板，但书房或绘画收藏室的墙壁却会保持原样。当然，如果画就在墙本身上面，也就是要么是在墙板上绷成固定形状的画布上，要么本身就是壁画，那么这种作用就更加明确了；同样，这种作用也包括保护建筑物，使人们不要对建筑物进行不必要的、反复的改造。通常来说人们认为，一个国家让大量人手从事绘画或雕塑，是容易抑制人们沉溺于易损奢侈品的倾向的。然而，在我把艺术作品作为财宝的假设中，我没有太多考虑这种附带的金钱上的结果。我把它们看作财宝，只是视其为能带来快乐和教益的永恒手段，而且在其他地方，我也试图说明它们给人快乐和教益的几种方式，这里只是假设它们因此而是有用处的，培养尽可能多的画家也是可取的。——作者注

的孩子，从父母那里学会了艺术方面的事情，而自己本身没有天赋，从事艺术是将其当作谋生手段，无可奈何地坚持下来；或者，如果他们雄心勃勃，就试图运用精致细腻、华丽庸俗，或者前所未有的机械技艺吸引关注，或者远离竞争；最终，许多性情诚实、做事认真的人，误认为让自己有用的渴望就是对艺术的热爱，误认为情绪的敏感就是艺术的能力，因而靠画一些道德的或说教的作品度过一生，这几乎让我们认为，只有无赖才能成为画家这种看法是有道理的。另一方面我相信，很多最优秀的艺术才智每天都迷失在了其他的嗜好当中。通常来说，使人成为出众艺术家的性情是谦卑而敏锐的，能在细小的东西上发现意趣，在最枯燥的环境中仍能自得其乐。除了这些性格，我们还可以认为有持续的勤恳，就是无论在哪里都尽职尽责；还有少有艺术行家会否认的巧妙创造的能力，这种能力表现在人类技艺几乎任何的实用方面，因而人们很难怀疑，正是让画家臻于完美的谦卑和勤恳，在很多时候阻碍一个人成为画家；同时也很难怀疑，我们沉稳的匠人、睿智的制造商、任劳任怨的店员的寂寞生活所埋没的天才，甚至比我们培养起来让其指导公共作品，或者成为公开称赞的标兵的天才还要多。

133. 确实有可能，对于艺术的强烈兴趣会让人克服最困难的障碍，如果周围环境也给这个人的心灵灌输这种征服观念的话；但我们没有理由推断说，如果契马布埃没有碰巧发现乔托在画画，乔托也不会仅仅是个羊倌；或者说亚平宁山区的羊倌里也没有契马布埃并未发现的其他乔托。我们太习惯于认为幸运意外就是我们所谓的"上天眷顾"；以为，每当有伟大工作需要有人去做的时候，上天就会指定一个人去做它，不管这个人是羊倌还是水手，而且各种次要的天意也以最好的方式让他准备好做他的工作。然而，在其他事情上，上帝之手的所有类似情况却证明事实恰恰与此相反；我们发现，"在千万颗种子里，他常常只选出一颗来结出果实"，[①]甚至常常是一颗也不选；而且他选出来结果的那颗种子，结出的果实也有好有坏，这取决于农夫怎么对待它。同时，习惯于高屋建瓴、合乎逻辑地观察世界历史的人都无法怀疑，天意主宰历史事件的方式与主宰历史结局的方式并无二致；善恶的种子播撒在人们当中，就像蓟草和果实的种子播撒在地里，依靠我们的勤奋的程度，以及农艺的智慧，土地会给我们长出无花果或者蓟草。所以，当世界上似乎有某种工作需要被完成而没有人去做的时候，我们没有权利说上帝不希望它被完成，因而不派有能力的人去做。情况可能是（如果我表达的是自己的信念，我应该说肯定是），他派遣了许多，也许是几百个，有能力的人去做，而我们拒绝他们，打击他们；因为根据我们之前行为或制度的愚蠢来看，我们让自己不可能分辨或打动这些人；当他们需要出现，而我们又因缺少他们而受苦的时候，并不是上帝拒绝派给我们拯救者，并且特意让我们承受随后而来的苦难；相反，他派来了拯救者，而我们拒绝了他们；然后他的永恒律法制造了痛苦，就如永恒律法一定给既不愿犁地也不愿播种的国家制造饥馑。我们同样错误地假设，一如我们经常这样做，也就是，如果一个人被发现在所有方面都适合要被完成的工作，犹如钥匙适合锁，那么他最后就一定适合；同时也假设，造

---

① 出自丁尼生《回忆》（*In Memoriam*）。——编者注

就他的过程中发生的每一个偶然事件，只是为了让他更加适应那个工作。我很遗憾听到历史学家们这样欺骗自己，欺骗读者，就是在伟大人物的早年经历中探索那些使他们适合其工作的次要因素，而从不注意那些必定使他们不适合其工作的因素，因而得出结论说，奇迹般的偶然事件让他们在所有方面都为一切事情作了准备，他们所做的一切事情都是众望所归。然而确定无疑的是，在他们一生中，有一些事情给他们挫折和诱惑，就如必定有其他事情给他们帮助和约束；即使从最仁慈、最恭敬的角度来看，他们都是一些可怜的、遭遇误解的人，而他们与之抗争的世界遭遇的误解甚至比他们遭遇的误解还要严重——可以肯定，他们承受了无数罪恶，也制造了无数罪恶，最后带来一个残缺的结果——这不是他们本来可以，或者本来应该做的事情，而是他们面对世界的抵抗时所能做的全部事情，尽管他们可悲地给自己找了自己也无法相信的理由。

134. 既然如此，那么一个明智的国家的切实责任，首先就是尽可能让年轻人远离破坏性的影响，尽可能试验其"材料"，不错过好的材料的任何一个用处。我所谓"远离破坏性的影响"，不是说让年轻人避免接受考验，而是让他们远离纯粹地、绝对地有害的事情。我的意思不是说让庄稼远离任何热量，避免任何霜冻，只是说我应该让它们避免被洪水淹没，给它们驱走鸟儿。让你们的年轻人去劳动，经历困难，但不要让他们挨饿，也不要让他们偷盗，也不要让他们咒骂。

135. 当然，我没有能力细谈教育方案的细节；要让现在进行的实验的结果为解决与这个论题有关的最困难的问题提供借鉴，还有很长的路要走，其中一个主要的实验是，要让所有人都接触到提升生命的机会，但与此同时，也要让没有能力胜任高级职业的人在低等职业中获得满足。但试验学校的一般原则是一切之本，也就是说，学校提供的知识和执行的纪律，应该是对人的灵魂的一种重要试验，在这种试验中，学生在知识上将得到增长，在纪律上得到指导，接受的程度是被试验的心灵和头脑最适合承受的程度，而不是相反。然而，有一件事情是我必须要说的，即我相信，在这种考验中，一切的竞争都是错误的动机，所有的奖赏都是错误的手段。你们能期望一个孩子可能在好的成果中体现出来的所有东西，也是表示真正能力的东西，就是他为了工作而工作的意愿，而非超过同学的渴望；你们教导他的目标，应该是向他证明他有独特的天赋，并增强这种天赋，而不是强求他与永远比他强的人大张旗鼓地竞争；对于最强的年轻人，你们更不应该偏袒他，给他嘉奖，以至于让别人嫉妒他。要让他们爱他，跟随他，而不是与他争斗。

136. 当然，考试是必须要有的，以确定和证实各人的进步和能力；但我们的目的应该是，让学生更多将此看作确定自己在世界中的真实地位和能力的一种手段，而非让考试成为争取当下成功的竞技场。在演讲过程中，我也许没有充分强调相对能力和个体性格的性质，并将其作为艺术中所有真正**价值**的根本。在当今时代，我们太习惯于认为，仿佛在市场上值一定价钱的艺术就是人们普遍都能学会制作的一种商品，仿佛是艺术家接受的**教育**而非其**能力**，给了其作品以真实的价值。可能没有哪种印象比这更荒谬，更错误了。凡是人们能相互教对方去做的东西，他们都会估价，当然也应该估价，但只能被作为平常的勤奋估价；只有那些不能被教会的东西，只有其他人做不了而必须从会做的那个人手里买的东西，才能卖出高价。没有哪种社会状态，没有哪个知识层次，能消除一个人天生对于另一个人的天生优势；是这种优势，也仅仅是这种优势，才让作品在市场中获得高价，或者应该这样。一个国家，如果认为自己拥有众多优点相等的艺术家，那么这是其拙劣判断力的一个标志，也是阻碍进步的一个征兆。高贵的艺术不过是伟大灵魂的表现；而伟大的灵魂不是普通的东西。如果我们把他们的作品与其他人的作品混淆，那不是出于大度，而是出于无知。

注解 4：“公众的喜好”[1]

137. 在伟大心灵与卑劣心灵对于“公众”的态度之间作出简明或普遍的区分，是非常困难的。正如正文中所说，一个鄙俗的心灵会顺从你们的请求，这绝对不是一个**普遍的**情况；相反，有一种最鄙俗的心灵，永远在抱怨公众，而且自视也自称是“天才”，拒绝任何有益的约束或低微的职位，最后在悲伤和愤恨中毁灭；同时，最伟大的心灵有一个最明显的标志，就是不可思议地谦卑，接受任何形式、任何理由的工作或指导。他们不耻下问，也有求必应，哪怕这些要求给他们的只有劳苦，或者被认为是自降身价。不过，他们与

---

① 参见第 23 节。——译者注

公众之间必定会产生争执，不是关于地位高低，而是关于事实问题。伟大人物最后总能看到公众看不到的东西。即使公众能看到，他也一定会坚持把**他**看到的样子，而不是**公众**看到的样子，用语言或画笔表达出来；即使整个世界都反对他，也不会让他说成别的样子。因而，如果世人反对他的说法，他可能被扔石头或被烧死，但他毫不在乎；如果世人不能提出具体的反对意见，他倒可能至死都不断抱怨，然后仅仅被看作是个傻瓜，但他也不在乎——他的抱怨，是根据他感知为事实的东西，而不是根据红海在他左边或右边的砰訇。①这样，公众与他之间肯定不时会有争执；低俗的人虽然怒斥和攻击公众，可是当公众不理睬他时，他就不择手段向公众低头，求得喝彩，当听到公众的回应时，又会再次说些赢得喝彩的话；因此，如正文中所言，他与公众之间是同气连枝的。

然而有些时候，低俗之人的固执看着像是伟大之人的固执；但是，如果你们仔细品味，就会发现，低俗之人总是说"我"怎样怎样，而伟大之人却总是说"它"怎样怎样。②

注解 5："发明新的需要"③

138. 如果政治经济学家没有被这样一种观念搞糊涂——它某种程度上是有些根据的——那么他们就不会很长时间里

---

① 《以赛亚书》51:15。——编者注
② 意即，"事实"是怎样的。——译者注
③ 参见第 48 节。——译者注

都坚持正文中所说的那种错误，①这个观念是，文明生活的活力、精致、还有富裕，是源于想象出来的需要的。不错，除了食物、居所和睡眠之外，野蛮人不知道还有其他需要，而是在捕获了野兽，修补了窝棚之后，把剩余的时间用来像动物一样休息；比起通过不断劳动，以保证自己文明的奢侈的人，这种人还处在一个低级的层次；同样正确的是，一个国家和另一个国家在进步能力上的区别，主要取决于虚荣的欲望；但是，这些无聊的动机只被看作是用来锻炼国民的身体和心灵的；它们不是财富的源泉，除非它们能让人形成勤劳和进取的习惯。一个男孩笨拙而懒惰，如果我们能说服他凿刻樱桃核，放风筝，那么我们必定是在做好事；这样使用

---

① 在说这一点的时候，我是十分信任政治经济学家的。事实上，当这些文字交付出版的时候，纽约的市议会议员在关于当前商业危机的报告中，正式而准确地发表了这个愚蠢的、粗俗的、十足的谬论。下面是他们在1857年11月23日的《时报》发表的集体观点："另一个错误的观念是，奢侈的生活、炫耀的服饰、隆重的宴会和精致的房屋，是一个国家的灾难的原因。没有比这更错误的印象了。身家十万或百万美元的富豪的挥霍，是给十个或一百个除了劳动、才智或趣味之外一无所有的人增加谋生手段、生活物资和财富。如果一个身家百万美元的富豪在十年时间里花尽本金和利息，最后乞讨街头，他实际上是把钱分给了那些曾经满足其奢侈生活的十个人，包括雇主、雇工，因而是通过分配自己的财富让他们变得更富有了。他自己可能是毁了，但国家却更好了，更富了，因为一百个分别占有一万美元的人，能比一个占有一千万美元的人产生更多效益。"

不错，市议院的先生们；但你们在转移这些财富的时候，是在干什么呢？用比如十年时间消耗这些财富，在这段时间里，价值百万美元的工作，是由赚得这么多钱的人完成的。这些工作的产品在哪里呢？按照你们的说法，是全部被消费掉了；因为消费这些产品的人现在成了乞丐。因而，你们作为一个国家，用了十年时间，做了价值百万美元的工作，最终的结果却是，你们生产了一个乞丐。先生们，这真是绝妙的经济啊！照这样下去，一定会生产出更多的乞丐，而不是一个乞丐。然而，用一个比较熟悉的例子，也许更能把事情说清楚。如果一个男孩早上出去带着五先令，晚上回到家却一个便士也没有了，全都买了甜馅饼；现在本息全无，但水果贩子和烤饼师傅变富了。到此为止还不错。但假设这个男孩拿钱买了一本书和一把刀子；现在本息全无，但书摊老板和制刀师傅变富了。但是，男孩也变富了，而且明天还可以拿着书和刀子帮助他的同学，而不用躺在床上，欠医生一笔债。——作者注

他的手指和手臂，可能最终会让他成为一个健康而快乐的人；但是，我们不能因此就主张，樱桃核是珍贵的财产，或者放风筝是一项打发时间的有益方式。同样，当一个国家发明一种愚蠢轻浮的新需要时，它始终是**直接地**浪费时间和劳动的，不过，这样一个发明本身可以是健康活动的标志，而满足这个新需要经过的劳动可以**间接地**导致有用的发现或高贵的艺术；所以，当一个国家要么过于虚弱，或者过于愚蠢，因而除了幻想或欲念之外，没有什么东西能让它活跃起来，要么首先关注严肃任务的时候，它是不会因为幻想或欲念而萎靡懈怠的。如果一个国家不愿意打铁，而是喜欢蒸馏薰衣草，那就尽管给它薰衣草去蒸馏好了，只是不要让它的经济学家认为，薰衣草像燕麦一样对它有利，或者能帮助穷人活命，就像男孩的风筝能给他带来晚餐。奢侈，无论是国家的还是个人的，必定是以抽取用在有用事物上的劳动为代价的；任何国家都没有权利沉溺于这些东西，除非其穷人衣食无忧。

139. 我的演讲丝毫没有考虑奢侈让人萎靡的这个影响，以及助长罪恶的倾向；但是，只要涉及已经讨论的问题，它们就只会为有利于我的立场增添额外的证据。因此，就讲稿眼下的样子而言，我暂且假设，拥有文明生活的奢侈物是无害的，作为使人活跃的动机，获取它们也是有用的；但即使是在这些有利条件下，我们的结论仍然是，一个国家不应该沉溺于奢侈，除非有严格的限制。如果占有它们带来的诱惑，或者生产它们伴随的灾祸，要多于获得它们的那种努力带来的好处，那就更不应该沉溺于它们了。

注解 6："文学的经济学"①

140. 近来，我对我们书籍的数量产生的一个后果感到惊讶；也就是，对于需要耐心才能理解的东西，人们是不太可能容易理解的。就我自己的作品遇到的情况来说，我总是注意到，如果我描述的东西需要让我费些周折才能确定下来，因而读者接受之前可能也需要花一两分钟来思考，那么我的描述不仅会被读者误解，而且还会被理解成几乎相反的意思。无论我的表达方式有什么缺陷，我都知道，我所用的词语，人们始终是可以在约翰逊的词典②中找到我使用它们所表达的含义的；所以最终来说，它们遭遇的误解是源于这样一个事实，即它们所表述的内容有时需要一点耐心才能被正确理解。我也发现，其他作家想要表达同样思想的时候，他们的用语也遭到了误解。

141. 起初我对此有些沮丧，但总的来说，我相信，在将来，这对我们的文学会产生好的影响；到那时，公众也许会恢复他们的耐心。因为可以肯定，作家会感觉到这是一个极好的作风，即他必须用尽可能少的词语说他不得不说的东西，否则读者必定会略过它们；而且要用最浅白的词语，否则读者一定会误解它们。一般来说，一个明白的事实是可以

① 参见第 65 节。——译者注
② 约翰逊（Samuel Johnson, 1709—1784），18 世纪英国最负盛名的作家之一，他遍览群书，学识渊博，1755 年完成《英语大词典》（*A Dictionary of the English Language*）；后来他还曾编注《莎士比亚集》（1765），为英国历史上的诗人们写作传记，结集成《诗人传》（1781），这些作品对英国文学的发展有不可磨灭的贡献。——译者注

用浅白的方式讲述的；而现在，我们最需要的就是明白的事实。虽然我经常听到有德之人抱怨缺乏思想所导致的恶劣后果，但就我而言，人类容易犯的最严重的毛病之一是思考方式上的毛病。如果我们只是去**看**[①]一样东西，而不是想它必须像什么，或者，我们只是去**做**一件事，而不是想它能不能完成，那我们取得的成果会好很多。

注解 7："国家的舵手"[②]

142. 虽然毫无疑问的是，每一个拥有财富的人都要承担的这些责任，但我们既有必要避免对于仁慈的花钱方式的严厉说辞，也有必要积极承认和赞同为自我享乐而花钱的自由，因而把财富看作个人辛劳的**回报**，并且在所有人心里牢固树立财产权的观念。因为，尽管毋庸置疑的是，财富带来的最纯粹的快乐不是自私的，但只有作为个人满足的一种手段，财富才会被多数工作者所渴望。同时，以公众舆论抑制他们的活力，既是错误的伦理观念，也是错误的政治观念，因为公众舆论几乎不会反对放纵地消费诚实赚来的财富。一

---

①　然而，在今天，人们**看**的时候无疑有一种不好的趋向，就是过于匆忙。我用了三年时间，不断细致研究威尼斯建筑的年代问题，有整整两个冬天，在现场描绘细节；但我一直看到有些建筑学家，乘坐贡尼拉在大运河上泛游三四天，就以为他们的第一印象与我耐心工作得到的结论可能是一样正确的。例如，斯特里特先生（Mr. Street）匆匆瞥了几眼总督宫的正面——他十分匆忙，甚至没有看到正面的图案是什么，也忽视了方块中心红色与黑色的交替——就敢立刻鲁莽地发表关于其柱头的年代学的观点，而这无疑是整个哥特式考古学中最复杂、最困难的课题之一。然而，如果人们肯花上一个月时间深入研究，就很有可能得到正确结论，否则便没有可能。——作者注

②　参见第119节。——译者注

个人大半辈子都坐在办公桌或柜台前，到最后都不能无害地满足一下任性的爱好，这是有些苛刻的；如果在接受救济的人心里用道德要求的观念取代诚心的感激，那么，人们施舍时虽然怀着所有最高尚、最神圣的目的，但都会立刻感到失望。

143. 自然而然，在这一方面，我们会在赚取的和继承的财富之间作出某种区分；继承而来的财富，似乎涉及最确定无疑的责任，尤其是当这种财富包含来自土地的收入的时候。被视为土地租金的征税形式，每年都将一定比例的国家财富放在贵族或者其他的土地业主手中，其条件尤其是促使他们最积极地对土地进行有效管理。在商业和经济的最简单的原理上缺乏指导，迄今为止一直在使我们的学校和大学蒙受耻辱，也确实导致了拥有地产的大量人群的生活的毁灭，或者变得完全无用；我们公共教育的这种缺陷必须有所改观，而对这个国家来说颇为有益的事情是，要允许一些血统高贵的人为明智的支出树立典范，无论是在促进科学发展方面，还是在资助艺术文学方面；只是他们要确保，他们比以前更坚定地坚持正确的立场，因为在我们目前的实际生活中，富人在与周围人群的关系中所处的位置，恰恰是与他应该处在的位置相反的，而且政治经济学家们也普遍认为如此。一个富人应该时刻省察自己如何可以为了他人的好处而花钱，而在当下，其他人却正在谋算如何诱骗他明显为他自己花钱。他在世人眼中的样子，就像一个人死死抓着一袋钱，坚决不丢掉一个子儿，除非是出于被迫，而周围所有人正谋算如何能迫使他松手。也就是说，他们如何可以劝他说，他需要这个或者那个，或者说，他们如何可以生产他会贪求和购买的东西。一个人努力劝他说，他需要香水；另一个人劝他说，他需要珠宝；还有人劝他说，他需要糖果；也有人劝他说，他在圣诞节需要玫瑰。凡是能为他发明新需要的人，都被认为是在为社会做贡献；他周围的穷人们的精力不断被引向生产可被贪求的东西，而不是生产可用的东西；而富人通常显得像是傻瓜，被全世界的人算计。然而，富人应该表现得比别人更明智，能被委托管理大量资金，而他掌管这笔资金，是为了所有人的利益，指导每一个人从事对自己最健康的劳动，以及对社会最有用的劳动。

注解8："丝绸和紫衣"①

144. 在这两节演讲中，我在各处提到生产性劳动和非生产性劳动之间的区别，以及真正的财富和虚假的财富之间的区别。这里我会尽量清楚地解释这些区别。

一般来说，财产可以分为两类，一类生产生命，另一类生产生命的目标（objects）。生产生命或维持生命的财产包括提供营养的食物，也包括家具和衣服，因为它们可以提供保护或呵护；也包括燃料，还有生产食物、家具、衣服和燃料所需的所有土地、工具或材料。这类财产被特别地、正确地称作有用的财产。

作为生产生命之目标的财产，包含所有给人快乐，或者激发和保存思想的东西：其中有食物、家具和土地，它们是

_____

① 参见第119节。——译者注

让食欲和眼睛快乐的；还有奢侈的衣服，以及所有其他各类奢侈物；还有书籍、绘画和建筑。但是，某些次要形式的财产与人类劳动之间的关联模式，使其不适合被包含在这两类财产之中。因而方便起见，财产可被认为有五种。

145.（1）生命必需但不能由劳动生产的财产，因而每一个人一出生就理应拥有它们，而且从道德上说也是不可被剥夺的。举例来说，他拥有适当份额的空气，否则他不能呼吸，还有适当份额的水，他需要用来解渴。他需要用来获得食物的土地，也是不可被剥夺的，但在管理良好的社会中，这个数量的土地常常可以被其他财产代表，或者对它的需要可以由工资和特权来代替。

（2）生命必需但只能由劳动生产的财产，对它的占有，与劳动有道德意义上的联系，所以有能力从事生产它的必要工作的人，只有当他做了这种工作时才有权享有它——"不劳动者不得食。"[①] 这种财产包括简单的食物、衣服和居所，以及生产它们所需要的种子和材料，或者工具和机器，以及用以牵引或运输的动物，等等。对于这种财产，我们要注意到，其增长通常不能超出一定界限，因为它们不仅依赖于劳动，而且也依赖于受自然限制的物品。谷物的积累依赖于人所拥有的，或商业上可利用的种植谷物的土地；同样，钢铁的积累也依赖于可利用的煤炭和铁矿石的数量。这种受自然限制的供应导致这种财产在一个时刻、在一个人手里的大量存在，通常或多或少意味着在另一个时刻、另一个人手里的匮乏；所以，使一个人能够获取大量这种财产的偶然因素或

---

① 见《帖撒罗尼迦后书》3:12。——编者注

活力，可以，而且也极有可能会，一定程度上妨碍其他人获取足够数量的这种财产，无论他们多么愿意为它工作；因而，这种财产的积累和分配的模式，在某种程度上需要通过法律和国家协议来调节，以保证对所有人都公平。

对于这种财产，还有一点需要注意的是，只要被生产出来的这种财产是能被保存和分配的，生产它的劳动就不会被浪费，由于我们生产的每一粒这种商品，我们才使世上更多的生命成为可能。[①]但是，虽然我们因此而确信自己在很好地利用人们，却无法确信自己之前可能没有**更好**地使用他们；因为人们可能仅仅指生产生命的劳动，直至留给生产生命之目标的劳动所剩无几或全然用尽，于是以文明、知识和道德为代价以增加人口；另一方面，人们也可能积极指导生产生命之目标的劳动——总体而言，这个错误是世人更容易犯的——直到留给生产生命的劳动过于缺乏，于是以人口为代价来增加奢侈品和知识。正确的政治经济学，会将其目的

---

① 人们有时对这一点产生争议；例如，我那天翻开穆勒的《政治经济学》，偶然看到一页上说，一个人制造了一件外套，如果穿它的那个人穿着它时没有做任何有用的事情，那么这个人便不会比仅仅种植菠萝的人给社会带来更好处。但这个谬论的原因在于，他过于关注琐碎的区别。我们当中没有一个人有权说，一个人的生命对于**他自己**没有用处，尽管它可能对于**我们**自己来说没什么用处；而且，制造外套，因而延长了另一个人的生命的那个人，做了一件仁慈而有用的工作，不管被延长的生命带来什么结果。我们可以对穿外套的人说："你穿着外套，却没有做什么事情，你是在浪费你自己和别人的生命。"但我们无权说，他的存在，无论怎么被浪费，是被浪费**掉**了。他的存在可能像细细的金线一样在拉伸自己，上面没有负载任何东西，但到了一定长度就强化成优良的链条，让成千上万的其他生命依靠它。同时，关于制作外套的这个人，有一个简单的事实，就是为人类付出了这么多生命，这种付出的结果是他无法计算的；它们可以是——也极有可能会是——某种意义上的无限的结果。但种植菠萝的人，只是给某人嘴巴里一种快乐的味道，可以比较清楚地看到这种味道在嘴巴里的结局，以及由此而来的结局的所有可感知的结果。——作者注（开头所说的穆勒，即约翰·斯图亚特·穆勒，John Stuart Mill, 1806—1873，或译作密尔，英国哲学家、政治经济学家，主张功利主义，著有《政治经济学原理》《论自由》。——译者注）

恰当地置于两个极端之间，既不希望其领土上挤满野蛮人，也不想在沙漠之中建立法庭和学院。

146.（3）第三种财产是在身体上产生快乐和便利的财产，它往往并不直接维持生命，相反，有时也许还往往间接地毁灭生命。所有美味的（与有营养的有别）食物，及其制作手段；所有并非健康所需的气味；仅因其外观和稀有而被看重的物质（如黄金和珠宝）；难以栽培的花卉；用于娱乐的动物（如赛马），及诸如此类的事物；它们构成这类财产；"奢侈品"这样的词汇就专指这类东西。

我们必须注意，所有这类财产，哪怕对于其所有者，都很难说有什么益处。诱使人怠惰的家具、芳香的气味和甘美的食物，或多或少是有害于健康的，而珠宝、侍从，以及富人平常拥有的这类东西，给物主的快乐必定与其代价不符。

再说，这样的财产，多半会在使用中灭没。珠宝是个重要的例外，而美食、华服、骏马和香车，却因物主的使用而被消耗掉了。富人应该更经常注意到，到生命终了之时，他们在生命过程中为被消费的奢侈物支付了多少金钱利息。例如，知道二十年间住在伦敦的人为买冰块、参加宴会和舞会花掉的钱的确切数字，是件很有意思的事情，如果把这些钱省下来，以复合利率存起来，此刻是可以提供给有用的目的的。

同时，在多数情况下，对这种财产的享受是完全自私的，仅限于其所有者。然而，华丽的服饰和马车，如果加以筹划，以产生真正的美的效果，经常可以是一种慷慨的，而非自私的花费方式。无论如何，在这样一些情况下，它们会包含某些设计艺术，因而在比奢侈品更高雅的范畴里占有一席之地。

147.（4）第四种财产，是蕴含知性的或情感的快乐的财产，包括留给娱乐而非农业的土地，也包括书籍、艺术作品和博物学的对象。[①]

当然，要在上一种财产与这种财产之间划出明确界限，是不可能的，因为对于一个人仅仅是奢侈品的东西，对于另一个人却是展现才智的手段。花朵在伦敦舞厅里是一种奢侈品，但在植物园里，在它们原生的田野上，却是给人的智力以娱乐的事物；虽然最高贵的艺术作品常常被当成表现庸俗的奢侈和有罪的虚荣的材料，但是，如果正确运用，这是唯一一种配得上**真正的**财产这个名称的财产，其拥有者可称得上是真正地"拥有"。一个人吃的东西、喝的东西、穿的东西，只要仅仅是生命所需要的，就像他呼吸的空气一样，是不能被看作他的财产的。空气和食物一样是他所需要的，但我们并不谈论他的空气这种财富，一个人拥有的食物和衣物超出他的所需，就一定是给其他人使用的，因而对他来说，本身不是真正的财产，而只是用以交换真正的财产的一种手段。然而，给人智力上或情感上以享受的东西可以被累积，而且使用时也不会消失，而是不断带来新的快乐，以及给其他人以快乐的能力。因而，唯有这些，才能被恰当地看作是给人"财富"或"好生活（well being）"的东西。食物只是让人"生活"，但这些东西能让人"生活得**好**"。低等人与高等人之间最为显著的区别，就是基于他们是否拥有这种真正的财产。动物学家可以把人类分为"拥有花园、图书馆或

---

① 博物学或自然历史的对象应该指树木花草、山川河流等自然风光，以及各种自然的物质对象，例如各种石头。——译者注

124

艺术作品的人，和没有这些东西的人"；前一类包括了所有
高贵的人，只是有少数人把整个世界也当作他们的花园或博
物馆；而没有这些东西，或者不关心什么花园或图书馆（这
是一回事），而只关心金钱和奢侈品的人，只能被归为鄙俗
的人；只是人们有必要理解，我所谓的"花园"可以指加尔
都西修士在修道院扶壁之间十五平方英尺的地面，也可以指
查特沃斯庄园或裘园的土地；我所谓的"艺术"可以指鼓舞
老水手与贝尔伯爵号交战的阿瑞梭莎①的图画，也可以指拉
斐尔的《圣礼之争》，甚至还有更多；因为，当丰富的时候，
这些美的财物几乎总是让人联想到粗鄙的奢侈品，因而成为
其他东西，而不是表示拥有者的高贵性格。人类生命的理想，
是斯巴达人的简朴风俗与雅典人的敏锐想象的结合，但在实
际结果中，我们总是把无知当作简朴，把艳丽看作精致。

148.（5）第五种财产是代表性的财产，包括证券和钱，
或者倒不如说只有证券，因为钱本身也只是一种可转移的证
券，它们流通于人类社会中，当场索求某些确定的利益或优
势，最普遍的是索求一定份额的存在于社会中的某种真实财
产。只有钱所索求的财产是真实存在的，或者它要索求的优
势是确定的，钱才是真的，否则就是假的，如果这种假钱是
由政府、银行，或者个人发行的，就可以被看作是"伪造
的"。因此，如果有十几个人被冲到荒僻的小岛上，他们捡
来一些石头，在每一块上都标一个红点，并通过法律规定，
每一块标有红点的石都可以索取到一袋小麦，但只要岛上没
有小麦存在或者种不出来，这些石头就不是钱。但是，一旦

① 阿瑞梭莎（Arethusa），希腊神话中的一位美丽迷人的山林仙女，为大洋河流之神
俄刻阿诺斯的女儿，也是狩猎女神阿尔忒弥斯的侍女之一。——译者注

有小麦存在，其数量也足以使这个社会始终能够为每一块红点石头拿出一袋小麦，那么这些红点石头便变成了钱，其拥有者可以拿它们换取想要的任何商品，只要这些商品与石头所代表的小麦的价值相等。如果所发行的石头数量，多于能够满足其要求的小麦的数量，石头币的价值就会贬值，其贬值程度与超出需要满足的数量是成比例的。

149. 其次，假如这样流落的这一群人中，有一定人数通过抽签或者任何其他协定，被分出来为整个社会从事较为繁重的劳动，他们自己每天依靠定额的食物和衣物等东西生活。这个时候，如果人们同意，这些标红点的石头应该作为政府订购这些人的劳动的记号，任何人，只要给这些劳动者所在的机构出示一块红点石头，就有资格享有一个劳动者一周或一天的产品，那么这些红点石头就是钱，而且可以——也可能会——在岛内立刻流通起来，可以换取食物、衣物或铁器，或者其他物品，这些东西就是由这块石头担保的、一个人一段时间内的产品。但是，如果政府发行了许多石头，以至于它雇用的人不可能遵守订单——假如他们只雇用了十二个人，却每天发行十八块红点石头，每一块都订购一天的工作——那么，多出来的六块石头，就是伪造的或假冒的钱；这种伪造的后果是，全部石头币的价值都将贬值三分之一，继而必然发生的是，平均下来，每执行一个订单，都导致有三分之一劳动时间的短缺。在一个国家或社会中，借助于发行虚假的钱（或虚假许诺）作为刺激，会有很多临时工作得到完成；这种工作的结果，如果到了作出虚假许诺的人手中，有时可能使虚假许诺最终得到兑现；于是，政府和银行常常发行虚假的钱，同时常常逃脱这种虚假发行的自然的、真正的后果，这就让多数人无法理解钱的本质。我不确定，在一个国家里，某个数量的这种虚假发行是否是真的不能被允许的，哪怕是准确根据其激发的劳动的最小平均成果；但是，所有这种做法都或多或少是不明智的；同时，无限发行通货，简直就是人类乱七八糟的巧智中最荒谬、最丑恶的想法之一。

150. 把具有真实的或假定的价值的物体当作通货使用，例如黄金、珠宝等，是野蛮的；这始终表现了社会对其政府不信任的程度，或者表现了这个社会必须与之打交道的不可信或野蛮的国家的数量。一种不易损坏或仿造的金属，因为洁净和便利而作为通货媒介是可取的，但如果可以防止伪造，那么这种金属本身越是没有价值就越好。使用没有价值的媒介，由于不受贵重媒介的用途的约束，迄今为止总是陷入，因而也被认为必然陷入不受限制的，或者至少是不恰当地扩大的发行；但是，我们同样可以认为，一个人所说的话因为无需任何成本，所以必然会作出不受限制的许诺。的确，在未来的年代里，根据当前世界的发展速度，与外国的交换必须依靠贵重的通货进行；但这样的交易，不过是一些形式的物物交换。当前被用作通货的黄金，事实上根本不是通货，而是通货索求的真实财产，①它们上面压有印章以判定重量，偶尔因为以物易物而与真正的通货混合起来。

---

① 或者倒不如说是等同于这种真实财产，因为所有人都习惯于把它看作是有价值的，因而也都为它付出劳动或货物。但是，真实的财产最终仅包含滋养身体或心灵的东西，如果不能换得羊肉或书籍，黄金对我们就毫无用处。最终来说，所有商业上的错误或窘境，都是因为人们期待不劳而获，或者期待在得到货物之后又浪费它们。一个劳动的国家，并且是珍惜其劳动果实的国家，会是富裕且幸福的，虽然哪里都没有黄金。一个懒惰的国家，浪费劳动果实的国家，会是贫穷而可悲的，虽然它所有的山都是黄金，山谷间堆满钻石而非冰川。——作者注

151. 这些文字在出版的过程中，我见识了使用没有根据的通货所导致的罪恶的可怕例证；①我没有时间考察近来在美国和英国引起"恐慌"的各式各样的欺诈的或荒诞的贸易，我只知道，名副其实的商人，不应该比士兵更容易陷入"恐慌"；因为他的名字，只要能在任何时刻满足召唤，就永远不应该再出现在纸上，②不管发生什么事情，我说这话的时候不禁感受到，在现下的商业中，要在企业精神和投机精神之间划出准确界限是多么困难。与企业精神相同的某种情绪，使英国士兵始终完成可能的事情，并且尝试不可能的事情，当它诱使英国商人投入毫无理由的冒险，进行难以维持的努力的时候，其影响就与纯粹的贪欲的影响同流合污；每个夏天在凶险的雪山、云遮雾罩的悬崖上，我们的旅行者焕发出同样的冒险激情，用浪漫的迷恋渲染毫无价值的投资的闪光，装点致人毁灭的海湾四面的云彩。不，一种看似更高尚、更严肃的感受，常常混杂在这种令人眼花缭乱的诱惑之中；人们致力于变得富有，一如致力于上天分派的一项劳动，稍作休息就充满自责，急流勇退也倍感耻辱。在我看来，我们巨大的贸易城市好似修道院的企业，水车和吊车的喧嚣取代了其他祈祷音乐；人们怀着温柔的崇敬和恰切的礼仪崇拜玛门或摩洛③；商人带着隐士般的克己态度参加玛门晨祷，弥补自己因日间忙碌而难免在参加玛门晚祷时迟到的怠慢。但是，尽管我们可以充分体谅这些勤恳而浪漫的人们，

---

① 指的是 1857 年的商业危机和恐慌。——编者注
② 指的是签署合同或账单。——译者注
③ 摩洛（Moloch），古老闪族的一个神，传说迦南和巴比伦的信徒会烧死儿童给他献祭。——译者注

事实仍然是一样：目前为止，导致今日商业困境的大多数交易，可被简单归为两种行为——赌博和偷窃；而且是最应该受到谴责的赌博和偷窃，也就是，我们不是用我们自己的钱去赌博，我们从信任我们的人那里偷窃。我有时想那样一天可能会到来，那时这个国家会感觉到，一个受过良好教育的人偷窃十万英镑，包括一百个家庭的生存手段，与一个缺乏教育的人从人口袋里偷钱包一样，都应该受到严厉的惩罚。

152. 但是，虽然不能指望自己这样耳聪目明，但我们至少可以在日常生活的微小商业中，为一个更诚实、更善良的制度奋斗；因为大的买家和卖家的大的不诚实，不过是小的买家和卖家的小的不诚实的自然发展和结果。每一个试图以低于其真正价值的价格买入一件物品的人，或者以高于其真正价值的价格卖出一件物品的人，每一个不及时付款给商人的消费者，或者每一个怂恿消费者挥霍其信用的商人，都是竭力助长一种没有根基的、可耻的商业制度，也是置其国家于贫穷和耻辱的境地。收入中等、能力一般的人，只要在平常的交易中严格遵守公平和诚实的原则，就是在比阐述广泛仁爱的精巧理论和宣扬神学信条的夸夸其谈做更大的善事。法律中有三件重要的事情——公义、怜悯和信实①——我们的老师把信实放在最后一位，是因为只有在公义和爱的行为过程中，信实才能为人们所知。但人们竭尽所能把真理放在首位，是因为他们是把真理看作自己的意见，因此，虽然这个世界上有许多人愿意为他们所称的信实而殉难，但很少有人会为公义和怜悯忍受哪怕一点不便。

---

① 见《马太福音》23:23。——编者注

增补论文

艺术的教育

（于 1858 年秋季在全国科学促进会上为作者宣读；

当年在《社会交易》上发表，第 311—316 页）

153. 在这篇文章里，我不会笼统考虑艺术对于人民大众的可能的影响。这项研究非常复杂，涉及奢侈的用途和危险；我们也没有足够的数据，以支持我们推测艺术实践如何能与粗俗的或机械的工作兼容共存。但是，无论这个问题多么困难，思考它的方式却是与思考阅读和写作的用途的方式一样的；因为画画，只要对于大众来说是可能的，就基本上会被认为是获得和交流知识的一种手段。一个人如果能够准确地描摹一个物体的形状，忠实地涂上颜色，那么毫无疑问，他就有一种在大多数情况下比说写更重要的标注（notation）和描写的能力；人们应该把标注这门学问，简单地看作与记录形状有关的学问，就像算术与记录数字有关。当然，每一种能力的成就，都伴随有误用和危险。我们所有人都可能认识这样的人，他们虽然不能读或写，却明智而忠实地履行了生活的各项义务；正如我们毫无疑问都认识另外一些人，他们能读能写，但他们的阅读很少给自己带来好处，他们的写作也很少给别人带去好处。但我们并不因此就怀疑习得读写这些艺术的方便之处，我们也不应该怀疑习得画画这门艺术的方便之处，如果我们承认它确实可以在实践中变得有用的话。

154. 我们也不应该总是不情愿承认这一点，只要我们不是习惯于把艺术上的教导看作主要是提升我们所谓"趣味"或粗浅认识，以及其他思想习惯的一种手段，而这些习惯在欧洲更为现代的发展成果，实际上并不对各个国家有利，或者没有表明它们的尊荣。然而，真正的趣味，或者即刻辨明尊卑贵贱的能力，必然是与国家或人的崇高尊荣伴随而生的；不过这不是说，把真正的趣味作为我们的主要目的加以寻求，我们就一定可以获得它，因为首要的问题——对个人和大众来说都一样——根本不在于他们要喜欢什么，而在于他们要做什么；也幸而如此，因为真正的趣味，就其取决于原始本能而言，是不能同等地传达给所有人的；同时，就其依赖于广泛的比较而言，它不是被局限于狭隘生活领域的人获得的。我们不会成功地把一个农民的看法，作为评判埃尔金①和利西亚②大理石雕刻的优点的有效证据，也不必命令

---

① 埃尔金（Elgin），位于苏格兰马里市的一座古老城市，其历史可追溯至十一世纪。1633 年，苏格兰王国设立"埃尔金伯爵"封号，赐予布鲁斯家族，这个家族中有两个臭名昭著的人物，一个是托马斯·布鲁斯，十八世纪末大肆破坏古希腊神庙，将大量建筑部件运回英国；另一个是詹姆斯·布鲁斯，是 1860 年火烧圆明园的罪魁祸首。——译者注

② 利西亚（Lycian），位于今天土耳其境内的一个古老文明，其历史可追溯到公元前 1200 年，公元前七世纪开始与古希腊有了交流，并在公元前五世纪与雅典联合对抗波斯帝国；遗留有与神庙相似的大量墓葬石刻。——译者注

他要在菜园里种上康乃馨或玫瑰；然而我相信，我们可以使艺术成为给他带去有益的、幸福的快乐的一种手段，成为让他获取有用知识的一种手段。

155. 因此，在学校指导的最简单的规范中，我希望有一天看到当地的自然历史占据一个主要位置，如此一来，我们农家子弟就可以学到他们牧场上的药草的性质和用途，并有兴趣去观察和爱惜，而不是猎杀他们乡村无害的动物。假如我们决定下来，这种当地自然历史应该被教授，那么绘画就应该被用来集中注意力，并且检验——当它产生帮助时——记忆力。"从正面画出某一朵花的轮廓。再从侧面画。在上面涂上斑点。画出鸭子的头部，还有鸭掌。现在来绘出知更鸟和画眉鸟的头和足，然后给画眉鸟的胸部涂上斑点。"我觉得应该给年少的农家学生设置这些类型的任务。无疑，如此服从于知识和同情的消遣，不再会被认为是可鄙的；随着时间推移，我们也许还应该发现，为什么意大利人把艺术与 *diletto* 或乐趣联系起来，与希腊人纯真地把艺术与 *arete* 或德行联系起来是一致的，甚至主要是从后者而来的。

156. 有人或许认为，获得充分描绘上述自然事物的能力太过困难，因而不应该作为基础教育的目标。但我的实际证据表明，事实并非如此。工人们很少有空闲时间，而且只是在劳累一天之后才有一点空闲时间，但从他们第一次拿起铅笔时起，三四个月之后我就从他们手里得到了十分有用的自然物体素描，而且在很多方面都是值得赞赏的。[①] 然而，为了获得这个成果，我们应该把学生的目标绝对限定在描绘可

---

① 1853 年开始，罗斯金在伦敦的工人学院（Working Men's College）给工人讲授绘画。——译者注

见事实上。只有在习得真实的视觉和准确的描绘这些简单能力之后，我们才能让他们进行更为多样的或高级的练习；而且在我看来，就底层阶级的孩子们来说，追求更多的目标也是不明智的。无论如何，我们应该尽可能把他们的绘画课程当作一种消遣。在其他方面经历了艰苦劳动应有的纪律之后，这些孩子应该从事一些用来缓解劳累的轻松工作。他们是否知道艺术的原理是不太重要的，重要的是他们的注意应该被愉快地唤醒。相反，在我们的高等公立学校里，绘画应该被正确地教授，也就是说，要有适当的连续性，最初的步子要稳固一些——在这里，学生掌握的技巧是重要的还是微末的，这不是关键，关键的是他应该清楚觉察到自己掌握的技巧到了什么程度，要对更高的技巧保持敬畏之心，并且在他能够完成的事情上要知道关于正确与错误的原则。我们不可能把每一个男孩都培养成艺术家或鉴赏家，但我们可以做到的是，让他在初步知识中理解艺术的意义，让他在今后的生活中足够谦虚，不要急于发表自己没有足够知识以保证其合理的判断。

157. 然而，目前这种系统的教学中存在很大的难题，也就是，公众不相信艺术的原理是可以确定的，而艺术的原理又绝对不是某些人的意见或观点。他们不相信好画就是好的，坏画就是坏的，无论有多少人认为或宣称是相反的；他们不相信达到特定效果有正确的或最好的上色方法，就像给布料染色也有正确的或最好的方法；他们不相信，提香或委罗内塞不仅是偶然令人赞赏的，而是永远是正确的。

158. 当然，公众也不承认原理的统一和稳定，除非有他们尊敬的艺术家向他们明确断言；而他们尊敬的艺术家却通常过于谦逊，有时是过于傲慢，因而不会明确断言。我相信，这些艺术家没有声明与艺术研究相关的劳动的至少是最基本的法则，主要原因在于，在他们看来，这是一种"不言而喻（*cela va sans dire*）"的感觉。每一个伟大画家都知道艰苦的、系统的工作的必要性，以获得哪怕是较低层次的技艺，因而自然而然地认为，如果画画时不勤奋，人们就是不想获得画画的能力，也认为正确的学习所包含的辛苦，比大众曾经付出的都要大，也比他们愿意付出的大。再者，因为伟大画家感觉到，正如真正的画家都感觉到，自己的卓越既是辛苦的回报，也来自一种天赋，他或许是不太喜欢承认做到卓越需要付出多少劳苦，而且根本不相信承认这一点能带来什么好处；他轻蔑地让绘画老师在自己的十二节课里尽其所能，然后带着一种礼貌的冷漠允许英国的年轻女士们保持这样一种印象，即她们不需要付出学舞蹈的那种艰苦就可以学会绘画。然而，我有足够的实际经验使我相信，这样对待业余学生是不公平的。年轻女孩一旦理解劳作的必要，就会持之以恒，也相信绘画是一门语言，对于平常的目的而言，可以像学习法语或德语那样轻松学会；这门语言也有自身的语法和发音，只要不畏繁难，坚持下去，就能掌握——形式的错误，就像时态运用错误那样明明白白，画得不好的线条就像粗俗的口音那样应该受到谴责。

159. 我强调要在艺术上给我们的年轻女性以良好的教育，同时也以为，在英国，育婴室和客厅也许是最有影响力的学院。我们徒劳地致力于培养艺术家，虽然人们对他们作品的需求是不确定或不明智的；当镀金纸才是会客室的光彩的来源，粗糙却昂贵的小玩意儿成为女士闺房的主要娱乐的时候，我们是不能认为艺术会对一个国家产生严肃的影响的。

因此，必定令人遗憾的是，我们公办学校的艺术教育竟被用以指导工匠，因而至今难以得到普通公众的认可，尤其是难以得到上层阶级的认可。我不很熟悉这个教育体系的实际运作，所以不敢对其总体优势发表意见；但我确信，既然其中涉及能用机器生产的图案设计，那么作为一般教导体系，这个现象就必定极大地降低其效用。

160. 因此我们就依然被迫回到同样的问题上来，也就是，我们是否需要给公众推荐某种权威的学习方法；这个方法经过我们最好画家的一致赞同而被确定下来，也得到他们的公开认可，因此在接受方面不允许有任何犹疑。

人们也不必认为，因为画家们采用的那些最终的工作方法，会由于每一种方法产生的特殊效果而有所不同，所以我们很难让他们对一个基本规则体系达成一致同意。不过，学生早期学习时有必要确信的一些事实是非常简单，也非常少的，而且所有出色的制图员也知道得非常清楚，所以就如我刚才说过的那样，与其说他们不情愿对那些上课争议的问题发表权威看法，不如说他们怀疑是否有必要说明在他们看来不言自明的事情，是这种不情愿妨碍他们规定一个一般的指导规范。我们举两个例子。人们或许很难相信有这样的事情，也就是，不管业余学生在那些花哨的技巧上取得了多大的进步，但他们一百个里面也没有一个能按照比例画得准确。如果他们能以实际大小大致忠实地模仿任何东西，那就很了不起了。妨碍学生画准比例的眼睛的不准确，事实上不过是完全无法领会比例，因而也完全无法领会构图。一个人模仿时改变大小关系，说明他也不会欣赏对象本身的大小关系，也就是说，他不可能领会任何高贵设计，因为它们是以最精准的大小关系为基础的。所以，在培养他趣味的各种手段中，首先的，甚至是最重要的手段，是让他在摹写复杂形式的轮廓时树立准确计算的习惯。如果学生能够精准确定鸟儿翅膀上一些基本的点——不管以哪种固定姿势展开——然后能够大致准确地画出每一根羽毛的弧线，那么他就能够理解大师的设计，这个进步是他阅读多少批评著作，或者花多少时间随心所欲地考察艺术作品都做不到的。

161. 来说第二个例子。人们会发现，业余学生在表现球形表面的能力上存在几乎是普遍的缺陷。他们经常能画得相当灵巧和有力，但却从来不能意识到只有通过阴影的渐变才能表现的形式的细微变化。他们色块的边缘非常齐整，轮廓的棱角非常锐利，这种多余让他们无法认识到自己在完成能力上的不足。我们要说服这些人，制图员要正确地看或画一个物体，必须要掌握运用某些尖头工具（无论是钢笔、铅笔，还是粉笔）营造渐变而调整表面的能力，这样一说，他们马上就可以避免很多无用的劳动，改正许多最严重的错误，这些错误不仅妨碍学生进步，而且也让他的眼睛迟钝；这些错误使他自己无法变得优秀，或者不能理解别人的优秀之处。

162. 如果时间允许，我可以轻易举出关于其他原理的例子，这些原理同样是非常重要的，是学生应该知道的，而且同样是确定的，所有出色的画家都认可的；同时，甚至是那些在完美的实践中得到运用，但依然有人怀疑的原理，也是能够被完全确定下来的，只要有必要被用来指导初学者。例如，也许有人会提出疑问，在大师描绘人体的画中，本色在多大程度上应该被作为明暗对比的因素加以处理。但毫无疑问的是，在一个男孩描绘郁金香或鳟鱼的习作中，本色必须被这样处理。

163. 如果在学习老师能够马上拿到的作品范例上，人们能够给出同样类型的权威证言，那么我们还能说明一个更为重要的问题。因为，在初看起来仿佛能提供帮助的东西当中，现代学生的学习遇到了一些不利因素，也就是他身边的美术馆或博物馆里有许多不同风格的范例。他的思想被各不相同的优秀之处扰乱了，也被他自己对二三流作品中虚假的美的偏爱扰乱了。因此，他无法长时间观察一个范例，以理解其优点，或者无法长时间遵循一种方法，以在练习中形成特色。因此，看起来非常可取的做法是，为我们所有的学习固定这样的艺术标准——必须记住，这个标准不一定是最高的，但必须是可能最正确的。我不指望学生能模仿那些具有最显著优点的作品，但渴望他得到错误最少的那些作品的引导。

164. 所以，能被摆在年轻人面前的最有用的范例，也许是来自一流大师的习作和素描，而非完成的绘画；同时，照相艺术能使我们把这种习作的摹本挂在这个王国每一所学校的墙上，对于最实际的目的而言，这些照片跟原作一样好。比如（我只是将这些作为我所指的范例提出来），近来出版的拍摄自佛罗伦萨美术馆的素描的照片集中，第19幅是莱奥纳多的习作，它可被设定为光影素描手法的标准；第30幅是提香的草图，可被设定为粗略着色的钢笔素描的标准；伦勃朗的带斑点的贝壳，可被固定为蚀刻画的标准；丢勒的公鸡及其鸡冠，可被固定为纯粹线条的尖笔作品的标准；这样，每一个学生的努力，无论他用什么工具，都将走向正确的方向，同时，一旦通过努力模仿它们的局部——无论多么离谱或者令人绝望——

获得对这四幅作品或其他类似作品的优点的透彻感知，这种感知必定会在适当的时候让学生领会其他各种模式的卓越。

165. 当然，我无法在一篇论文的范围内继续说明，英国技工在艺术教育方面当前需要什么东西。但我对此并不遗憾，因为在我看来非常可取的是，目前来说，我们应该把注意力集中在一般指导的更直接的目标上。无论公众要求什么，艺术家将马上生产出来；技工能接受的最好的教育是，拒绝坏的作品，承认好的作品。我们中间不缺乏天才，缺乏的是勤奋。在需要刻苦的事情上，我们做得最少，而在需要精妙的事情上，我们又做得最坏。但是，我们严重而广泛地缺乏一些东西，即指导劳作时需要的审慎，在由想象引领时需要的愉悦。过去，虽然这个国家的大众比现在知道得少，但正因如此，他们却是更纯朴的法官，更快乐的观者；我们的法官和观者，必定是用努力理解时的那种宽厚的同情，取代了保持天真时的那种欣喜的感激。在那些容易变得快乐或者明智地变得不快的人面前，一个艺术家总是能画得很好，但在冷淡的赞赏和错误的谴责面前，他就不会画画了。

在曼菲尔德艺术夜校的演讲

1873 年 10 月 14 日 [①]

166. 要记住，颁发奖品的唯一理由是，它们是给更勤奋、更愿意服从老师指导的人的奖励。它们永远不能被认为是，实际上它们也永远不会成为，更优秀的天才的象征，除非是天才的勤奋和服从超过了愚钝者的坚持和执著。

但是，经常有这样的事情，虚荣的刺激作用于才干低劣者的心灵而暂时产生的勤奋，超过了具备真实能力者的那种平静而沉稳的努力，因而人们会怀疑，高等艺术学校是否真的不可以取消颁发奖品的习惯，除非奖品以物质援助的形式被给到那些应该得到，也确实需要的学生手中：获得后一种奖励的资格，根本上说，将更多取决于偶然情况，以及通常的良好品行，而不是天才。

167. 不过，即便不参考他人的意见，以及你们自己的偏袒，你们也可以有一个标准去确定自己真正进步了多少。

经过每一段重整旗鼓的勤奋之后，你们要检查一下自己表示**赞赏**的能力扩大了多少。

思考一下，在大师们的作品中，你能够看到的东西增加了多少，并且表示崇敬；在自然的作品中，你们喜爱的东西增加了多少。

---

① 这篇演讲词是写给曼菲尔德艺术夜校（the Art Night Class, Mansfield）的，但不是我宣读的。我没有去那里（我忘了是什么原因，但一定是有推脱不掉的事情），是圣奥尔本斯公爵赏脸替我在会场宣读的。——作者注

这是检验你们进步的唯一恒定的和可靠的标准。这样，你们就会对伟大人物的作品感到更多惊讶，对自然物体有更多关心。

你们的老师常常告诉你们要期待这最后一个结果：但我担心，现代思想的倾向是拒绝这样一种观念，即一个才智与另一个才智之间在等级上有根本的差别，而对更高才智不断增加的崇敬是一种明智的感谢。

至少在年少的时候，你们可以参照自己这种不断增强的信念来准确检验，自己是否稍微正确地做了什么事情，这种信念是，你们永远都没有能力像别人已经做到的那样把那件事情做好。

168. 再说一遍，我担心，这个教训与你平常学到的教训大不相同。麦考利有一个庸俗的，也是无比错误的说法，说一个时代的智力上的巨人到了另一个时代就是智力上的矮子；①近来有太多人对你们说这种话。

你们每一个人都认为，自己将要比提香和菲迪亚斯做得更好，比维吉尔写得更好，比所罗门想得更深刻。

年轻人啊，这是你们那些空洞的小脑瓜可能接受的最愚蠢的，也许也是最有害的观念。一百万个你们中间，也没有一个能在**任何**事情上做到伟大。比**以往**最伟大的人还要伟大，这样的人在欧洲也许两三百年里才能出一个。但是，因为不能成为亨德尔②和莫扎特，所以你们就不可以在有心要

---

① 这句话出自麦考利在 1846 年爱丁堡哲学研究所成立典礼上的演讲《大不列颠的文学》（*The Literature of Great Britain*）。麦考利是罗斯金最厌恶的人之一。——编者注

② 亨德尔（George Friedrich Handel, 1685—1759），作曲家。他出生于德国，20 岁时便取得成功，后来又去往英国成为英国宫廷御用作曲家。——译者注

唱的时候正确地唱《神佑女王》^① 吗？一个女孩儿因为不能成为意大利歌剧中的女主角，所以她就不可以在适当时候为自己的兄弟姐妹学着跳吉格舞^②，或者不可以为她疲惫的母亲唱一曲柔美的小调，或者不可以在星期五早晨在露水中唱一支歌让自己高兴吗？相信我，欢乐、谦卑和有用，始终是携手并行的，就像傲慢、愁苦和破坏，总是沆瀣一气。你们可以和骄傲的老师一起学习如何推倒旺多姆圆柱，烧毁卢浮宫，^③但永远学不会如何稳妥地着色，或者牢固地砌墙。如果你们中间确实有一个真正的天才，那也要相信，他的出类拔萃首先不是因为暴躁或傲慢，而是因他可以准确看出要赞赏什么，要服从谁。

169. 我希望，近来我们各个外省兴起的艺术趣味，能使我们的每一个重要城市都永久保有一些——最好不要太多——完美的、精湛的艺术的典范：丢勒的一两幅版画，雷诺兹的一幅肖像画，十五世纪佛罗伦萨的一幅素描，十三世纪法国的一幅彩绘玻璃，等等；同时，在每一个从事特定制造业的城市，人们都可以在其市立博物馆轻易接触到那种制造业的无可置疑的优秀范例。

然而，我必须请你们非常小心地注意，我是在其字面的、特有的意义上使用"制造（manufacture）"一词的。

---

① God Save the Queen，英国国歌。——译者注
② 吉格舞（Jig），十六世纪源于爱尔兰，后来也流行于苏格兰。节奏欢快，类似于今天的踢踏舞，但需要上身保持直立。——译者注
③ 旺多姆圆柱于 1871 年被巴黎公社的共产党人拆毁，但碎片被保存下来，后来（1875 年）得到重建；同年，卢浮宫被共产党人放火破坏，卢浮宫与杜伊勒里宫相连的侧翼受损严重，同时皇家图书馆也被摧毁。5 月 24 日驻凡尔赛宫的军队及时赶到，阻止了进一步的破坏。——编者注

它的意思是**用手**制作东西，而不是指用机器制作。虽然我恳请你们在与别人的作品竞争时保持真正的谦卑，但也恳请你们在自己真正能够诚实地完成的东西上，要保持适当的骄傲。

你们不要认为自己的作品好得前无古人，另一方面也不要认为，你们钳子和火棍能做得更好；不要认为，尽管你们比所罗门更聪明，但一铲焦炭就能盖过你们所有的这种智慧。

170. 我来举一个制作花边的例子。我相信，你们邻近的城市诺丁汉就以花边而闻名。但机器制作的花边还是与手工制作的花边有些区别。我会假设这个区别今天消失了，因而一旦一种图案被设计出来，你们就可以像纺线那样快速地织花边。那时，每一个人不仅可以戴上花边衣领，而且还可以穿上花边礼服。你们觉得他们穿着花边礼服比穿着朴素衣服舒服吗，或者说，当每一个人都可以穿上花边礼服的时候，会有人为此而感到骄傲吗？一只蜘蛛为自己的蛛网感到骄傲，也许是有理由的，哪怕早上的时候整个田野都被类似的东西覆盖，因为他的网是自己织的——但假如是机器为他织了一张网，他会感觉怎么样呢？

假如所有的蛛丝都是诺丁汉制造的，你们认为一只理智的蜘蛛会感到更骄傲，或者更幸福吗？

理智的蜘蛛！你们或许无法想象这样一种动物。不过，就其自己的目的而言，蜘蛛是足够聪明的。

你们认为蜘蛛没有理智，只是因为他无法理解你们的目的，而且还会妨碍你们的目的。请相信这一点，人类的理智，不仅体现在聪明地推进他们的目的和利益，而且也体现在快速地理解他人的目的和利益，同时使我们自己的工作和愿望，与他人的工作和愿望保持和谐。

171. 但我来说说自己的观点：这样的花边是廉价的。你们不会认为，女人们穿着花边礼服洗刷门廊或布置晚餐很方便吧？不仅如此，即使是在最娴熟的消遣上——读书、写信、陪孩子们玩耍——你们认为一件花边礼服，甚或一条花边衣领，会给她们带来很大好处或者尊严吗？稍作思考你们就会发现，作为一件财产，花边的全部价值都取决于这样一个事实，即它的美是对勤勉和专注的奖赏。

这件物品本身就是一种奖品，是任何人都无法得到的奖品。凭借其**外观**，它证明其**制作者**的**才能**；凭借其**稀有**，它证明**佩戴者**的**尊严**，或者说，这位女士非常勤勉，因而省了钱，这钱本可以买一件珠宝、一片金箔，或者一条漂亮的花边；或者说，她是一个高贵的人，邻居承认，作为一种荣誉，她有特权比她们穿更漂亮的衣服。

如果她的邻居们也都有了花边，如果花边不再是一种奖品，那么它就仅仅成了一张蛛网了，不是吗？

那时你们会发现，一条花边的真正好处在于，它首先显示设计者有着巧妙的想象，其次，它显示制作者有着灵巧的手指，最后，它显示佩戴者有足够的价值或尊严，这使她能够得到不易得到的东西，她也有足够的常识，使她不会在任何场合都戴着它。我让自己局限于制造问题——我还必须说什么呢——不，是制造的一个必要条件，也就是我刚才说的巧妙想象。

172. 你们认为我说的巧妙想象是什么意思呢？你们是否认为，通过学习绘画，观察花朵，你们就会获得优美地设计一条花边的能力呢？绝对不会的。否则，每个人都立刻跑去学画画——每个人都设计漂亮的花边——然后就没有人为设计花边花钱了。在某种程度上，这确实将会是现代社会努力教人学设计的结果。但是，尽管有种种努力，天资最终还将保持自己的地位。

不过，任何**拥有**这种天资的人，都可以通过学习画画使它的发挥让自己更快乐，对别人更有用。

一个加工黄金的印度工人，一个加工铁的斯堪的纳维亚工人，或者是一个纺线的法国工人，都能仅凭一团绳结和螺旋就设计出美丽的东西，但你们，当接受了正确的教育时，就可以让绳结和螺旋暗示自然的形式，让它们蕴含丰富的正确知识的元素，进而让它们无限地更为有趣。

173. 例如，你们知道，几百年来图案都是印度披肩的装饰的基础，也就是最后转化为螺旋形状的鼓胀的叶子。印度人仅用这种螺旋制作美丽的设计。你们无法提高印度人的设计能力，但可以通过在创造中加入自然知识，而使他们的能力变得更加文雅、更加有用。

假如你们学习如何正确地画画，因而也正确地认识盘绕的蕨草的螺旋——不是说你们可以给这些螺旋起什么难听的名字——而是说你们可以理解蕨草在每一时刻的螺旋中的那种优雅和活泼。假如你们有足够的感觉和聪明，将这种美的基本特征转化为可由简单线条表现的形式，因而可由丝线来表现，那么你们便可以得到一系列的蕨草图案，其中每一种都有一些地方包含独特意趣和美，包含科学的真实，但又可以用想象去制造变化，就像印度人那种毫无意义的螺旋那样流畅。同样，任何形式的叶子、花朵或昆虫，在你们那里都可以饱含意味，也可以在制造工业中表现出来，因此在别人眼中也变得有趣，也有用。

174. 不过，不要想着这种学习会得到庸俗意义上的"报酬"。

报酬会让你们变得更聪明、更快乐。但你们认为，人们因为变得更聪明、更快乐就应该得到报酬，是上帝或自然的律法吗？根据这种律法，诚实的工作应该得到报酬；而且，由于所有诚实的工作都会使人们变得更聪明、更快乐，所以在某种意义上说，人们确实因为变得聪明而得到了金钱的报酬。

但是，如果你们寻觅的只是能带来金钱的智慧，那么相信我，你们所干的正是所有愚蠢差事中最愚蠢的。"她比红宝石更珍贵"——但你们认为这只是因为她会帮你们买到红宝石吗？

"你一切所喜爱的，都不足与她比较。"①你们认为这只是因为她会让你们得到你们喜爱的东西吗？**她本身**是作为一种祝福给你们的。她是友善、谦虚和勤勉的奖励。她是奖品中的奖品——无论你们贫穷还是富有——是你们当下生命的力量，是未来生命的预示。

---

① 《箴言》3:15。——编者注

基于自然选择的社会政策

（在形而上学学会宣读的论文，1875 年 5 月 11 日①）

175. 我始终认为，像我们这样的学会，是乐于包容各种有不同思想、不同知识的成员的；这样的学会对公众而言是有用的，而不是像人们公平地说的那样只会孤芳自赏，因为成员们以各种各样的能力，齐心协力支持智力上的结论，而不是以巧智的狂风暴雨动摇这些结论；同时，成员们谦逊地努力修筑科学的新娘之城的围墙，无人贪图功劳，而不是继续遵守骑士那样华而不实的风气，树立自己意见的封建堡垒；这样的堡垒只有靠着最积极的好战性格才可以稳固，而且宁可开一些射箭的缝隙烦扰邻居，也不愿开一些窗户透光换气。

176. 我们上一次会议上所宣读的论文，②就其作者给自己所限定的范围来说，无疑有着严密的逻辑；受我们当中某些最有影响力的会员的建议的鼓励，我会努力让今晚辩论的

---

① 我相信这个学会的特权不会因为一篇论文的宣读就遭到违反，为了诸位，我写的时候比平常用了更多心思。——1880 版注

② 1875 年 4 月 13 日，彼得伯勒主教（名为麦基）读了一篇论文，题目为《从道德视角看对不治之症的救治》（*Hospitals for Incurables considered from a Moral Point of View*）。其中主教讨论了道德的三个基础："（1）机械论的，（2）功利主义的，（3）至善论的"，他主张，根据第一个基础，不治之症是不应该得到救治的，而根据第二个基础，不治之症者本来就不应该被医院接纳，但根据第三基础，"我们每个人都应该让他感受到快乐"。他最后得出结论，"在人身上可能有超自然的东西，这使他在本质上与其他动物区别开来，……并且存在一个不依赖于人并与人相分离的超自然的创造者，他创造了人，从他与人的关系产生出人与人之间的关系，这种关系使人类的国家与野兽的群落区别开来；……也就是说，存在一种适宜于超自然生物的道德基础的超自然的启示。"——编者注

内容以那篇论文为出发点，同时也尽可能得出一些有益的推论。

人们还记得，彼得伯勒主教①的论文说，假设道德仅有一种机械论的基础，那么某些行为方式在道德上将是冷漠的，针对这个说法，安德烈·克拉克博士②提出，即使基于这样的机械论基础，"道德"一词仍可以特别运用于任何促进人类发展的行为方式。由此我斗胆提问，这样一种发展应该被理解为是朝着哪个方向的？由于时间关系，那时我们没有讨论这个话题，今晚我恳请学会允许我以更广泛的形式再次提出这一话题，因为人类发展这个问题实际上是双重的：首先发展是朝着哪个方向的；其次，发展会带来什么样的社会关系。

因此，我现在想发出比上次会议更深思熟虑的提问，首先，人类朝哪个方向发展是可取的？例如，是否应该像古希腊时那样，将目标定为身体的美、竞争（赫西俄德所说的第二个厄里斯③）、好战和爱国？或者是像现代的英国，将目标定为身体的丑、嫉妒（赫西俄德所说的第一个厄里斯）、

---

① 彼得伯勒主教（Richard Cumberland，1631—1718），神学家、伦理学家，曾在剑桥大学学习医学，后来从事宗教。著有《对自然法则的哲学研究》（*A Philosophical Enquiry into the Laws of Nature*，1750），反对霍布斯的伦理学，认为人只有为公共福利奋斗才能获得个人的幸福。——译者注

② 安德烈·克拉克博士（Andrew Clarke，1824—1902），英国工程师、军人和政治家，曾任海峡殖民地总督，他于1874年入选此学会。——译者注

③ 厄里斯（Eris），不和女神。参见赫西俄德《工作与时日·神谱》，张竹明、蒋平译，商务印书馆，1991年，第1页："大地上不是只有一种不和之神，而是有两种。一种不和，只要人能理解她，就会对她大唱赞辞。而另一种不和则应受到谴责。这是因为她们的性情大相径庭。一种天性残忍，挑起罪恶的战争和争斗；只是因为永生天神的意愿，人类不得已而崇拜这种粗粝的不和女神，实际上没有人真的喜欢她。另一不和女神是夜神的长女，居住天庭高高在上的克洛诺斯之子把她安置于大地之根，她对人类要好得多。"——译者注

懦弱和自私？或者，虽然迄今为止尚未有堪称典范的教育实践，但却有一种可以想象的符合人道（manhood）的目标，也就是，身体的美、谦卑、勇气和多情，它们使整个世界都成为一个祖国，成为"所有人的葬身之地"①？

177. 我毫不怀疑，现在自动地出席的朋友们，一听到这句话就自动地产生一种冲动，要极力否认我对现代英国教育的目标的定义是准确的。我无意为之辩护，只是注意到，太阳系的热量在信奉科学的人心里的自动发展，其基础必定是对教育董事会成员，以及许多其他自动地善良和聪颖的人所受的不公的一种自动感觉。②我也注意到，对我这种定义包含的伤害和冒犯的意识，不可能有任何其他基础，（如果人们允许我继续使用我这种职业性的类比的话）只能是倒塌的残迹和好看的石头，"没有一块留在另一块之上"，③但依然形成不可清除的废墟堆积，而且如尼姆鲁斯的比尔斯④那样，永远遗留在基督教道德的古老钟塔之下，其塔尖看似曾经触及天国。

人们无法攻击我的定义，除非是攻击作为其根源的那种坚定信念，即，无论丑如何难以定义，无论嫉妒如何源于本性，无论懦弱在商业上如何有利，都永远是可耻的，也就是

---

① 原文为希腊文 pasa gh tafoV，语出修昔底德《伯罗奔尼撒战争史》。——编者注（见中文版，谢德风译，商务印书馆，1960 年，第 127 页及以下。——译者注）

② 罗斯金连用了几个 automatic 或 automatically，戏仿彼得伯勒主教所谓的道德的机械基础。联系上下文，这段的意思是，即使人类在科学上有飞速发展，使古今差异极大，但人类心中总有一种道德观念始终无法磨灭，使人自动地或无意识地作出一些判断；正如巴别塔倒塌了，但仍有遗迹，无法被完全清除。——译者注

③ 见《路加福音》21:5—6。——编者注

④ 1854 年，亨利·罗林森爵士发掘了尼姆鲁斯的比尔斯（Birs Nimroud）遗址，即传说中巴别塔的位置，此地位于古巴比伦西南部。遗址中发现的铭文现存于大英博物馆。——编者注

与**我主基督**的恩典背道而驰，如果我们心中还有基督的话，也与**吾王陛下**的恩典背道而驰，如果我们心中还有王的话，乃至与不信基督、心无国王的那种**人道**（Manhood）的恩典背道而驰，如果我们心中还有什么人道的话。

对于更好与更坏之间，或者说得极端一点，行为上的善与恶之间的差别的这种根深蒂固的概念，在我看来，在本能上，因而也是恰当地，与**道德感**的存在有关；比方说，如果这个学会中经常自动缺席的会员们自动地出席了，那么这种道德感就变得更好了；再比方说这篇论文，被认为是（很可能是）自动地离题万里的，但如果是构成我大脑微粒的分子的活动创作出来的，因而变得切题了，那么这种道德感就变得更好了。[①]

178. 因此，既然人们毫不迟疑地相信这种道德感的塞勒姆古城[②]壁垒坚固，无论在现代蒸汽犁的作用下如何变成断壁残垣，我也敢于假设，对于我所提问题的第一个，我们委员会至少是多数成员的选择已经予以了回答，也就是选择上文提到的第三个发展方向，也可被恰当地称作是"道德"的方向。接下来我继续说第二个话题，这个话题对于今天欧洲正经历的政治危机而言更为艰难，同时也非常重要，亦即，在道德发展的过程中，人与人之间的哪种关系是应该被渴望的，或者退一步说，是被允许的？

---

① 根据上下文，这段话意思应该是，只有是人写出来的文章，人们才会认为其是否切题，如果是机器写出来的，即便是切中肯綮的，人们也会认为其与题无干，因为机器没有任何道德感，不可能与人讨论什么道德问题。——译者注

② 塞勒姆古城（Old Sarum），坐落于索尔兹伯里以北两英里的地方，其历史可追溯到公元前3000年。古城最初是椭圆形，后来有罗马人、撒克逊人、诺曼人使用过，亨利一世还曾在附近建立王宫，但到了公元1400年左右，这座古城就逐渐被拆毁了，只剩下一小段城墙。——译者注

这就是说，我们是否应该以其他人的丑为代价让一些人变成美的，以其他人的邪恶为代价让一些人变成高尚的；或者倒不如说，在公平合理的教育体系的作用下，所有人都变成美的和有德的在一定程度上是否是可能的？显而易见，我们的第一个任务是思考，在什么样的条件下，这个选择是大自然加到我们身上的。如果我们愿意接受这个选择，我们能够做些什么？其次，无论我们是否愿意，我们又必须做些什么？我们能够将得到普及的学问和道德提升到什么样的水平？如果限定一下的话，就是我们要被迫将我们制度的优势和害处扩大到何种程度？如果必然存在极限，那么我们在相互脱帽致敬，并且将天国中圣人的三重冠冕再增加三倍的时候，我们是否准备好将这个极限暗含的人际关系促进到最大程度，虽然也让科塞特斯河①里的罪人万劫不复？

179. 也许我最好立即承认自己想在最大程度上坚持这个限定原则；不接受对我的理想的正确性的怀疑，而只接受对其可行性的怀疑。例如，我对下面的事情感到不安，就是不确定令我们大为遗憾的主席是否会成为主教，②或者我能提到的某些人（当然不是我们学会的会员），是否会永远沉溺在科塞特斯河里面。

但是，坦率地说，我们无需争论这种做法的残忍中包含的原则，犹如无需争论食物分配的适当方法，假如一顿巴黎大餐与一盘苏格兰麦片粥之间的区别，必定意味着有一半的

---

① 科塞特斯河（Cocytus），冥河的支流，又名痛泣之河。——译者注

② 指的是主席曼宁（Manning）当时在罗马被授予红衣主教一职，然后已经回国。由此推测，他是在罗斯金演讲的时候被宣布担任主教的，因此无法出席会议；"令人尊敬的"原文为"regretted"，应该是印刷错误。——编者注

人类会暴食至死，而另一半人却食不果腹。因此，我要举一件区别并不那么显著的事情作为例子。

180. 我今天早上写完这篇形而上学论文的时候，需要为一位年轻女士准备一些画让她模仿。它们是绘有最精美的彩饰的几页手稿，同时我计划用整个下午为她解释，她模仿这些画要达到什么目的。

我不会把这几页手稿借给我所认识的其他女士；或许也不会为我认识的其他两三位女士花一下午的时间。但回到第一位女士身上，我把书借给了她，并且花些时间，最细心地教她（这几页书也值得教），因为她画的蝴蝶比我认识的其他女孩画得都好，而且她有一种特殊的才能，就是把蝴蝶翅膀画得非常柔和，把触角画得非常精致。权且认为我是个好老师，她的性格也是我认为的那样，但这个结果初看起来也是毋庸置疑的不公平的，也就是说，这个女孩已经有出色的天赋，还得到出色的教育，或许会成为英国最好的蝴蝶画家；而许多其他女孩，能力天生低弱，也没有引起斯莱德教授①的注意，那么她们当下在昆虫学艺术方面可以培养的才能就完全失去了，日后成了普普通通的妻子和母亲，对此我们可以引述穆勒先生的权威观点，说任何女孩受到不可挽回的定性都是一种可悲的不公。

181. 我没有必要再列举与此类似的各种情形，其中我们近来听说的——而且听说了太多——自然选择使我们有理由支持和赞成我如此大胆辩护的教授选择；如果我们心中那些自动的公平本能——它们反对大自然的指示和人类的习惯，

---

① 斯莱德（Felix Slade, 1790—1868），艺术鉴赏家、资助人，曾在伦敦创办斯莱德美术学校，后来牛津大学和剑桥大学都设立了斯莱德艺术教席。——译者注

即"凡有的，还要加给他，叫他有余"①——在我们所讨论的财产仅仅是指智慧和德行的时候，得到了倾听，那就让它们这样来证明自己的真诚，就是首先纠正在更为有形、更受尊敬的财产方面久已形成的不公，然后终止流行于商业化的欧洲的那种奇特约定，即，凡口袋里有一百英镑的人，应该每年被给予三英镑，凡口袋里有一千英镑的人，应该每年被给予三十英镑，而凡身无分文的人，每年连一英镑也得不到。

182. 我很乐意将自己的总体说明交给今晚的各位明鉴，亦即，因为人类的发展——当它是道德的——是以人们特殊的努力朝着一个既定方向的，所以，当它是道德的时候，就是以人们特殊的努力有利于一个有限的阶级的；然而，我恳请诸位耐心听我多讲几句，以便指出，人们对这第二个原则的接受依然没有确定，堕落的阶级所受的排斥，得到选择的阶级的特权，可以合理地扩展到何种程度。因为我不由自主地感觉到，道德教导的每日食粮至少可以广泛地分发给群众，以避免他们在德行上陷入赤贫；即便是暴民中间最无知、最低贱的那些人，也不应该绝对成为永灭之子，相反，他们每一个人都可以对自己说："讲到我自己，我无意冒犯将军或者任何大人物，我只希望能够得救。"②可是相反，这些最聪明的贵族惯用的话语暗示，完全成熟的人有正义和勇气——基本的德行的两极——被伟大的罗马道德家指明为他们的充分特征："追求正义，目标坚定"；③但他们自然而然

---

① 《马太福音》13：12。——编者注
② 《奥瑟罗》，第2幕，第3场。——编者注（见中文版《莎士比亚全集》，第5卷，朱生豪译，人民文学出版社，1994年，第596页。——译者注）
③ 贺拉斯：《颂歌》（Odes），iii，3。——编者注

会受到市民欲求的反对，不仅是天真无知之人的欲求，而且是在相反方向上成熟的人的欲求——我曾斗胆将这个方向称作"道德的"——因而他们不仅没有能力追求或赞同正确的东西，而且还形成一种邪恶的和谐，吵吵嚷嚷要求错误的东西。

183. 自然和神的选择允许我们对这个亵渎的阶级的憎恶达到的那个程度，以及忍辱负重的"那个人"①，或者真正富有人性的情感或品格的体现，必定始终在本能上厌恶的那个程度，似乎可以由那个银钱的比喻得出的命令决定性地表明："我那些仇敌，把他们拉来，在我面前杀了吧。"②另一方面，把偏好的界限设置得更为狭窄也仿佛并不合理。因为，即使是易犯错的凡人当中，那些正义的人判他们的敌人以死刑时的犹豫不决也常常有些理由，以我的鄙薄见识，有一个古代故事中最为美妙的故事，也就是克里奥比斯和比托的故事，③可以给这些正义之人一些启发，告诉他们在某些场合毫不犹豫地将他们的朋友处以死刑是合适的。因为彼得伯勒主教关于身上没有任何超自然的东西的年老妇人应该得到的待遇的结论是合乎逻辑的，当用到身上到处都是超自然的东西的年老妇人那里时，当然会有更大的说服力；虽然对于我们中间的一些人来说仍有疑问的是，我们是否有权利剥夺一个没有灵魂的病弱者的痛苦的尘世生命；无论是从我们的特权还是从我们的义务来说，宗教上最有根据的事情无疑是，立刻打发走任何拥有**灵魂**的令人讨厌的受苦之人，送给

① Ecce Homo，指头戴荆冠的耶稣。——译者注
② 《路加福音》19:27。——编者注
③ 见第 109 节译者注。——译者注

他天国中遥远的、不会害人的幸福。

184. 但我相信我的听众们会赞成我再次拒绝拿这些极端情况扰乱日常生活的清静；在我看来，这个真正有用的结论是不可避免要得出的，即不必做得过分，去流放无法自理的恶人，去运走无法自理的病人，送往适合他们的精神大厦，我们至少应该确信，把原本可以用到保持健康的精力用到延长疾病上，不是一种浪费；也应该确信，在建有塔楼的豪华医院里，我们的同情之心是不会平息的，而如何正确运用，这些同情之心本是无需产生的；我们也不必因自己有基督教的特殊仁慈之心而自豪，正是这份仁慈之心使我们不管没有屋顶的茅舍，而要去建设模范监狱，用卡莱尔的尖锐之词来说，不要以狂热的偏爱在这种地方消耗这份仁慈之心：在这里，如果你们渴望看到事倍功半的事情，那么"这正是你们想要的"。①

185. 最后，我也不由得怀着最大的尊敬，但也怀着最大的诚挚表达我的一个希望：英国的上议院神职议员会很快采取措施，向她疑惑的心灵保证，彼得伯勒主教在他论文结尾提到的作为道德基础的超自然启示是真实存在的；或者至少要向她困惑的民众解释十诫的真正含义和力量，无论这世界最初是由神的手指还是人的手指写成的。就我个人来说，作为困惑的民众之一，我承认，我们最杰出的成员之一讨论基督教世界信条的论文似乎迫切需要来自我们的神学家的明确回应；但如果不需要，而人们平常将"上帝之言"这样的措辞用于圣典各卷的做法又反对所有合理的质疑，那么圣典解释者就更有义不容辞的责任看到，那些书并没有因为我们的

---

① 见卡莱尔《当代短论》(*Latter-Day Pamphlets*) 论"模范监狱"的那一章。——编者注

传统而变得空洞，①同时看到，贪婪、狡诈、高利贷和争辩等凡俗的罪恶，并非口头上承认服从基督的律法、并在基督之爱中得到满足的那种国家生活的本质。

J. 罗斯金

---

① "你们不可贪求；但传统/却准许所有形式的竞争。"亚瑟·克拉夫。——1880 版注（亚瑟·克拉夫，Arthur Hugh Clough, 1819—1861，英国诗人，在牛津大学上学时，他立志成为一名牧师，但随后却因对宗教产生怀疑而离开大学。他的诗歌对当时英国社会和文化表达了深刻的批判和质疑，虽然大部分诗作并未出版，但仍是后人阅读最多的诗人之一。其代表作有《爱的旅程》［*Amours de Voyage*］、《新摩西十诫》［*The Latest Decalogue*］。——译者注）

政治经济学要义

给那后来的：

朋友，我不亏负你，你与我讲定的，不是一钱银子吗？拿你的走吧！我给那后来的和给你一样，这是我愿意的。——《马太福音》20:12—14

　　"你们若以为美，就给我工价。不然，就罢了！"于是他们给了三十块钱，作为我的工价。——《撒迦利亚书》11:12

序

1. 下面四篇文章，十八个月之前发表在《谷山杂志》上。据我所知，它们遇到的大部分读者都以激烈的态度加以谴责。

我也要以同样激烈的态度说，我相信它们是我写过的最好的东西，换言之，是我写过的最正确、用词最准确，也最有用的东西；其中最后一篇，我用力最勤，可能我将来也写不出比这更好的东西了。

有读者可能回应说："可能是吧，但并不因此就能说它们写得很好。"我承认写得不好，这不是假意谦虚，不过，我还是对这些文章很满意，虽然对我的其他文章不甚满意；这几篇论文只是对所讨论的话题开了个头，如果有空的话，我打算在不久之后能予以深入论述，也希望有心参考的人，可以读到这些导论性质的阐述。所以，我现在将它们原样再版。其中只改了一个词，也就是纠正了对重量的一个估算，[①]此外只字未加。[②]

[①] 第 48 节，在《谷山杂志》发表的时候写作"13 盎司"，再版时改作"17 盎司"。——编者注

[②] 再版注：本书序言第 14 页的注有增加；所加的文字，从主旨上看，是我所写的作品中最宝贵的，增加这些文字之后，其后的文字和页码依次后推，以便让所有人都读得懂。——作者注

2. 尽管我没有发现这些论文有需要修改的地方，但感到遗憾的是，其中最发人深省的看法——关于组织劳动和固定工资的必要性——出现在了第一篇文章当中；它是需要我辩护的最不重要的立场之一，虽然绝不是最可怀疑的。这些论文的真正主旨，它们核心的意思和目标，是要给**财富**（WEALTH）下一个合乎逻辑的定义，我相信这是第一次有人用浅白的英文这样做——柏拉图和色诺芬、西塞罗和贺拉斯，常常附带性地这样做了，用的是出色的希腊文和拉丁文——经济科学也绝对需要这样一个定义作为基础。当今时代，关于这个课题的最负盛名的著作，开头这样写道："政治经济学作家们志在讲授，或调查①，财富的本质。"然后就提出了其论题："对于财富，每一个人都有自己的见解，这个见解对一般的目的来说也是充分正确的，……这部著作的意图，不是要从形而上学上给一个精确的定义。"②

3. 形而上学上的精确，我们确实不需要；但是，对于一个形而下的课题，形而下的精确和逻辑上的准确，我们还是确实需要的。

假设这位作家研究的课题，不是**家务的法则**（*Oikono-mia*），而是**星体的法则**（*Astronomia*），却不顾恒星与行星的区别，就像这里的发光的财富与反光的财富③的区别，然

---

① 什么调查？因为在还需要有调查的地方，讲授就是不可能的。——作者注

② J. S. 穆勒《政治经济学原理》，绪论，第 2 页。——作者注（见中文版《政治经济学原理》上卷，赵荣潜等译，商务印书馆，1991 年，绪论，第 13—14 页，写作："政治经济学家们声称是讲授或研究财富的性质……，每个人对财富指什么都有一个对于日常用途来说是足够正确的看法。……本书不打算给名词所表达的概念穿凿入微的定义。"——译者注）

③ "发光的财富与反光的财富"，原文作：wealth radiant and wealth reflective。——译者注

后就开始写："对于星体，每一个人都有自己的见解，这个见解对于一般的目的，是充分正确的。这部著作的目的，不是要在形而上学上对星体给出精确的定义。"如此开头的一部著作，其最终陈述可能是正确的，对于航海家也可能是非常有用的，而一部讨论财富的著作，将其结论建立在关于财富的流俗概念之上，对经济学家来说，绝对谈不上是正确的和有用的。

4. 所以，下面这些论文的第一个目标，是给财富下一个准确的、牢靠的定义。第二个目标是说明，只有在社会的某些道德条件下，人们才最终可能获得财富，而这些条件的第一个是，相信诚实这个东西是存在的，而且为了实际的目的，甚至要相信人们能够做到诚实。

即使不敢冒昧断言——因为在这样一个问题上，人类的判断力绝对不是决定性的——上帝的作品中哪些是最高贵的，哪些又不是，我们还是可以在很大程度上承认蒲柏的论断，那就是，诚实的人，属于人们眼下可见的上帝的最高贵的作品，而且就事实而论，也是比较稀有的；但也并非一件难以置信的，或奇迹一般的作品，更不是违背常理的作品。诚实不是一种干扰的力，会扰乱经济的轨道，而是一种恒定的、统领的力，顺从了这种力——无需顺从其他的力——经济的轨道就能畅通无阻。

5. 的确，我有时听人责难说，蒲伯的标准定得太低，而不是很高："诚实确实是一种可敬的美德，但人又何必追求更多！除了我们是诚实的，人们还能对我们有更多要求吗?"①

---

① 蒲伯：《论人》，《书信集》(Essay on Man, *Epistle*)，iv，第247行。——编者注

朋友们，就当下而言，不用要求再多了。在我们渴望做到比诚实更多的时候，我们似乎在某种程度上忽视了，只要做到诚实就很得体了。我们可能已经对其他什么东西丧失了信念，这里不必追问；但毫无疑问的是，对于普通的诚实，以及它的效力，我们确实丧失了信念。恢复和保持这种信念，以及这种信念所依靠的行动，正是我们的第一个任务：不仅仅是相信，而且要在生活中让自己确信，这个世界上，除了害怕失业，还有其他东西能够约束人们不去欺诈；[①]不仅如此，任何国家，这种人越多，就会越长久，或者能够长久。

下面的文章，主要就是针对这两点写的。关于劳动的组织，文中只是偶有谈及，因为，如果我们的领导者有足够的诚实，那么组织劳动是很容易的事情，而且无需争吵或者经历艰难就会自行发展；但是，如果我们无法从自己的领导者那里得到诚实，那么组织劳动就是永无可能的事情。

6. 对于组织劳动的可能性的几个条件，我打算在其他地

---

① "对职工的有效和真正的监督，不是他们所属的组合的监督，而是他们的顾客的监督。使职工不敢欺诈懈怠的，乃是对失业的恐惧。"（《国富论》，第1篇，第10章。）(引自中文版，亚当·斯密：《国民财富的性质和原因的研究》上卷，郭大力、王亚南译，商务印书馆，1972年，第123页。——译者注)

　　第二版注——对于本书中的这些话，我只想多补充一句，也就是诚挚请求所有基督徒读者扪心自问，如果他怀着赞同读到这样一句话，人类灵魂必定要走向怎样一种完全遭受诅咒的状态：不行就将它写下来；然后反对它。这句话是威尼斯最初的关于商业的言论，是我在她所建的第一座教堂里发现的：

　　"在这座圣殿周围，商人的行事法则要正义，他的秤砣是准确的，他的契约是诚实的。"

　　如果此时有读者认为，我这个注释里的话有些过激或者不中听（上面的话是反语。——译者注），那我请他仔细读一读《芝麻与百合》的第18节；也请他放心，我自己如今在写作中所用的任何词语，根据我自己的审慎判断，都是恰如其分的。

　　威尼斯，1877年3月18日，星期天

　　——作者注

方详细探究。不过，以免下面对基本原理的研究中提到的一些东西让读者担心，仿佛这些原理会把他引入意料不到的险境，所以为了让他更加放心，我当下就描述我希望他做到的政治信条的最坏情况。[①]

（1）第一，应该在全国范围内为青少年建立由政府出资，[②]受政府监管的培训学校；出生在这个国家的每一个儿童，都应该按照父母的意愿，被允许（在某些情况下还要强制）接受这些学校的教育；在这些学校中，国家应该以最好的教育手段，强制儿童学会以下三件事情（往后再考虑其他一些次要的知识）：

（a）健康的法则，以及这些法则所要求的锻炼；

（b）文雅和公正的习惯；

（c）他赖以生存的职业。

（2）第二，应该建立与这些培训学校配套的工厂和作坊，它们也由政府管理，生产和销售每一种生活必需品，也为每一种实用艺术提供锻炼的场所。不要干预私营企业，也不要给私人贸易设置任何限制或税负，而且尽管让它们精益求精，如果能够的话，去打败政府。在政府的工厂和作坊，应该经过授权生产优良的、模范的产品，销售纯正的、实在的产品；因此，人们能够确信，如果他愿意支付政府制定的价格，他就可以得到货真价实的面包和酒，还有周到的服务。

[①] 所谓"最坏情况"是反话。——译者注

[②] 可能有目光短浅的人会问，办这些学校的资金从哪里来。以后我会探讨直接资助的适当方式，而间接而来的资金，则会大大超过让这些学校自给自足的水平。这种学校单单在犯罪（这是现代欧洲市场中最昂贵的奢侈品之一）领域产生的经济，便足以提供维持这些学校的经费，而且是十倍以上。学校自己的劳动产生的经济将是纯收益，这项收益目前还是难以估量的。——作者注

162

（3）第三，不管是男人女人，男孩女孩，如果失了业，就应该立刻被就近的公办学校接受，经过试用之后，被安排看起来适合的工作，每年挣到可以确定的固定工资。如果被发现因为缺乏知识而不能从事任何工作，就应该得到教导，或者，如果是被发现因为疾病而无法工作，则应该得到照料；但是，如果被发现拒绝工作，那么他们就应该接受最严厉的强制，被安排去从事社会所必需的那些更费力、更低等的苦工，尤其是矿井和其他危险地方的工作（不过，这种危险应该由谨慎的管理和纪律降到最低），此种工作应得的工资，暂时不能发放，也要首先扣除强制他们所需的费用——等到工人对就业法律有了更合理的认识时，才能由他支配。

（4）最后，对于老弱贫穷者，应该让他们衣食无忧，居有其所；如果这种不幸通过这样一种制度的调查，被证明不是由于犯罪造成的，那么这种赡养对于接受者而言就不是丢脸的事情，相反倒是光荣的事情。因为（我把《艺术的政治经济学》里面的一段话再说一遍，关于更多细节，读者可以参考那本书），"一个劳动者用铁锹为国家服务，正如中等阶层的人用剑、笔或者手术刀为国家服务；如果服务较少，因而健康时候的工资也少，那么当健康受损时得到的回报也少，但并不因此就不那么体面；一个劳动者从教区领取补助金，是因为他理应从教区得到厚待，这应该是自然的、简单的事情，就如地位较高的人从国家领取补助金，是因为他理应得到国家的厚待。"[1]

对于这个说法，我只想就关于生命和死亡的纪律和报酬

---

① 见《永久的欢乐》，第129节。——编者注

多说一句，作为结论，即，李维给瓦列利乌斯·普波利科拉①的一生所做的总结，"他是由民众安葬的"，这句话放到一个无论地位高低的人的墓志铭中，都不应该是可耻的结尾。

7. 我相信，也打算，当我有余力的时候，要从不同方面解释和阐明这些事情，也要展开由它们派生出来的研究。在这里，我只是简要陈述，以免读者因不安而急着了解我的最终用意；不过，眼下来说，我请他们记住，探讨如人类本性这类微妙因素的科学，只可能保证原理是最终正确的，而不能保证计划如数成功。因而最后这些计划中最好的那些，人们始终不要相信哪些能马上实现，而且也不要奢望哪些能最终实现。

1862 年 5 月 10 日，丹麦山

---

① 普波利科拉（Valerius Publicola），古罗马共和时期政治家，于公元前 509 年第一次当选为执政官，此后还有三次当选；他曾宣布一项法律：任何企图自立为王的人都可被处以死刑，任何平民被判有罪皆可向平民大会提出上诉。——译者注

第一篇　荣誉的根本

1. 在不同的时期，都有一些妄想支配着许多人的思想，其中也许最奇怪的一个——当然也是最不可信的——就是现代人自命为科学的政治经济学，其基础是这样一种观念，即一种有益的社会行为准则，可以不考虑社会情感的影响而得到确立。

当然，就像炼金术、占星术、巫术，以及其他类似的流俗学说，政治经济学在其根本之处也有一个貌似有理的观念。经济学家们这样说："社会情感，是人类本性中一些偶发的和扰乱的因素；但贪婪和进步的渴望，却是恒定的因素。让我们排除易变的因素，把人类看作一架贪婪的机器，去考察，通过劳动、购买和售卖的什么规律，人们能够在财富方面取得最大的积累成果。这些规律一旦被确定下来，个体便可以在之后决定运用多少，就如他运用情感因素，如果他愿意的话，然后根据新的条件为自己确定结果。"

2. 如果之后引入的这些偶然因素，有着与起初考察的那些力量相同的性质，那么这种分析方法，将会是逻辑上无懈可击的、成功的方法。假设一个运动中的躯体，是受着恒定的和易变的外力的影响的，那么通常考察其运动方式的最简单的途径就是，首先在恒常条件下描述它，然后再引入导致变化的原因。但在社会问题上，那些扰乱因素与恒定因素并不具有同样的性质：一旦把这些扰乱因素添加进来再去考察，它们就会改变人类这种生物的本质；它们的作用不是数学式的，而是化学式的，引入它们之后的条件，会让我们之前的知识都归于无用。我们根据已有的知识拿纯氮做过实验，并深信这是一种非常可控的气体。但要小心了！我们实际上考察的东西是氮的氯化物；一旦我们按照我们已经得到确立的原理去接触它，它就要把我们和仪器都炸得一片狼藉。

3. 请注意，我既不是非难，也不是怀疑这门科学的结论的条件是否是广被认可的。我对这些条件纯粹不感兴趣，正如我对一门假设人没有骨骼的体操科学的条件不感兴趣。根据这个假设，人们可能揭示，如果要将学生卷成小球，摊成蛋糕，或者拉成绳索，那么这门科学是有好处的；并且，如果这些结果实现了，那么再把骨骼插入身体，就会给这身体的构造带来各种各样的不便。这个科学的推理可能是令人钦佩的，其结论也是成立的，只是在适用性上是有缺陷的。现代的政治经济学恰恰就建立在相似的基础上，它倒没有假定人类身体没有骨骼，而是假定身体全都是骨骼，它在否定有灵魂的前提下，建立了一种僵硬的进步理论；同时，它最大限度地利用了骨头，并且用死人头骨和肱骨构成一些有趣的几何形体，因此成功地证明了，重新把一个灵魂置入这些微小结构中，会带来什么不便。我不否认这个理论的正确：我只是否认它在当前这个世界的适用性。

4. 这种不适用性，在近来工人罢工所导致的困境期间，已经得到了奇怪的体现。①这里出现是政治经济学必须要探讨的至关重要的问题的最简单的情况之一，而且很切题、很明确——这个问题即雇主和雇工之间的关系；并且，在一个严峻的危机中，也就是当大量生命和大量财富都危在旦夕的时候，政治经济学家无能为力——实际上是缄默不语：对于这个难题，他们给不出可被论证的解决办法，以说服或安抚敌对的双方。雇主和工人各执一词，没有哪门政治科学能让他们达成一致意见。

5. 若是能达成一致意见才奇怪呢，人们达成一致意见想要凭借的，不是任何类型的"科学"。辩论者们争先恐后要说明，雇主的利益是否是与雇工的利益相对立，但却徒劳无功；似乎没有一个反辩者记得，利益的对立并不绝对或者并不始终意味着，相关人们本身必定就是相互对立的。如果家中只剩下一片面包，而母亲和孩子都饥饿难耐，这时他们的利益并不一样。如果母亲吃掉面包，孩子们就吃不到；如果孩子们吃掉面包，母亲就必须饿着肚子去工作。但这并不必然意味着，他们之间会存在"对立"，这并不意味着他们会争抢这片面包，既然母亲力气最大，就能抢到它，然后就吃掉。任何其他情况下，无论人们之间可能是什么关系，我们都不能确凿地认为，因为他们的利益是相反的，他们就必然势不两立，并且用暴力或诡计来获得优势。

6. 即便他们相互敌对，即便认为下面这种看法是合理而明白的，即人不过是受着影响老鼠或猪的道德法则驱动的，这个问题的逻辑条件依然是不确定的。雇主和劳动者的利益

---

① 这尤其指的是 1859 年秋建筑工人的罢工；见 1859 年 9 月 4 日罗斯金给 E. S. 达拉斯的信（《罗斯金文集》图书馆版，第 18 卷）。——编者注

是相似的或是对立的，这绝不能一概而论；因为在不同情形下，两者皆有可能。确实，符合双方利益的情况始终是，工作应该圆满完成，并卖出一个合理的价钱；但是，在利润分成的时候，一方得利就意味着另一方的损失。付给工人工资过低，以致工人贫病交加，这并不符合雇主的利益；如果雇主所得利润太低，以致无法扩大经营，或者无法安全而灵活地经营，那么得到很高工资也不符合工人的利益。如果公司资金匮乏，不能维护蒸汽机轮正常运转，那么司炉工就不应该要求高薪。

7. 有无数种情形影响着相互的利益，因而，所有从私利的平衡推断行为规则的努力都是白费；也注定是白费。因为造物主从来没有想让人的行为受眼前利益的平衡的引导，而是要受正义①的平衡的引导。因此，他使所有确定眼前利益的努力都永远归于徒劳。没有人曾知道，也没有人能够知道，某种既定的行为准则在他那里，或者在其他人那里，会有什么最终结果。但或许人人都知道，我们多数人也确实知道，什么是正义的和不义的行为。或许我们所有人也都知道，无论是对于其他人还是对于我们自己，秉持正义的结果将最终是最好可能的结果，虽然我们说不清楚什么**是**最好的，或者它可能会如何发生。

我说正义的平衡，意思是，这个正义，是包含情感在内的，例如一个人对另一个人怀有的情感。雇主与工人之间一切有益的关系，以及他们所能得到的一切最好的利益，最终

---

① 原文为 justice；下文，或者在整本书中，译者将 justice 和 just 视语境译作"公平（的）、公正（的）"，而将 unjustice 和 unjust 译作"不义（的）、不公（的）"。——译者注

都取决于这些平衡。

8. 站在家庭仆人的位置上看，我们必将发现主人与工人之间各种关系的最合理、最简单的明证。

我们假设，一家的主人给仆人们一定的工资，千方百计要让他们做尽量多的工作。他绝不允许仆人偷懒，给他们的饮食住宿食宿差到他们忍耐的极限，在各种事情上对他们提出的要求，再多一点就会把他们逼走。在他看来，他这样做的时候并未违反平常所谓的"正义"。他与佣人一致同意，佣人要付出自己全部的时间和服务，而他则照单全收，待遇的严苛程度，是根据邻近其他主人的惯例定的，也就是付给家务劳动以现行水平的工资。如果仆人能找到更好的地方，他可以随时走人，因而主人只有经过尽量提出最高要求，才能知道仆人劳动的真正市场价值。

根据政治经济学的权威，这就是这门科学对于这个案例的看法；这些权威主张，经过这个过程，人们就可以从仆人那里获得最大均值的工作，因而给社会带来最大利益，反过来，也通过社会给仆人自己带来最大利益。

然而，事实并非这样。如果仆人是一台引擎，其驱动力是蒸汽、磁力、重力，或者可计算的力量的任何其他介质，那么事情确实如此。但实际上相反，仆人这台引擎，其驱动力是"灵魂"，这个特殊的介质的力量，由于是一个未知量，所以进入政治经济学家所有的方程式的时候，在他不知不觉之间就要改变方程式的得数。这台奇特的引擎完成最大数量的工作，不是为了薪水，或者受到了压力，或者是借助了多少数量的燃料，而只是因为其动力，即这个生灵的意志或精神，凭借自己特有的燃料，即情感，释放出了最大的气力。

9. 的确有这样的事情，也常常有，也就是，如果主人通情达理，精力充沛，那么在机械压力之下，由坚强意志的推动和明智方法的引导，大量实质工作是可以完成的；还有另一种事情，也常常有，也就是，如果这个主人懒散而软弱（无论他多么和蔼），那么，由于仆人的力气未受指导，偷奸耍滑，所以产出的工作就数量稀少，质量低劣。但是，事情的普遍规律是，假如主人和仆人都有一定数量的精力和才智，那么他们可以获得的最大数量的实质工作，不是通过他们的相互对立，而是通过相互关怀；同时，如果主人不是力图从仆人那里得到尽可能多的工作，而是设法使指派给仆人的、必要的工作对仆人自己有益，并且以一切公正的、健康的方式促进仆人的利益，那么最终完成的工作的真正数量，或者说得到如此关怀的人回报的好处的数量，确实将会是最大可能的数量。

注意，我说是"回报的好处"，因为一个仆人的工作，并不必然或始终是他能够给予主人的最好的东西，而是各种各样的好处，无论是体力的服务，对主人利益和声誉的精心保护，还是欢喜踊跃地抓住预想不到、偶然出现的机会提供的帮助。

即使宽厚常常被滥用，好心常常难有好报，这种情况依然是普遍真实的。因为，那种即便得到善待还不知感恩的仆人，如果得不到善待，便必定要心怀怨恨；对慷慨的主人尚且不诚实的人，遇上不公的主人，就会报以伤害。

10. 无论在什么情况下，无论面对什么人，这种无私的对待都将带来最有效的回报。注意，我这里完全是把情感看作一种动力，而不是看作其本身就可取或高尚的东西，或者任何其他抽象意义上的好的东西。我只是将情感视为一种不规则的力，它会使所有平常的政治经济学家的计算毫无意义；同时，即便他意欲将这个新的因素纳入估算，他也没有能力处理它；因为，只有当情感排斥政治经济学中任何其他的动因和条件的时候，它们自己才成为一种真正的驱动力。善待仆人的时候就想着如何利用他的感恩，那你们就得不到什么感恩，你们的善意也不会带来任何价值，因为事实理应如此；但是，善待仆人而不带有任何经济目的，所有经济目的倒会如愿以偿。在这件事情上，一如在其他任何事情上，凡怜惜生命的人都将失去生命，凡舍去生命的人都将找到生命。①②

11. 关于雇主和雇工之间关系的下一个极为简单明白的例子，是一支军队的长官与其士兵之间的关系。

---

① 这两种处事方式及其有效的物质成果之间的区别，如果细致比较《荒凉山庄》里艾斯特和查理的关系，与《汉普雷老爷的钟》里布拉斯小姐和侯爵夫人的关系，便可一目了然。

　　对于狄更斯作品的根本价值和道理，许多思想缜密的人却视而不见，这实在不太明智，当然这只是因为狄更斯用有些夸张的漫画笔法来呈现其道理。狄更斯的夸张写法，有时常常到了粗俗的地步，但他讲的道理是没错的，所以视而不见确实不太明智。抛开他讲故事的方式，他告诉我们的事实都是真实的。我希望，他将自己那种才华横溢的夸张手法用到娱乐大众的作品中，也就够了，如果面对的是对于国家具有重要意义的题材，就像他写《艰难时世》那样，那他应该运用更加严肃和准确的分析。在我看来，《艰难时世》在很多方面都称得上是他最伟大的作品，但在许多人那里，这部作品的现实意义却被严重低估了，也是因为庞得贝先生被写成了一个戏剧化的怪物，而不是一个世故的家主的典型；而斯蒂芬·布莱克浦则戏剧化到了极点，而不是一个实诚工人的典型。但是，我们切不可因为狄更斯喜欢刻意博人眼球，而错过了他的睿智和洞见。他写的每一本书，其宗旨和意图都是完全正确的，但凡关心社会问题的人，都应该细致入微地研究它们，特别是《艰难时世》。他们会发现，《艰难时世》有诸多偏颇之处，也因此显然不公正，但如果检视了狄更斯忽视的其他方面的论据，在经过一番疑惑之后，就会发现，狄更斯的看法最终是正确的，而且得到了大胆而尖锐的表达。——作者注

② 参见《马太福音》10:39。——编者注

假设军官只想着施行惩戒的规章，因而不费一点心思就让军队百战百胜，那么在这种自私的原则之下，无论凭借怎样的规则或者如何执行规章，他是无法彰显属下的全部实力的。如果一个人通情达理，也严明法纪，那么，就像前面的例子，比之一个内心软弱，赏罚不明的军官，他就可以取得更好的效果；但是，假设有两个军官同样地通情达理，法纪严明，而其中一个与士兵情同手足，充分关心他们的利益，珍惜他们的生命，那么，因为他们爱戴他们的军官，信任他的性格，所以他将会调动他们的真正实力，其程度是其他手段完全无法达到的。即使一支军队规模更为庞大，这条规律也丝毫不差：尽管士兵厌恶其长官，一次冲锋也常常能取得成功；但是，除非士兵喜爱他们的将领，否则要取得一场战役的胜利就是希望渺茫的。

12. 抛开这些简单的例子，再看工厂主与其工人之间更为复杂的关系，这时我们首先会遇到一些奇特的难题，显而易见，这些难题源于一种更为严苛、更为冷漠的道德状况。不难想象士兵对上校有一种强烈的感情；也不难想象纺织工对纺织厂经营者有一种强烈的感情。一群为抢劫的目的而联合起来的人（如古代苏格兰高地的氏族）会因为充分的感情而生龙活虎，每一个成员都准备为首领的生命舍弃自己生命。但是，一帮为了合法地生产和积累的目的而联合的人，通常看起来，却不会因为这样的感情而干劲十足，任何一个人任何情况下都不愿意为首领的生命献出自己的生命。在道德问题上，不仅是我们会遇到这种明显的反常现象，而且其他人在运行一种制度时也会遇到同样的现象。因为，一个仆人或一个军人从事其职业，是在特定时间内领取特定的工资；但一个工人领取的工资，是随着劳动力的需求而变化的，他任何时候都会因为行业的偶发状况而失去工作岗位。在这些意外情况下，感情是无法发挥作用的，有的只是不满情绪的爆发；在这件事情上，有两个问题需要我们考虑。

第一，在多大程度上，工资水平可以得到控制，因而不会随着劳动力的需求而变化。

第二，在多大程度上，工人的团体可能以这种固定工资得到雇用和养活（无论行业状态如何），而无需增加或削减他们的数量，因此让他们永远关心与自己利害相关的机构，就像一个古老家族中的家仆，或者让他们有一种团队精神，就像一支精锐部队里的士兵。

13. 我说的第一个问题是，在多大程度上，无视劳动力的需求而固定工资水平是可能的。

在人类错误的历史上，也许最令人好奇的事实之一是，一般的政治经济学都否认如此调控工资的可能性；然而，对于世界上所有重要的劳动，还有许多不重要的劳动，工资已经是被如此调控的。

我们不会以减价拍卖的方式出售我们的首相职位；或者在一个主教去世之后，不管买卖圣职通常有什么好处，但我们（至今）还是不会把他的教区，交给愿意以最低职俸接受主教职位的牧师。我们（以政治经济学那种精打细算的睿智！）确实售卖军官职位；但不会公开出售将军职位。生病的时候，我们不会打听哪位医生收费不超过一几尼；打官司的时候，我们从不想着把诉讼费用从六先令八便士讲到四先令六便士；遭遇阵雨的时候，我们也不会挨个问车夫，看谁的要价能低于一英里六便士。

是的，在所有这些事例中都会，而且在每一个可以设想的事例中都必定，最终涉及我们所讨论的工作一般遇到的难题，或者竞争职位的人的数量。如果有人认为，成为一名好医生需要付出的辛劳，是足够多的学生都要经历的，而他们的期待只是收取半几尼的诊费，那么公众立刻就会一致赞同收回那不必要的半个几尼了。终究而言，劳动的价格确实是受需求调节的；但就事情实际的、当下的操作而言，最好的劳动力历来是，而且现在也是，得到标准不变的酬劳的，就如**所有**劳动都应该是的那样。

14. 也许有读者会惊诧地回答："什么！要付给优秀工人和低劣工人一样的钱?"

当然是。教长和继任者的布道之间的差别，或者这位医生与那位医生的意见之间的差别，就思想的品质而言，是很大的，就其在你们个人那里产生的效果而言还很重要，这种差别要大于砖块砌得好坏的差别，虽然后面这个差别也比多数人认为的更大。然而，在灵魂方面，你们会很满意付给好的工人与坏的工人同等的工钱，在身体方面也是一样；而且就你们的房子来说，你们可能更是满意地付给好的工人与坏的工人同等的工钱。

"不对，我挑选自己的医生，也挑选自己的牧师，这说明我知道他们工作的质量。"那好，也务必挑选你们的泥瓦匠；"被选中"本身，就是好工人应得的报酬。对于所有的劳动，自然的、合理的制度是，它们都应该得到固定的薪水，但好的工人会得到雇用，而坏的工人则得不到雇用。错误的、反常的、有害的制度则是，低劣工人被允许以半价提供服务，然后要么取代优秀工人，要么由于他的竞争而迫使优秀工人接受低薪。

15. 因此，我们的第一个目标是，必须发现使工资得以平等的最直接的可行途径，第二个目标，如上所述，是必须发现维持受雇工人的恒定数量的最直接的可行途径，无论对他们生产的物品有什么偶然的需求。

一个活跃的国家的商业活动，必然导致需求的突然的、广泛的不均等，我相信，这是一个公平的劳动组织必须要克服的唯一的根本难题。

这个课题有太多枝节，不允许这样一篇论文尽数考察；不过，我们可以指出与之有关的下面一些普遍事实。

如果一个工人的工作容易间断，那么能够维持他生活的工资，必然要高于工作稳定而持续的工人的工资；并且，无论争取工作的努力变得多么艰难，这个一般法则都是始终有效的，那就是，如果一些人只能指望一个星期内平均有三天的工作可做，那么其日薪必须高于他们保证可以在一个星期内工作六天时所要求的日薪。假如一个人一天少于一先令就生活不下去，那么他从事三天的繁重工作，或从事六天的从容工作，都必须得到七先令。所有现代商业活动的趋势是，把工资和贸易都搞得像彩票一样，然后使得工人的酬劳依赖于是否能抓住卖力的机会，而企业主的利润则依赖于是否能随机应变。

16. 我再说一遍，我这里不会调查，现代贸易活动必然在何种程度上导致这个趋势；我只满足于说明这个事实：这个趋势肯定不必要发展到最致命的形态，而且其原因仅仅在于雇主们痴迷赌博，而雇工们则愚昧无知，耽于享乐。雇主们无法忍受错过任何的获利机会，因而疯狂地冲向财富之墙的每一个缺口和缝隙，为了变得富有而丧心病狂，贪得无厌而甘冒倾家荡产的风险；而雇工们宁可拼命苦干三天，然后大醉三天，也不愿意在六天里适度地工作，明智地休息。一个企业主若是真心想帮助他的工人，最有效的办法莫过于，遏制他自己与雇工们的这些不良习惯；要把自己的经营活动维持在能够密切追踪他们的规模上，不要屈服于不确定的收益的诱惑；与此同时，要引导工人在劳动和生活上养成有规律的习惯，为此他可以劝说他们拿固定额度的低薪，而不是冒着失业的风险拿高薪，或者，如果这个办法行不通，那就打破为了赚取名义上的高额日薪而拼命卖力的制度，引导他们从事更有规律的劳动，赚取较低薪水。

实现这种类型的任何激进变革的时候，无疑会遇到某种运动的所有发起者带来的巨大阻力和损失。而那种轻而易举，万无一失的变革，始终不是我们最需要完成的，或者迫在眉睫的事情。

17. 我曾提到迄今为止为暴力的目的联合起来的人群，与为制造的目的联合起来的人群的区别；前者似乎能做到自我牺牲，而后者却不能；这个独特的事实，就是相比于军事这个职业，人们普遍贬低商业这个职业的真正原因。从哲学上讲，初看之下这个现象似乎并不合理（也有许多作家努力证明其不合理），也就是一个人爱好和平且有理智，其行当不过是买与卖，而另一个人既不爱好和平，也常常没有理智，其行当是杀人，但后者得到的尊敬倒多于前者。然而，不管哲学家们怎么说，人们始终优先给军人以赞赏。

这个做法确实没错。

因为军人的行当，真正来说不是杀人，而是被杀。世人们虽然不明白其行当的意义，但尊敬它正是因为这一点。一个暴徒的行当是杀人；但世人们从来不会敬重暴徒胜过尊敬商人；世人尊敬军人的原因在于，他是拿自己的生命为国家服务的。他可能很粗鲁，喜欢享乐，或者热爱冒险，可能是各种次要的动机和卑鄙的冲动决定他选择了自己的职业，而且可能影响了（仅从表面上看）他在这个职业中的日常行为；但我们对他的评价是基于这个最终事实的——我们是可以充分相信这个事实的——他被置于壁垒缺口之中，身后就是世间的一切快乐，面前唯有死亡和职责，此时他仍面视前方；而且他知道，他随时都要面临抉择——他事先就下定决心，事实上是不断下定决心——实际上他每天都在赴死。

18. 我们把同样的敬重送给律师和医生，最终也是因为他们的自我牺牲。一位杰出的律师，无论多么博学和机敏，但我们敬重他，主要是由于我们相信，他一旦坐在法官的位子上，就力求秉公判断，不管其结果如何。如果我们能够认定他贪赃枉法，用他的机敏和法律知识为邪恶的决定高谈雄辩，那么无论他多么才智出众，也不会赢得我们的敬重。其他东西都不会让他赢得尊敬，除了我们心中所藏的这个信念，那就是，在他生命里所有的重大行动中，他都把正义放在第一位，其次才是他自己的利益。

对于一个医生，我们给他荣誉的根据更是明白可见。无论他学问如何，如果我们发现他将自己的病人当作实验对象，我们都要对他避之不及；不仅如此，如果我们还发现，他从命在旦夕之人那里接受贿赂，那么他就是在用自己的精湛医术以良药的幌子下毒。

最后，这条原则在牧师身上体现得最是清楚不过。心地善良不能当成医生不学无术的借口，或者当作辩护律师巧舌如簧，颠倒黑白的借口；但一个牧师，尽管智力平庸，假如人们认为他无私而尽责，就会受到尊敬。

19. 毋庸置疑的是，成功经营一个大型商行所需要的机智圆通、深谋远虑、临机能断，以及其他的心智能力，如果不能与杰出的律师、将军或牧师的这些品质相提并论，至少也比得上舰船或军队中的下级官员，或者乡村教区的助理牧师身上的一般心智素质。所以，如果所谓的自由职业中一切精明强干的人员，在公众对荣誉的评价中，仍然被排在商业公司的负责人之前，那么个中缘由必定不仅仅在于人们对他们的几种心智能力的衡量，而是有更深的原因。

人们会发现，这样厚此薄彼的根本原因在于这样一个事实，即人们揣测，商人的行为总是自私的。他的工作对于社会可能是非常必要的；但其动机却被理解为是完全个人的。在所有的交易中，商人的首要目标（公众相信）是尽可能让他自己得到更多，而让同行（或顾客）得到更少。人们借政治法规强行将这个揣测强加于他，视其为他必然的做事原则；人们劝他在任何场合都按照这个原则做事，而他们自己也反过来接受了这条原则，振振有词将此作为普遍法则宣告，即买方的本分就是压价，卖方的本分就是欺骗——然而，公众又不由自主谴责商人行如其言，认定他们在人格上永远低人一等。

20. 最终公众会发现，他们必须得放弃这种做法。他们绝不能停止谴责自私；相反，他们必须要找到有一种并非专门利己的商业。或者倒不如说，他们必须要认识到，除此之外，从来就没有，或者永远不能有，任何其他类型的商业；

他们以前所称的商业根本不是商业，而是诈骗（cozening）；而且，一个真正的商人区别于遵行现代政治经济学法则的商人，犹如《远足》的主角区别于奥托吕科斯。[1]他们会发现，在绅士们看来，商业是一个自己越来越需要从事的职业，而不是从事对人讲话，或者把人杀死的生意；他们也会发现，在真正的商业中，犹如在真正的说教或战斗中，接受偶尔的自愿损失这个观念是必要的；在义务感之下，六便士是必须要被损失的，就如生命也是必须要被放弃的；他们还会发现，市场上可能有殉道者，就如讲坛上可能有殉道者，贸易有其英雄主义，就如战争有其英雄主义。

这个英雄主义，说是可以有，最终而言，也是必须有，只是当下还未曾有，因为一直以来，有英雄气概的人，在年轻时候总是被误导进入其他领域，没有认识到什么才是我们这个时代最重要的领域；所以，虽然有许多热忱之人在试图传播一个福音的故事时献出生命，但很少有人会在展示一个福音的行动时损失一百英镑。

21. 事实上，人们从未向这些富有英勇性情的人清楚解释过，一个商人对于他人的真正职责是什么。我希望读者能明白这一点。

迄今为止曾有五个伟大的需要才智的职业，是与生命中每一天的必需之物相关的——其中有三个，在每一个文明的国家里都必然存在：

---

[1] 《远足》(*Excursion*)，华兹华斯的长诗，主人公是一个善良的乡村货郎。奥托吕科斯（Autolycus），希腊神话中的骗子，能使自己变形，也能使事物隐形或变形；莎士比亚的《冬天的故事》里的一个人物也叫这个名字，是个小贩，但坑蒙拐骗，偷鸡摸狗。——译者注

军人的职业是**保卫**国家。

牧师的职业是**教导**国家。

医生的职业是**维护**国家的健康。

律师的职业是在国家中**推行正义**。

商人的职业是为国家**供应**。

所有这些人的义务是，在适当情况下为国家而**死**。

"在适当情况下"，意即：

军人，宁死也不在战斗中离开阵地。

医生，宁死也不会在瘟疫中擅离职守。

牧师，宁死也不愿传播谎言。

律师，宁死也不支持不义。

商人——他又在哪个"适当情况下"为国家而死呢？

22. 这是商人要面对的主要问题，也是我们所有人都要面对的主要问题。因为，真的，人不知何时死，就不知道怎么活。

请注意，商人（或者制造业主，因为这里使用的商人这个词的广义，必定包含了两者）的职能，是为国家供应。他的职能不是从这个供应中为自己获取利润，一如牧师的职能不是领取薪俸。如果他是个真正的牧师，那么薪俸是他应得的和必要的附属物，却非其生活的目标，就如一个真正的医生，其生活的目标不是收取诊费（或谢礼）。一个真正的商人，其生活的目标同样不是收取费用。这三种人，若是真正的人，都有一样工作，即便不计费用也是要做的，甚至要不惜任何代价，或者是为了与费用截然相反的东西。如我所说，牧师的职能是教导，医生的职能是治病，而商人的职能是供应。这就是说，他必须从根本上理解他所经营的东西的性质，以及获取或生产这种东西的手段；而且，他必须使出全部的睿智和精力，生产或获取完美无瑕的东西，然后以尽可能便宜的价格，分配到最需要的地方。

因为生产或获取任何商品，都必然牵扯到许多生命和手的中介作用，所以，在他经营的过程中，商人就变成了一大群人的主人和主管，而且是比军官或牧师更直接，虽然以较少为人所知的方式成为主人和主管；所以，这群人过上什么样的生活，在很大程度上，都要仰仗于他：他的义务不仅是始终考虑如何生产他售卖的东西，产品怎么做到最纯正、最便宜，而且还要考虑，如何能让生产和运输涉及的各种工作给从事其中的人带去最多收益。

23. 要正确发挥这两个职能，需要最高的智慧，也需要有耐心、善心和圆通，商人务必全力以赴，因此，为了克尽阙职，在必要的时候，他有义务付出自己的生命，一如军人或医生。在供给这个职能中，有两大要点他必须坚持：第一，他的约定（在商业中，信守约定是一切潜在价值的根本）；第二，所供应的物品的完美和纯正；所以，他不能违背约定，或者默许任何他供应的东西变质和掺假，或者卖不公的、过高的价钱，而是要勇敢面对任何形式的危难、贫穷或劳苦，他要是坚持这两点，这一切都可能降临到他身上。

24. 其次，作为他所雇之人的主管，商人或制造业主，是被赋予了与父亲一般无二的权威和责任的。多数情况下，一个进入商业机构的年轻人，是完全远离家庭的关爱的；他的雇主必须成为他的父亲，否则他身边没有父亲给他实际的、稳靠的帮助：无论遇到什么情况，雇主的权威，企业的整体风气和氛围，以及他被迫要与之相处的人的性格，这些东西比起家庭的影响来，都有更加直接的，也无法避免的分量，而且无论是好是坏，都要取代家庭的影响；所以，这个雇主唯一可用来公正对待雇员的手段，就是严厉地扪心自问，他是否像对待自己的儿子一样对待下属，如果他的儿子也因为境遇所迫从事这份工作的话。

假设一艘战舰的舰长觉得合适，或者情势所逼，把自己的儿子安排在普通水兵的位置上，那么他有义务要像对待自己儿子一样，对待他手下的每一个人。同样，假如一个厂主觉得合适，或者迫不得已，把自己的儿子放在普通工人的岗位上，那么他始终必须把其他人像自己儿子一样看待。在政治经济的这个问题上，这是唯一有效的、正确的或可行的**规则**。

就像遭遇海难时，舰长有义务最后一个弃船，在食物短缺时，有义务同水兵分吃他的最后一块面包，厂主也是一样，在遭遇任何商业危机或萧条的时候，他有义务与工人共度患难，甚至是吃更多苦，就像在饥荒、海难或战争中，一个父亲会为了儿子牺牲自己。

25. 所有这一切都听着很奇怪：然而，这件事情上唯一真正的奇怪之处在于，它竟然听着很奇怪。因为所有这一切都是真实的，不是部分地真实，或理论上真实，而且是永远地真实，实践上也真实：除了这一条，有关于政治事务的所有其他学说，前提都是虚假的，推论都是谬误的，而且实践上也是不可能的，涉及国民生活如何进步的时候都是这样。我们现在作为一个国家的整个生命表现为，少数一些思想坚定、心地忠实之人坚决地否认和蔑视我们大众学到的那些经济原理，这些原理只要被接受就会导致国家径直走向毁灭。至于毁灭的方式和形式，以及另一方面，正确的政治进一步的实际作用，我希望在下面一篇论文加以论述。

第二篇　财富的血脉

26. 对于上一篇论文提出的说法，平常的经济学家都会给出这样的回答，可以简述如下：

"不错，社会情感的发展，可以带来某些一般意义上的好处。但是政治经济学家从来没有声称，而且现在也不声称，要考虑这种一般意义上的好处。我们的科学，仅仅是致富的科学。这绝不是荒诞不经，或者虚幻不实的科学，经验发现它是实际有效的。遵循其训诫，人们就实实在在地致富，违背其训诫，就要受穷。欧洲每一个资本家，都是因为遵循我们这门科学的已知规律而取得财富的，而且因为坚持它们而日益增加其资本。拿出逻辑上的把戏反对既成事实的历史，是徒劳无功的。凡是生意人都凭经验知道，钱是怎么挣的，又是怎么赔的。"

抱歉。生意人确实知道自己怎么赚了钱，或者偶尔知道怎么赔了钱。既然是赌场老手，他们自然了解手里的牌有多少机会，也能合理解释自己输赢的原因。但是，他们既不知道赌场的赌本由谁掌控，也不知道同样的牌还可以玩什么其他游戏，更不知道远处昏暗街区里的其他方面的得失，虽然表面上看不出来，但从本质上说，是取决于他们在灯火通明的赌场里面的得失的。他们懂得一点，也只是一点点，商业经济的规律，但对政治经济的规律则是一窍不通。

27. 我首先注意到一件事情，也是一件非常明显和奇怪的事情，就是生意人很少知道"富有"一词是什么意思。至少说，即使知道，他们在自己思考的时候，也没有考虑这个事实，即富有是一个相对意义的词，暗含了其反面"贫穷"，正如"北"这个词也肯定暗含了其反面"南"。几乎毫无例外，当人们讲话和写作时，觉得富有仿佛是绝对的，只要遵循了某些科学准则，人人都可以变得富有。然而，富有是一种像电一样的力量，只有凭借其自身的不均等或者负极，才能发挥作用。你口袋里那个几尼的力量，完全取决于你邻居口袋里缺少一个几尼。如果你邻居不想要这个几尼，它对你也没有用处；这个几尼有多大的力量，准确依赖于你邻居对它有多大的需要或欲望。依平常的商业经济学家的看法，让你自己变富的艺术，同样地，也必然地，就是使你邻居受穷的艺术。

在这个问题上，我不想强求（在任何问题上我也很少这样）人们接受什么样的术语。但我希望读者们能清晰而深刻地理解两种经济之间的区别，一种是"政治的"，一种是"商业的"，人们也许不该把这两个术语轻率地加在"经济"前面。

28. 政治经济（即一个国家的经济，或公民的经济），其内容不过是，在最恰当的时间和地点，生产、保存和分配有用的或使人愉快的东西。农民在适当的时候收割草料；造船木工把榫卯牢牢固定在上好的木材上；建筑工用打匀的泥浆砌砖；主妇把客厅收拾得窗明几净，让厨房一尘不染；歌唱家正确练习，让嗓音圆润嘹亮；这些人都是真正的、最终的意义上的政治经济学家，为他们国家的富裕康乐不断添砖加瓦。

而商业的经济，即"酬金（merces）"或"酬劳（pay）"的经济，意指把对于他人劳动的法律的或道德的要求或权力，积累在个人手中；每一项这样的要求，恰恰暗含着一方的贫穷或债务，也暗含着另一方的富有或债权。

因此，这种经济并不必然意指实际财产的增加，或国家的幸福的增加。但是，因为这种商业财富，或者说支配劳动的权力，几乎总是可以立刻就转变成实在的财产，虽然后者不是始终能够转变成前者，所以，文明国家中积极进取之人对于富有的看法，通常指的是商业的财富；在估算自己财产的时候，他们更多是通过他们的马匹和田地能换得几尼的数量来估算这些东西的价值，而不是通过能用这些几尼买来的马匹和田地的数量来计算他们那些几尼的价值。

29. 然而，这种思维习惯还有另一个原因，即，积累实在的财产，对其所有者几无用处，除非他以及这些财产，对劳动拥有商业上的支配能力或权力。因此，假设有人拥有大量的良田地产，地下有丰富的金矿，牧场上有无数的牛羊，还有别墅和花园，仓库里堆满有用的储备。但是，如果他终究一个仆人也找不到，会怎么样呢？要能雇到仆人，他邻居当中必须有些人是穷人，而且想要他的金子或谷子。假设没有人想要他的金子或谷子，那他就得不到仆人，因而，他必须自己烤面包，自己做衣服，自己耕地，自己放牧。对他自己而言，他的金子，和他地产上那些黄色的沙砾，用处是一样的。他的储藏必定腐烂，因为他自己也用不完。他能吃下的不比别人多，他能穿的也不比别人多。他的生活必定是艰苦的、普通的劳动，如此才能得到普通的舒适；到最后，他无法修缮所有的房屋，无法耕种所有的土地，无奈之下，他只能满足穷人那样多的小屋和花园，荒废的土地犹如沙漠，任由野生动物踩踏，堆满宫殿的残垣断壁，他要说这些东西是"他自己的"，无异于嘲讽自己。

30. 窃以为，就算最贪婪的人，在这些条件下即使过上这种富有生活，也不会多么兴高采烈。从根本上说，在富有这个名义下人们真正欲求的东西，乃是支配他人的能力；在最简单的意义上，就是为我们自己的好处，而获取仆人、手艺人和艺术家的劳动的能力；在较宽泛的意义上，就是指挥国家中大量民众，以实现种种目的的权威（根据这个富人的意向，这些目的或是高尚的，或是琐碎的，或是有害的）。当然，财富的这种能力的大小，是与受其支配的人的贫穷程度成正比的，同时又是与跟我们同样富有、并愿意为供应有限的物品出同样价钱的人的数量成反比的。如果一个音乐家是穷人，且只有一个人可以出钱请他唱歌，那他会接受很低的酬劳；但如果有两个或三个人出钱，他就会为出价最高的那个人演唱。因此，主顾的富有的能力（这种能力始终不是无所不能，而且难以确定的，即使是它最有权威性的时候，如下文所说，[①]也依然如此），首先取决于艺术家的贫穷，其次取决于同等富裕且愿意买票的人的数量。所以如前所述，致"富"的艺术，在一般的意义上，并不绝对是，也不最终是，为我们自己积累很多金钱的艺术，而且也是设法让我们的邻人少得金钱的艺术。准确地说，这种艺术乃是"建立有利于我们自己的最大程度的不均等的艺术"。

31. 现下而言我们无法证明，这种不均等对于国家有利

---

① 见第 39 节。——编者注

186

还是不利。认为此种不均必然有利的那种草率的、荒谬的假设，是关于政治经济这个课题的多数流行谬论的根源。因为在这个问题上，永恒的、必然的规律是，不均是否有益，首先取决于不均得以确立的方法，其次取决于它运用于其上的目的。财富的不均，若是不公地确立的，就肯定在确立期间伤害它所在的国家；若是指向不义的目的，那么它存在期间对国家的伤害就更大。但是，财富的不均，若是公正地确立的，那么确立过程对国家是有利的，并且，如果被高尚地使用，那么其存在对国家的助益就更多。也就是说，在每一个积极活跃、治理良好的国家中，个人的不同强项得到充分发挥，在运用中得到检验，特别用于不同的需要，这个过程会导致不均的，但却和谐的结果，而这种强项根据其等级和用途，接受奖赏或权威；①但在一个怠惰慵懒或治理不善的民

---

① 自然而然，针对第一篇论文中的这句话"低劣的工人得不到雇用"，好几次有人问我："那你拿那些没有得到雇用的低劣工人怎么办呢？"是啊，我觉得你之前就可能已经面临过这样的问题。你的女佣还不够用，你以每年二十英镑的工资招聘，然后有两个女孩来应聘，一个穿着整洁，另一个邋邋遢遢；一个有众人美言推荐，另一个无人推荐。在这种情况下，你通常不会叫那个邋遢的女孩，她愿不愿意一年以十五英镑或十二英镑的工资接受这份工作，然后，如果她同意，你就聘用她，而是用那个有人推荐的女孩。你更不会让她们相互竞价，试着淘汰一个，等到一个出价十二英镑，另一个出价八英镑的时候，把两个都雇用下来。你只是选择那个更适合这个岗位的女孩儿，把另一个打发走，也许你也不会操心（就像你如今迫切地问我），"她往后怎么办？"因为，我给你的建议仅仅是，像对待仆人那样对待工人，而真正重要的问题是："你那个低劣的工人，懒惰又凶蛮，你打算怎么对他呢？"

　　我们现在就来考虑这个问题。提醒一下，要全盘论述整个国家的商业和工业，一篇十二页的论文不可能事无巨细都解释到。同时，既然对付凶蛮懒惰之人是一个公认的难题，那要考虑的问题是，尽可能少让这种人出现，才是明智之举。如果细查凶蛮之人的经历，你会发现，他们就像其他任何物品一样，是被制造出来的；而且，正是因为我们当下的这种政治经济制度本身就大力鼓励制造这种人，你们才知道这种制度是错误的。我们最好寻求一种能培养诚实之人的制度，而非如何高明地治理流浪汉的制度。还是让我们先改革我们的学校，到时我们就会发现，我们的监狱倒不需要怎么改革。——作者注

族中，层层腐败，恶人当道，也会生成一种成王败寇的粗野制度；这是用罪恶和不幸导致的邪恶的统治和压迫，取代并存能力形成的和谐的不均等。

32. 因此，财富在一个国家之内的流通，犹如血液在自然的身体里的流通。血流的加速，有一种是源于欢快的情绪或健康的运动，另一种则是因为羞耻或发热。有一种肤色红润是因为充满了热情和生命，另一种则是意味着走向衰朽。

这个类比，甚至到微末细节都是成立的。因为，正如局部因病变导致的血液凝滞，意味着机体的整体健康的衰败，人们也会最终发现，财富运动的局部失常，意味着整个国家的物力正在走向贫弱。

至于这种状况以何种方式发生，可以通过设定一些最简单的情形，观察其中财富发展的一两个例子，由此我们可以立刻就能有所理解。

33. 假设有两个水手被抛弃在一处无人居住的海岸，在接下来的一些年里，他们不得不自力更生。

如果他们都能保持健康，不停工作，并且互爱互助，那么他们可以为自己建起一所方便的房子，也很快拥有一定数量的耕地，并且积累各种储备以为将来之用。所有这一切，都是真正的财富或财产。然后我们再假设，这两人都同等辛苦地工作，那么他们将都有权利同等分有和使用这些财产。他们的政治经济，仅仅在于小心保存和公平分配这些财物。然而，过了一段时间之后，其中一个人或许对他们共同耕作的收获不太满意，然后他们可能会同意平分开垦过的土地，所以可能各自耕作自己的田地，以此为生。假设这次安排之后，其中一人在关键时候——比如说播种或收获的时候——

染了疾病，无法工作。

他自然要请求另一个人帮他播种或收割。

然后，他的同伴会说，而且这样说也非常公平："我会为你做这份额外的工作；但如果我做了，你必须答应下次为我做同样多的工作。我会记下我在你的土地上花了多长时间，而你也要给我一个书面承诺，不管什么时候我需要你帮忙，而你也有能力帮助，你都要为我工作同样多的时间。"

34. 又假设，这个生病的人，一病就是好几年，每当遇到事情，就请另一个人帮忙，应另一个人的要求，他每次都写下字据答应，一旦恢复能力，就按照同伴的吩咐，为同伴工作同样多的时间。试想，当这个病人恢复的时候，两个人的处境如何？

把这两人看作一个"城邦"或国家，那么他们会比正常情况下更穷一些：更穷，是因为这个病人无法进行的劳动本来可以在这段时间生产东西。他的朋友因为多出来的需求，也许要更加卖力地劳作，但最终来说，他自己的田地和财产必定因为缺少时间和筹划而遭受损失；他们两人加起来的财产，当然也少于两人都健康而勤劳时所能得到的财产。

不过，现在两人之间的关系也发生了广泛的变化。这个病人不仅把自己的劳动抵押了一些年，而且还可能已经耗尽他自己那份储备，因而将在一定时间里依靠另一个人给他食物，同时他只能进一步抵押自己的劳动，作为给另一个人的"酬劳"或回报。

继续假设，这个人的书面承诺被认为是完全有效的（在文明国家，它们的有效性由法律措施保证①），此前为两个人工作的那个人，只要他愿意，现在就可以彻底休息，逍遥度日，不仅强迫其同伴偿还所有的债务，而且还因为同伴曾不得不预支食物，就逼迫他承诺付出更多劳动，想要多少就要多少。

35. 这个约定，自始至终都没什么不合法的地方（就合法一词的平常意义而言）；但是，如果在他们政治经济的这个先进阶段，有一个陌生人来到海岸，他会发现这两人，一人在商业意义上是"富有的"，另一人则是"贫穷的"。他或许还会很惊讶地看到，一个人无所事事，另一个人则为养活两个人而劳动，而且节俭过活，巴望在遥远的未来恢复独立。

当然，这个例子只是不同的人之间形成财产不均，导致商业性的富有和贫穷的诸多方式之一。眼下这个例子当中，其中一人可能一开始就选择故意偷懒，并为了当下的安逸而典当自己的生命；或者，他也可能对自己的田地打理不善，被迫依靠邻居获取食物和帮助，为此抵押自己未来的劳动。但是，我想要读者特别注意这样一个事实，这个事实是大量这类典型案例所共有的，那就是，包含对于劳动的索求权的商业性（Mercantile）财富的确立，意味着包含实物财产的

---

① 有关于货币的真实本质的争论，其实更多是源于争论者考虑的是货币的功能的不同方面，而不是源于他们在观点上有什么差别。恰当地说，所有的货币，都是对于债务的一种承认，不过如此一来，有人就可能认为，货币要么表示债权人的劳动和财产，要么表示债务人的懒散和贫困。由于使用了适销商品（迄今为止是必要的），例如黄金、白银、盐、贝壳，等等，以给予通货以内在的价值或保证，货币这个问题变得更加复杂难解了，但对于货币的最终的和最恰当的定义是，货币是由国家批准和担保的一种书面承认，以支付或获取一定数量的即期劳动。一个人一天的劳动，比任何其他产品的计量，更适合作为价值标准，因为没有哪种产品能始终保持一致的生产效率。——作者注

真正财富的政治性削减。

36. 再举一个例子，这个例子更符合贸易事务的一般过程。假设有三个人，不是两个，组成一个小小的独立共和国，他们发现自己不得不分开，去耕种沿着海岸的相距遥远的地块：每一块土地都只能单独供应一种产物，而每一种产物都或多或少需要其他土地产出的材料。假如其中第三个人，为了节省三个人的时间，只负责从一处农场往其他农庄转移物品，前提是，他要从被运送的每一包货物，或其他某些与之交换的每一包货物，抽取足够有利可图的份额。

如果这个送货人或送信人，始终在合适的时间，把最需要的物品从一处送到另一处，那么两个农夫的经营就会欣欣向荣，这个小小的社会将会在产物或财富上获得最大可能的成果。但是，假如两个农夫之间无法进行交流，唯有通过跑来跑去的中间人；而这个中间人，留意着两个农夫耕作的进程，过了一段时间之后，把受托的物品扣留下来，直到其中一个农夫极度需要它们，然后在交换过程中勒索那个窘迫的农夫，拿走所有他能够拿出的其他种类的产品。不难看出，通过精明地瞅准时机，这个中间人定期占有两处庄园的剩余产物，到最后，在经历最严重的灾荒或歉收的几年中，他把那两个人买下来，养活他们，此后他们不再是经营者，而是他的劳工或仆人。

37. 这就是按照现代政治经济学最确切的原理获取的商业财富的一个案例。但相比前一个例子，它甚至更清楚地表明，国家的财富，或者被看作一个社会的这三个人的财富，总体算来，是比本该有的那个数量少了，也就是当商人满足于更公平的利润时产生的数量。两个农业工作者的经营极度陷入困境；他们关键时候想要的物品的供应不断受限，同时，长期为生存而奋斗使他们丧失勇气，不敢奢望有永久的收益，这些因素必定要严重降低他们的劳动效率；最终积累在商人手中的储备，与堆满在农夫谷仓和他自己谷仓中的储备（如果他诚实交易的话），价值上无论如何也是不能相提并论的。

因而，这整个问题——不仅关乎国家财富的优势，甚至关乎其数量——最终转化为一个关于抽象正义的问题。对于任何数量的已获得的财富，绝对不能仅仅根据其存在这个事实推断说，它对其所在的国家意味着善还是恶。其真正的价值，取决于附加其上的道德函数，这种关系的确切程度，就像一个数学上的量的价值取决于附加其上的代数符号。商业财富的任何既定积累，一方面可以表示忠实的勤勉、进取的活力和丰产的创意，或者另一方面，也可以表示致命的奢侈、残酷的压榨和狡诈的诡计。有些财宝因带着人的血泪而是沉重的，犹如储备不当的收成因不合时宜的雨水而变得沉重；有些金子，在阳光之下比在物质之中更为明亮。

38. 请注意，这些不仅仅是追求富有的人可以鄙视（如果他愿意的话）的富有的那种道德的或悲哀的属性；它们不折不扣就是富有的物质属性，无法计算地贬低或提升人们所讨论的数量的金钱意义。一笔钱是创造活动的结果，而另一笔则是毁灭活动的结果，在收集的过程中会创造或毁灭十倍于它们数量的钱；某一双强壮的手因此而瘫痪，就像中了龙葵的毒而麻木，多少坚强之人的勇气由此而委顿，多少生产活动由此而停滞；种种对劳动的错误指挥，在杜拉平原上竖立的繁荣的虚假金像，要钻入烧热七倍的火窑中。①那看似财富的财富，可能真真正正仅是将来的灭亡的镀金符咒；是肇事者把商船骗到沙滩之上后搜罗来的那把金币；是随军平民从捐躯军人身上剥下的破衣烂衫；是从窑户手里买来的血田，必将把本国人和外乡人都一起埋葬其下。②

因此，认为有些指导意见能够让人不考虑财富的道德根源而获得财富，或者由买和卖的普遍的、技术的法则可被确定下来作为全国的惯例，这种想法也许是欺骗人们忽视自己邪恶的所有想法中最为粗野但也无用的那个。就我所知，有史以来人最让人类才智蒙羞的事情，莫过于现代人有这样一种观念，即"低买高卖"这个商业信条代表了，或者任何情况下都能够代表，国家经济的可行原则。以最低价买进？是的，但是什么让你的出价最低呢？火灾过后你家屋顶变成的木炭就挺便宜，地震过后你家门前街上的砖头也挺便宜，但火灾和地震并不因此就对整个国家有利。以最高价卖出？没错，但是什么让你的卖价很高呢？你今天的面包价钱卖得很好：你是不是卖给了仅剩一个硬币，而且以后再也不需要面包的垂死之人；或者是不是卖给了明天就威逼利诱要把你的农场也买走的富人；或者是不是卖给了正要抢你在其中存了钱财的银行的匪兵？

这些事情都是你无法知道的。你所能知道的事情只有一件：即，你这笔买卖是否公平诚信，这是你必须关心的全部事情；因此你可以确信，你尽了一份力，保证你在这个世上

① 见《但以理书》3:1："尼布甲尼撒王造了一个金像，高六十肘，宽六肘，立在巴比伦省杜拉平原。"——编者注
② 见《马太福音》27:6—7。——编者注

引起的事情，最后不会造成抢劫或死亡。因此，关于这些事情的每一个问题，最终都归到了正义这个重大问题当中，到此我们为讨论正义这个问题清理了场地，我会在下一篇论文进入这个问题，在这篇论文中，最后还有三个要点需要读者考虑。

39. 上文已经证明，金钱的主要价值和功效在于，它有一种支配人类的能力；若是没有这种能力，巨大的物质财产就是无用的，对于任何拥有这种能力的人来说，这些物质财产相对而言也是多余的。但支配人的能力，是借其他手段，而非金钱获得的。犹如我上文所说，①金钱的能力始终不是无所不能的，也是不确定的；有许多东西是它不能买到的，而其他东西也不是凭借它就能被保持住的。人可以享受的许多欢乐，是用黄金无法买到的，人也有许多忠诚，是不能以黄金回报的。

有读者认为，这都是些陈词滥调。没错，我倒希望它们是陈词滥调，但并不是，因而，这种能力虽神秘莫测，难以计量，其中却有着与更笨重的通货一样真实的货币价值。一个人手中可以满捧无形的黄金，它的挥动或抓取，将比另一个人撒下如雨的真金的手能做更多事情。这种无形的黄金，取之不尽用之不竭。政治经济学家们如果有一天注意到它，那就太好了，虽然他们无法给它计量。

进一步说，既然财富的本质在于其有支配人的权威，如果表面的或名义上的财富没能发挥这个能力，那么它也便丧失了其本质；事实上也完全不再是财富了。近来英国发生的

---

① 见第30节。——编者注

事情似乎表明，我们对于人的权威并非绝对的。仆人们表现出某种倾向，就是以为自己的工资将不会照常发放，然后闹哄哄冲到楼上去；如果这样的事情三天两头在某位绅士家的客厅里上演，那么我们就应该怀疑他的财产是否有问题。

也因此，对于仆人的安心，犹如对于他们的舒适，我们财富的能力的作用似乎是有限的。如果厨房里的仆人衣衫褴褛、蓬头垢面、面黄肌瘦，人们就不禁要想象，这个大户人家的富有，不过是理论上的、纸面上的。

40. 最后一点。既然财富的本质在于其支配人的能力，这是否就可以推论说，财富所支配的人数量越多，身份越高，它越重要呢？略加思考之后，我们也许还会看出，这些人本身就是财富——我们习惯中用以指挥他们的那些黄金，其实不过是拜占庭人的车马装饰，用野蛮人的眼光看是光芒四射、美丽动人的，却是我们用来驾驭活物的东西；但是，如果这些活物，不用纹饰华丽、清脆悦耳的拜占庭金币①吸引其耳目也能被领导，那么他们自身，要比他们的辔头更有价值。事实上，人们可以发现，财富真正的血脉是紫色的②——不在岩石中，而是在血肉中——所有财富的最终结果和完满实现，也许甚至在于尽可能多地培养生气蓬勃、目光清亮、内心幸福的人类。我认为，我们现代的财富却有偏离这条道路的倾向，多数政治经济学家仿佛以为，大量的人类无益于财富，或者往最好里说，也只是通过让人一直眼神黯淡，心胸狭窄，才有益于财富。

---

① Byzants，或 bezants，是拜占庭帝国铸造的金币，到贵族阶层用刻有爱德华三世头像的金币取代之前，仍在英国通用。——编者注
② 在西方传统中，紫色是代表高贵的颜色。——译者注

41. 然而，我还是再说一遍，这种财富是可以被严肃地质问的，我也希望读者深思这个质问，即，在全国的制造业当中，制造具有优良品质的"灵魂"的制造业，最终是否不可以是一个带领众人获利的灵魂？不仅如此，我甚至还能梦想，在遥远的，也尚未有人梦想过的某个时刻，英国可以将一切占有财富的想法扔回到它们最初萌生于其中的那些野蛮民族那里；同时，虽然印度河的金沙和宝山的钻石，还可以被用来装饰突袭者的住所，①可以在奴隶的头巾上闪闪发光，但英国，作为一位信基督教的母亲，最终可以获得那位异教母亲②的美德和珍宝，并引领她的儿子们前行，说：

"这些才是我的珠宝。"

---

① 据尤维纳利斯说，罗马早先征服希腊地区的时候，军人们粗野无礼，不懂得希腊艺术，每攻陷一座城，"就摔碎杰出艺术家制作的酒杯，给战马做成装饰。"（见《讽刺诗集》，11.102.）——编者注

② 这里指的是科涅莉亚（Cornelia Africana），是古罗马共和时期政治家提比略·格拉古、盖约·格拉古的母亲，她丈夫去世后，拒绝了埃及法老托勒密六世的求婚，而是一心教育子女，并聘请希腊学者做家庭教师，她说孩子们就是自己的珠宝。——译者注

第三篇 世间的法官

42. 基督纪元的几百年前，有一个犹太商人，在黄金海岸做很大的生意，据说在当时是拥有财产最多的人之一（也是出了名的务实而精明），他在自己账簿里面留下一些关于财富的有普遍意义的格言警句，说来奇怪，这些话居然一直流传至今。中世纪最活跃的贸易商，对这些话极为推崇，尤其是威尼斯人，他们甚至在自己最重要的公共建筑的一角，为这个古老的犹太人树立了一座雕像。[1]近些年来，人们将这些话视为谬论，因为它们处处与现代商业精神背道而驰。然而，我这里还是要从中抄录一两段，一定程度上是因为读者们可能会因为它们新颖而对它们感兴趣，但主要是因为它们可以为读者证明，一个务实而贪财的生意人，是可以坚持这样的原则而走过一个并不算失败的生涯的，这个原则就是知道有些财富是取之有道的，而有些是取之无道的，我上一篇论文一定程度上强调了这个区别，而在这篇论文里，我们必须予以完整的考察。

43. 例如，他在某处写道："用诡诈之舌求财的，就是自己取死，所得之财，乃是吹来吹去的浮云。"[2]另一处又说了

---

① 即威尼斯总督宫的所罗门像。——编者注

② 《箴言》21:6。——编者注

同样意思的话（他用奇特的方式重复自己的话）："不义之财毫无益处，惟有公义能救人脱离死亡。"①这两段话之所以值得注意是因为它们断言，死亡乃是不义之财唯一的真正后果，是其全部的收获。如果我们读到的不是"诡诈之舌"，而是"诡诈的商标、名号、借口，或者宣传"，那我们将会更清晰地觉察到这些词语与现代商业的关系。"取死"一词总括性地道出了，在这样的商业中人们的劳苦的真实历程。照我们平常的话说，仿佛死亡是追我们而来的，而我们则仓皇逃窜；然而，这种事情恰恰是少之又少。死亡通常是掩饰自己的，让自己美丽动人，极其荣华，不像王女只是内在里荣华，而是要表露在外：他的衣服是用金线绣的。②是我们日夜不停追着死亡，而死亡却逃离或躲避我们。我们到了古稀之年，功成名就，就是彻彻底底地抓住了死亡，将其完完整整地握在了手中——寿衣、骨灰和荆棘。

这位商人又说："欺压贫穷为要利己的，都必缺乏。"③还更严厉地说："贫穷人，你不可因他贫穷就抢夺他的物，也不可在做买卖时欺压困苦人。因耶和华必为他辨屈，抢夺他的，耶和华必夺取那人的命。"④

"因他贫穷就抢夺他的物"，这一句尤其指的是商业意义上的抢夺，在于利用一个人的困窘，低价获取他的劳动或财

---

① 《箴言 10:2》。——编者注
② 见《诗篇》45:13。——编者注
③ 见《箴言》22:16。——编者注
④ 见《箴言》22:22。——编者注（第一句《箴言》原文写作："贫穷人，你不可因他贫穷就抢夺他的物，也不可在城门口欺压困苦人。"——译者注）

产。一般的响马的抢劫方式与之相反，"是因为他富就抢夺他的物"，对此，这位古老的商人却不经常想到；很可能是因为，比起抢夺穷人来，这种做法收益较少，风险却更高，所以有点头脑的人都极少这样做。

44. 但是，两段最为引人注目，意义也非常深刻和普遍的话，是这样说的：

"富户穷人在世相遇，都为上帝所造。"①

"富户穷人在世相遇，都蒙上帝光照。"②

他们"相遇"，确切地说，就是站在对方的去路上（ob-viaverunt）③。这就是说，只要世界还存在下去，财富和贫穷的作用与反作用、富人与穷人面对面的相遇，就是这个世界注定的和必然的法则，一如河流注入大海，或如带电的云中的能量相互交换——"都为上帝所造。"但是，这种作用可以是温和的、公正的，或者是激烈的、破坏的：可能是由于席卷一切的洪水的狂暴，或者是由于可供利用的波浪的蔓延；可以像雷击之后一片焦黑，或者像维持生命的火的经久不息的温柔力量，可化作爱的音符，从远方隐约入耳。事情将会是哪一种，取决于富人和穷人是否都知道，他们都蒙上帝的光照；在人类生命的神秘之处，没有哪种光像它一样，富人和穷人可借以看见对方的脸，借以生活下去。保存有这位商人的格言的书的另一个地方，这

---

① 《箴言》22:2。——编者注

② 编者认为罗斯金所引的这一句是出自《圣经》拉丁通行本的《箴言》29:13，中文版这一句译作："贫穷人强暴人在世相遇，他们的眼目，都蒙耶和华光照。"——译者注

③ 拉丁文，意为对面而来，挡道。——译者注

光被称作"公义的太阳"，①上帝应许这太阳必将升起，带着
"治愈"（即赐予健康或帮助，促使完整或归于一体）的飞
翼。因为真正说来，这种治愈，唯有凭借正义才可能，爱、
信仰、希望都做不到；若非首先做到正义，人们无论喜爱什
么都不明智，无论信仰什么都没用处；最善之人的失误，代
代相传就成了一个大错，那就是想着通过施舍，通过充满耐
心或希望的布道，通过感化或安慰等种种其他方式，帮助穷
人，唯独不用上帝命令的方式，即正义。但这个正义，以及
随之而来的圣洁或助益，不仅最善之人在它经受考验的艰难
时刻弃之不用，而且众人无论在何处见到它，都恨之入骨。
所以，当有一天他们面对公平的选择时，他们否弃了那个
"助人的王"，也否弃了"公义"，②倒渴望一个凶手、暴动者
和强盗，认他作王；要杀害生命的凶手，而非生命的"主
人"，要煽起暴动者，而非和平的君主，要强盗，而非整个

①　更准确地说，应译作"正义的太阳"。古英语中通常使用"Righteousness（公
义）"，而不用"Justness（公正）"这个刺耳的词，但是，由于将"Righteous-
ness"与"godliness（虔诚）"混淆，或者附会了各种含糊不明的意思，这便妨
碍多数人不能领会这个词重现于其中的那个段落的力量。"righteousness"一词，
严格地说指的是统治的公正，或者正当，与"equity（公平）"一词有别，后者
指的是平衡的公正。从更宽泛的意义上说，"Righteousness"是指王的公正，而
"equity"则指法官的公正；王引领或统治一切，而法官则区分或辨别对立的双方
（因此，　"你这个人，谁立我作你们的 ruler—dikasthV—或者 divider—
meristhV——呢？"［见《路加福音》12：14："你这个人，谁立我作你们断事的
官，给你们分家业呢？"——译者注］）因此，对于选择的公正（亦即挑选，是
一种软弱而被动的公正），我们从拉丁文 lego（选择），派生出 lex（法律），legal
（合法的），和 loyal（忠诚的）；对于统治的公正（即指挥，是一种更强力的和主
动的公正），我们从拉丁文 rego（领导），派生出 rex（君王），regal（王室的），
roi（君王），和 royal（皇家的）。——作者注
②　另一个地方也有相同意思的话："他是公义的，并且施行拯救。"——作者注（见
《撒迦利亚书》9：9："锡安的民哪，应当大大喜乐！耶路撒冷的民哪，应当欢呼！
看哪，你的王来到这里，他是公义的，并且施行拯救，谦谦和和地骑着驴，就
是骑着驴的驹子。"——译者注）

世界的公正判官。

45. 我刚才用百川入海这个不充分的意象比喻财富的作用。从某个方面说，这个意象并非不充分，而是恰如其分。流俗的经济学家认为自己很聪明地发现，财富，或通常意义上的财产的一些形式，必然会流到需要它们的地方；哪里有需求，供给就必定流到哪里。他还进一步宣称，人类的法则是无法妨碍这个供需流向的。正是在同样的意义上，也带着同样的确定性，世界上的水流到需要的地方；哪里地势低，水就流到哪里。人类的意志是无法干扰云朵和河流的动向的。但是，对它们的部署和管理，却是能够由人类的远见改变的。水流是福是祸，取决于人类的劳动，以及管理的智慧。一个又一个世纪，这世界上有多么广阔的土地，土壤肥沃，气候宜人，因为河流泛滥，变成了沙漠；不仅仅是变成沙漠，而且瘟疫肆虐。若是善加引导，这水流本会缓缓流淌，灌溉一块又一块田地，本会洁净空气，赐予人兽以食物，给他们运输重负；而如今，它淹没了平原，污染了和风，滋生瘟疫，导致饥馑。以同样的方式，这种财富"流到需要的地方"。人类的法则无法阻挡它的流动。它们只能引导它：只要有主导的沟渠和限流的堤坝，就完全能够做到，如此，这财富就可变成生命之水——智慧之地的富有;①若是相反，任由它不受约束地流动，人类法则就可能，而且何其频繁，使其成为毁灭整个国家的最致命的瘟疫：是玛拉之水,②滋养的是一切罪恶之根。

平常的政治经济学家在定义自己的"科学"时，很奇

---

① "她右手有长寿，左手有富贵。"——作者注（出自《箴言》3:16。——编者注）
② 意为"苦水"。见《出埃及记》15:23。——译者注

怪忽视了分配或约束的这些法则的必要性。简言之，他将此自己的科学称作"致富的科学"。但是，致富的科学，一如致富的艺术，是何其多。在中世纪，常常有人毒死拥有大量地产的人，而如今，则常有人给地产很少的人的食物掺假。古代苏格兰高地人敲诈勒索的方法，是很体面的；晚近时候有依靠赊账获利的方法，以及其他种种完善的挪用侵吞的办法——拜人们最近的天才所赐，这些方法存在于大大小小的产业中，乃至最巧妙的扒窃——就不那么体面了；所有这一切，都被归到了致富的科学或艺术的名目之下。

46. 所以显而易见，流俗的经济学家在将他的科学称作盖世无双的致富科学的时候，必须要对这门科学的特征予以某些特殊的限定。如果我认为他的科学指的是"以合法或正义的手段致富"的科学，那么我希望这没有歪曲他的意思。在这个定义中，"正义的"或"合法的"这些词语，终究是成立的吗？因为，可能在某些国家，或者在某些人的统治下，或者是借着某些倡导者的推波助澜，有些绝不是正义的程序却是合法的。因而，如果我们在这个定义中，最终只保留"正义的"一词，那么这个孤零零的、毫不起眼的插入语，会使我们科学的语法大为不同。因为这样的话，其结论就是，为了合乎科学地致富，我们就必须正义地致富，因而也必须知道何为正义；所以，我们的经济将不再仅仅依靠审慎（prudence），而且是要依赖于法理（jurisprudence）——是神的律法，而非人的律法。这种"审慎"绝非无足轻重，可以说是高高悬在空中，永远凝视着正义太阳的光；于是，对于借其得到提升的灵魂，但丁描写为群星，在天国永远形成鹰之眼；①这些灵魂活着的时候，是能辨别光明与黑暗的人，或者对于整个人类来说，就像身上的灯，亦即眼睛；②那些构成鸟的双翼的灵魂（赋予正义以权力和主宰，"以其双翼治愈一切"），也在天空用光写出这样的话："DILIGITE JUSTITIAM QUI JUDICATIS TERRAM",③意即"你们审判世人，须殷勤爱正义"。注意，不仅是爱，而且是殷勤地爱；去殷勤地爱，也就是说，有选择地爱，先于其他一切事情。在世间根据人的才干和地位施行审判，或者下判决的时候，不仅是法官，也不仅是统治者，而且是所有人都应该被要求做的。④可悲的是这个真理被人忘记了，即使是那些十分愿意将那几段话用在自己身上的人：其中信基督教的人被叫作"圣徒"⑤（即有救助或医治的职责），并且"被选为王"（即有知晓或指挥的职责）；⑥这些名头的真实含义也早已丧失掉了，因为那些妄称有圣徒和君王品质的人，实则是无益无能之辈；也因为人们曾经普遍认为，所谓圣洁和王者威严只在于穿长袍、戴高冠，而不在于有慈悲之心和判断能力。然而，一切真正的圣洁都是拯救的能力，一切真正的王者威严都是统治的能力，而不义就是完完全全丧

---

① 参见但丁《神曲·天国篇》，田德望译，人民文学出版社，2001 年，第 132 页。——译者注

② 见《马太福音》6:22。——编者注

③ 《所罗门智慧书》1:1。——编者注

④ 我听说，我们的一些律师听到第一篇论文中的话，即一个律师的职责就是做正义的事，简直是笑掉了大牙。我说这句话可没有开玩笑的意思，但无论如何，人们会发现，正义的决断和执行并不只是专属于律师的职责。事情可能是这样，我们的常备军，不管是军人、牧师，还是立法者都是常备军（"牧师"这个通用术语包括所有的教师，"律师"则包括法律的制定者和解释者），若是更多能被整个国家的英勇、智慧和诚实所取代，对于这个国家就越好。——作者注

⑤ 见《罗马书》1:7。——编者注

⑥ 见《启示录》1:5。——编者注

失了这种能力，因此便有，"你为何使人如海中的鱼，又如没有管辖的爬物呢?"①②

47. 绝对的正义，如绝对的真理一样，是无法得到的；但公正的人之所以区别于不公的人，在于他对正义的渴求和希望，一如真诚的人区别于虚妄的人，在于他对真理的渴求和希望。虽然绝对的正义无法获得，但我们为实际用途而需要的正义，却是所有以正义为目标的人都可以获得的。

因而我们就必须考察，就我们当下面对的问题而言，关于劳动的报酬的正义法则是什么——这些法则是整个法律体系的很重要的一部分基础。

在上一篇论文中，我用最简单的或者说激进的术语描述了货币报酬的观念。③货币报酬的性质，以及与之相关的正义的条件，可以用这些术语进行最恰当的确定。

如那里所述，从根本上说，货币报酬是我们给为我们工作的人一个承诺，即因为他今天为我们服务了一定的时间和劳动，所以日后他需要的时候，我们将随时拿出或争取同等的时间和劳动供他使用。④

如果我们承诺给他的劳动，少于他已给我们的劳动，那我们就少付了他报酬。如果我们承诺给他的劳动，多于他已

---

① 鱼，以及鼠和狼的特权，是依照供需的法则生存，但人的特殊之处则在于依照正义的法则生存。——作者注
② 《哈巴谷书》1∶14。——编者注
③ 见上文第 34 节注。——编者注
④ 初看之下，劳动的市场价格表示了这样一种交换，但这是个谬论，因为市场价格是所需劳动的瞬时价格，而公平的价格则是等量的人类的生产劳动。适当的时候我们会分析这个区别。还有一点必须注意，我这里只是提到劳动的交换价值，而非商品的交换价值。一个商品的交换价值，是生产它所需的劳动的交换价值，再乘以对商品的需求量。如果劳动的价值 = x 乘以需求的迫切程度 = y，那么，这个商品的交换价值就是 xy，在这个等式中，如果 x = 0，或者 y = 0，那么，xy = 0。——作者注

给我们的劳动，那我们就多付了他报酬。在具体实践中，根据供需法则，当两个人都愿意做工，但只有一人找人做工，那么这两个人就会低价竞标；得到这份工作的人，便接受了偏低的报酬。但是，当有两个人找人做工，而只有一个人愿意做工，那么这两个人就高价竞标，而工人也得到偏高的报酬。

48. 我将依次考察这两种不公的情况，但我首先希望读者清楚理解，这两种情况之中存在的关于合理的或公平的报酬的核心原则。

当我们请求某人为我们服务的时候，他可以无偿提供，也可以要求报酬。免费的馈赠，关乎感情，无关交易，这里暂不讨论。但是，如果他要求报酬，而我们也希望绝对公道地对待他，那么显而易见，这种公道只能体现为以时间换时间，以力气换力气，以技术换技术。如果一个人为我们工作一小时，而我们反过来只承诺为他工作半小时，那么我们得到的好处就是不公平的。如果相反，我们承诺为他工作一个半小时，那么他得到的好处也是不公平的。这个公平或正义在于绝对的交换；或者，如果其中有对双方不同地位的考虑，这个考虑也不会偏向雇主一方。如果一个人今天给我一磅面包，我因为他贫穷明天就给他少于一磅的面包，那么这个理由当然是说不过去的；因为一个人没受过教育，所以如果他为我服务时运用了一定数量的技术和知识，然后我因此就少还给他一些技术和知识，那么这个理由也说不过去。也许最终来说，显得可取的，或者得体的做法可能是，我要还他比我接受的更多的东西。不过，眼下我们只谈论公平或正义的法则，也就是准确无误地交换的法则：只有一个因素会干扰公平报酬的这个激进观念的单纯性，即，既然劳动（若是正确指导）恰似种子一样可以结出果实，那么，最初给出的或者"预先给出"劳动的果实（或者所谓的"利息"），也应该被计算在内，并要在随后的偿还中用额外劳动量予以补齐。假设这个偿还发生在年底或其他特定时间，那么数量是可以得到大致计算的，但因为货币（亦即现金）报酬不涉及时间问题（这要看得到报酬的人选择把收到的东西立刻花出去，还是任意一些年之后花出去），所以一般来说我们只能假定，允许预先付出劳动的人稍微得些优势，必定是公道的，所以，典型的协议形式应该是：如果你今天给我一小时的劳动，那么你需要的时候我就给你一小时零五分钟的劳动；如果你今天给我一磅面包，那么你需要的时候我就给你十七盎司面包,①以此类推。读者有必要注意的是，偿还的量至少要**不少于**先给的量，这才算公道。

　　因而，关于公平的或应得的工资的抽象观念，就劳动者来说是这样的，这些工作将包括这样一笔钱，这笔钱将要在任何为劳动者生产出他已经给出的那么多劳动，而且宁多毋少。请注意，报酬的这种公道或正义，与有多少人愿意做这份工作全无关系。我想给我的马做一个马掌；可能有二十个或者两万个铁匠愿意干；这个数量一点都不影响最后铸马掌的那个人的公道报酬这个问题。他花费了他生命的十五分钟，还有手臂的许多技术和力气，为我制作那个马掌。于是，在未来的某个时间，我就有义务对等给出我（或我可以调遣的其他人）生命中的十五分钟，甚至还要多几分钟，同时还有铁匠制作马掌所需的臂力和技术，这些也要多一

---

① 　1磅等于16盎司。——译者注

点，制造或做铁匠可能需要的东西或事情。

49. 这只是关于公平的有利可图的报酬的抽象理论，在实际应用中，它会受到这个事实的修正，即以报酬形式给出的劳动是一般的，而已接收的劳动则是特殊的。流通的银币或纸钞，实际上是给国家的对于任何类型的这么多劳动的订单，而它对于即刻需求的这种普遍适用性使其比特殊劳动的价值高得多，因此，对于较少数量的这种一般劳动的订单，始终会被接受为较大数量的特殊劳动的订单的公平等价物。任何特定的手艺人，始终愿意给出自己的一小时工作，以接受到对半小时，甚至更少时间的全国性工作的指令。这种不确定性的根源，还有判定技术①的货币价值的难度，使得按

① 我所用的"技术（skill）"一词，包括了对体力劳动发挥作用的经验、智力和激情的综合力量，而"激情（passion）"一词，则包括了道德情感的整个范围和媒介：从心灵简单的耐心和温和（它们会使触觉变得流畅而细腻，或者让一个人工作的时候不知疲倦，效果优良，而且工作另一个人两倍的时间），到性格上的某些品质（它们使科学成为可能；嫉妒导致的科学发展的缓慢，是本世纪在经济上最巨大的损失之一〔罗斯金一贯的主题，参见《两条路》，第 139 节。——编者注〕），再到不可传达的情绪和想象（它们是艺术中所有价值的最初的、最有力的来源）。

　　十分奇怪的是，政治经济学家至今尚未认识到，有一种若非道德的，至少也是激情的因素，是任何计算都无法剔除的一个量。例如，我无法设想，穆勒先生如果遵循的是正确的思路，如何可能写下这样的话："即便是从纯粹生产的和物质的观点来看，纯粹思维的重要意义也是无限的。"（引自中文版《政治经济学原理》上卷，第 67 页。——译者注）而没有发现，从逻辑上说有必要加上"纯粹感受〔的重要意义也是无限的〕"。而且感受更加重要，因为他在第一次给劳动下定义时，是把感受包含在内的："还应包括在某一职业中因进行思考或使用肌肉而引起的一切不愉快感觉。"（引自中文版《政治经济学原理》上卷，第 36 页。"感觉"一词，英文原为"feeling"，即这里所译的"感受"。——译者注）这么说是合乎事实的，但为何不再加上"愉快的感受"呢？人们很难相信，妨碍劳动的感受居然比推动劳动的感受更能成为劳动的本质部分。前者的报酬是痛苦，而后者的报酬则是力量。如果有不愉快的感受，那么工人也仅仅是得到点补偿，如果有愉快的感受，那么工人不仅会产出具有交换价值的产品，而且实质上也会增加产品的数量。

　　"弗里兹与我们同在。他抵得上五万人。"不错，这能增添很大的物质力量，然而，如果你注意到的话，这多出来的力量不仅产生自弗里兹的头脑活动，更产生自他军队的内心活动。"纯粹思维的重要意义也是无限的。"恐怕不对。不仅如此，假如有一天人们发现，"纯粹的"思维本身就是值得生产的对象，那么所有那些物质生产岂不是更为珍贵的非物质生产的一个步骤吗？——作者注

照通货给任何特定劳动确定（甚至是大致确定）的适当工资，都成为一件极其复杂的事情。但这些并不会影响交换的原理。工作的所值，可能是不容易计算的；但它**确实有**一个所值，正如一种物质的比重一样地固定和真实，虽然这种当物质与其他物质结合在一起的时候，其比重便不容易测定；但也并不像测定庸俗的政治经济的最大值和最小值那样困难，或者只能靠运气。买家能比卖家更准确地确定工作的所值，或者卖家十拿九稳地相信买家的出价不会再多，这种情况并不多见。准确知晓的不可能，既不会阻止人们努力达到自己预想的因出高价而感到的最大苦恼，以及给对方的最大伤害，也不会阻止人们将此接受为一条科学原则，即他应该以最低价买进，以最高价卖出，虽然他无法得知真实的最低价或最高价到底是多少。同样的道理，一个正义的人会坚持这样一条科学原则，即他会付一个公平的价格，他不能准确查明这个价格的界限，但他会努力尽可能达到近似值。他**能够**得到一个实际可用的近似值。科学上确定一个人应该从他工作中得到多少钱，比确定他有多么窘迫才会让他不得不接受这个报酬，要更容易。他多么窘迫，需要多少必需品，只能凭借经验来确定，但他应得多少，却是可以通过分析得知的。在一种情况下，你就像一个迷茫的小学生不停地试答案，直到找到合适的那个；而在另一种情况下，你是通过计算得出一定范围内的数值的。

50. 此时假设，任何给定的劳动量的公平工资已经得到确定，让我们考察某些时候公平和不公的报酬的首要结果，也就是当这个报酬有利于买方或雇主，例如当有两个人愿意做工，而只有一个人找人做工的时候。

不公或不义的买方迫使这两人相互竞价，直到将他们的要价压到最低。让我们假定，要价最低的那个人愿意以公平价钱的一半做这份工。

买方雇用了他，而没有雇用另一个人。首先的或**明显的**结果是，两个人当中有一个没有工作，或者要挨饿，这个结果与按正义做法给最好的工人以公平价钱的结果，完全是一样的。那时奋力驳斥我第一篇论文观点的诸多作家，没有看到这一点，而且还假定说，这个不义的雇主会把**两个人都**雇用。与正义的雇主一样，他不会两个都雇用的。两种情况（在一开始）仅有的差异在于，正义的人给受雇的那一个人足够的报酬，而不义的人则克扣报酬。

我说是"在一开始"，因为这个首先的或明显的差异，并不是实际的差异。通过不公的程序，雇主截留了合理价钱的一半，这使他能够以同样不公的价钱雇用另一个人，做其他种类的工作；最后的结果是，他得到两个以半价为他工作的人，同时也有两人无工可做。

51. 通过正义的程序，第一份工作的全部工钱都归做工的人所有，雇主则一分不留，**他**无法找另一个人做另一份工了。但是，雇主的能力减少多少，受雇工人的能力就增加多少，这就是说，凭借这多出来的一半工钱，他有能力雇另一个人**为他**服务。我暂时假设一种最不利的，虽然也非常可能的情况，亦即，虽然他受到公平对待，却没有公平对待其手下，而是在雇人的时候不择手段半价雇人。那么最后的结果便是，一个人以公平的价钱为雇主工作，而另一个人却以半价为这个人工作，此时就像第一种情况，依然有两个人没有工作。如前所述，在**两种情况**下，这两个人都无工可做。正义和不义的程序的差别不在于受雇的人的数量，而在于付给他们的工钱，以及这工钱是**由谁**付的。我想让读者清楚看到的根本区别是，在不义的情况中，两个人为一个人，即第一个雇主，在正义的情况中，一个人为第一个雇主工作，一个人为这个受雇的人工作，然后按照服务的不同级别或下或上依次类推；影响因正义而推进，也因不义而停止。在这件事情上，正义那种普遍而持久的作用，因此而削弱了一个个体手中的财富对于许多人的能力，并且通过一系列人将其分配出去。在两种情况下，财富所发挥的实际能力是一样的；但因为不义，这种能力被集中到一个人手中，所以他便在同一时间、以同等的力量，指挥着他周围一圈人的劳动；但凭借正义的程序，他只被允许接触离他最近的人，通过这个人，财富的能量以一些由新的思想改变了的较弱力量，传递到其他人那里，直到消耗殆尽。

52. 从这一方面看，正义的直接作用因此而削弱了财富的能力，首先，是削弱其获取奢侈品的能力，其次是削弱其发挥道德影响的能力。雇主不能为了一己之利而将如此大量的劳动集中在自己手中，也不能让如此大量的思想听命于他。不过，正义的次级作用也是同样重要的。为一个人工作的一群人的不足报酬，使得每一个人要想提高自己的地位都变得极其困难。这种制度的趋势是阻碍进步。但是，足够的或公平的报酬，经过层层下移的职位或等级的劳动，①便给每一个等级较低的人提升社会地位的公平的和足够的手段，如果他愿意使用它们的话；这样一来，这种报酬不仅削弱了财富的直接能力，而且也消除因贫穷而导致的最糟糕的困窘。

53. 劳动者的全部命运，最终都取决于这个至关重要的问题。有些次要的利害因素有时似乎对它形成干扰，但实际上所有利害因素都由它派生而来。例如，当底层阶级发现他们的工资在名义上，而且从各方面看实际也是如此，需要拿出一部分缴税（我相信达到了百分之三十五到四十），他们心里经常会激动不安。这个税听起来非常重，但实际上不是劳动者缴纳的，而是雇主缴纳的。如果工人没有缴税，他的工资就会少去那么多；而相互竞争，依然会使工资降低到仅能维持生存的水平。同样，底层阶级也为

---

① 针对第一篇论文中提出的调配劳动的例子，有些作者试图通过混淆劳动的重量、等级、数量和质量，而把它们复杂化，很遗憾，我没有时间回应他们那些含混不清的言论。我从来没有说过，一个陆军上校与一个列兵，一个主教与一个助理牧师，应该领同等的薪俸。我也没有说过，工作干多干少都该拿同样的报酬（所以，一个负责两千人的教区的助理牧师，不应该比一个掌管五百个教区的主教，拿更多薪俸）。但我说过，只要你雇用了一个人，无论他干得好坏，你都应该给同样的报酬，正如一个不很称职的牧师领取他的什一税，一个医术低下的医生也要收取诊费，一个学识浅薄的律师也要收取诉讼费。我说过这个，我现在也还坚持，我后面在结论中也要进一步证明，这样做一定程度上是因为，做得最好的工作从来不是，将来也不是，只为金钱而做的，但主要是因为，只要人们知道，不管做得好坏，他们都必须付给同样的报酬，他们往后就会试着辨别好坏，不用那些技能不过关的人。《苏格兰人报》上是有一位睿智的作者问我，我是否赞成史密斯公司（Messrs. Smith, Elder and Co.）给三流作家与优秀作家同等的报酬。我赞成，只要他们雇了他，就应该这样，但我要认真劝告他们，为了这个三流作家，也为了公司自身，**不要**雇用他。这个国家如今花在低劣文章上的钱，从结果上看，是花得不经济的：足够精明的人，如果遇到了这个问题，他也许早就从事其他更有好处的职业去了，而不是印行这些粗制滥造的文章。——作者注（《苏格兰人》1860 年 8 月 9 日的评论文章写道："如果史密斯公司给一位像他那样才华横溢、久负盛名的作家的稿酬，与一个写作犹如浪费纸张的、初出茅庐的三流作家一样多，不知罗斯金先生自己是否认为这样做就公平？"——编者注）

谷物法①的废除愤愤不平，认为如果面包便宜一点的话，他们的生活会更好一点，但他们从来没有认识到，只要面包不断便宜下去，工资也照样按照面包降价的比例不断降低下去。谷物法应当被废止，然而这不是因为这些法律直接压迫了穷人，而是因为它们间接压迫了穷人，使他们的大量劳动被非生产性地消耗。不必要的征税同样会通过资本的破坏作用压迫穷人；但自始至终，穷人的命运主要取决于是否能拿到应得的工资。他们的苦难（暂不提因懒惰、过失或犯罪而导致的苦难），很大程度上是源于竞争和压迫这两种反作用力的。这个世界上还不存在，以后多年里也不会存在，真正的人口过剩，有的只是局部的人口过剩，或者更准确地说是，因为缺乏远见和足够的组织规划，在现有情况下，竞争的压力必

---

① 我必须感谢来自佩斯里（Paisley）讨论自由贸易的那封有趣的信（说到这封短信来自"一个祝您好运的人"，我就更应该感谢了）。但是我担心，如果这位苏格兰作家听说我是（我一直是）一个无所畏惧，甚至肆无忌惮的自由贸易支持者，他会大感诧异。七年前，我谈到欧洲思想的各种幼稚表现时（《威尼斯的石头》，第3卷，第168页），这样写道："商业的首要原则，在于其自由贸易的措施，英国议会在几个月前才承认这一点，但依然有数百万人不理解：没有一个国家敢废除其海关。"

　　人们会注意到，我甚至不认同互惠主义的观念。其他国家只要愿意，就让它们关闭自己的港口；凡是明智的国家都会将其开放。不是开放港口本身，而是突然草率地、不经谨慎实验地开放港口，才会带来害处。如果你许多年来一直保护一个工厂，你绝不能一下子就撤销保护措施，致使其中的所有技工马上失业，就像你绝不能在天冷的时候，马上把虚弱的婴儿脱得一丝不挂，虽然包裹得太严实也肯定不利于健康。你必须一点一点地让婴儿自由活动，呼吸新鲜空气。

　　多数人对自由贸易这个问题稀里糊涂，因为他们以为自由贸易不过是扩大竞争而已。恰恰相反，自由贸易就是要结束一切的竞争。"保护政策"（以及其他各种有害的政策）试图使一个国家在自己处于劣势的生产项目上与他国竞争。如果贸易完全是自由的，没有哪个国家会竞争得过别国利用天然优势规划生产的产品，也没有哪个国家会拿没有利用天然优势规划的产品与别国竞争。例如，托斯卡纳地区无法在钢铁上与英国竞争，英国也无法在油类产品上与托斯卡纳地区竞争。它们之间必须交换钢铁和油类。这个交换应该是坦诚自由的，也应该诚实无欺，犹如海风使然。的确，一开始的激烈竞争为的是证明，哪一国在某个产业上是最强的，这一点一旦确定了，竞争也就结束了。——作者注

然导致局部地区有难以管理的人口。买方利用这种竞争，获取不公平的廉价的劳动，这个事情也同时让穷人和他自己的苦难达到极点；因为在这个问题上（我相信任何其他类型的奴役也一样），压迫者最终要比被压迫者吃更多苦头；蒲柏那些令人难忘的诗句，虽然铿锵有力，却并不那么真实：

> 对那拥有不义之财的可怜人也待以正义，
>
> 他们每个人不过是恨邻人如自己：
>
> 那该死的宝藏啊，降命于所有人
>
> 掘宝者为奴，藏宝者也不能翻身。①

54. 我后面会考察，正义在这一点上的附带作用和反向作用（这首先需要定义价值的本质）；然后再去思考，在何种切实可行的条件下，一种更加正义的制度才能建立起来；最后要思考的是失业工人的命运这个难题。②不过，以免读

---

① 《论道德》，《书信集》(Moral Essays：*Epistle*)，iii，"写给艾伦，巴瑟斯特勋爵，论财富的用处。"——编者注

② 我很乐意读者能够自己明白症结所在，以能判定难处是在于得到工作，还是在于得到工作的报酬。但他们想过这个问题吗？职业（occupation）本身是一项昂贵的奢侈（luxury），来之不易，这世上的职业真是太少了，几乎就找不到。或者倒不如说，即使是享受最有益身体的愉悦，人们也必须先活下去，而让人活下去的东西，不是说来就来的。我们必须先把这个题目说清楚，才能说后面的题目，因为多数人总是习惯于笼统地说，"找到工作"是如何困难。我们是想找到工作，还是想在工作中维持生活？我们是不想再无所事事，还是不想再挨饿了？我们必须一个一个思考这些问题，绝不可能一下子都解决。毫无疑问，工作是一项奢侈，而且是一项很大的奢侈。确实，工作既是一项奢侈，也是一项必需品，没有人能不工作而保持心灵或身体的健康。我对这一点有深切感受，我后面还要谈，所以，我想推荐给仁善而务实之人的一个主要目标是，劝导富人们更多地寻求这种奢侈，而不是他们当下拥有的奢侈。然而，凭经验来看，即便是这种最健康的快乐，也可让人沉溺其中，人类易于过度劳动，恰似易于过度食肉，所以，给某些人多提供些更清淡的晚餐、更繁重的工作，对他们是一种仁慈，而对于另一些人，多给些更轻省的工作、更丰盛的晚餐，同样是一种仁慈。——作者注

者对我们将要调查研究的东西怀有戒心，好像这些研究与社会主义一样反对财富的力量，为此我希望读者能确切明白我正在探讨的一两个要点。

社会主义在陆军和海军当中（那里都是按照我的原则制定薪酬的），或者在制造业技工当中（他们是按照我的反对者的原则得到薪酬的），是否已经得到更多的推广，我都交由那些反对者们去查明和宣布。不管他们的结论如何，我都以为，我自己有必要回答的只是：如果我的著作中有哪一点是从头到尾都最经常地坚持的，那就是，"平等"是不可能的。我一直以来的目标就是证明，某些人永远比另一些人优秀，有时甚至是，有一个人比其他所有人都优秀；并且还要证明，委派这样一些人或一个人，凭借自身更丰富的知识和更高明的决断，去指引、领导，或者偶尔甚至去强迫和控制不如他们的人，这样做是明智之举。我的政治经济学的所有原则，都已囊括在我三年前在曼彻斯特所讲的那句话里："手握犁铧的士兵，就如手握利剑的士兵"：[1]它们也可以被概括为《现代画家》最后一卷当中的一句话："在一切事情当中，治理和合作都是生的法则；无政府状态和竞争是死的法则。"[2]

至于这些总体原则影响稳固的财产所有权的方式，我可以说，我绝不主张削弱这种稳固，人们最终会发现，实际上这几篇论文的全部主旨都在于扩大这种稳固的范围；人们长

---

[1]　见《永久的欢乐》，第 15 节："一个政府应该压制欺诈，正如它惩罚盗窃；它应该指明，群众的纪律可以用来帮助和平的劳作，犹如现在这种纪律用来凝聚战争的力量；一个政府应该拥有手握犁铧的士兵，一如拥有手握利剑的士兵，应该慷慨地授予勤勉以黄金十字勋章——犹如谷子那金色的光芒，而不是像现在这样授予青铜十字勋章——血的深红染成的青铜。"——译者注

[2]　《现代画家》，第 5 卷，第 3 编，第 1 章，第 6 节。——编者注

期以来就知道并言明，穷人无权侵占富人的财产，我也希望人们知道并言明，富人无权侵占穷人的财产。

55. 但是，我着手推行的这种制度的运作，在很多方面都会减弱财富（快乐王后）和资本（劳苦君主）的明显的、直接的能力，虽然不会减弱它们不可见的、附属的能力；对这一点我并不否认，相反，我要满心欢喜地肯定；因为我知道，对于人类的理性来说，富有的吸引力已经太强，正如它们的权威已经太大。我在上一篇论文中说过，[①]历史上人类智力所遭受的最大侮辱，就是我们把政治经济学中的常见信条认作一种科学。我这样说是有很多根据的，但其中主要的一个，我可以三言两语讲清楚。我没听说过历史上曾有哪个国家，从制度上违背自己公开承认的宗教的首要原则。我们（口头上）尊为神圣的一些书，不仅将对金钱的热爱谴责为万恶之根，[②]谴责为神所憎恶的偶像崇拜，而且也宣称侍奉财神与侍奉上帝是截然对立的，且不可和解的。[③]每当提及绝对的富有和绝对的贫穷，书里就明示富有有祸，而贫穷有福。可是我们转头就去研究致富的科学，视之为通往国家繁荣的最短捷径。

> 埃塞俄比亚人也要谴责此等基督徒，
>
> 当这两群人互相分离时，
>
> 一群拥有富有，另一群一无所有。[④]

---

① 实际是第 1 篇，第 1 节。——编者注
② 见《提摩太前书》6:10。——编者注
③ 见《马太福音》6:24。——编者注
④ 但丁《神曲·天国篇》，19:109。——编者注（中文版见《神曲·天国篇》，第139 页："[但是你瞧，许多喊'基督，基督！'的人，在最后审判时，将比不知道基督的人距离他远得多;]当这两群人，一群永久富有，另一群一无所有，互相分离时，埃塞俄比亚人将谴责这种基督徒。"——译者注)

第四篇　价值的本质

56. 在上一篇论文中我们看到，给劳动的公平报酬是这样一笔钱，它在未来某个时候能获得大致相等的劳动：[①]我们现在必须考察获得这种等价物的途径，而这个问题又包含了对价值、财富、价格和生产的定义。

这些术语至今还都没有被定义过，因此公众也不甚理解。对于最后一个，即生产，有人可能以为是最明白易懂的，但在使用当中却是最含糊不清的。检查人们当下使用这个词的时候所带的那种含糊不清属于何种类型，将给我们后面的工作扫清障碍。

在讨论"资本"的那一章中，[②]穆勒先生举例说，一个五金厂商作为资本家，原本打算将他的生意收益拿出一部分去买餐具和珠宝，但现在改了主意，"用于向增加的工人支付工资"。[③]穆勒先生说，这个结果是，有"较多的食物用来供养生产性劳动者"。

57. 我现在不问，银匠要怎么办？尽管如果是我写了这

---

① 见第 47 节。——编者注
② 第 1 编，第 4 章，第 1 节。为节省篇幅，我后面引用穆勒先生的作品，只标注数字，例如，I.iv.1. 派克（Parker）出版社 1848 年版，八卷本，第 2 卷。——作者注
③ 见中文版《政治经济学原理》上卷，第 73 页。——译者注

一段文字，肯定有人会这么问我。如果他们从事的真的是非生产性劳动，我们就任其消亡好了。并且，虽然同一段话的另一个地方也认为，五金制造商遣散一些仆人后，这些仆人的食物就被"省下来，转用于生产目的"，我也不会查究省下这些食物，对于仆人们会产生痛苦的或什么相反的结果，但我要非常认真地查究，为什么五金是生产性成果，而银器就不算生产性成果？商人消费其中一者，而卖掉另一者，当然不会造成这个区别，除非可以证明（确实，我觉得这一点日益成为商人们需要证明的事情），商品之被制作是用于销售，而不是用于消费。在一种情况下，商人是向消费者运送货物的代理人，而在另一种情况下，他自己就是消费者：①但是，劳动者在两种情况下同样都是生产性的，因为他们已经生产了有着相同价值的货物，如果说五金和餐具都算是货物的话。

那么它们之间究竟有什么区别呢？的确有这样的可能，即，在"道德家的比较评价"中——穆勒先生说这种评价与政治经济学毫无关系（III.i.2)②——一支钢叉比一支银叉看起来更像是实质性的产品：我们也可以承认刀具与叉子一样，都是好产品，而镰刀和犁头也都是有用的物品。但是，刺刀又怎么说呢？假设五金制造商借助"转用"他的仆人和

---

① 如果穆勒先生的本意是要证明消费和销售在结果上的差异，他本应该说五金制造商是在消费自己的货物，而非销售；同样，银器制造商也是在消费，而非销售自己的货物。如果他这样说了，他就可以使自己的观点更清楚些，虽然也不太成立；也许他的理论本身是默认这个观点的，但他在其他地方陈述了，并在后文中也证明这个观点是错误的，也就是对商品的需求并不等于对劳动的需求。但是，如果仔细推敲我们所考察的第二段，我还是不能确定，这是否是一个十足的谬论，或者是建立在一个更大的谬论之上的半个谬论，所以我这里不那么苛刻，且假定这是仅有的一处谬论而已。——作者注

② 见中文版《政治经济学原理》上卷，第492页。——译者注

银匠的食物，扩大销售**这些刺刀**，那他仍然是在雇用生产性劳动者吗？或者用穆勒先生的话说，是在雇用"增加耐久性享受手段积累量"的劳动者吗（I.iii.4)?①或者，如果他供应的不是刺刀，而是炸弹，那么，对这些释放巨大能量的生产性物品（每一颗的成本为十英镑②）的绝对的、最终的"享受"，难道就不是依赖于对**生产**这些东西的时间地点的恰当选择吗，换言之，不是依赖于与政治经济学毫无关系的哲学思考吗？③

58. 我很遗憾需要指出穆勒先生作品中存在的自相矛盾，如果说其作品的价值并不是源于其自相矛盾的话。他在经济学家当中是值得尊敬的，因为他不经意间否定了自己声明的原则，并悄无声息引入了他声称与其科学没有关系的道德考虑。因而，他的许多章节都是合乎事实的、有价值的；他的结论之中，我必须要加以质疑的，只是从他的前提得出的那些结论。

因此，我们刚刚考察的那段话，有一个作为其根基的观念，即用于生产奢侈品的劳动，并不足以供养其劳动用于生产有用物品的那些人，这个观念完全是合乎事实的；但是，他所给出的例证却是无效的——同时在四个方面是无效的——因为穆勒先生没有定义"有用"的真正含义。他给出

---

① 见中文版《政治经济学原理》上卷，第66页。——译者注
② 我采用赫尔普斯先生（Mr. Helps）论战争的文章中的估算。——作者注
③ 再说，如果西班牙运来的精致银花瓶，被我们的海关官员砸碎，因为进口纯银可能是免税的（虽然免不去大脑的作用），那么，砸碎这些银花瓶的斧头算是生产性的吗？锻造银花瓶的艺术家是非生产性的吗？又或者，如果樵夫的斧头是生产性的，那刽子手的斧头也是生产性的吗？同样，如果缆绳所用的麻绳是生产性的，那么绞索用的麻绳是否是生产性的，难道不是更多取决于其道德的应用，而非物质的应用吗？——作者注

的定义,"能满足某种欲望或达到某种目的",①是可以同等地用于铁和银的;而合乎事实的定义——他并没有给出,但构成了他思想里那种虚假的定义的基础,而且偶然也有一两次明说出来(例如"用于维持生命或体力"这句话,②I.iii.5)——则适用于某些铁制品,而不是其他铁制品,适用于某些银制品,而非其他银制品;适用于犁,而不是刺刀,适用于叉子,而不是金银丝制品。③

59. 真实定义的引出,可以给我们带来第一个问题的答案,即"什么是价值?"然而,关于这个问题,我们必须首先听听这个流行的说法。

"'价值'一词在没有附加语的情况下被使用时,在政治经济学上,始终是指交换价值"(穆勒,III.i.2)。所以,如果两艘船不能交换它们的船舵,那么,用政治经济学的语言说,船舵对两艘船来说就都没有价值。

但是,"政治经济学的主题就是财富"。④(绪论,第1页。)

而且财富包含"所有拥有交换价值的有用的或合意的东西"。⑤(绪论,第10页。)

于是,根据穆勒先生的话,有用和合意仿佛就是交换价值的基础,因而我们必须确定它们存在于事物当中,然后我

---

① 见中文版《政治经济学原理》上卷,第492页。——译者注
② 见中文版《政治经济学原理》上卷,第69页:"每年在金线带、菠萝形装饰,或香槟酒方面的消费必须看作是非生产性的,因为这些东西既对生产毫无帮助,又不是用于维持生命或体力,而可以用便宜得多的东西来替代。"——译者注
③ 金银丝制品(filigree),通常来说,是因其复杂性而非艺术被叫作装饰品。——作者注
④ 见中文版《政治经济学原理》上卷,绪论,第13页。——译者注
⑤ 见中文版《政治经济学原理》上卷,绪论,第19页。——译者注

们才能将这个事物看作财富。

因此，一个事物在经济意义上的有用，不仅取决于其自身的性质，也取决于能够和愿意使用它的人的数量。一匹马如果没人能骑，便是无用的，也因此卖不掉；一把剑如果没人能挥动，一块肉如果没人能吃，也都是无用的，也因此卖不掉。所以，每一种物质效用都取决于人的相对能力。

同理：一个事物的合意，不仅取决于它自身的可爱，也取决于它能够得到多少人的喜爱。"一壶淡麦酒"，和"一幅阿都尼的画像，他站在流水之旁"，①它们相对的合意，因而还有它们的适销性，事实上要依赖于像克利斯朵夫·斯赖那种人的民众的意见。换言之，一个事物的合意与否取决于人们的不同性情。②因而，政治经济学既然是一门科学，就必须是针对人的能力和性情的科学。但是，若要说道德方面的

———————

① 出自莎士比亚：《驯悍记》，见《莎士比亚全集》第 2 卷，朱生豪译，人民文学出版社，1994 年，第 200、211 页。克利斯朵夫·斯赖（Christopher Sly）是剧中的一个人物，身份是补锅匠。——译者注

② 这些陈述因为简洁而显得粗糙，但如果得到充分论述，就是最重要的理论。因此，在上一个例子中，经济学家们从来没有觉察到，购买的意愿完全是必要的**道德**因素，即，当你付给一个人半克朗的时候，这要取决于他是否缺少那半克朗时的心情——他是愿意买疾病、灾祸和憎恨，还是愿意买健康、进步和亲情。因此，每一件在售商品的合意或交换价值，不仅取决于商品的生产，也取决于购买者的生产，因而也就是取决于购买者所受的教育，取决于形成他们购买意愿的道德因素。在适当的地方，我会举例阐明并详细描述这些定义所导致的最终结果，目前我只是予以最简洁的提示。因为，为了能把这个课题以连贯的方式一下子展现给读者，我把四篇论文开头的定义合并为一，这四个定义分别是，论价值（"Ad Valorem"）；论价格（"Thirty Pieces"）；论生产（"Demeter"）；论经济（"The Law of the House"）。——作者注（"Ad Valorem"，拉丁文，意为按照所估价值［征收税款或关税］，或者价值的估量；这个词也是第四篇的标题，译者译为"价值的本质"。"Thirty Pieces"，三十块钱，出自《撒迦利亚书》，11：12；"'你们若以为美，就给我工价。不然，就罢了！'于是他们给了三十块钱，作为我的工价。"见本书的开篇词。"Demeter"，得墨忒耳，古希腊神话中掌管农业、结婚和丰收的女神。"The Law of the House"，持家的法则，是 economy 一词在希腊文中的本义。——译者注）

考虑与政治经济学无关（III.i.2），那么这种考虑也与人的能力和性情无关。

60. 穆勒先生的说法所得出的这个结论，看来并不让我完全满意。我们来看看李嘉图先生的结论。

"效用对于交换价值说来虽是绝对不可缺少的，但却不能成为交换价值的尺度。"（Chap. I. sect. i.）① 请问李嘉图先生，在多大程度上是不可缺少的呢？效用的程度有大有小，例如，肉可以好到适合所有人都吃，或者坏到不适合所有人吃。好到多大的确切程度，才是肉的交换价值所"不可缺少的"，但却不是交换价值的"尺度"？为了具备任何的交换价值，肉必须好成什么样子呢？再者，坏成什么样子（我希望伦敦的各个市场已经解决了这个问题），肉才没有交换价值呢？

我想，李嘉图先生的原理似乎在推论中遇到了一点问题；不过，还是来看他自己举的例子吧："假定在社会的早期阶段中，猎人的弓箭和渔人的独木舟与工具价值相等，耐久性也相等，两者都是等量劳动的产品。在这种情形下，猎人一天劳动的产品——鹿的价值——就会**恰好**等于渔人一天劳动的产品——鱼的价值。〔不问产量多少，也不问一般工资或利润的高低，〕鱼和这猎物的相对价值都**完全**由实现在两者之中的劳动量决定。"（李嘉图，第三章，论价值。粗体为作者所加。）②

---

① 李嘉图：《政治经济学及赋税原理》，郭大力、王亚南译，见《李嘉图著作和通信集》第1卷，商务印书馆，1962年，第7页。——译者注

② 引自中文版《政治经济学及赋税原理》，《李嘉图著作和通信集》第1卷，第20页。方括号内文字为译者根据中文版增补。罗斯金所标章节有误，这段话实际在第1章（论财富），第3节。——译者注

确实是这样！因而，如果这位渔人捞到一条小鲱鱼，而猎人捕到一头鹿，那么一条小鲱鱼和一头鹿的价值就是相等的；但是，如果渔人连一条小鲱鱼也没捞到，而猎人却捕到两头鹿，那么零条小鲱鱼与两头鹿的价值相等吗？

不会的。不过，李嘉图先生的支持者可能会说，他的意思是，平均算下来是相等的，如果渔人和猎人一天的平均产量是一条鱼和一头鹿，那么一条鱼和一头鹿的价值始终是相等的。

我可以问鱼的种类吗？是鲸鱼，还是小银鱼？①

无需再浪费时间纠缠这些谬论了，我们还是寻求一个合

---

① 为了进一步支持李嘉图先生，也许有人会说，他的意思是说："当效用是恒定的或给定的，价格就随着劳动量变化。"如果他真是这个意思，他应该早说，但是，即便他说了，他也不得不得出一个必然结果，即效用将会是价格的一个尺度（对此他断然否定）；而且，要证明东西能卖出去，他就必须证明这东西有一定量的效用，以及一定量的劳动，亦即，用他自己的例子，一条鱼和一头鹿都能让同样数量的人，在同样的天数内吃饱，并且给这些人的味觉带去同样的快感。事实上，他不知道自己的意思是什么。他利用商业经验，但没能力分析这些经验，就从中得出普遍的观念，即，如果需求是恒定的，价格就随着生产所需的劳动量变化，或者用我上一篇给出的公式，如果 y 是恒定的，那么 xy 随 x 变化。但是，如果 x 有显著变化，那么需求从来不是，也不可能最终是恒定的，因为价格一旦上涨，消费者是宁愿不买的；并且，一旦存在垄断（所有稀缺都是一种垄断，所以，每一种商品都偶尔受到某种垄断的影响），y 就变成了对价格影响最大的条件。因此，一幅画的价格较少取决于其本身的优点，而更多取决于它有多大的兴趣；唱歌的价格较少取决于歌者的劳动，而更多取决于想听他唱歌的人数；黄金的价格较少取决于它与铈或铱这两种金属共有的稀缺性，而是更多取决于它在日光下的色泽，让人赞美也让人信赖的不变纯度。

然而，大家要牢记一点，我使用的"需求（demand）"一词的意思，与通常经济学家有所不同。他们的"需求"指的是"卖出事物的数量"，我指的是"有能力购买的买方购买意向的强度"。用标准的英文来说，一个人的"需求"表示的不是他得到的东西，而是他想要的东西。

经济学家们也没有注意到，事物的价值不是凭借绝对的体积或重量来衡量的，用这样一些体积和重量衡量，是为了让人使用它们才显得必要。例如他们说，水在市场中是没有价格的。是的，一杯水是没什么价格，但一湖水就有价格，正如一捧土没什么价格，但一亩土就有了价格。因而，如果人们能永久占有一杯水或一捧土的话（比如说有地方存放它们），那么，陆地和海洋都要被人一捧一捧、一杯一杯地买光了。——作者注

乎事实的定义吧。

61. 几百年来，人们一直非常重视我们英国的古典教育的用处。人们希望我们那些受过良好教育的商人，始终记得他们学过的那点拉丁文，valorem（他们已经非常熟悉这个词了）的主格形式是 valor，因而他们对这个词也应该非常熟悉。Valor 来自 valere（希腊文是 ugiainw），意为健康或强健；如果指人，就是生命强健，或者英勇；如果指物，就是利于生命，或者有价值的。因此，"有价值的"意即"有益生命的"。一个真正有价值的或有益的东西，就是以其全部力量带来生命的东西，如果它不带来生命，或者它的力量衰竭了，相应地，它的价值就减少了；如果它背离生命，相应地，它就是无价值的或有害的。

所以，一个东西的价值，无关乎人们的意见，无关乎其本身的数量。你把它看成什么，你可以从它那里得到多少，都不会使这个东西本身的价值增多或减少。它永远有益于什么，或不利于什么；这个能力是从事物和人的创造者得来的，你怎么估量，它也不会增多，你怎么蔑视，它也不会降低。①

真正的政治经济科学尚未与杂牌科学区别开来，犹如医术之于巫术，天文学之于占星术；真正的政治经济科学，教导国家去渴望带来生命的东西，并为之付出劳动，同时也教导国家鄙视那些导致毁灭的东西，并将其消灭。如果它们在幼年状态将贝壳的赘生物②、花花绿绿的石头等无关紧要的东西视为有价值的，因而将大量本应用来扩展和提升生命的劳动，用在了打捞或挖掘这些东西上，并将其切割成各种形

---

① 参考《微尘的赠礼》，第 32—34 节。——编者注
② 即珍珠。——译者注

状；或者，如果处于这种状态的国家把空气、光和洁净等珍贵而有益的东西看作是无价值的；或者，如果在它们认为自己的生存条件——唯有凭借这些条件，它们才能真正拥有或使用任何东西，这些条件是，比如和平、信任和爱——当市场提供黄金、铁或贝壳的赘生物的时候，可被用来精打细算地交换它们；那么，在所有这些情况下，伟大的，也是唯一的政治经济科学可以教导它们，什么是虚无的，什么是实在的，服侍"死亡""浪费之主"和永远的空虚，如何区别于服侍"智慧""节约夫人"和永远的充实；她说："爱我的，我要让他们继承实在之物，并充满他们的府库。"①

"节约夫人"有比储蓄银行更深刻的意义，虽然储蓄银行也是好的：Madonna della Salute（安康圣母）② ——"健康夫人"——平常说起来仿佛无关财富，实则是财富的一部分。读者还记得，我们接下来要定义"财富"一词。

62. 穆勒先生说："所谓富有，就是拥有大量有用的物品。"③

我认同这个定义。不过，我们要完全彻底理解它的意思。我的反对者经常抱怨我逻辑不够充分：恐怕我现在必须用比他们喜欢的还要多一点的逻辑了；不过，政治经济学的逻辑不是小事，所以我们在术语上不能有丝毫的不严谨。

因此在上面的定义中，我们必须首先确定，"有（having）"是什么意思，或者"拥有（possession）"的本质是什么。

① 见《箴言》4:8："高举智慧，她就使你高升；怀抱智慧，她就使你尊荣。"又见《箴言》8:21："使爱我的承受货财，并充满他们的府库。"——编者注
② 威尼斯一座教堂的名字。——编者注
③ 见中文版《政治经济学原理》上卷，绪论，第18页。——译者注

然后再确定，"有用（useful）"是什么意思，或者"效用（utility）"的本质是什么。

先看"拥有"。在米兰主教堂耳堂的交汇处，三百年来一直安放着经过防腐处理的圣嘉禄·鲍荣茂（St. Carlo Borromeo）的遗体。遗体手握黄金牧杖，胸前摆放着一个绿宝石十字架。既然承认权杖和绿宝石是有用的物品，那么我们是否可以认为这个遗体就"有"这两件物品呢？就政治经济学意义上的财产来说，这两件物品属于这个遗体吗？如果不属于，因而如果我们可以笼统地下结论说，一具尸体不能拥有财产，那么身体内的生气到多大程度和哪个阶段，才使拥有成为可能呢？

再看一个例子。近来一艘加利福尼亚的船发生了海难，后来人们在船底发现，一位乘客用腰带在身体上绑了二百磅黄金。现在，这个人沉在船底，是他拥有这些黄金呢？还是这些黄金拥有他？[1]

如果他不是因为黄金的重量而沉入海里，而是黄金击中了他的脑门，导致不治之症——例如瘫痪或精神错乱——那么这种情况下的黄金，是否比在前一种情况下更称得上是一种"拥有"之物呢？无需进一步举例探究支配黄金的逐渐增加的生命力（不过，如有需要我还会举些例子），我也相信读者会发现，拥有或"有"不是一种绝对的，而是一种渐变的能力，不仅在于被拥有之物的数量和本质，也在于（而且在更大程度上）它是否适合拥有它的人，以及他使用这个物

---

[1] 试参照乔治·赫伯特《教堂门廊》（George Herbert, *The Church Porch*），第 28 节。（"财富是巫师的魔鬼，巫师认为他拥有魔鬼，实则是魔鬼拥有他。你可以轻抚黄金，但一旦它刺穿你的手，那就是一击致命。"——编者注）

的生命力。

　　我们对财富的定义加以扩充，就变成："拥有有用的物品，且这物品是**我们能使用的**。"这是一个重大变化。因为财富，不是单单取决于"有"，而且也取决于"能"。角斗士的生死，取决于观众是否喊一声"habet（生）"；但军人的胜利和国家的得救，则取决于罗马人那种"quo plurimum posset（最大的能力）"。（Liv. VII.6.）[1] 因而，我们对仅作为物质积累的财富的推论，看来也需要对能力的积累的推论。

　　63. 我们对动词的分析就到这里，接下来再看形容词：即"有用的"是什么意思呢？

　　这个研究与上个研究乃是密切相关的。因为在某些人手里能用的东西，到其他人手里却是用处的反面，这通常叫作"妨碍使用（from-use）"或"妄用（ab-use）"。这更多取决于人，而较少取决于这个物品，无论其有用性或误导性（ab-usefulness）是否同等地在它自身之中得到发展。所以，希腊人将酒借着巴克斯（Bacchus）恰当地用作一切激情的象征，此时酒被使用，是"使神和人喜乐"[2]（亦即增强人的神性生命或理智的能力，也是增强人的世俗生命或肉欲的能力）；然而，被妄用的时候，酒就成为"Dionusos"，[3]尤其有害于人的神性品格或理性。其次，肉体本身也同等地易于

_____

[1] 李维：《罗马史》，第7章，第6节。英文版的这一句写作："what constituted the chief strength of the Roman people?"（罗马人民的主要力量是什么？）See Titus Livius, *The history of Rome*, trans. Spillan, London, 1913, p.453.——译者注

[2] 见《士师记》，9：13："葡萄树回答说：'我岂肯止住使神和人喜乐的新酒，飘摇在众树之上呢？'"——编者注

[3] 亦即 Dionysus，指希腊神话中的酒神狄俄尼索斯，前面 Bacchus 是罗马神话中的酒神。Bachhus 也许与拉丁文 bacca（浆果）有关，而希腊文 Dionysus 的词意则来源不明。罗斯金所用的 Dionusos 明显是指"乱性的"，但编者也不明白罗斯金是从哪里引申出这个含义的。——译者注

226

发挥作用，也易于发挥错误作用，当被正确训练时，就能对国家有用，既可以参加战争也可以从事劳动；但是，当未加训练或被滥用时，对国家便没有价值，仅能够延续个体私人的或独自的生存（而且也只是虚弱无力的生存），希腊人称这样的肉体是"idiotic"或"private"的肉体，这些意思来自希腊文，指没有被授予直接对国家有用的职务；最后演化成我们所说的"idiot"，指一个人完全只管自己的事情。[①]

由此可见，如果一个事物要是有用的，它就必定不仅要具备有益的性质，而且要在有益之人手中。或者准确地说，有用性就是在英勇之人手中的价值；所以，如我们刚才看到的，关于财富的科学，若被视为积累的科学，也就既指物质的积累，也指能力的积累；若被视为分配的科学，那么这种分配并非绝对的，而是有所区别的，不是把每一样东西分配给每一个人，而是把合适的东西分配到合适的人手里。这门科学不简单，依赖的不仅仅是算术。

64. 因而，**财富**是"**英勇之人对有价值之物的拥有**"；在将其看作存在于国民之中的能力时，这两个要素，即事物的价值和拥有者的英勇，是要被一起评估的。由是观之，许多平常被认为是富有的人，实际上并不比自己保险箱上的锁头更富有，他们内在里永远没有能力获得财富；以经济学的观点看，这些人对于国家的作用，要么是像死水池和溪中漩涡（只要溪水在流动，它们就是无用的，或者只会把人淹死，必须等到溪流干涸，它们静止下来，才变得重要了）；要么

---

① Idiot 源自希腊文 idiotes，意为：私人、不任公职者，因此与英文 private（私人的）有关；到了英文中，idiotes 也指普通百姓、平庸的人、无一技之长的人。——译者注

犹如河里的堤坝，其最终的效力并不取决于堤坝本身，还取决于磨坊工人；要么就如意外产生的停留和障碍，不是发挥财富的作用，而是使人"illth（贫困）"（因为我们应该找一个与"财富"相对应的词），在他们周围各个方向引发各种各样的破坏和不便；最后，要么完全不发挥作用，只是死而不僵（只有等他们死了，他们手中的东西才可能有些用处）。在最后一种情况下，他们**作为**阻力和"累赘（impedimenta）"倒是经常有用的，如果国家容易移动得太快的话。

65. 正因为如此，真正的政治经济的科学的难处，不仅在于需要培养刚健的性格，以利用物质性的价值，还在于这样一个事实，即虽然刚健性格与物质性仅仅在结合起来时才形成财富，但它们对彼此有一种破坏作用。因为刚健性格倾向于无视物质性价值，甚至是将其抛弃——因此蒲柏写道：

> 诚然，优秀品质需要赞美，
>
> 但它更易毁灭财富，而非积累。[①]

在另一方面，物质性价值又易于消磨刚健性格；所以，我们接下来的任务必然是考察，有什么证据表明财富对其拥有者的心灵产生影响；其次，什么类型的人通常致力于获取财富，并且取得成功；同时，世人需要更多感谢富人还是穷人，要么是因为他们的道德影响，要么是因为他们而有了重要商品、发现，以及实用的进步。无论如何，我可以期待未来会得出一些结论，以能够说明，在一个仅由供需法则控制

[①]　《论道德》（*Moral Essays*），第 3 节，第 201—202 行。——编者注

228

而免受公然暴力的社会，其中致富的人们，普遍是勤勉的、坚毅的、自豪的、贪婪的、敏捷的、有条不紊的、通情达理的、缺乏想象的、麻木不仁的、无知的；而一直贫穷的人，则是完全地愚蠢的、完全地聪明的、粗心大意的、谦卑的、瞻前顾后的、迟钝的、富有想象的、敏感的、见多识广的、目光短浅的、一时冲动就为非作歹的、泼皮无赖的、公然盗窃的、悲天悯人的、正义的、虔诚的。①

66. 关于财富，我们就讲到这里。接下来我们必须确定**价格**的本质，换言之，交换价值的本质，以及在通货上的表现。

首先要注意的是，交换中并不存在**利润**（profit）。只有在劳动中才有利润，意思是，"预先做"，或者"做有利于……的事"（源于拉丁文 proficio②）。交换中只有益处（advantage），即，使交换中的人得到优势或力量。因此，凭借播种和收割，一个人把一份谷子变成两份谷子；这就是利润。另一个人通过采掘和锻造，把一把铁锹变成两把铁锹；这就是利润。但是，有两份谷子的人想要挖掘工具，而有两把铁锹的人想要吃的东西，他们是交换已有的谷子和已有的工具，通过交换，两个人过得更好了；不过，虽然交易带来很多益处，但不会带来利润。其间既没有建造或生产，有的只是，此前已建造出来的东西被给到能使用它的人手里。如果有什么劳动是实现这个交换所必需的，那么这个劳动实际上已经包含在产品之中了，并且像所有其他劳动一样产生利润。无论制造和运输过程中牵涉到多少人，他们都要分得一份利润；但制造和运输都不是交换，而交换过程是不产生利润的。

———————

① 参见《哥林多后书》6。——译者注
② Proficio，由两个义素构成，pro：预先、在前；ficio：做。——译者注

然而，交换中是可以有获取（acquisition）的，这个收获不同于利润。在交换中，如果一个人能够以很少劳动得到的东西，换取另一个人以很多劳动得到的东西，那么他就"获取（acquires）"了他人的一定数量的劳动产品；他获取多少，他人就失去多少。用商业性的语言说，这个如此获取的人，通常被说成是"赚取了利润"；而我相信，我们许多商人都真的以为任何人都可以以某种方式赚取这样的利润。然而不幸的是，由于我们所生存于其中的这个世界的机制，无论物质还是运动的规律，都十分严厉地禁止这种类型的普遍获取。利润或物质收益，只能通过建造或发现，而非交换来得到。无论何时，若有交换带来物质收益，都是因为每有一份**增加（plus）**就恰好有一份等量的**减少（minus）**。

说来是政治经济科学的发展的不幸，这个增加的量，或者——如果允许我生造一个笨拙的复数形式的话——增量（pluses），在世人眼中显得是值得肯定和尊敬的，所以人人都急不可耐地学习产出如此辉煌成果的科学；然而另一方面，那个减量（minuses）则倾向于隐入后街小巷等阴暗之处，或者甚至将自己完全藏匿于坟墓之中，全然不为人所见。它大量的负号，被会计暂时用一种红墨水写下来，笔画极细，墨迹极淡，甚至干脆用隐形墨水。

67. 因此，交换这门科学，我也听说有人建议称之为"交易学（Catallactics）"，①被认为是一门关于收益的科学，

---

① 惠特利（Whately）在《政治经济学讲义》（*Lectures on Political Economy*）（1831）中首次使用了这个词："我倒愿意用一个最具描述性的名词，而且基本上不会令人反感，即 Catallactics，或者'交换的科学'。"——编者注（惠特利，全名 Richard Whately，1787—1863，曾任都柏林圣公会大主教，教育家、逻辑学家、社会改革家。Catallactics 又译作"交易经济学"。——译者注）

其实几乎是无效的；但是，若是被看作一门关于获取的科学，又是一门非常古怪的科学，在数据和基础上与其他已知科学都不一样。因此，如果我能用一根针从未开化的人那里换得一颗钻石，那么我这样做的能力，要么是依靠这个未开化的人不懂欧洲的社会习俗，要么是依靠他缺乏利用这种习俗的能力，也就是通过把钻石卖给另一个人而得到更多针。进一步说，如果我使这个交易尽可能地有利于我自己，比方说给这个未开化的人一根没有针眼的针（这样就达到了交易学的充分令人满意的完美操作），那么我在整个交易中的优势，完全是依赖于对方的蒙昧无知、无能为力或掉以轻心。抹除了对方的这些缺陷，交易学的优势就变得不可能了。因而，只要交易科学仅仅关系到交换双方的一方的优势，它就是建立在对方的无知或无能的基础上的；这些条件一消失，这门科学也就消失了。因此，这是一门以不学（nescience）为基础的科学，是一门以无术（artlessness）为基础的科学。除了它，所有其他科学和艺术都以消除对方的不学无术为目标。**这门科学，也唯有这门科学，是千方百计地扩大和延续对方的无知无术的，否则这门科学本身就无以立足。**由此说来，这是一门独一无二的黑暗科学，很可能是一门杂牌科学，绝不是一门 "*divina scientia*（来自神的学问）"，而是来自另一个父亲的学问，这个父亲劝他的孩子们把石头变成面包，而他自己则忙于把面包变成石头，如果你向他要一条鱼（他自己土地上产不出鱼），他只能给你一条蛇。①

68. 就此而言，正义的或经济的交换，其普遍法则不过

---

① 见《马太福音》7:9—10。——编者注

是：交换双方都必须受益（或者，如果仅有一方受益，那么至少另一方不受损失），并给使交易得以完成的中间人（一般叫做商人）付出的时间、才智和劳动以公正的报酬，而且，任何一方无论有什么益处，付给完成交易的中间人多少报酬，这是各方都应该完全知道的。所有隐瞒的企图，都意味着与这个普遍法则背道而驰，或者是以无知无术为基础的亵渎的科学。由此就有了那位犹太商人的另一句话："罪嵌入买与卖之间，如钉子在石缝中。"①石头与木头的这种独特铆接方式，用于人与人的相互交易中，后来又一次被提到，当撒迦利亚的书卷（更可能是"弯刀"）飞过，房屋连带木石都毁灭："这是发出行在遍地上的咒诅。凡偷窃而不认罪的，必除灭"。②紧接而来的是"大量器"的景象，衡量"遍地上的不义"（auth h adikia autwn en pash th gh），这量器有圆铅在口上，而象征内心邪恶的妇人就在里面；这些话的意思是，罪恶隐匿于昏暗之下，显露出来就变成沉重的酷刑。"它必在巴别之地安放自己的根基。"③

69. 到此为止我谈到交换的时候，都小心克制，只用"益处"一词加以描述，但这个词包括了两个观念，即得到我们**需要**的东西，以及得到我们**愿望**的东西。这个世界上有四分之三的需求都是空想的，以幻觉、理想、希望和情感为基础；就其本质而言，对财力的管理，也就是对想象和心性的管理。由此而言，对价格的本质的恰当讨论，乃是一个极具形而上和形而下的意味的问题，有些时候只能以充

---

① 《便西拉智训》（*Ecclesiasticus*），27:2。——编者注
② 见《撒迦利亚书》，5:3。——编者注
③ 《撒迦利亚书》5:11。此段的相关注解见第74节注。——作者注

满激情的方式来解决，就像大卫计算伯利恒城门旁井里的水的价格那样。①但这样做首先有一些条件：任何事物的价格都是欲求它的人为了获得所有权而给出的劳动量。这个价格取决于四个变量。A：购买者对于这个事物的欲望的强度，与售卖者保留这个事物的愿望的强度 a 相对立。B：购买者为取得这个事物能够承受的劳动量，与购买者为保留这个事物能够承受的劳动量 b 相对立。这几个量，只有在过量的时候才发挥作用：即，愿望的强度（A），指的是对这个事物的欲望强度超过了对其他事物的欲望强度；劳动量（B），指的是能被从得到其他事物所需的劳动量匀出来，以得到这个事物的劳动量。

因此，价格的现象是极为复杂，也极为奇怪，又极为有趣的——然而过于复杂，以至于如今尚未得到考察。其中的每一种现象，如果追溯得足够远，都最终显现为关于"困苦的群羊"（或者"将宰的群羊"）② 的交易的一部分，"你们若以为美，就给**我**工价。不然，就罢了!"③但是，由于每一事物的价格最后都是以劳动来计算的，所以就有必要定义这个标准的本质。

70. 劳动，是人的生命与其对立面的竞争。"生命"这个词包含人的智力、灵魂和体力，与怀疑、困难、考验或物质力量作斗争。

因其中包含的生命因素的多少，劳动的等级有高有低：优质的劳动，不论是何种类型，始终包含足以充分而和谐地

---

① 见《撒母耳记下》23:14—16。——编者注
② 见《撒迦利亚书》11:7。——编者注
③ 《撒迦利亚书》11:12。——作者注

控制体力的智力和情感。

说到劳动的价值和价格，我们就始终有必要理解其特定的等级和品质，正如我们谈论一定标准的金银。低劣的劳动（即不用心、不熟练，或无意识的劳动）是无法得到评价的，就像掺有不明杂质的黄金或含有裂纹的铁块。[①]

劳动的品质和等级，即其价值，就像在所有其他有价值的东西那里，是不变的。但为得到其他东西而必须被给出的量则是变化的：在评估这个变化的时候，其他东西的价格必须始终根据劳动量来计算，但劳动的价格则不能根据其他东西的量来计算。

71. 因此，如果我们想在多石的土地上种一棵苹果树苗，可能需要两个小时的工作，而在松软的土地上，也许只需要半小时。权且认为两块土地的土壤同样适宜树苗生长。此时，费两小时种下的树苗，无论如何也不会比费半小时种下的树苗更有价值。前一棵也不会比另一棵结出更多果实。其次，两小时的工作与半小时的工作一样有价值；然而，一棵树苗花费了四份工，而另一棵却只花费了一份。实际上，这个事实的恰当表述是这样的：并非说花在坚硬土地上的劳动比花在松软土地上的劳动便宜，而是说这棵树更昂贵。到后面，交换价值是否取决于这个事实，是无法确定的。如果其

---

① 完美无瑕的劳动，也就是有效的或高效的，希腊人称作"可衡量的（weighable）"或 axioV，通常被翻译成"值得的（worhty）"，并且因为如此的实在和真实，他们称其价格为 timh，即"正直的估价"（酬金）：他们用这个词，是因为他们认为真正的劳动是神圣的东西，因表达对神的一种尊敬而被赞誉。然而虚假劳动的价格，或者背离生命的劳动的价格，不是荣誉，而是报应，希腊人用另一个词称谓这种价格（tisiV——编者注），因为一位名叫提西福涅（Tisiphone）的特殊的女神强要这个价格，这位女神的名字意为"死亡的报应者（讨债人）"，她精于算术，准时出现；在当今时代还有人在她那里开了活期账户。——作者注

他人有大片松软土地，那么他们给坚硬土地上植物的出价，将不会考虑我们两小时的劳动。同时，如果我们缺乏足够的植物学知识，种下了见血封喉树，而非苹果树，那么树的交换价值就是负数；更是与我们花费的劳动不成比例。

因而，通常所谓劳动之廉价，实际上指的是劳动必须克服诸多障碍；所以，所需劳动很多，而得到的成果却很少。但是，这绝不应该被称作劳动的廉价，而只能说劳动的对象的昂贵。说因为我们需要走十英里回家吃晚饭，所以走路是廉价的，与说因为我们必须工作十小时赚得晚饭，所以这劳动也是廉价的，这两种说法都是合理的。

72. 我们必须定义的最后一个词是"生产"。

目前为止，我把所有劳动都说成是带来利润的，因为我们不可能把劳动的品质或价值与劳动的目的放在同一个题目下讨论。但最优质的劳动，目的各不相同。这个目的可以是建设性的（constructive）（"收集"之意，来自拉丁文 con 加上 struo），例如农业；这个目的也可以是无效的，例如切割宝石；或者也可以是破坏性的（destructive）（意为"分散"，来自拉丁文 de 加上 struo），例如战争。不过，要证明表面上无效的劳动实际上也无效，却并不总是很容易；①通常而言，"不同我收聚的，就是分散的"，②这话是很有道理的，

---

① 最准确意义上的无效劳动，也许是指没有付出足够的劳动以有效地实现一个目的，因此就必须返工；其次也指由于不协作而没有产生效果的劳动。贝林佐纳（Bellinzona）附近有一个小村庄，农民们任由提挈诺河（Ticino）淹没他们的田地，我对此表示很不解，但他们告诉我，他们不愿联合起来去建一座高出河谷的起作用的堤岸，因为人人都说："堤岸能给自己好处，但邻居也能得好处。"所以每一个业主都给自己田地周围筑条低矮的堤；而提挈诺河一旦泛滥，这些矮堤将全都被一扫而光。——作者注

② 《马太福音》12：30。——编者注

因此，珠宝匠人的艺术用以迎合嚣张跋扈的炫耀，或许真是十分有害的。所以最终来说，我相信几乎所有劳动都可被简单分为正面的和负面的：正面的劳动生产生命，负面的劳动则生产死亡；最直接的负面劳动是谋杀，而最直接的正面劳动，则是生养孩子。所以，作为负面的闲散，谋杀在多大程度上是可恨的，作为正面的闲散，抚养子女则就在多大程度上是可敬的。出于这个原因，也因为养育①子女确有一种荣耀在内，所以妻子就被说成是葡萄藤，代表欢呼，而子女则被说成是橄榄枝，代表赞颂：不仅代表赞颂，也代表和平（因为只有在和平年代人们才能养育庞大的家族）；不过，因为子女经由水陆远走各方，他们也就是散播气力，对于家庭的气力而言，他们就像巨人手中的箭，射向远处各方。②

因此，劳动的成果是多种多样的，任何国家的繁荣，是与其付出在获取和利用生命之手段上的劳动量密切相关的。请注意，我说的是获取和利用，不仅是明智地生产，而且还是明智地分配和消费生命之手段。按经济学家平常的说法，纯粹的消费仿佛没有任何好处可言。③但事情远不是这样，

---

① 注意，我说是"rearing（养育、抚养）"，而非"begetting（成为父亲）"。赞颂是在第七季，不是在 sporhtoV（播种季节），也不是在 futalia（种植季节），而是在 opwra（果实成熟的盛夏季节）。奇怪的是，人们总是热烈赞美出一时之力救人性命的人，但不太情愿赞美数年如一日地付出精力、牺牲自我，以创造生命的人。我们奖励"ob civem servatum（救下同胞）"的人，但为什么不奖励"ob civem natum（生育或创造同胞）"的人呢？我所谓生育，是完整意义上的，不仅生育身体，也生育灵魂。我想英国人有足够的橡树献给两者花冠吧。——作者注（罗斯金指的是古希腊盖伦［Galen］所区分的七个季节，但改变了顺序：ear［春季］，qeroV［夏季］，opwra［三伏天，成熟果实的季节］，fqinopwron［秋季］，sporhtoV［播种季节］，ceimwn［冬季］，futalia［种植季节］。——编者注）
② 见《诗篇》127:4。——编者注
③ 穆勒先生谈到生产性的消费时，他仅指的是产生资本或物质财富增长的消费。见《政治经济学原理》第1编，第3章，第4节和第5节。——作者注

纯粹的消费乃是生产的终结、顶点和完满；而明智的消费，是一种远比明智的生产更难的艺术。一个人会使用钱，能让二十个人赚到钱；无论是对于个人还是国家，至关重要的问题从来不是"他们赚多少钱？"而是"他们为什么目的花钱？"

73. 读者也许觉得蹊跷，我一直很少提到"资本"及其职能。这里我们就来下个定义。

资本意指"头部，或来源，或根本材料"，凭借这种材料，某些派生的或次生的产品得以生产出来。只有当这个材料生产出与其自身不同的东西时，它才是根本意义上的资本（拉丁文是 caput vivum，而不是 caput mortuum[①]）。资本是一个根，当它生出不是根的东西，即果实时，才开始发挥生命的职能。这果实将又一次适时生根；同样，所有活的资本都导致资本的再生产；但除资本之外不生产任何东西的资本，犹如仅生根的根；也如球茎只生球茎，变不成郁金香；也如种子只生种子，变不成面包。迄今为止，欧洲的政治经济完全致力于增加或收集（甚至较少收集）球茎。它从来看不到，也想象不到郁金香这类东西。不仅如此，这些球茎可能是煮沸的球状物——玻璃球，是鲁珀特王子之泪，最后变成粉末（还好是玻璃粉末，而不是火药）——这便是经济学家们定义收集之法则的全部目的或意义。我们会试着对这些法则进行更清楚的理解。

资本最恰当、最简单的形态是一个制作精良的犁头。现

---

① 古代化学家用 caput mortuum 这个词表示化学品的挥发成分挥发之后剩下的残留物。——编者注（Caput vivum，意为活的源头，caput mortuum 意为死的源头。——译者注）

在，如果这犁头除了像息肉一样产生更多犁头之外，什么都不产出，不管这堆息肉似的犁头在太阳下如何耀眼，它都将丧失资本的功能。只是借着另一种壮观，就是看着像是"犁沟的壮观"，而犁在犁沟之中闪闪发光，资本才成为真正的资本；确切说是借着高贵的摩擦导致的材质的减少，而不是增加，资本才成为真正的资本。对于所有的资本家和国家而言，真正切中要害的问题不是"你们有多少把犁"，而是"你们的犁沟在哪里"；不是"这笔资本再生产自身会有多快"，而是"它将在再生产过程中做什么"，它将提供什么物质，对生命有益吗？将建构什么工作，能保护生命吗？如果答案是否定的，那么其自身的再生产就是无用的，如果答案比单纯的否定还要糟糕（因为资本可以供养生命，也可以毁灭生命），那么其自身的再生产比无用还要糟糕；仅仅是从复仇女神提西福涅那里预支的东西，是有抵押的——绝不是什么利润。

74. 这不是利润，这一点古人看得很清楚，并以伊克西翁①这个象征进行了说明。因为资本是财富的头脑或源泉，是财富的"源头（well-head）"，就像云是雨的源头；但如果云里没有水，只生出云，那它们最后产生的就是怒雷，而非雨水，是闪电，而非收获。②因此，据说伊克西翁先是请

---

① 伊克西翁（Ixion）是古希腊神话中的人物，他是特萨利的国王，非常富有，看上了邻国国王德奥尼俄斯（Deioneus）的女儿，并答应给丰厚的聘礼，但最终却没给，德奥尼俄斯便偷走了伊克西翁的马。后来伊克西翁邀请德奥尼俄斯赴宴，然而却把后者推入陷阱，将其活活烧死。伊克西翁惹得神人共愤，在苦苦哀求之下，宙斯饶恕了他，让他留在天堂。但伊克西翁色心不死，引诱天后赫拉，宙斯愤怒至极，将其罚入地狱，绑在一个旋转的火轮上。品达曾拿这个故事教导，若没有智慧，财富将一无用处。——译者注
② 参见《犹大书》1:12："他们作牧人，只知喂养自己，无所惧怕，是没有雨的云彩，被风飘荡；是秋天没有果子的树，死而又死，连根都被拔出来。"——编者注

238

他的客人赴宴，然后让他们掉到火坑里；这象征的是导致被困之苦的财富的诱惑——在坑里受折磨（一如底马的银矿①）——后来，为了表明对财富的狂热如何从对快乐的贪欲转向对权力的贪欲——虽然对权力并不真正理解——故事里说伊克西翁对朱诺②起了色心，但拥抱到的却是一团云（或幻象），然后生下了半人半马。单纯是财富的力量本身，犹如怀中的阴影，并不令人快慰（"以法莲吃风，且追赶东风"，③或者《箴言》23章5节所说"虚无的钱财"，也是这个意思；还有但丁所写的格吕翁［Geryon］，也是贪得无厌的骗子的象征，他飞行的时候，用可伸缩的爪子卷住**空气**，"I'aer a se raccolse"④⑤）。但其后代半人半马则混合了野兽

---

① 见约翰·班扬《天路历程》："在平原的那边有个叫做金钱的小山，山上有个银矿，从前有的人在这条路上走的时候，转道去看那个银矿，因为它是很稀罕的东西；可是他们走得太近矿坑的边缘，而那儿在表面上看不出有什么危险的地面塌了下去，因此他们都丧命了；有的变成残废，至死都不能恢复健康。"——编者注（引自中文版《天路历程》，西海译，上海译文出版社，1983年，第111页。底马［Demas］是《圣经·新约》中的人物，曾追随保罗，但后来因贪恋世界而弃保罗而去。——译者注）
② 朱诺（Juno）是希腊神话中天后赫拉在罗马神话中的名字。
③ 《何西阿书》12∶1。——编者注（以法莲是约瑟的次子。——译者注）
④ 《神曲·地狱篇》，第17章。——编者注（见中文版，第126页："还用有爪子的脚扇风。"——译者注）
⑤ 前文所引的《撒迦利亚书》五章三节也有一个异象，即一个妇人背负着量器，"在她们翅膀中有风"，这翅膀并非我们现下版本中的"鹳鸟"的翅膀，而是《武加大拉丁文圣经》（Vulgate）中所说的"milvi（风筝）"的翅膀，也许《七十子希腊文圣经》说得更准确，是"戴胜鸟（hoopoe）"，在许多传说里，这种鸟尤其与财富的力量联系在一起，最有趣的也许是它祈求得到一顶金冠。阿里斯托芬的喜剧《鸟》当中，戴胜鸟成为主角，处处现身，尤其要注意第150行"用烧制的砖块在空中筑成堡垒，就像巴比伦"。另外也可以参照但丁笔下的普鲁托（Plutus），用以表明财富的影响如何摧毁理智，这是唯一体现地狱的力量的形象，他的话无人能懂，也极其懦弱。他不仅被镇压或束缚，而且简直是应声"倒地（collapses）"；"如同桅杆一断，被风吹胀的帆缠结在一起落下来一样"，这个隐喻也是言简意赅，表现了贪财之人如何在一瞬间无助地陷入惊慌。——作者注（所引但丁文字见中文版《神曲·地狱篇》，第48页。普鲁托指的是希腊罗马神话中的财神。——译者注）

和人类的本性：人类的本性在于睿智——用的是智力和箭，而野兽的本性则在于身躯和蹄子，用以毁坏和践踏。正是因为这个罪恶，伊克西翁最后才被绑在一个布满尖齿的火轮上，在空中不停转动；这便是自私而无效的人类劳动的典型（财富之轮的说法一直流传到中世纪①）；这个轮子没有气息或精神，只是随机旋转；然而，在所有真正的工作中，以西结（Ezekiel）的异象是真实的，活物的灵在轮子之中，天使走到哪里，轮子也如影随形，否则便不会行走。②

75. 这就是资本的真实性质，由此可以推断，始终生生不息的真正的生产有两种：一种是种子的生产，另一种是食物的生产；或者一种是为**土地**的生产，另一种是为**嘴巴**的生产；在贪婪之人看来，两种生产都只为谷仓生产，然而，谷仓的功能不过是中转和保守，只有在分配中才完成职能，否则结果只能是发霉，养肥老鼠和蛆虫。而且，由于为土地的生产只有在未来有收获的希望时才是有用的，所以，一切**本质性的**生产都是为了嘴巴，最终也由嘴巴来衡量。由此而言，如上文所说，③消费是生产的顶点，一个国家的财富只能以它消费什么来估算。

看不清这个事实，是资本的过错，政治经济学家更是错上加错。他们不断想着金钱的收益，而不想嘴巴的收益，然

---

① 财富之轮（wheel of fortune），一般译作命运之轮，fortune 一词源于罗马神话中的幸运女神 Fortuna（福尔图娜），她主管个人和国家的命运；她一手执羊角，象征丰饶、财富，一手执车轮，象征无常的命运。——译者注
② 见《以西结书》1:19—21 及以下："活物行走，轮也在旁边行走；活物从地上升，轮也往哪里去，轮往哪里去，轮就往那里去；活物上升，轮也在活物旁边上升，因为活物的灵在轮中。那些行走，这些也行走；那些站住，这些也站住。那些从地上升，轮也在旁边上升，因为活物的灵在轮中。"——编者注
③ 见第 72 节。——编者注

后坠入各种罗网和陷阱，被闪闪的金币耀得头晕目眩，就像鸟儿看到捕鸟人的玻璃；或者倒不如说（因为他们仅在这一点上像鸟儿），他们像孩童一样试图跳到自己影子的头上；金钱的收益只是真正的收益的影子，而真正的收益却是人。

76. 因而，政治经济学的终极目标，是找到正确的消费方法，并且找到大量的消费。换言之，就是使用一切东西，而且是高贵地使用，无论这些东西是物质、服务，还是完善物质的服务。穆勒先生整部作品中最奇怪的错误（尽管这个错误源自李嘉图），是他力图将直接服务和间接服务直接作出区分，然后断言，对商品的需求并非对劳动的需求（I. v.9，及以下）。他把雇来布置游乐场的劳动者，与雇来生产天鹅绒的劳动者区分开来，并宣称，资本家花钱的这两种不同方式，对于劳动阶级而言大不相同，因为雇用园艺师是对劳动的需求，而购买天鹅绒则不是。[①]这个错误非常巨大，也非常奇怪。确实，我们是命令劳动者在和畅春风里割草，还是让他在污浊的空气中织布，这对他大不相同，但是，就他能赚多少钱而言，我们是命令他用种子和镰刀种植草地，

---

① 原材料的价值，确实必须从劳动工价中扣除，但穆勒先生在这一段中并没有对原材料的价值予以深入思考，他犯错的原因是，把支付工资的连带结果单独归因于中间商。他说："消费者并不用自己的钱来支付纺织工［和花边工］每天的工资。"（引自中文版《政治经济学原理》上卷，第102页，方括号内文字为中文版所有。——译者注）不对：天鹅绒的消费者是用自己的钱付给纺织工工资的，一如他付给园艺师工资。也许他付钱给中间的船主、天鹅绒制造商和店主，他也付了运输费、商店租金、折损费、定期贷款和保管费，这些都不在天鹅绒价格之内（正如一个园艺师工头的工资不包含草地的价格）。不过，天鹅绒是借助消费者的资本生产出来的，虽然他是在六个月之后才付款的，正如草地也是借助他的资本铺设的，虽然他不是在星期一付钱给铺草和割草的园艺师，而是要等到星期六的下午。穆勒先生有个结论："是所花费的资本，而不是买主。"（见中文版《政治经济学原理》上卷，第100页；"维持和雇用生产性劳动的，是其工作所花费的资本，而不是买主对劳动产品的需求。"——译者注）我不知道这个结论是否已经在城市中得到了大规模运用。——作者注

还是用蚕丝和剪刀纺织天鹅绒，这没有一点区别。当天鹅绒织出来之后，我们是用来当地毯，还是用来做衣服，只要我们的消费完全是为了自己，就与劳动者毫无关系了。但是，如果我们的消费丝毫不是为了自己，那么不仅我们消费自己索要的物品的模式，而且我们以消费为目的而索要的物品的**种类**，都与他利害相关。因此（我们暂时回顾一下穆勒先生讨论五金的伟大理论[①]），[②]就劳动者的直接利益而言，我雇他种桃子还是造炸弹，是无关紧要的事情；但是，我消费这些物品的可能方式，却是至关重要的。如果承认这两种情形都是"无私的"，那么，当他的孩子生病时，我是到他茅舍里送桃子，还是往他家烟囱里扔炸弹，把屋顶炸掉，对他来说这个区别是决定性的。

对农民来说，最糟糕的情况是，资本家对桃子的消费常常是自私的，却把对炮弹的消费分散出去；[③]但无论如何，这都是广泛而普遍的事实，即，按照交易学应有的商业原

[①] 注意，这个理论与我们当下考察的理论截然相反。五金制造理论要求我们解雇园艺师而雇用技工，而天鹅绒生产理论则要求我们解雇技工而雇用园艺师。——作者注

[②] 见第56节。——编者注

[③] 在欧洲，财富的运作有一种非常可怕的形态，那就是，支持非正义战争的完全是资本家的财富。正义的战争不需要花费如此多的钱财，大部分发动正义战争的人，是不求财安的，但为了非正义的战争，则需要购买人们的肉体和灵魂，而且还不算最具杀伤力的战争工具，这使得非正义战争耗资极大，不论国家之间卑鄙的恐吓和愤怒的猜忌，而国人们又没有足够的仁慈和诚实，因此买不来心灵的片刻安宁。就像当下的法国和英国，每年都要从对方那里购买价值千万英镑的恐慌（这明显是一种产量稀少的作物，一半是荆刺，一半是杨树叶，现代政治经济学家都在播种、收割和储藏这种作物，他们是教人贪婪，而不是真理）。而且，所有非正义的战争，若不是由敌人的掠夺来支持，就只能靠从资本家那里贷款支持；这些贷款往后是要通过向人民征税来偿还的，而人民却仿佛对战争没有兴趣，所以资本家的意愿就成了战争的主要根源。但真正的根源实则是整个国家的贪婪，这贪婪使其丧失信仰、坦诚或正义，因而，所有人都迟早要各自承受损失，也相互惩罚。——作者注

则，炸弹的定数兑现之时，必有**某人**的房顶被轰掉。如果你愿意，你可以为你的邻居种植葡萄或葡萄弹①，他也会从交易学的角度为你种植葡萄或葡萄弹，你们种的是什么，收的就是什么。②

77. 因此，消费的方式和后果，才是对生产的真正检验。生产不在于被辛苦制造的东西，而在于可被有用地消费的东西；对于国家来说，问题不在于它雇用了多少劳动力，而在于它生产了多少生命。因为消费才是生产的终点和目的，所以生命就是消费的终点和目的。

两个月前，我请读者自己思考这个问题，③我宁愿他自己得出答案，而不是让我明白告诉他。但现在，既然有了充分的铺垫（这几个问题，如果展开的话，细节太过复杂，无法在杂志的几个版面上讨论，所以我不得不在别处细究），我希望在结束这一系列导论性的论文的时候，把这个重要事实阐述清楚：**"唯有生命是财富。"** 这个生命，包括其所有爱的能力、欢喜的能力和赞美的能力。养育最大数量的高贵而幸福的人的国家，才是最富有的；最大程度地完善自己生命的职责的人，才是最富有的，才有最广泛的、有助益的影响——他凭借自身人格及其拥有的事物，影响其他的生命。

这是一种奇怪的政治经济；是唯一存在过的，或者能够存在的政治经济。一切以自我利益为基础的政治经济，不过是曾使"天使政治"走向分裂，曾使"天国经济"走向毁灭的政治经济。

---

① Grape-shot，即霰弹。——译者注
② 参见《加拉太书》6:7。——编者注
③ 见上文第40—41节。——编者注

78."最大数量的高贵而幸福的人。"但高贵与数量能并存吗？是的，高贵不仅可与数量并存，而且也是数量所不可或缺的。生命的极致只能凭借美德的极致来达到。就此而言，人口的法则与动物生命的法则迥然不同。动物的繁衍受食物短缺和物种敌对的限制，小虫的数量受饥饿燕子的约束，而燕子的数量又受小虫缺乏的约束。如果把人看作是动物，当然也受同样法则的限制：饥饿、瘟疫，或战争，都是人口增长的必然的且仅有的约束，迄今为止也确实是有效的约束——人们向来是主要研究如何最快捷地毁灭自身，或掠夺自身的家园，他最高超的技艺就是给饥荒开疆拓土，将瘟疫传向四方，让刀剑当家作主。但是，如果人不仅仅是动物，其增长便不受这些法则的限制，而只受到其勇气和爱的限制。勇气和爱都**有**其界限，也应该有，他这个物种也有其界限，但至今尚未触及这个界限，今后数十年也不会。

79. 遍览人类的思想，我不知道还有哪一种，比政治经济学家关于人口问题的思想更令人沮丧了。有人提议给劳动者更高的工资，以改善其生活条件，但经济学家说："不行，如果你提高工资，他就会生儿育女，回到从前一样的贫困状态，要么就把工资全买酒喝。"我知道，他会这样。但是，是谁让他有这样的想法呢？假如你说起自己的儿子，对我说，你不敢让他进你的公司，甚至不敢给他同其他劳动者一样的工资，因为，否则的话，他就要酗酒而死，把他的十个孩子丢给教区。那我要打听一下："是谁教给你儿子这种活法的呢？"是因为遗传，还是因为教育？无论是哪个，他都**必定**要落到这种地步；穷人们也是这样。要么这些穷人是与我们根本不同的人种，因而无可救药（尽管人们经常这样暗示，但我们还没有听到有谁公开这么说），要么他们受的是与我们一样的教育，我们可以让他们与我们自己一样清醒而克制，与我们一样明智而冷静——是的，我们是难以被效仿的榜样。有人回答说："但他们不能接受教育。"为什么不能呢？这正是问题的要害。仁慈之人认为，富人的最大错误就是不给人们肉吃；人们喊着要他们的肉，却被欺诈而得不到；这喊声已经到万军之主那里了。①呜呼！拒绝给肉吃不算是最残忍的，这样的控诉也不是最有理的。生命不止于肉。②富人不仅是拒绝给穷人食物，而且还拒绝给他们智慧、美德和救赎。你们"如同没有牧人的羊群一般"③，你们不是被拒绝进入牧场，而是被拒绝感到"上帝的临在"。"我要肉！"也许你有权恳求，但还是先恳求其他权利吧。如果你愿意，你可以要求得到餐桌上的面包渣，但你要像孩子那样

①　见《雅各书》5：4。请注意，我的这些表述中一点也没有主张或支持通常社会主义要求均分财产的观念：均分财产乃是毁灭财产，由此也毁灭了一切的希望、勤勉和正义，这无异于混乱无序——信奉现代政治经济学的人们马上就要陷入这种状态，而我则努力将他们解救出来。富人不给穷人肉吃，不是因为他想保住财富，而是因为他卑鄙地使用这些财富。财富是一种优势，强壮的人伤害他人，不是因为要保住优势，而是有害地使用了这种优势。社会主义者看到强壮的人欺负弱小的人，叫道："打断他的胳膊。"但我要说："教导他把力气用到更高尚的目的上。"造物主的意图不是把获取财富的刚毅和聪颖的品质分散各处，也不是要拿走不给，而是要雇用那些富人们服务于全人类，换句话说，是救赎犯错者，扶助弱小者，亦即，首先要工作赚钱，然后在安息日用钱——安息日的律法不是丧命，而是救命。（见《路加福音》13：14，及以下。——编者注）穷人之所以穷，是因为他们不断犯错或愚蠢，就像孩子掉进池塘里，通常也是他自己的错，跛子在路口跌倒也是他自己的错，然而，大部分路人都会把孩子拉出来，把跛子扶起来。退一万步说，世上的所有穷人，不过是不听话的孩子，或不小心的跛子，而所有的富人都是聪明而强壮的人，然后你们马上就明白，社会主义者让人人都像自己一般贫穷、无力、愚蠢，这是不对的，但富人让孩子们待在泥潭里，同样不对。——作者注
②　见《马太福音》6：25："生命不胜于饮食吗？身体不胜于衣裳吗？"——编者注
③　《民数记》27：17。——编者注

要求，而不是像狗那样要求；①你要求有吃饱的权利，但也应更大声地要求让自己变得圣洁、完美和纯洁的权利。

对于劳动人民所说的这些话真是奇哉怪也！"什么！圣洁？这些衣不遮体、满口污秽的人，穿不起长袍，也没有受膏，做着没有名分的下贱差事，跟他们谈什么圣洁？完美？这些目光昏暗、手脚笨拙、头脑迟钝的人，跟他们谈什么完美？纯洁？这些只知享受、思想卑贱、身体肮脏、灵魂猥琐的人，跟他们谈什么纯洁？"也许你说得对，然而，即便这样，他们也是当今世上能拿得出来的最圣洁、最完美、最纯粹的人了。他们可能像你说的那样，但果真如此的话，他们倒是比将他们置于如此境地的我们更圣洁些。

但是，我们能为他们做些什么呢？谁能给他们衣食？谁能教导他们？谁能限制他们的数量？除了彼此消耗，他们最后能变成什么样子呢？

我希望能得到另一种结果，虽然不是按照经济学家平常建议的补救人口过剩的三个措施。

80. 他们提出的三个措施，简而言之：殖民；开垦荒地；阻止结婚。

第一个和第二个手段仅仅是逃避或延缓问题。确实，这个世界远没有布满人口，沙漠也尚未被耕种。但关键问题不是世界上有多少可居住的土地，而是给定面积的可居住土地应该养育多少人口。

请注意，我说的是**应该**，而不是**能够**。李嘉图一如既往

---

① 见《路加福音》16：19—21："有一个财主，身穿紫色袍和细麻衣，天天奢华宴乐。又有一个乞丐，名叫拉撒路，满身是疮，被人放在财主门口，想得财主桌子上掉下来的零碎充饥；并且有狗来舔他的疮。"——编者注

地含糊不清，将他所谓的"工资的自然水平"定义为"维持劳动者生活的工资"。[①]维持他生活！不错，但怎么维持？——我把这段文字读给一个打工女孩听时，她立刻就会这样问我。我替这个女孩把问题展开得更详细点。"怎么维持他生活？"首先是关于，维持他多长时间的生命？在一定数量的能吃饱饭的人群中，应该有多少老人，多少年轻人？也就是说，你是不是要管制他们的生活费用，以便让他们早一点死——比如说平均活到三十或三十五岁，而且把因虚弱或营养不良而夭折的儿童也计算在内？或者说让他们能活多久活多久？照第一种情况，你可以养活多一些人口，因为人口更替快嘛；第二种情况下，人们可以活得更幸福一点。不知道李嘉图先生所指的自然状态是哪种？自然工资水平源于哪种自然状态？

其次，一块只能养活十个懒惰无知、不懂规划的人的土地，可以养活三四十个聪明而勤劳的人。哪种才叫做他们的自然状态？自然工资水平源于哪种自然状态？

再说，如果一块土地养活着四十个勤劳却无知的人，但他们再也不想这么无知，就分出十个人来去研究圆锥体的属性和星体的大小，既然这十个人的劳动被从土地上抽走了，他们就必须设法转变方式增加食物，否则要么这十个研究恒星和圆锥体的人必定饿死，要么是其他某些人饿死。如此一来，研究科学的这些人的自然工资水平是多少？这个自然水

---

① 见《政治经济学及赋税原理》，第5章，"论工资"。——编者注（见中文版《政治经济学及赋税原理》，《李嘉图著作和通信集》第1卷，第77页："劳动的自然价格是让劳动者大体上能够生活下去并不增不减地延续其后裔所必需的价格。……因此，劳动的自然价格便取决于劳动者维持其自身与其家庭所需的食物、必需品和享用品的价格。"——译者注）

平与他们先前的或转变后的生产力是什么关系？或者如何用这个自然水平衡量这种生产力？

还有，如果这块土地一开始养活着四十个心灵平和而虔诚的人，但几年之后他们变得好斗而邪恶，以至于必须分出来五个人分析和解决他们的争斗，又必须分出来十个人以昂贵的装备全副武装起来，以执行裁决，还要分出来五个人费尽口舌教导众人说，上帝是存在的，那么，这些情况会给他们的总体生产力带来什么后果呢？这些负责解决争讼、武力执行和传达神谕的劳动的自然工资水平是多少呢？

81. 还是把这些问题留给李嘉图先生的门徒们去讨论或搁置吧，随他们怎样，而我则要继续探讨与劳动阶级可能的未来有关的一些主要事实，穆勒先生对这个未来事实一笔带过，而且以偏概全。他书中讨论这个问题的那一章以及之前的一章，①跟政治经济学家们通常的作品有所不同，他承认自然在外观方面的某些价值，并且对自然景色有可能被破坏这一点表达了遗憾。但我们先不必费心讨论这个题目。人既不能喝蒸汽，也不能吃石头。一定面积的土地上能容纳最大数量的人口，意味着那里有可供人或牲畜食用的最大数量的植物，也意味着有最纯净的空气和水源。因而，那里也有最大数量的树木以净化空气，也有最大面积的冲积平原，上面有草本植物阻隔炽烈的阳光，因而可以为河流补充水源。整个英国，如果愿意，可以变成一个制造业城市，而所有的英国人都可以为全人类的福利牺牲自己，在噪音、黑暗和致命的烟尘之中英年早逝。但这个世界不能变成一个工厂或一座

---

① 《政治经济学原理》，第4编，第6章，"论静止状态"，第7章，"论劳动阶级可能的未来"。——编者注

矿山。哪怕你再聪明伶俐，也不可能让数百万人消化钢铁，用氢气代替美酒。人类的贪婪和愤怒永远无法养活这数百万人，即便他们餐桌上摆满了所多玛的苹果和蛾摩拉的葡萄，①让灰烬变成美味，让蛇毒变成花蜜，但只要人还依靠面包活命，远处的山谷就必定因覆盖着上帝的黄金②而大笑，上帝幸福的子民也必定围绕着酒缸和水井载歌载舞。

82. 我们那些感伤的经济学家也不必担心机械化农业的那些做法蔓延太广。只要有聪慧的人口存在，他们就会像寻找食物那样寻找福乐，但只有凭借在可居住之地保持"喜悦"的智慧，③人口数量才能达到其极限。沙漠也有其指定的位置和任务；永动的蒸汽机，连杆是地球的自转轴，推拉运动是它的年份，喷出的蒸汽形成海洋；它无可阻挡，依然将霜和火的力量分配到与石山接壤、风沙弥漫的沙漠王国；但在霜与火之间的可居住地带，居住起来将会是最宜人的。人内心的欲望也如眼里的光。④没有哪处景色能让人坚定不移地喜爱，除非经由人欢喜的劳动而变得富饶：田地平坦，花园美丽，果园丰硕；家园整洁优美，人来人往，到处欢声笑语。沉寂的空气，只有当充满着隐约传来的低语才会甜美——那是鸟儿啁啾，昆虫鸣唱，成人浑厚的话语，儿童嬉闹的欢笑。尽管生活的艺术是习得的，但人们还是终究会发现，一切可爱之物也都是必需之物——路边的野花以及得到

---

① 所多玛（Sodom）和蛾摩拉（Gomorrah）是圣经旧约所说的罪恶之都，上帝遣天使将它们同时毁灭，见《创世纪》24。英文中 apple of Sodom 也有金玉其外败絮其中、劣质货的意思。——译者注
② the gold of God，意指沃土。——译者注
③ 见《箴言》8：31。——编者注
④ 见《箴言》15：30。——编者注

莳弄的庄稼，林中的百鸟野兽以及家养的牲畜；因为"人活着不是单靠食物"，[①]也靠沙漠里的吗哪，[②]还靠上帝的美妙话语和神秘工作。人之所以幸福，是因为他不知道这些话语和工作，他的父辈们也不知道；是因为他周围的一切都没入无限，他自己的存在也是奇迹。

83. 最后要提醒的是，有助于人类的真正幸福的一切进步，必须凭借个人的努力，而非公共的努力。在进步的过程中，某些通行的尺度可以有所帮助，某些改进的法律可以提供引导，但是，首先有待确定的，是每一个人的家庭的尺度和法律。我们不断听到有睿智的人抱怨邻人（通常地位不如他们），说这些邻人应该"满足于上帝给他们安排的位置"。也许上帝并无意让人们**应该**满足于某些生活境遇。这个准则大体上是好的；但却是特别给你自己家用的。你的邻人是否满足于**他自己的**处境，与你无关，但你是否满足于自己的处境，却与你有关。当今时代，英国最需要做的事情是证明，一定程度的快乐是可以通过持之以恒、因材施用的努力得到的，是可以凭借谦逊、坦诚和勤劳获得的。我们需要一些楷模（他们是否能在尘世中有所成就，就交给上天决定吧），让他们为自己决定，是否要在尘世中幸福，并且决心追求的不是更多财富，而是更简单的快乐，不是更好的运气，而是更深沉的喜悦；他要拥有的第一笔财产，就是拥有自我；他要引以为荣的是，无害的自尊和对平安的沉着追求。

对于这种卑微地追求的平安，《圣经》如此写道："公义

---

① 《申命记》8:3。——编者注
② 吗哪（manna）是上帝赐给困于旷野的以色列人的食物，见《出埃及记》16。——译者注

和平安彼此相亲。"①而公义的果实"结在使人和平的和平之中"。②"使人和平者"并非像人们平常理解的那样,比如调解人(虽然这个职责也随更大的职责而来),而是"创造和平者"、"赠与平静者"。③你必须首先得到平静,然后才能赠与平静;但这个"得到"并不一定是跟随通常所谓的生意而来的。唯有生意是最不可能得到这个得到的,因为生意本质上是不安分的(所有国家的语言都表明这一点,希腊语 pwlein[卖出]源自 pelw[变成],prariV[买卖]源自 peraw[穿过],而意大利语 venire[来]、法语 vendre[卖]、英语 venal[贪污的、用钱买来的],都源自拉丁语 venio[来]),而且生意很容易产生争执——像乌鸦盯着腐肉,生意人也一心念着来来回回的变动,然而,叼着橄榄枝的鸟儿却找地方歇脚,④因此,经文上说,**智慧**"建造房屋,凿成七根柱子",⑤甚至当智慧虽然常常在门口久久守望,⑥却不得不离家外出的时候,她的道路也是平安的。⑦

84. 对我们而言,无论如何,智慧的工作必须从门口开始:一切真正的经济都是"家园的法则"。让我们努力把这个法则定得严格、简明而宽宏:就是切勿浪费,切勿吝惜。绝不要想着赚更多钱,而是想着用钱得到多少;始终要记住这个重大的,也许也是必然的事实,这是所有经济的规则和

---

① 《诗篇》85:10。——编者注
② 见《雅各书》3:18:"使人和平的,是用和平所栽种的义果。"原文为:"sown in peace of them that make peace."——编者注
③ 原文为:peace-Creators;Givers of Calm。——译者注
④ 见《创世记》8:10—11。——编者注
⑤ 《箴言》9:1。——编者注
⑥ 见《箴言》9:4。——编者注
⑦ 见《箴言》3:17。——编者注

根源，即，一人拥有，另一个人就无法拥有；任何物质中的每一个原子，无论是被使用还是被消费，都要付出人那么多的生命；如果这物质是为了解救现世的生命，或者得到更多生命，那就是用得好，否则就是阻断或杀死这些生命。在买任何东西的时候都要想一想，首先，你给生产者带去了什么样的生活条件；其次，你付出的那一笔钱对生产者来说是否是公平的，是否是他应得的，是否确实到了他手里；①第三，你买来的东西，有多少是用在了清白的目的上，如食物、知识或欢乐；第四，你买来的这些东西，要分配给谁，如何分配才是雪中送炭，物尽其用。不管在什么交易中，都要坚持完全公开和恪尽职守；不管做什么事情，都要坚持做到完美和精湛；尤其是一切适销商品，要坚持货真价实。与此同时还要密切留意，对于赚钱或教导的一切方式，你是否从中获得了朴素的快乐，并且证明"以草芙蓉和常春花为生有什么幸福"，②你能得到多少享受，不取决于你品味了多少东西，而是取决于你是否快活而耐心地品味。

85. 在恰当而诚实地思考这些事情的时候，如果你发现人们如今通过每一次对怜悯的恳求和对权利的要求而呼唤的那种生存状态，似乎，至少在有些时候，并不是奢侈的状态，那就想一想，如果我们清楚看见我们周围的苦难是随奢

---

① 在详论对于起先的生产者的公正报酬这个问题之前，我必须，也当然需要，考察下面这些人的本职工作，那就是中间人，即监督人（工头）、传达者（商人、水手、零售商，等等），以及其他受命者（受雇从消费者那里接受指令者）。但在这几篇导论性的论文中，我并没有谈及，因为伴随滥用这种中间职能的弊害，不是来自现代政治经济学所声称的任何一条原则，而是来自工人的敷衍塞责或心术不正。——作者注

② 赫西俄德：《工作与时日》，40—41。——编者注（引自中文版《工作与时日·神谱》，张竹明、蒋平译，商务印书馆，1991 年，第 2 页。草芙蓉和常春花，就如"面包和乳酪"一样是穷人的食物。——译者注）

侈而来的，这奢侈（即使你认为它是无罪的）是否是我们当中有人会渴望的。在未来，奢侈当然是可能的——清白而雅致的奢侈；是给所有人的奢侈，也是来自所有人的帮助的奢侈——但现在，只有无知之人才会享受奢侈；活着的最残忍的人，除非被蒙着眼睛，否则是不会坐在宴席上的。大胆地揭开面纱吧，看着光；如果至今只有透过泪水，眼睛才放出光，如果透过粗衣，身体才放出光，[①]那就流着泪出去，带上宝贵的种子，直到那日子到来，那天国到来，那时基督赏赐的面包和馈赠的平安，将"给那后来的和给你一样"；[②]那时，在世间隔绝的恶人和困乏人，不必等到进入坟墓就得到圣洁的和解，得到平静的经济，这种经济之中，恶人止息搅扰——不是不受搅扰，而是不去搅扰——困乏人得享安息。[③]

---

① 见《马太福音》6:22。——编者注
② 《马太福音》20:13。——编者注
③ 见《约伯记》3:17。——编者注

微尘的赠礼：

政治经济学原理六篇

1872 版序

1. 我相信下面这些文章，包含了对政治经济规律的准确分析，这在英国实属首次。许多论著，在其自身所论范围内是正确的，却似乎与人们普遍接受的见解相矛盾；但是，任何不了解最高级的工业（通常称为"高雅艺术"）的产品的价值的人，是不可能对这个论题进行详尽而彻底的考察的；而了解这些产业的人，据我所知，尚未尝试过，甚至都没有触碰这项任务。

所以，直到这些文章出版的时候（1863年），不仅财富生产的主要条件无人阐述，就连财富本身的性质也从未被定义过。穆勒先生的著作开篇写道："对于财富，每一个人都有自己的见解，这个见解对一般的目的来说也是充分正确的。"[①]然后他志得意满地展开自己的论述，就像一个化学家还没有努力确定火或水的性质，就开始考察化学的规律，因为他以为每个人都了解火或水，而且其见解"对一般的目的来说是充分正确的"。

2. 但是，即便这个看似不容置疑的说法也并不正确。哪怕是就最一般的目的而言，一万个人里面也没有一个人，对

---

① 引自中文版穆勒：《政治经济学原理》上卷，绪论，第13—14页。——译者注

于财富"指什么"有足够正确的见解,更不要说财富永远**是**什么了,不管我们是否有兴趣追问;而这却是学习经济学的每一个学生都应该查明的东西。的确,我们都知道(要么凭借经验,要么是在想象中)如何为自己获取锦衣玉食;如果穆勒先生认为,财富仅仅在于这些东西,或者在于获取这些东西的手段,那他就很容易以完美的科学准确性这样定义财富了。但事实上他知道得更清楚:某些种类的财富在于拥有其他东西,或获取它们的能力;但是,在其毕生的研究中,他都对基本价值的原理毫无头绪,所以只好将公众的意见当作自己的科学的基础,而公众也当然乐意接受建立在他们意见之上的那种科学的见解。

3. 相反,我有一种独特的优势:不仅我每日从事的工作为我打开了更广阔的调查领域,而且在此过程中,我也偶尔得到了一些沉重的教训。

1851年冬天,我为研究威尼斯建筑收集材料时,圣罗克会堂(the School of St. Roch)屋顶上丁托列托所绘的三幅画像破布一样吊着,缠着板条和灰泥,围着奥地利人三发重炮留下的弹孔。看起来威尼斯这座城市并不富裕,无力修复那个冬天遭受的损害;会堂楼上房间地板上摆着几只桶接雨水,雨水不仅直接通过弹孔落下来,而且由于屋顶通常都会漏水,雨水也顺着在天花板其他地方的丁托列托的许多画布流下来。

4. 如我所说,这对我是个教训,既沉重又直接;因为我当时已经知道(虽然直到最近在牛津的时候才敢断言),威尼斯的丁托列托的画,实实在在是欧洲最珍贵的财富,是人类工业现存的最好产品。那个时候,三幅这样的产品变成了湿漉漉的布条，飘在它们曾经装饰的屋顶下，而巴黎里沃利大街（Rue Rivoli）的商店，为了满足稳步增长的公众需求，开始稳步增长地供应做工精致、色彩鲜艳的石版印刷画，上面描绘的是欢快的现代舞蹈，其中康康舞①历来占据显要位置。

5. 人们花在制作一幅这种印刷画的石头上的劳动，要远远多于丁托列托创作一幅中等大小的画习惯所用的劳动。因而，如果把劳动视为价值的根源，那么如此精工细雕的石版的价值就大于丁托列托的画的价值；也由于这块石版能生产大量直接可售卖或可交换的印刷画，而对这些印刷画的需求也是稳定的，自然而然，根据迄今为止人们相信或阐明的政治经济学原理，巴黎这座城市，因为占有大量的印刷石版（更不要说还有无数特点相似的油画和大理石雕刻），就会认为自己比拥有在南风和盐雨中飘荡着的发霉画布的碎片的威尼斯更加富有。也因此，巴黎还提供（不考虑其成本）高大的拱廊商店和不计其数的私人寓所的华丽壁龛，以保护她这些更好的财宝免受风雨侵袭。

6. 然而，巴黎从未因这些财产而更加富有。本质上说，这些令人愉悦的石版印刷画并非财富，而恰恰是财富的反面。根据她在生产这些东西的过程中付出的劳动的确切数量，巴黎不折不扣是个赤贫之地。这些东西不仅仅是虚假的财富，而且是将来必须要偿还的真实**债务**，里沃利大街现今的面貌显示了她将如何偿还。②

而威尼斯天花板上那些褪色的污迹，始终是货真价实

---

① 康康舞（Cancan），一种法国舞蹈，以高踢腿为特点。——译者注
② 指巴黎公社运动造成的破坏。——编者注

的、无可估量的财富。作为一座被埋葬的城市中被遗忘的珍宝，它们对于其拥有者是无用的，但它们当中却有着财富的内在的、永恒的性质；威尼斯仍然拥有它们的残迹，也就是一座富有的城市。只是威尼斯人对于"财富指什么"，**没有**一个对于非常一般的目的而言足够正确的看法，以让他们给屋顶铺上石板。

7. 庸俗的经济学家会回答说，他的科学与绘画的性质无关，而是仅与绘画的交换价值有关；他的任务仅仅是考虑，丁托列托的遗迹，是否像印刷石版印出的图画那样可以值上十六便士。

但是，如果所举的例子是马匹而非绘画，他就不敢不假思索作出这样的回答了。最愚钝的经济学家也会意识到，而且承认，一位绅士拥有一匹漂亮的种马，要比拥有一匹骨瘦如柴、虚弱无力的马更富有。虽然他的假冒科学从未教过他，但他会本能地感觉到，付给这些马的价钱，在两种情况下都不改变马的实际价值；那匹好马，虽然是侥幸花了几个几尼买到的，但其价值并不因此就减少，一匹遍体鳞伤的劣马，虽然是一个人花一百几尼买下的，但他不会因此而更加富有。

8. 所以，这个经济学家说他的科学不考虑绘画的性质，只能说明他不懂得绘画真正的好坏，也没有能力考察这种物品的价值的规律。这是事实。但是，既然没有能力定义绘画的内在价值，结果便是，他必定同样无法定义彩绘玻璃或彩绘陶器，或者绘有图案的东西，或者其他需要真正的人类聪明才智的国民生产的内在价值。不仅如此，虽然能够设想负重牲畜的内在价值，但没有哪个经济学家曾努力说明国民经济的一般原理，哪怕是与马或驴有关的国民经济。总之，**现代政治经济学家中，绝对没有一个能领会内在价值的本质。**

9. 下面各篇文章的第一个独特之处在于，它们一开始就给出了内在价值与内在反面价值（Intrinsic Contrary-of-Value）的定义，并且作为一切后续推理的基础；以前的作家们对消极动因完全不予考虑，而对于积极动因则完全没有定义。

但第二个独特之处在于：现代经济学家忽视了内在价值，而是将流行的估价方式接受为他们科学的唯一基础，他们想象自己已经确定了调节大众需求与供给之间关系的恒常规律，或者已经证明了需求和供给之间的一种天赐的平衡，对此人类的先见无能为力。通过特殊的巧合，我近来发现，关于这种供需规律的理论在另一场重要围攻中遇到了棘手的实际问题，就如我看到关于内在价值的理论在威尼斯遭遇的围攻中遇到的问题一样。①

10. 我曾有幸加入伦敦市长主持的委员会，在巴黎陷落后为其输送物资。会议期间，供需规律在何时发挥作用，这种作用究竟是什么，成为至关重要的问题：此时的需求，确实是非常迫切的；几百万人短时内陷入饥荒，无论何种食物，都是需要的。然而，人们在争论过程中承认，在最后一刻，并且是紧要关头，车辆和马匹短缺的时候，神圣的供需原理可能发现自己缺少大车和马匹；此时我们冒险干预这条神圣法则，以便提供车马，经过一阵忙乱，很幸运及时满足了需要。委员会也进一步认识到，神圣的供需原理发挥作用的条件是，为巴黎穷人所需要的价值一便士的东西，要开价

---

① 参见第 3 节，遭受长达十五个月的围攻之后，1849 年 8 月 22 日，威尼斯向奥地利人投降。——编者注

十二便士；而结束其作用的条件是，以一便士的价格为他们提供价值十二便士的他们并不需要的东西。于是委员会得出一个结论，在这特殊时刻，神圣的供需原理毫无用处：这一次我们冒天下之大不韪，为巴黎穷人提供了他们需要的东西，同时也是在他们需要的时候提供的。人们会记得，我们在这件事情上成功了，发挥了委托给我们的钱款的价值。

11. 但事实是，人们感觉到，这个所谓的"规律"不仅在这种紧急情况下是错误的，而且在不那么紧急的情况下也同样是错误的。无论何时何地，它都是错误的。不，这个规律是一种虚构的东西，以至于庸俗的经济学家们甚至在解释它的时候也莫衷一是。在一些经济学家看来，这条规律仅仅是指，价格是受供需关系调节的——这一定程度上是正确的；而在另一些人看来，这个规律指的是，供需关系允许的时候，人们干预它是不明智的；这个表述不仅不合事实，就如在上面那个例子中，而且恰恰是事实的反面：因为所有明智的经济学，无论是政治经济学还是家庭经济学，都在于坚决维护供需之间的既定关系，而非本能的或（直接的）自然的关系。

12. 同样，庸俗的政治经济学还断言，工资是由竞争决定的，这是一条"规律"。

现在，我付给我仆人们的工资，我认为是他们过上舒适生活所必要的。这份工资完全不是由竞争决定的；而是有时由我对他们的"舒适"和"应得"的见解决定，有时则由他们对自己的"舒适"和"应得"的见解决定。如果我明天不名一文，他们当然还会为我提供无偿的服务。

在这两种真实的和假设的事例中，庸俗政治经济学的所谓"规律"，都绝对不是不容置疑的。但不容置疑的是，我无法违反重力法则，也无法在室内温度高达三十二度时不允许冰融化。一个在我家里真实的规律，在我家外依然是真实的。因而，工资是由竞争决定，并非大自然的规律。它更不是国家的规律，否则我们现在就不该对它展开公开的争论，以至于给国家造成数百万英镑的损失。庸俗的经济学家们之所以无能到想象一个规律，只是因为在过去二十年里，一群极其愚蠢的人试图以这种方式确定工资；而且在一定程度上偶然取得了成功。

13. 无论是定义财富的要素，还是阐明影响财富分配的规律，现代政治经济学一直是这样绝对无能的，或者绝对错误的。下面的文章，像有些人愚钝而固执地断言的那样，是试图用情感来取代科学；相反，它揭露了一些人傲慢地伪称为科学的东西；而对政治经济学必须处理的物质要素的定义，以及对它所包含的道德原则的定义，迄今为止还未受查问，但我敢说它们并非不能被查问；它本身并非一门科学，而是"建立在科学之上的行为体系，而这个体系只有在一定的道德文化的条件下才是可能的"。这就是说，勤勉、节俭和明辨，经济学的这三个基础乃是道德品质，若非有道德约束，便无法被获得：读者可以认为这不过是一条浅显的自明之理，但这个自明之理却被欧洲的所有民众明目张胆、竭尽所能地否认；当前他们希望凭借贸易诡计，轻轻松松就获取财富；他们占有财富，但在使用财富的过程中丢掉了节俭的概念，又丢掉了多少节俭的习惯呢？他们在选择财富的要素时，甚至无法丧失明辨这种才能，因为他们任何时候都没有拥有过它。

14. 如果讲授关于经济的假冒科学的人，敢于把他们在这些课题上得出的哪怕是贫乏的结论说明清楚——民众在这些课题上莽撞轻率是最危险的——那么他们早就可以通过运用这些结论发现，哪些结论是真实的，哪些是虚假的。

但在这些主要的、重要的问题上，还没有政治经济学家敢于表明一条指导原则。我将举出三个具有普遍重要意义的题目：国民服饰、国家租金、国家债务。

如果我们要在任何地方寻找对一门科学的原理的系统而详尽的描述，当然必须要听听剑桥大学教授的话了。

15. 翻开福西特教授①的最新一版《政治经济学手册》，把下面三个问题记在心里，看看你们是否能从中找到答案。

I. 把资金花费在生产奢侈的服饰和家具上，将使一个国家变得富裕还是贫穷？

II. 一个国家将其从土地或土地的产品上征收的税款，支付给一定数量的私人，让他们任意花费，这将使这个国家变得富裕还是贫穷？

III. 一个国家无限期地从私人那里借钱然后支付利息，将使这个国家变得富裕还是贫穷？

这三个问题都非常简单，却也尤为关键。解决了这三个问题，你们就会立刻发现国家在一切重大事项上的行为的基础。若不解决，那么狡猾的无赖和愚昧的群众，将给这个国家的人民带来无尽的苦难。

我来逐一解说这三个问题。

---

① 福西特（Henry Fawcett，1833—1883），经济学家，1863年任剑桥大学政治经济学教授，并于同年出版《政治经济学手册》（*Manual of Political Economy*），罗斯金所指的是1869年版。——译者注

16. I. 服饰。现今时代，公众心里有这么一个普遍印象，即富人在服饰和家具上的奢侈对穷人是有利的。可能哪怕是最无知的政治经济学家，也不敢长篇大论下这个断言。但他们提出相反的观点了吗？在上任皇帝统治的整个期间，法国人将此设定为财政管理的首要原则，即从外省劳工那里收取的租金中，很大部分都应该被用于为巴黎贵妇们制造服装。法国或英国的政治经济学家们，谁敢发表与这个制度相悖的科学结论呢？早在 1857 年我就尽力揭示这个错误的本质，并向人们警告其危险,①但人们装聋作哑，不闻不问，不敢与我一道谴责贸易势力；十四年间巴黎的贸易势力权倾一时——至今余威犹存——正如法国公共事务大臣准确而尖锐告诉我们：

> 我们以黄金取代荣耀，以诡诈取代实干，以怀疑取代信仰和荣誉。我们粉饰太平，放纵妇女；目不厌丽，耳不厌俗；藏贼引盗，助纣为虐；鲜廉寡耻，成王败寇；声色犬马，阿尊事贵；好高骛远，口若悬河；歌舞升平，尸位素餐——这就是我们看到的奇观？这就是我们的社会?②

当然，除了对奢侈服饰和家具的欲望，还有其他原因导致这样的后果；但最活跃的原因却是对这些东西的热情；对

---

① 见《艺术的政治经济学》，史密斯兄弟出版公司，1857 年，第 65—76 页。——作者注（见《永久的欢乐》，第 47—56 节。——译者注）
② 参见 1871 年 10 月 27 日《蓓尔美尔报》（*Pall Mall Gazette*）上于勒·西蒙（Jules Simon）先生的报告。——1872 版注

于这种热情，牧师并未斥责，而且经济学家多数时候还要加以怂恿，认为它是有利于商业的。不要以为这种结果只出现在法国，我们自己也是紧步后尘。法国曾与我们鏖兵沙场，但从未像她在紧跟时尚、贸易自由上，成为我们的致命敌人。在我心里，历史记载的亚述人和罗马人骄奢淫逸的任何事实，都比不上几周前我听说的英国的事情更加不祥，或者更加可怕；北方一个平静的乡村镇子上有一对夫妇，德高望重，安居乐业，因为跟其独生女的服装商打官司而在晚年流落街头。

17. II. 租金。福西特教授在《政治经济学手册》的第112页，对租金的本质给出了非常准确的解释：

> 每个国家都可能被征服过，被征服的领土的割让，通常是征服者长官给其得力属下的奖赏……由武力所得的土地必须由武力加以保卫；在法律确立其至高无上的地位，财产得以稳固之前，没有一个男爵能够保留其财产，除非依靠其地产为生的人们准备好保卫这些地产……①随着财产变得安全，地主觉得国家权力会保护他在财产上的所有权利，当这些封建关系的一切残余都被扫除的时候，地主和佃农之间的关系就因此变成纯粹商业性的了。一个地主将其土地提供给任何愿意接受的人；他渴望收到他能获得的最高租金。调节如此被支付的租金的原则是什么呢？

福西特教授志得意满地继续研究的这些原理，看起来丝

---

① 中间省略的语句只是展开论述，所以不会改变原意。——作者注

毫没有思考整件事情当中的首要原理的可能性——用武力维护用武力得来的土地的所有权——而任何有思想的人都会对此提出质疑。不过，我们今天最紧迫的任务是发现，以盗抢应对盗抢，在多大程度上是正义的，或者，反过来的盗抢是否也是盗抢；进一步说，除了起先的盗抢和反过来的盗抢之外，拥有土地的正当条件还有什么？

18. III. 债务。很久以前，还是个孩子的时候，我习惯安静坐着听伦敦商人们之间的谈话。他们都是善良而明智的生意人，偶尔喜欢在我父亲的餐桌上聚会，其间最让我惊讶的是，一些最明智、最谨慎的商人坦然确信："如果没有国债，他们就不知道该拿他们的钱怎么办，或者说放在哪里才安全。"福西特教授在其《手册》的第 399 页也有同样的表述："在我们国家，抵御损失风险的保障是由公共基金提供的。"就像对待租金问题，福西特教授仿佛丝毫不愿费心考虑两种政府对于国家繁荣的影响之间的本质区别，也就是，一个政府为十五年前放烟花的钱支付利息，另一个政府则为要在今天被用于生产性劳动的钱支付利息。

读者会在我这本书的 127 到 129 节，看到关于这个区别的阐述和考察，经济学家，在探讨关于政府的其他论题之前，其任务是充分解释这个区别。我相信那几段文字包含了目前对于这个区别的唯一明确的论述。

19. 缺乏这种论述的实际结果便是，资本家在不知道该拿他们的钱怎么办的时候，就在多个国家说服农民，说他们需要枪炮相互射击。因此，农民们就从工厂借来枪炮，而资本家从生产中得到了利润，科学家们则得到了娱乐和信誉。然后，农民们相互射击一段时间，直到筋疲力尽；随后又到处烧毁对方的房屋。然后，他们把枪炮收到高塔和军火库等地方，摆成装饰图案——胜利的一方也会把破烂的旗子收到教堂里。再然后，资本家们年年向双方收税，以为制造枪炮弹药的贷款支付利息。这就是资本家们所谓"知道该拿钱怎么办"，也是商人们所谓的与"感伤的（sentimental）"政治经济学对立的"务实的（practical）"政治经济学。

20. 十一年前，即 1860 年的夏天，我深深感觉到（正如卡莱尔很久以前就感觉到），上文提到的欧洲那些所谓的民众，由于他们的老师所犯的错误，将要面临怎样的不幸。我开始尽我所能，与这些老师作斗争，为《谷山杂志》写了一系列文章，然后以《给那后来的》为标题出版。杂志的编辑是我的朋友，冒险在杂志中插入了最初的三篇文章；但反对的呼声越来越强烈，任何编辑都难以承受，然后他写信给我说，杂志只能再接受一篇经济学的文章了；对此他深感不安，连连向我道歉。

应他允许，我写了最后一篇比之前更长的文章，也尽可能让结论不那么尖锐——也是这本书此时坚持的结论；但是，我写的时候几乎一蹴而就，也知道这些文章比我之前的多数作品都要好，其中包含的真理比我之前作品阐述的真理加起来还要重要。《谷山杂志》的读者对这些文章激烈谴责，但也使我更加严肃地思考；此后两年多的时间，我脑子里反复琢磨文章讨论的问题，然后决心要在余生里写一部详尽的政治经济学著作。然而在当时，如果不是《弗雷泽杂志》的编辑写信给我，说他相信我的理论有点价值，愿意冒险接受我就这个危险题目写的东西，我还可能不会动笔。于是，在1862 到 1863 年的冬天，我谨小慎微地，也是断断续续地把文章寄给他，他冒险发表了打算要写的作品的前言，并将其分为四章。虽然编辑并未完全丧失勇气，但出版商却愤慨阻挠；因而《弗雷泽杂志》的读者也像《谷山杂志》的读者那样得到了保护，暂时没有受到来自我的更多骚扰。后来，因为健康问题和家庭变故，①还有各种不幸的意外，使我无法继续完成此书的主体——七年过去了，但一无所获；现在我乐意单独再版这篇前言，而题目则是给全书起的。

21. 对此我并没有什么不满足；到了这个年纪，我能坦然接受失败。其次，因为这篇前言作为一系列定义，本身是完整的，在写《给工人的信》② 的过程中我仍在参考它们；也是及时凭借这些定义，我也有把握不那么正式地完成《微尘的赠礼》的主要目的，实际上这个目的在这篇前言的第27、28 节就予以了概括，也就是去考察财富分配法则的道德结果，以及对这些法则的可能的修正；这些法则迄今一直盛行，也无人争议。平常的经济学家们假定这些法则是不容违背的，而平常的社会主义者则想象它们即将被完全废除。但是，他们都被骗了。目前调节财富占有权的法则是不公平的，因为驱使人获取它的动机是不纯洁的；但任何社会主义都无法废除它们，除非它同时能够消除贪婪和骄傲，而且它也还丝毫没有行动。无论如何，这种改变无法达到人们曾想象的程度。极度的奢侈可以被禁止，贫穷的痛楚可以被减轻；但大自然的意图是——社会主义最大的努力也不会阻止其实现——节俭的人必定永远比挥霍的人富有，聪明的人必

---

① 指 1864 年他父亲去世。——编者注
② 即《万福之源》 （*Fors Clavigera*），其副标题是 "给大英工人和劳动者的信"。——编者注

定永远比愚蠢的人快乐。但是，对勤劳的产物的所有权的调节，更多取决于产物的性质而非数量，因而也取决于对勤劳的目标的明智确定。一个欲求真正财富的国家是适度地欲求的，因而能善意地分配，快乐地拥有；一个欲求虚假财富的国家则是过度的欲求，因而不能公平分配，也不能和平享用。

22. 在我目前的工作里，我需要经常参考文章对真正的和虚假的财富的定义，所以再版它们的时候作了仔细修改。它们是在国外写的，一部分是在米兰，一部分是在日内瓦附近萨雷布山的东南坡，当时正值冬季；随后我将清晰的手稿寄往伦敦，但我没有修改校样，因此现在不得不对各处进行修订，或修改一些次要的细节。但凡意思有变动的地方，我都用方括号括注了，我觉得有必要添加的几处说明性注解，也括了起来。但我很遗憾地发现，这些注解是无法补救语言上造作的简练带来的麻烦的，之所以有简练的习惯，是因为我对一些特殊段落思考了太长时间——屡次独自漫步于博纳维尔或安纳西的群山之间。但我的目的不过是写一本供人参考的词典，而且是让认真的读者参考；我衷心希望，如果他们从中找到了自己想要的东西，是能原谅这些造作的简略措辞的。

如前所说，这些文章最初是分成四期发表的。方便起见，我现在将它们分为六章，并加上了节号——我打算给我这版的作品集都标上节号。

我把这部作品集的第一卷献给那位帮我走出悲痛的朋友。①

---

① 修订版作品集，第一卷是《芝麻和百合》，发表于 1871 年，献给了法布（Filh），即芒特·坦布尔女士（Lady Mount Temple），可见《过去》（Praeterita）第 2 卷，第 39 节。——编者注

就让我把第二卷献给激励我勤奋劳动的那位朋友和导师，**托马斯·卡莱尔**。

23. 但愿我有能力以更好的手段表达我对他的尊敬，在我们所有的文学大师当中，他是唯一一位忘我地为他那个时代的人民写作的大师，他知道他们需要听到什么，如果他们愿意听的话：因此，随着他的任务必须结束之时的到来，共和主义和自由思想的英国也急不可耐地对他进行责难和抨击；她从政治上的懦弱和贸易上的耻辱的深渊中，派出二流文人对这位"孤独的教师"恶语中伤，以博取她的欢心，而这位教师曾请求她为救助人类而勇敢，为爱上帝而正义。

                                     1871 年 11 月 25 日，丹麦山

你啊，量海，量地，量不可计数的沙，

　　却滞留马提努海岸，阿契塔，

仅仅因为没收到一抔泥土的礼物。①

第一章　定义

1. 正如家庭经济参考其维生手段而调节一个家庭的行为和习惯，政治经济也参考其维生手段而调节一个社会或国家的行为和习惯。

政治经济既不是一门艺术，也不是一门科学，而是一套行动和立法的体系，它以科学为基础，指导艺术，因而，若非以一定的道德文化为条件，它便不可能存在。

2. 近来英国的人们所谓的政治经济学这项研究，实际上不过是对现代商业活动的某些偶然现象的调查，而且对这些现象的调查中，它的表现也是不正确的。按照过往时代伟大思想家的理解和论述，它与政治经济没有任何关系；只要它

---

①　出自贺拉斯：《颂歌》，i.28。——编者注（原文为拉丁文，引自中文版《贺拉斯全集》上册，李永毅译，中国青年出版社，2017 年，第 71 页。阿契塔，Archytas，又译阿基塔斯，约公元前 428—约公元前 347，古希腊毕达哥拉斯学派哲学家。——译者注）

那种没有学理、不加界定的描述被允许借用同样的名称横行于世，那么那些思想家——主要是柏拉图、色诺芬、西塞罗和培根——就这个课题写下的每一个词，对于人类就几乎无用。因而读者也不必奇怪，我这些论文中使用的所有重要术语，都谨慎地、坚决地保留其字面的和最初的意思；因为一个词被人们首次需要的时候，通常都是非常贴切的；其最年轻的含义，有着其青春的全部力量；随后的意思则大多是扭曲的或弱化的。而且，由于所有严谨的思想家都一定会准确地使用他们的词汇，所以要想让我们自己从他们的言论中受益，首要条件就是对这些术语进行严格定义。

3. 我们应该将"维持"一个国家，理解为供养其人口过健康的、幸福的生活，并且帮助他们的数量得到增加，只要这个增加是与他们的幸福一致的。政治经济学的目的，不是以普遍的健康或舒适为代价增加人口数量，也不是以其他生命或生命的可能性为代价，无限地增加某些个体的舒适。

4. 政治经济学中几乎所有错误的推论，都源于这个假设，即其目标是积累货币或可交换的财产，但只需几句话就可以证明，这个假设是毫无根据的。因为没有经济学家会承认，国民经济的正当目的，仅在于建造一座黄金金字塔。他们会声称，如果金子保持为山的形状，那就是被浪费掉了，然后说明黄金应该被怎么利用。但为了什么目的而利用呢？要么必须被用来获取更多黄金，然后建造一座更大的金字塔，要么是为了实现黄金之外的其他目的。而这个其他目的，不管最初是被怎样理解的，人们会发现，最终是要将黄金转化为对人的服务——也就是他的生命的延长、安全或舒适。黄金金字塔的建造，可能是深谋远虑的，也可能是鼠目寸光的；但累积黄金是明智还是愚蠢，只有在我们清楚阐述经济学的目标之后才能被确定，而这个目标就是生命的延伸。

如果货币或可交换财产的积累，是延长生存的某种手段，那么在讨论经济问题时，我们的注意力就无需放在更远的目标上，即生命，而是要放在当下的目标上，即货币。但事实并非如此。有时货币可能是以生命为代价而积累起来的，或者通过限制生命而积累起来的，也就是加速人的死亡，或阻止其出生。因而，我们有必要记住经济的终极目标，并且参照这个较远的目的决定较小行动的便利方法。

5. 刚才说了，政治经济学的目标，不仅是生命的延续，而且也是健康而幸福的生命的延续。但所有真正的幸福，既是生命的结果，也是生命的原因：它是生命活力的标志，是生命延续的根源。同理，所有真正的痛苦是死亡的结果，也是死亡的原因。因此，后面我会单独使用"**生命（Life）**"这个词，但人们要知道，这个词的内涵包括了整个人性（身体的和灵魂）的幸福和力量。

6. 人性在被造物主创造时，并且在他的律法得到遵守的任何地方维持人性时，是完全和谐的。身体上最严重的错误和道德上最危险的错误，莫过于将身体与灵魂相对立的禁欲主义信条。不完美的身体不会有完美的灵魂，不完美的灵魂也不会有完美的身体。每一个恰当的行为和正确的思想，都在身体和面容上留下美的印记；每一个错误的行为和愚蠢的思想，都在身体和面容上留下扭曲的印记；人类的各种面貌，都可以像写下来的历史那样被明白地阅读，除非这些印迹过于复杂，因而在某些情况下（就我们目前的知识水平来说，所有情况下都是）始终不可能被完全辨认。不过，一个一贯正义的人的面容，与一个一贯不义的人的面容，始终可以被一眼就分辨出来；并且，如果一些特质通过血统延续一两代，就会出现种族上的完全差异。道德和身体的特质，都要通过血脉流传下去，其作用远非教育的改善可以比拟（尽管教育的缺乏也可以破坏它们）；不过，若是坚持遵守上帝在其出生和培养方面定下的律法，那么人类在身体和心灵上可以达到的高贵程度，是无可限量的。

7. 因此，我们还必须把政治经济学的目的进一步定义为，"人类生命在最高标准上的繁殖"。是应该努力维持少量最美和最聪颖的人，还是应该维持大量劣等的人，初看起来难以定夺；但是，我将会在后文证明，维持最大数量人口的途径，首先是以最高的标准为目标。确定人的最高贵的形态，并仅仅以维持可能最大数量的这个阶层的人为目标，然后人们会发现，最大可能数量的每一个健康的次等阶层也是一定有必要被生产出来的。

8. 刚才说了，人性的完美形态，包括了身体、情感和才智的完善（无论我们后面会把这些完善确定为什么）。因此，政治经济作为目标去生产和使用（或为使用而积累）的物质的东西，是用以维持身体，并使其舒适的东西，或者是用以正确地运用情感和形成才智的东西。[①]任何真正服务于这些目的的东西，都是对人"有用的"，是有益的、健康的、有助的，或神圣的。通过寻求这样的东西，人便延长和增加其

① 见附录 1。——1863 版注

在地球上的生命。

另一方面，任何不能服务于这些目的的东西，甚至阻碍这些目的的东西，对人就是无用的，即有害的、无益的，或罪恶的；通过寻求这些东西，人便缩短和削弱其在地球上的生命。

9. 无论对于有用的还是无用的东西，人的评价都不能改变它们的本质。某些物质是适合作为他的食物的，而另一些则是有毒的，人对它们的思考或希求，都不能改变和阻止它们的效力。如果吃谷子，他就会活，如果吃龙葵①，他就会死。如果他生产或制造好的和美的东西，这些东西就**重造**（Re-Create）（注意这个词的严肃性和重要性）他；如果他生产和制造坏的和丑的东西，这些东西就"腐蚀"或"击碎"他，也就是以它们特有的力量杀死他。因为每一刻的劳动，无论热情多么高涨，计划多么周密，如果不用在获取面包上，②他的生命就可能丧失一部分。他的幻想、喜好、信念，无论多么巧妙、多么热烈、多么固执，如果是针对错误的目标，都是无效的。人为之劳动的一切东西，天上和地上的永恒律法都要给他从中分毫不差量出他应该为之劳动的那个部分，精确到最小的原子，作为奖励，同时从他那里不可阻挡地抽走（也可能强加于他）他不应当为之劳动的那个部分，直到在他夏天的打谷场上堆起他的谷堆；是多是少，不是根据他的劳动，而是根据他的明辨。无论是进行"商业的

---

① 龙葵（nightshade），整株植物及其果实有一定毒性，过量食用会引起头痛、腹痛，甚至导致精神错乱、昏迷和死亡，但经开水漂烫可降低毒性。——译者注
② 《以赛亚书》55:2："你们为什么花钱买那不是饼的呢。你们的劳苦，岂是为不知足的事呢？"——编者注

安排"、表面的涂色，还是物质的熔合，都不能有助于他多得一钱重量。大自然要平静地，也不可避免地问他："你发现了什么，或者制造了什么——是正确的东西，还是错误的东西？因为正确的东西，你会活，因为错误的东西，你会死。"

10. 对于没有思想的人，似乎是另一回事。在他们看来，他们似乎可以欺骗世界，从中得到维持生命的某些途径和手段。但他们欺骗不了它：他们只能欺骗他们的邻居。谁也无法从世界中骗走一粒谷子，甚至无法偷偷吸走一口空气。做多少明智的工作，就会被赐予多少生命；无论做多少愚蠢的工作，都不会得到任何东西；做多少邪恶的工作，就会被分配给多少死亡。这就如昼夜的运行一样准确。但是，一旦生命的手段被生产出来，人就可以凭借在积累和交换中付出的不同的奋斗和勤勉，以不同方式收集、浪费、截留或分配这些手段；浪费或截留多少，就必然造成多少死亡。额外死亡的速度和范围，是通过浪费的速度和范围得到衡量的——唯一的问题是（多数时候由和平时的诡诈和战争中的武力决定），谁去死，怎么死？

11. 既然这是人类生存的永恒法则，那么政治经济学的本质性工作就是确定，什么东西实际上是有用的或赋予生命的，用多少和什么样的劳动获取和分配这些东西。这个调查可以分成以下三个题目，也就是对三种现象的研究，首先，**财富**（WEALTH）；其次，**货币**（MONEY）；再次，**富有**（RICHES）。

这三个术语经常被视为同义，但它们意味着完全不同的东西。"财富"包含本身有价值的东西；"货币"包含拥有这种东西的书面索求权;①而"富有"则是一个相对的术语，表达的是一个人或一个社会的所有物相对于其他人或社会的所有物的数量。

对财富的研究属于自然科学的领域，它探讨事物的根本特性。

对货币的研究属于商业科学的领域，它探讨契约和交换的条件。

对富有的研究属于道德科学的领域，它探讨人与人之间在物质性所有物方面的适当关系，以及他们为劳动的目的而联合的公平法则。

在第一章中，我将简要概述，我们展开这三个研究分支时将遇到的课题的范围。

12. 首先是关于**财富**，如前所述，财富包含本身有价值的东西，因此我们现在需要一个关于"价值（value）"的定义。

"价值"意味着用于维持生命的所有东西的劲力或"效用"，它总是双重的：首先是"内在的（intrinsic）"，其次是"有效的（effectual）"。

必须预先提醒读者，不要把价值与成本或价格相混淆。**价值是任何事物的赋予生命的能力；成本是生产这些事物所需的劳动量；价格则是其所有者在交换它时接受的劳动量。**②成本和价格是商业条件，我们将在货币这个题目下研

---

① "书面索求"原文为 documentary claims；documentary 和 document 在下文多被译作"文书"。——译者注

② 注意这三个定义，它们非常重要，请将它们与下一页加了着重的句子关联起来。——1872 版注（参见附录 1，关于"财富的定义"。——编者注）

究它们。

13. 内在价值，是事物供养生命的绝对能力。一定品质和重量的一捆小麦中，有维持身体的物质的可测量的能力；一立方尺的洁净空气中，有维持身体温暖的固定能力；一束美丽的花朵，有活跃或鼓舞感官和内心的固定能力。

这些小麦、空气或花朵，无论人们怎么拒绝或鄙视，都不能影响它们的内在价值。无论人们使用还是不使用，它们自己的能力还在它们之中，那种特定能力不在别的事物当中。

14. 但是，为了使这些事物的内在价值变成有效的，接受者也有必要处于某种状态中。食物、空气或花朵在人类那里充分实现其价值之前，人类的消化、呼吸和知觉的功能必须是完善的。**因而，有效价值的产生始终涉及两种需要：首先是本质上有用的事物的生产；然后是使用它的能力的生产**。在内在价值和接受能力结合的地方，就有有效的价值或财富；在内在价值和接受能力二者缺一的地方，就没有有效价值，也就是说，没有财富。一匹马，如果我们不能骑它，对于我们就不是财富，一幅画，如果我们不能看见它，对于我们也不是财富，**除非遇到高贵的人，否则任何高贵的事物都不是财富。使用者的才能增加，被使用的事物的有效价值就会增加；有效价值的全部实现，有赖于使用的完美技艺和性质的适宜**。

15. 有价值的物质事物可被方便地分为五项：

（1）土地，与之相关联的空气、水和有机体。

（2）房屋、家具和工具。

（3）得到储存和准备的食物、机器，以及用于身体的奢侈的物品，包括衣服。

（4）书籍。

（5）艺术作品。

简要来说，这些事物中的价值的条件是这样的：

16.（1）土地。其价值是双重的，首先是作为生产食物和机械力（mechanical power）的价值，其次是作为视觉和思想的对象的价值，亦即生产智力的价值。

作为生产食物和机械力的手段，其价值随其形式（作为山地或平原）而变化，随其物质（土壤或矿物含量）而变化，随其气候而变化。内在价值的所有这些条件，必须由处置它们的人所知晓和遵循，以产生有效价值；但在特定时间和地方，内在价值是固定的：某一片土地和与之连接的湖泊和海洋，如果其表面和物质被恰当处置，就能恰好产出一定数量的食物和能量，而且不会更多。

土地中的价值的第二个要素是土地的美，这个要素是与动物生命的运动和充盈所必要的空间和形式等条件结合在一起的，在这些方面具有最高价值的土地，处于温和的气候中，形式有显著的变化，远离有害或危险的影响（比如瘴气或火山），能够维持丰富的动植物。这样的土地，如果有人的手精心照料，以消除其污秽杂乱，以及衰败的迹象，使其免受暴力侵犯，并且由于人的悉心保护而居住有每一种能平静地占据它的活物，那么，它就是人类能够拥有的最珍贵的"财产"。

17.（2）建筑物、家具和工具。

建筑物的价值，首先在于永久坚固，有方便的形式、尺寸和位置，以使人平静居住，轻松交往，也使温度和空气保持有益健康。城市的合理的或可能的大小，及其广场、街道和庭院等东西的分布模式，以及各种场所的相对价值，最有益健康、最坚固的结构模式，这些东西必须被放到这个题目下面研究。

建筑物的价值，其次在于历史联想和建筑美，我们也必须考察它们对习俗和生活的影响。

工具的价值，首先在于它们缩短劳动，或者在其他方面完成人力不受援助便无法完成的事情的能力。由人手或机器可以各自完成的各类工作；机器聚集和增加人口的作用，及其对这种人口的心灵和身体产生的影响；还有机器在广泛地完成繁重而有用的工作时可被设想的各种用途——迄今为止还没有被人想到——例如加深大河的河道、改变山区的地貌、灌溉热带的沙漠，破解北极海洋南北部的冰的边缘，因而使其加速融化，等等事情，由此使此前没有生命的地方变得可以居住；这些事情会在这个题目下面得到研究。

工具的价值，其次在于它们给抽象科学提供辅助。在多大程度上，这些工具的增加应该受到鼓励，以使它们在很大的时候，能被人们轻易接触（如昂贵的望远镜），或者在很便宜的时候，能以有用的形式成为平常的家用设备，这可以在这个题目下面得到思考。①

18.（3）食物、机器和奢侈品。在这个题目下，我们必须考察，用什么方法在保证安全和均等的前提下，提供纯净

---

① 这些句子是些陈腐的概括，更多是想用作索引而非描述，但我现在不能重写；我不能让读者认为，我的意思是以低劣的质量为代价让这些东西变得便宜。一个穷人家的孩子不需要始终学习数学，但是，如果你要让他学，就要更友善一些，给他们好的圆规，而不是便宜的、尖儿像铅一样容易弯曲的圆规。——1872版注

的食物，以避免浪费和饥荒；其次考察机器的经济和卫生法规的适当范围；最后是考察奢侈的经济，这既是美学问题，也是伦理学问题。

19.（4）书籍。它们的价值首先在于它们保存和交流关于事实的知识的能力。

其次在于激发活泼或高贵的情感和智力行为的能力。相应地，它们也有负面的能力，即掩盖和消除关于事实的记忆，扼杀高贵的情感，或者激发卑劣的情感。在这两个题目之下，我们必须考虑文学在经济和教育方面的积极的和消极的价值，培养和教育好的作家的途径，以及使好书得到广泛传播，以及指导读者选择它们的途径和合理性。

20.（5）艺术作品。它们的价值与书籍的价值有同样的性质；但它们的生产规律和可能的分配模式却大不相同，所以需要单独考察。

21.（II）货币。在这个题目下，我们必须考察流通和交换的规律；这里我会指出一些不同的初步原理。

货币曾被很不准确地看作仅是交换的媒介，但它远远不只是这样。它是合法索求权的一种文书表达。它不是财富，而是对于财富的文书索求，是财富的相对数量的标记，或者是对生产财富的劳动的标记，在特定时间，个体或团体有权得到这些标记。

如果世界上所有的货币，以及票据和黄金，在一瞬间被毁灭，是不会使这个世界比之前更富有或更贫穷的，但会使个体居民处于不同的关系之中。

所以，货币在本质上是与地产的所有权证书一致的；尽管证书被烧毁后地产还仍旧存在，但对于这项地产的权利却变成有争议的了。

22. 只要现存货币的数量与现存财富或可用劳动之间的比例保持不变，货币的真实所值（worth）就保持不变。

如果财富增加了，而货币没有增加，那么货币的所值就会增加；如果货币增加了，而财富没有增加，则货币的所值就会降低。

23. 因此，货币是不能被任意增加的，一如地契不能被任意增加。只要现有财富或可用劳动没有被通货充分代表，那么通货就可以在增加的同时不减少其单位的指定所值。但是，一旦现有财富或可用劳动被通货充分代表，那么投入流通的每一个货币单位，都要降低每一个其他现有单位的所值，它与其他单位的数量的比例是多少，所值降低的比例就是多少，假如新单位以同等的信用被接受的话；如果没有被这样接受，那么它的所值就会根据它的信用发生贬值。

24. 然而，当由某种具有假定内在价值的物质（如黄金）构成的新货币被带入市场的时候，或者，当被假定值得信任的新票据被发行的时候，在某些情况下，获取货币的欲望会刺激人勤劳。额外数量的财富就立即被生产出来，同时，如果这个数量是与新提出的索求权成比例的，那么现有通货的价值就不会遭遇贬低。如果这个刺激足够大，导致产出的货物多到超过与额外钱币的比例的程度，那么现有通货的所值将会上升。

通过作用于人们的希望和恐惧，对通货的任意控制和发行会影响财富的生产，并且在某些情况下是明智的。但是，发行额外通货以满足像即刻支付之类的紧急情况，这不过是借贷或征税的伪装形式之一。然而，鉴于当前经济学知识的贫乏肤浅，政府在不能冒险增加贷款或税收的时候，便常常可以冒险发行通货，因为人们不理解这种发行行为的真实机制，而且它的压力被不规则地分散了，因而它引起的变化也不易被觉察。

25. 具有内在价值的物质被用作通货的材料，是一种野蛮行为，是以物易物的形态的遗留，这些形态使野蛮国家之间的贸易成为可能。然而，这种做法依然是必要的，一方面是作为对任意发行的一种抑制，另一方面则是作为与外国进行交换的一种手段。随着文明的扩展和政府信誉的增加，这种做法将会停止。只要它仍然存在，用作通货的物品的成本和价格表现出的各种现象，就会与通货本身应有的现象混杂在一起，几乎无法分辨。金银的市场所值受到无数偶然情况的影响，这一点已有讨论商业活动的作家进行了多多少少是成功的描述；但是，真正的政治经济学家无需关心这些变动，就如加固抵御大西洋潮汐的避难港的工程师，自己无需关心用手指挖小池以让潮汐的水在沙子中间流动的孩子的哭声和争吵一样。

26. (III) **富有**。根据不同程度的勤劳、才能、好运和欲望，人们从这个世界的财富中获得多或少的份额，并获得对财富的索求权。

这些所得份额的不均等，在某种程度上始终是合理的、必然的，但可以凭借法律或环境被限制在一定限度内，或者也可以无限地增加。

在没有道德和法律对更强壮、更精明，或更贪婪的人的意志和智力加以约束的地方，这些差别最后会变得非常巨大。但是，一旦它们在其极端形态中变得十分明显，就如一方面有些人的财产必定明显多余，而另一方面有些人的需要明显迫切，人们就用"富有"和"贫困"这两个词表达这种截然相反的状态；这种相反就如"温暖"和"寒冷"两个词是相反的，它们并不指温度的具体度数，而仅是指一个度数与其他度数之间的关系。

27. 关于富有，经济学家首先必须研究其集中或形成的合理模式，其次是研究管理的合理模式。

关于国家的富有的集中，经济学家必须首先探讨，他是否有理由称一个国家是富有的，如果它所拥有的财富的数量，相对于另一个国家的财富数量来说是巨大的——暂不论它如何分配。或者说，分配模式无论如何都会影响富有的本质吗？因此，如果只有国王一人是富有的——比如克里萨斯或摩索拉斯[①]——那么吕底亚或迦利亚也因此是富有的国家吗？或者，如果少数的奴隶主是富有的，而整个国家是由奴隶构成的，那么这个国家应该被称作是富有的吗？因为，如果不能，而且我们对于属于一个民族的富有的理解，包括了对富有的某种分配或运行模式的理解，也包括了对人民的某种程度的自由的理解，那么我们就必须界定作为共同财富的根本性质的流畅程度或流通特征，也要界定富有之人所需要的行动独立的程度。回答这些问题，看起来需要一些时间。[②]

---

① 　克里萨斯（Croesus，前595—前546），古希腊时吕底亚的国王，公元前560年即位，在位十四年。他在与同父异母的兄弟争夺王位过程中获胜，并没收了敌对者的财产；后来他征服了伊奥利亚和爱奥尼亚地区，从那里大量征税，因此积累了大量财富。据说他还第一次发行了标准纯度的金币。摩索拉斯（Mausolus，前377—前353），古波斯帝国迦利亚的总督，曾征服吕底亚的大部分地区。——译者注

② 　我很后悔在这一重要段落里面用了讽刺的手法。这一段的主旨是，关于任何国家的财富的所有研究中，首要的问题不是它有多少财富，而是财富是否以一种可用的形式存在的，并且掌握在能够使用财富的人手中。——1872版注

28. 进一步说，因为作为富有之条件的不均等，可以以两种相反的模式确立起来，即，一方面是所有物的增加，另一方面是所有物的减少，所以我们就必须探究，参照富有的任何特定状态，相应的贫穷究竟是以何种方式产生的。换句话说，贫穷仅仅是因为有被超过，还是因为同时也有压制？如果是因为有压制，那么压制有什么可设想的好处或坏处。例如，如果富有最常见的好处之一是享有一定数量的仆人，那么我们就要探究，一方面，是什么经济过程产生了主人的富有，另一方面，是什么经济过程产生了为他服务的那些人的贫穷；同时，从此结果而来，双方各自得到了什么好处。

29. 这些是与富有的形成相关的问题，下一个，也是最后一个课题，是研究对富有的管理。

所有物或财产包含三种重要的经济能力，需要分别考察，即选择的能力、指导的能力和供给的能力。

选择的能力与供给有限的东西有关（例如最好的东西的供给始终是有限的）。如果它涉及这样的问题，即这样的东西要属于谁，那么最富有的人必然拥有首先选择的权利，除非另外有某种武断的分配模式作为决定的根据。经济学家的任务是证明，这种选择如何可以是"明智的"。

指导的能力源自富人和穷人的必然关系，这个关系最终会以某种方式包含对于穷人的劳动的指导或权威；这个权威对于脑力劳动和体力劳动几乎是同等的。经济学家的任务是阐明，这种指导如何可以是**公正**的。

供给的能力取决于财富的冗余。这种冗余当然由积极之人在为未来的工作或收益作准备的过程中变成可用的；由于这种冗余，富有通常被冠以资本之名，即作为头脑或源头的材料。经济学家的任务是阐明，这种供给如何可以是**长远的**。

30. 对于富有的这三个功能的考察，将包括政治经济的每一个最终问题，而且全部是在这个奇特而关键的问题之上或之前的，即富有在这三种功能上的有益作用，是否将（似乎是）取决于富有之人的智慧、正义和远见？人们绝不要据此假设，一个人首先是富有的，因此必定是正义和明智的，事情或许最终不可能如此，或者某种程度上不是如此，就如一个人首先是正义而明智的，也不一定因此而是富有的。

这就是我们总体的研究计划，我不会按部就班进行论述，也不奢望能够完成这项事实上必将证明对于我来说如此艰苦的工作；但只要有空闲，我就会不时努力推进其中的某个部分；正如当下来说或许就是可能的；各部分的顺序也始终准确标志着具体文章将会或应该在完整体系中出现的位置。

第二章　储备的保管

31. 第一章仅仅包含了一些术语的定义，这一章我打算扩充并阐述这些定义。

这里对财富的本质采取这种观点，即它包含由一种生命能力所开发的内在价值，这个观点与人们几乎普遍采纳的两种财富概念是直接对立的。这个观点断言，价值主要是内在的，在这一点上它反对这样一种看法，即，任何东西，只要是人们渴望计数的对象，且数量有限，因而在交换中有额定所值，就可被称作，或实质上变成财富。这个观点也断言，价值取决于事物所有者的能力，在这一点上它反对这样一种看法，即事物的所值取决于对它们的需求，而非它们的用途。在进一步论述之前，我们要对这两种立场进行更清楚的描述。

32. （一）首先，所有财富都是内在的，并非由人们的判断构成的。[①]在影响身体的事物上，我们很容易看到这一点；我们知道，幻想的能力不会使石头变得有营养，或者使毒药变得无毒；但在影响心灵的事物上，这一点却不那么明显。因而，我们很容易——也许是情愿——被完全致力于满足空

---

① 参见《给那后来的》，第61节。——编者注

想欲望的勤劳获得的有益成果的外表所误导；我们也倾向于假设，任何被广泛贪求、高价购买、占有便令人快乐的东西，都必须被包括在我们对财富的定义中。要摆脱这种错误并不容易，因为有许多事物，如果适度使用便是真正的财富，而过度使用则变成虚假的财富；而且有许多事物好坏参半——多半是书籍和艺术作品——一个人会从中得到好处，另一个人却得到坏处；所以，事物本身当中似乎没有固定的好处或害处，全看人们采取什么看法，如何使用它们。

但事实并非如此。好处和坏处在本质上是固定的，比例上也是固定的。在有些事物中，坏处是因为过度，过度的点虽然无法确定，却是固定的；事物的效力在这个点的这边就是好的，到了那边就是坏的。在所有情况下，这个效力都是固有的，不依赖于意见或选择。我们关于事物的思想，既不能造出也不能耗损它们的恒久效力，也不能阻止它们对我们（在一定限度内）产生作用——这是我们后面需要考虑的最重要的一点。

33. 所以，所有对财富进行专门分析的目标，与其说是列举什么东西是有用的，不如说是分辨出什么东西是有害的；然后证明它必然是破坏性的；从有害的事物中获取快乐，并不是避开或改变其害处，而是**被它改变**；也就是说，要从中受最大的痛苦，也在同等程度上把我们自己的本性变成邪恶的。我们还可以进一步说明，无论危害的实现需要经过多长时间或者何种微妙的联系（这或多或少取决于危害作用于其上的人性的美好和价值），坏的事物永远**只能**带来危害。

34. 所以总而言之，**财富这个术语永远不能被用来表示**

病态欲望的偶然对象，只能表示合理欲望的恒久对象。[①]由于无知的狂怒和间歇的任性，人们可能不断爱慕无用或有害的事物；如果我们的情感能够改变这些事物的性质，那么政治经济的科学就像过去那样，仍然是镜里拈花，水中捉月。但是，不存在关于无知的科学，也不存在关于任性的规律。无知和任性的干扰力量会妨碍可被信赖的经济的运行活动，但与这些活动没有任何共同之处。国家命运的冷静仲裁者，只关心她积累的所有东西中带来好处的根本能力，鄙视想象的随意漫游[②]和对疾病的渴求。

35.（二）其次，财富**不仅**是内在的，并且也依赖于其所有者的生命力量的强度，以使财富成为有效的；这个论断与另一种普遍流行的观点相反，即，虽然财富可能总是由任性怪想构成的，但是，一旦这样构成起来，就成为一种实在的东西，被认为是以一定数量存在于这里或那里的，并能以额定的价格交换。

这种看法存在三个错误。第一个，也是主要的错误，是它忽视了这一事实，即商品的所有可交换性质，或者对它的实际需求，取决于这里或其他地方存在的使用能力的总和。我们无法阅读的书籍、无法从中得到乐趣的绘画，确实可以被叫作我们的一部分财富，只要我们有能力用它们交换我们更喜欢的东西。但是，我们影响这种交换，并且使其变得有利的能力，绝对取决于能够理解这本书或欣赏这幅画，以及

---

① 谨记这个表述，财富仅仅包含人类本性在过去所有时代，且必定在未来所有时代（这就是我所谓"恒久"的意思），使之成为合理欲望的对象的那些东西。见附录2。——1872版注

② 请注意，漫游并不是想象的正确运行，这位仲裁者并不鄙视正确运行的想象。——1872版注

愿意争取其所有权的人的数量。因此，这两件物品的实际所值，即使对我们自己而言，与其说依赖于其根本的优良，倒不如说依赖于某些地方存在的感知这种优良的能力；在任何完整的生产体系中，想着获得其中一者而不获得另一者，都是没有意义的。所以，虽然真正的政治经济学家知道，使用能力与暂时占有的共存并不能始终得到保证，但是，他作为所有行为和管理的基础的最终事实在于，在他必须与之打交道的整个国家或一些国家当中，他必须为生产出来的每一个具有内在价值的原子，以最精确的化学过程生产出另一个具有接受或理解能力的孪生原子；否则，他在多大程度上失败，就在多大程度上得不到财富。真正来说，大自然给予我们的挑战，正如亚述人所讲的笑话："你若能骑，我就给你二千匹马。"[1]如果是熙德骑在背上，巴威卡的步伐就是矫健的，但巴威卡对于我们却是个祸害，如果我们能力不及熙德，却把他的铠甲当作这种能力的话。所有的骑行都是这样，无论表面上多么神气，都是走在通往坟墓的路上。[2]

36. 这种流行观点的第二个错误在于，在将自己无法使用的事物称作财富时，我们实际上混淆了财富和货币。我们没有技能耕种的土地、封存起来的书籍、多余的裙装，的确是可交换的，但这个时候它们不过是一种笨重的纸币，兑换起来要受到怀疑，或者非常缓慢。只要继续占有它们，我们

---

① 《列王纪下》18:23。——译者注
② 见洛克哈特（Lockhart）的《西班牙民谣》（*Spanish Ballads*）（又名《巴威卡》）。巴威卡（Bavieca，有笨蛋之意）是熙德的马，它在之前的主人死去之后，不允许任何人骑它。后来熙德过生日的时候，他的教父让他选一匹马作为礼物，熙德就选了这匹马，他的教父认为这匹马不好，就给它取了个名字叫巴威卡。——编者注

就仅仅是持有一些形状像砂砾或泥土，或者像书页或刺绣薄纱的纸币。也许某些情形可以使这些形式的东西是最安全的，或者让我们在炫耀这些东西时自觉得意；对于这两种好处，我们后面会有研究，在这里我只希望读者注意到，我们无法使用的可交换财产，对于我们个人而言，仅仅是某些形式的货币，而非某些形式的财富。①

37. 这种流行看法的第三个错误是混淆了监护和拥有，拥有财物之人的真实状态，太过经常是财富的监护人，而非拥有者。

在最广泛的意义上，一个人对于其财产的权力或能力有五种，即，为自己使用的权力、给他人管理的权力、炫耀的权力、毁灭的权力、遗赠的权力；只有使用过程中的拥有才是拥有，这对于每一个人都是极其有限的，所以，他能够使用的东西，乃至其中他能够使用的那些，对于他来说的确是好的，或者说是财富；多出的那些，或者任何其他东西，对他来说是坏的，或者说是贫乏(illth)。②在奥里诺科河（Orinoco）里被淹到嘴唇的深度，他可以喝到解渴的程度；要是再深他就危险了；他的土地上有一千头牛，他可以吃到饱足的程度，要是再多他就危险了。他不能同时住两所房子，几包蚕丝或羊毛就足够他做自己能穿的所有衣服，几本书就可能装满对他的大脑有好处的所有家具。超过这些，以我们最好的，但也是浅陋的能力，我们就只有管理或糟蹋财富的能

---

① 后面没有具体论述，但可参见第 6 章"主人"。——编者注

② 见附录 3。——1863 版注（也见《给那后来的》，64 节，那里罗斯金第一次创造了"illth"这个词，此书的这一段更广泛地讨论了这个词，可参照《潘泰列克山的犁》[*Aratra Pentelici*] 第 63 节。——编者注）

力（也就是分配、出借和增加），也有炫耀的能力（例如豪华的随从或家具），以及毁灭的能力，或者，最后是赠与的能力。在许许多多的富人那里，管理退化为了监护；他们仅仅是像"受托人"那样看管他们的财物，为的是当他们死去时获得这些财物的人的利益；用明白的话解释起来，这个职位似乎并不那么令人艳羡。一个年轻人即将成年，对于他有望成就的事业，人们给他这样的建议："你必须不懈工作，在当打之年用尽你一切的才智，因此你将积累大量财富；但是，除了生活所需之外，你不能染指其他部分。无论你获得多少，除了维持体面而普通的生活所需的东西，以及你能拥有的美的东西之外，其余的都要交给你的仆人打理，你要负责他们的生计，要费心督导他们，在临终之时，你有权决定你所积累的财产归属于谁，被用于什么目的。"听了这话他会有什么感受呢？

38. 在这种条件下，一生的劳作可能既不会充满热情，也不会多么快活；不过，这个职位与平常资本家的职位的区别仅在于，后者认为自己有权在任何时候花钱，而其他人也认为他有这个权力。**在想象这种将会失去却又不想失去的能力的时候**，我们得到的快乐，是一种最奇怪的，虽然也是财富最常见的那些幻象或幻影。然而，政治经济学家与这种理想主义毫无关系，他只是要观察其实际问题，即怀着这种心态的财富持有者，可以被简单地看作是机械的收集工具，或者是一个摆在公共大街上的钱箱，上面有一个开口，不仅接受而且还吸收东西——这个钱箱，只有死神有它的钥匙，只有厄运可以散发里面的东西。在出借这个职能上（但就他自身而言，也是一种管理，而非使用），资本家确实表现出一个更有趣的面貌；但即使在这个职能当中，他与国家的关系也容易堕落为一种便于紧缩债务的机械关系。这个职能带来的麻烦却是更多，因为对于不正当的开支，一个国家总是通过用借来的资金满足这个开支来安抚自己的良心，对于一桩愚蠢的买卖，它总是通过让它的商人们等着还款来表达自己的悔恨，对于对后代几乎毫无益处的工作，它总会让后代支付代价。[①]

39. 摆脱了这三个误解的根源，读者会很容易领会有效价值的本质。然而接受这个定义的同时，他首先会不无惊讶地意识到一些后果。因为，如果财富的实际存在依赖于其持有者的能力，那么，一个国家所持有的财富的总量并不是恒定的或可以计算的，而是每时每刻都在随着持有者的数量和性格变化！持有者发生变化，财富的数量也就发生变化。而且，因为通货的所值是与其代表的物质财富总量成比例的，所以，如果财富总量变化了，那么通货的所值也就随之变化。因此，国家的财产总量以及通货的购买力，立刻随着持有者的性格和数量的变化而变化。不仅如此，不同类型的财富的持有者的性格，也会影响变化的速度和类型。土地持有者的性格所导致的价值转变，在模式上不同于艺术作品持有者的情况，而后者又不同于机器或其他运营资本的持有者的情况。但我们还无法考察任何类型的财富的这些特殊现象，除非我们清楚了解了真正的通货表现它们的方式，以及任何物品的成本和价格与其价值之间的因果模式。要做到这一

---

① 我想请读者们仔细阅读 37 和 38 节。如果能让国家以及个人，接受这样一个坚定的信念，那就再好不过了，即对于他们当下无法负担的东西，他们不应该在当下拥有，而且尽量不要破例。——1872 版注

点，我们必须从财富最初的要素入手。

40. 让我们假设，一个国家的财富储备是由有用的或被相信为有用的物质构成的，而政府则掌控着这些储备，[①]同时每一个生产了物品（生产过程包含了劳动），而没有为其找到直接用途的工人，都是将其添加到国家储备中，作为交换，他从政府那里得到一个指令（order），以索回这种物品本身，或者等值的其他物品，也就是在需要的时候可以从储备中选择的东西。等值是个完全不同的问题（即一个人要用多少谷子换到多少酒，用多少铁换到多少煤），我们稍后再去考察。让我们暂时假设这个等值已经是确定的，而用政府指令在交换固定重量的任何物品（假设为 a）的时候，要么是换取那个重量的那种物品，要么是另一种固定重量的物品 b，或者另一种固定重量的物品 c，等等。

现在假设，一个劳动者快速而持续地出示这些通用指令，或者用平常的话说"花钱"，这时他既不会改变国家的状况，也不会改变他自己的状况，除非他能生产有用的物品而消费无用的物品，或者相反。但是，如果他不使用，或者只是部分地使用他接受的这些指令，而将一部分储存起来，因此，他每天将自己的贡献加到国家储备中，同时储存一定比例的指令，那么他就是每天在增加国家财富，他储存多少指令就增加多少财富，并且积累了同等数量的对政府的货币索求权（monetary claim）。当然，他始终有能力（这是他的合法权利）结算他积累的这些索求权，立刻去消费、毁灭或分配他的财富总量。假设他从未这样做就死去了，将这些索

---

① 见附录 4。——作者注

求权留给他人，那么在他有生之年他就丰富了国家的财富，丰富的数量是他的索求权所表示的财富的数量，换言之，他使这个国家里如此数量的额外生命成为可能；他将这些额外生命的直接可能性或潜能遗赠给了他授予其索求权的那些人。假如他放弃了这个索求权，那他就是将生命的可能性分配到了整个国家之中。

41. 到此为止我们只是把政府本身视为一种守护力量，负责委托于它的财富。

但一个政府总是大于或小于一种保守力量。它可以是一种改善的力量，也可以是一种破坏的力量。

如果它是改善的力量，把受托的所有财富发挥出最好的作用，那么这个国家就从根到枝都变得富有，而政府也能够给每一个指令返回比其面额更多的财富，多出的量是根据签发和收回指令期间所收获的成果而定的。这个能力可能被掩盖，因而通货并不完整代表国家的财富，也可能通过不断给每一个指令支付超额价值而得到体现，因而通货的所值就不断上升（注意，暂不考虑后文将考察的附带结果），即通货所代表的所有物品的价格的下降。

42. 但是，如果政府是破坏的或消耗的力量，它就逐渐没有能力在收回指令时返回它签发时曾接受的价值。

这个事实可能因为需求得到完全满足而被掩盖，直到导致破产，或者导致某种形式的国家债务；或者，这个事实也可能在破坏和生产的震荡运动期间被掩盖——震荡总体上会导致稳定；或者，这个能力的削弱也可能得到这样的体现，即每收回一个指令时返回的价值都少于签发时的价值，这种情况下通货的所值不断下降，或者它所代表的东西的价格不断上升。

43. 如果我们用从事工业的一群人替换这个中央政府，其中每一个人都依其个人能力增加公共储备，那么我们会立刻得到与一个文明的商业共同体的实际状况类似的情形，从这个类似物，我们可以很容易进行更为完整的分析。然而，我打算由较为简单的概念开始逐步展开，以得出每一个结果；但与此同时我也提请读者注意，如此假设的这些社会状况（我也预先说明，这是所有可能的社会状况），在两个要点上是一致的，即，假定的国家储备或库存的至关重要的意义，以及由持有者导致的破坏或改善。

44. (I) 请注意，在中央政府持有和个人分散持有这两种状况下，库存数量对于国家都是同等重要的。在第一种情况下，受托个人通过调查而得知库存数量，在另一种情况下，这个数量只能通过公开每个人的私人物品而得知。但是，无论知道还是不知道，储备数量在每一种状况中的意义都是一样的。国家的富有在于储备的丰富，而富有时的财富则取决于储备的性质。

45. (II) 其次，两个条件（以及所有其他可能的条件）在储备持有者导致的储备的可破坏性和可改善性上是一样的。无论是私人持有还是政府掌控，国家储备可能由其所有者每日消耗，或者日益扩大；虽然通货明显保持稳定，但它所代表的财产却可能在减少或增加。

46. 那么，我们必须在中央政府的简单概念下提出的第一个问题，即"它拥有什么储备"。无论这个国家是什么体制，这个问题都是同等重要的。同时还有第二个问题，即"谁是这些储备的持有者"。这涉及这个**国家**本身的体制。

第一个研究可以分为三个题目：

1. 储备的性质如何？

2. 储备的数量与人口有什么关系？

3. 储备的数量与通货有什么关系？

第二个研究可以分为两个题目：

1. 谁是这些储备的持有者，他们在人口中的比例是多少？

2. 谁是这些储备的索求者（即通货的持有者），他们在人口中的比例是多少？

这篇论文我们会考察前三个问题；下篇文章再讨论后两个问题。

47. （Ⅰ）问题一。储备的性质如何？这个国家迄今为止为之工作和积累的，是正确的东西还是错误的东西？这个国家的生命的可能性便取决于这一点。

举例来说，让我们想象有一个规模较小的社会，其中人们辛勤耕作，因而储备了谷物、酒类、羊毛、牛奶，以及其他可以保存的食物和衣物的原料；同时，这个社会有代表它们的通货。再进一步想象，在欢庆的日子里，这个社会发现自己可以从烟火中得到满足，就逐渐将越来越多的精力放到了制造火药上；所以有越来越多的劳动者，把空闲时间花在这项产业上，也把越来越多的易燃物加入储备中，然后拿收到的通用指令交换他们可能需要的酒类、羊毛或谷物。通货数量保持不变，也准确代表了储备中同样数量的物资，以及生产这些物资所费的同样数量的劳动。但是，谷物和酒类却逐渐消失，取而代之的是硫磺和硝石，直到最后，消费谷物而供应硝石的劳动者们在一个节日的早晨出示他们的通货，去获得用于宴会的物资，却发现任何数量的通货都不能得到除了火之外的用于喜庆的东西。烟花的供应是无限的，但食物的供应却是有限的，而且都到了极限；所有人手中的全部通货，代表的是无限的用于爆炸的效力，而不代表一点用于生存的效力。

48. 这段叙述尽管可能看似讽刺，但只是夸张了这样一种假设，即，人们的愚蠢没有受到食品价格逐渐上涨的抑制，就如现实中的情形那样，顽固到了极点。但是，就其对于愚蠢本身的深度和强度的表现而言，它远远赶不上人类生活的实际情况。因为这个世界上很大一部分（读者见不到详细的统计数字是不会相信这个部分有多大的）最诚实、最机敏的勤劳，是被用在了生产战争物资上，也就是说，聚集的不是喜庆的火，而是吞噬的火；它的仓库里都是制造痛苦的工具的力量，汇集了制造死亡的部门。很长时间里，人们看见和害怕的（有时也很少害怕）不是真实的"死亡的胜利"[①]；因为死亡还会由此而让他们在劳作后得到安息。[②]此时，我们看到和分享的是死亡的另一种，也是更得意的胜利。是工头而非解救者，统治着竞技场里的尘土，正如他统治着坟墓；一旦人到了坟墓里，不再做工，不再谋算，工头

[①]　我很少想过，由于这个原因，"死亡的胜利"会是什么，并且实实在在以第47节结尾描写的情形，降临于欧洲的田野和房屋，降临于它最美丽的城市——这一切就发生在我写下这段话之后的七年里。——1872版注（这里指的是德法战争、巴黎遭遇的围攻，以及随后共产主义的兴起。——编者注）（艺术史上有不止一幅名为《死亡的胜利》的画，较为著名的有十四世纪意大利比萨弗画家布法马可的湿壁画，还有十六世纪荷兰画家勃鲁盖尔的油画。这些画的内容出自《启示录》预言的末日审判，6;8讲道："我就观看，见有一匹灰色马，骑在马上的，名字叫作死，阴府也随着他。有权柄赐给他们，可以用刀剑、饥荒、瘟疫（"瘟疫"或作"死亡"）、野兽，杀害地上四分之一的人。"——译者注）

[②]　《启示录》14;13。——编者注

就心满意足了①——如今在繁忙的城市里，在船只往来的大海上，工头则让人的工作增加，让人的谋算翻倍。

49. 在评估人类愚蠢行为的后果时，除了用于生产毁灭手段时劳动的这种双重损失，或者劳动的负面力量之外，我们必须加上生产不必要的奢侈品时对苦工的隐性浪费。有人说，如此这般的职业养活了许多劳动者，因为许多劳动者从中得到了工资，但人们从来不考虑，除非这个职业的产品中有一种供养的力量，否则付给一个人的工资，只是从另一个人那里抽走的。我们不能说一个行业维持了如此众多的人的生活，除非我们知道，现在用来购买其产品的钱，如果那种产品没有被制造出来的话，会被怎么花，花到哪里。采购资金确实养活了制造这种产品的一些人，但（可能）让制造或能够制造那种产品的同样数量的人得不到供养。日内瓦的手表制造商发达了，这很好，但如果没有这些手表可买的话，用来买它们的钱会被花到哪里呢？

50. 如果人们常说的关于商业经济的这句格言，"劳动受资本的限制"，是正确的，那么这个问题的答案就是明确的。但这句格言并不正确，而且放到很多地方都不正确。一定数量作为工资的资本，根据我们能够激发的工人的意愿的多少，是可以带来或多或少的劳动的；因而劳动的真正限度，只在于这种意愿和体力的精神刺激物的限度。在最终的，但也是完全不切实际的意义上，劳动是受资本的限制的，一如受物质的限制，换言之，在没有物质的地方就没有工作，但在现实的意义上，劳动只受头脑、内心和双手这三个重要的

---

① 见《传道书》9:10。——编者注

原始资本的限制。即使在最诡诈的商业关系中，劳动之于资本也犹如火之于燃料。有多少燃料，你就只**能**得到多大的火；但说到有多少燃料，你**必定**得到多大的火，那就不是与可燃物成比例的，而是与扇火的风和灭火的水的劲道，以及两者的装置成比例的。就像大火一样，劳动与其说是由添加的燃料推动的，倒不如说是由吸收的空气推动的。①

51. 由于这些原因，我不得不在第 49 节中插入了一个语气副词"也许"，因为人们绝不能肯定地说，在任何行业中用于购买的钱或用作工资的资金，是从某个其他行业撤出来的。所购买的对象本身可能就是生产买它的钱的动力，也就是说，购买者用于获得购买手段所做的工作本来是不会被他做的，除非他想要那件特定的东西。而且，生产任何并不内在有害的（而且制造过程本身也不是有害的）物品的活动都会是有用的，如果对这件物品的欲望导致了其他方面的生产性劳动的话。

52. 因此，在国家储备中，内在无价值的事物的出现，并不意味着有价值的事物相应地完全消失。我们无法确定，所有用在"虚荣"上的劳动是从用在"实在"上的劳动转移而来的，也无法确定，每生产一件低劣的东西，就要失去一件珍贵的东西。在很大程度上，虚荣的东西代表的是被唤醒的懒惰所产生的结果；它们是作为玩具而被用额外时间雕刻出来的；如果它们没有被制造出来，也不会有其他东西被制

---

① 这话的意思是，你花了一大笔钱，却可能得到很少的工效，而且还是很坏的工效，但是如果有好的"空气"或"精神"，以把生命投入到工作中，那么只要花很少的钱，你就能得到很多的工效，而且是好的工效；注意，这是个算术问题，而非一种诗意的或虚幻的情形。——1872 版注

造出来。即使对于战争物资，这条原理也是适用的；这种物资部分地代表了这样一些人的工作：如果没有制造长矛，他们也绝不会制造镰刀，而且除了争斗之外他们什么也不会做。

53. 因此，最终而言，储备的性质必须被置于两个主要视角中加以考虑，一个是其直接的、实际的效用，另一个是由生产它的活动显示的这个国家过去的性格，以及因使用它而发展出的未来的性格。对于这个问题的研究会告诉我们：经济不仅仅依赖于"需求和供给"的原则，而且还主要依赖于什么被需求，什么被供给。我请各位注意这一点，并谨记在心。

54. (II) 问题二。储备的数量与人口有什么关系？

依上所述，准确地说，这个问题应当被表述为："构成储备的每一种物品，根据它与人口对它的真正需求之间的比例，应该有多少？"但是，为了使我们的术语尽量简单，我们应该暂时假设，这个储备全部是由有用的物品构成的，并与对它们的不同需求存在准确的比例。

我们不能认为，因为储备相对于民众数量来说是巨大的，所以民众就必定安康；也不能认为，因为储备相对于民众数量来说是稀少的，所以民众就必定凄惨。一个进取而节约的民族，总会生产出比其所需更多的东西，并且因日常劳动所得的东西而过得舒适（如果得到允许的话）。因而，其储备无论是多是少，在许多方面对它来说都无关紧要，而且不能从表面推断出储备的数量。与此同理，一群怠惰而浪费的人，无法依靠日常劳动而生活，只能或多或少依靠消耗其储备而生活，所以就可能（后面我们会考察，这是因为认识或理解这种储备存在各种困难）处于一种可怜的困苦状态，虽然其财产可能是极多的。但是，海量储备总是要包含一些结果，即国家的商业能力、国家的安全，以及国家的精神特质。其商业能力，参照其储备数量，可以是其交易的范围；而其安全，参照其储备数量[①]，是做到突然活跃或持久忍耐的手段；而其精神特质，在某些文明条件下，如果没有永久的、持续累积的储备，而且是具有重要内在价值和特殊性质的储备，便是无法获得的。[②]

55. 既然明白了这三个优势源自相对于人口数量的储备的巨大，我们马上就遇到另一个问题："特定的储备条件下，这个国家会因人口的减少而变得富有吗？从经济角度看，一项成功的国家投机与一场瘟疫是一样的事情吗？"

某种程度上这是一个诡辩式的问题，这就相当于问，一个人受疾病打击而寿命必定缩短可预测的时间，那么，这时他是否比他健康时更富有；此时他能够扩大当前的支出，有了一大笔钱直接受他支配，干什么都可以（因为，如果财产是一定的，那么寿命越短，每年可花的钱就越多）；然而，没有人会认为，因为医生诊断出他得了不治之症，他就变得更富有了。

56. 合乎逻辑的回答是，因为根据定义，财富仅是生命的手段，所以一个国家无法因自身必死而变得富有。或者简言之，生命胜于肉食；[③]生存本身是比生存手段更大的财富。由此，具有同等储备的两个国家，假设居民的体格也是一样，那么人口更多的那个，便被认为更富有（因为即使他们储备的相对数量较少，但却相对更有效率，或者其有效财富

---

① 原文为"quantity"，也许是笔误，译者认为应该是"quality（性质）"。——译者注
② 伟大的艺术作品尤为如此。——1872 版注
③ 见《马太福音》6:25。——编者注

的数量也必定更大）。但是，如果人口增加导致其体格变差，那么我们就有证据证明，这个国家的贫穷产生了最糟糕的影响；因而，要确定这个国家在整体上是否能被合理地认为是富有的，我们就必须设定或衡量穷人相对于富人的数量。

为了明察秋毫，我们当然有必要首先确定，谁是贫穷的，谁是富有的，不仅如此，还要确定他们穷到什么程度，富到什么程度。在这里进行一种奇特的温度计式的调查是有意义的；因为我们在水银那里做的事情，也要在黄金和白银那里做；也就是要确定它们的凝固点、熔化点，以及蒸发点，到了这样的度数，富有有时就要爆炸性地蒸发，就像近来在美国发生的那样，[①] "必长上翅膀"。[②]相应地，到了**低于**零度的度数，贫穷便不再能支撑有益健康的寒冷，而是要烧到骨头里面。[③]

57. 为了在最严格的科学意义上执行这些操作，我们首先要观察现有的政治经济学这门所谓的"科学"；我们会请它为我们定义相对的富有和最大的富有，以及相对的贫穷和最大的贫穷；同时在它自己的条件下（如果它能提出什么条件的话）考察，在我们繁荣富强的英国，有多少富人，又有

---

① 这里的影射，可见《永久的欢乐》，第151节。——编者注

② 见《箴言》23∶5。——编者注

③ 用浅白的英语来说，意思是，我们必须确定，贫穷和富有到多大程度对于人们是好的或坏的，并发现，悲惨的贫穷（以至于不得不去犯罪或者在苦难中过活）与有福的贫穷之间有什么区别，后者是在登山宝训所示的意义上说的（《马太福音》5∶3∶"虚心的人有福了，因为天国是他们的。"《路加福音》6∶20—24∶"人为人子恨恶你们，拒绝你们，辱骂你们，弃掉你们的名，以为是恶，你们就有福了。当那日，你们要欢喜跳跃，因为你们在天上的赏赐是大的，他们的祖宗待先知也是这样。但你们富足的人有祸了，因为你们受过你们的安慰。"——编者注）。因为我觉得，相信这个训诫的人确实会认为（如果他们曾诚实地自问的话），要么《路加福音》6∶24（"但你们富足的人有祸了，因为你们受过你们的安慰；"——译者注）的话仅仅是一种诗意的感叹，要么马丁巷和伦敦的其他偏僻街道上，已经获得了贫穷的至福。——1872版注

多少穷人；财富是否在数量和强度超过了贫穷，以至于我们
能够允许自己对贫穷视而不见，并自诩这是个富有的国家。
而且，如果不能在现有的科学中找到清晰的定义，我们就要
尽力为自己确定真正的尺度，并加以运用。[①]

58. (III) 问题三。储备的数量与通货有什么关系？

我们已经看到，通货的真正所值取决于它与储备数量的
关系，因而会在一定限度内发生变化，而不会影响它在交换
中的所值。通货所代表的财富的减少或增加可能不被觉察，
因而人们对它的估值就多于或少于其真正所值。通常情况
下，通货的所值要被高估很多；因此它在交换中的效力或信
用效力就得到增加，也对它与现有财富的关系形成特定的压
力。这种信用效力，因为被人们在经验中最为明显地感觉
到，所以在商业共同体的思想中是极为重要的；但信用效力
得以保持稳定的条件，[②]以及通货与物质储备的所有其他关

---

① 这是庞大的计划！八年过去了，仍一无所获。但我仍坚持自己的目标，就是有一天以
至今仍然极少被运用的正义尺度，使这个平衡或失衡变得可见起来。——1872 版注
② 但丁曾用桅杆和帆的意象简洁地描绘了金钱的力量——

　　　如同桅杆一样，
　　　被风吹胀的帆
　　　缠结在一起落下来。(引自中文版《神曲·地狱篇》，田德望译，人民文
　　　学出版社，1990 年，第 68 页。——译者注)

　　就像但丁所用的所有意象，读者可以尽可能将这个意象分解成更多细节。帆
的张力必须与桅杆的强度成比例，只有在无法预见的危险中，熟练的水手才会把
他的桅杆能支撑的帆升到全满；商业萧条的国家就如风平浪静时垂下的帆；在商
业上有预防措施的国家，就像在暗礁中航行；而商业的毁灭就像桅杆折断的刹
那。——1863 版注
　　(我所谓信用效力，是国民思想中的一种整体印象，即一个金镑或其他钱币，
就值这么多面包和奶酪，就值这么多酒，就值这么多马匹和马车，或者就值这么
多精美艺术；它可能真的值这么多，但试验之后，却比所想的多或少：这种思想
就是信用效力。——1872 版注)

系，在原则上（如果不是在行动中的话）是十分简单的。不过，通货与其同样代表的可用劳动的关系，却远非如此简单。因为这个关系不仅包含储备数量与人口数量的关系，而且也包含储备数量与人口性格的关系。通货与人口数量的比例，以及由此而来的通货的所值，是可以计算的；但它与人口的劳动意愿的关系，却是不可计算的。在交换过程中，索求一定数量储备的单位钱币的所值，总是随着不求助于储备而获取同样数量的同样事物的便利程度有或多或少的变化。换言之，单位货币的所值取决于事物的即时成本和价格。因此，我们现在必须给出这些术语的完整定义。

59. 一切的成本和价格都是以**劳动**计算的。所以我们必须首先知道，什么可被**算作劳动**。我已经把劳动定义为人的生命与其对立者的**竞争**。①从字面上讲，劳动就是因任何努力（effort）而导致的人类生命的"流逝"、损失或消失的量。通常情况下，人们将劳动与努力或能力的施展（opera）②相混淆；但是，有许多努力不过是消遣或享乐的方式。人类身体最美的动作、人类才智最高级的结果，乃是毫不费力的，不，甚至是娱乐性的努力的形态或成就。但是，努力中的劳动却是**苦难**。它是负面的量，或是失败（de-feat）的量，必须被算作每一项成功（feat）的反面，它是损失（de-fect）的量，必须被算作每一项**事实**（fact）或人类**功绩**（deed）的反面。③简言之，这种劳动的数量是"我们死于其中的苦工的量"。

因而，我们可以先验地推测（我们最终也会发现），劳

---

① 见《给那后来的》第 70 节。——编者注
② 拉丁文 opera，有操作、作工之义。——译者注
③ Defeat、defect、feat、fact 这几个词，都是拉丁文 face（做）的同源词。——译者注

动既不能被买入，也不能被卖出。为了得到劳动，人们可以买入和卖出其他一切东西，但却不能为了得到任何东西而买入和卖出劳动本身，它是无价的。①有一种观念说，劳动是可被买入或卖出的商品，这是彻头彻尾的政治经济学谬论。

60. 这就是劳动的本质，任何事物的"**成本**"就是获取它所必要的劳动的量；因为劳动量，或以这个劳动量，成本才得以"成立"（constat）。②所以，成本一词，字面意义是事物的"**持存**（constancy）"；你要赢得它，移动它，接近它，至少要付出这些劳动量。

成本仅仅是以"**劳苦**（labor）"（用这个词的拉丁文的确切意思），而非以"**技艺**（opera）"得到衡量的，而且也只能被这样衡量。③生产一个东西需要多少**工**（work），这是无关紧要的；重要的只是需要多少**苦**（distress）。④通常来说，

① 政治经济学的目的不是买卖劳动，而是节约（spare）劳动。每一个买卖劳动的企图，在结果上都是无效的；即便成功的买卖，那也不是出售，而是背叛（betray-al）；这个买价是那最初买入最伟大的劳动，随后又买入外邦人的墓地的三十块钱（寓指犹大出卖耶稣得到的三十块钱，见《马太福音》26；15；26—3；7。——编者注）的一部分；这个买价，因为低廉或邪恶而恰恰是"好人所缺少的东西"（贺拉斯：《书信集》i.12, 24。——编者注）的反面，使所有人都形同陌路。——1863 版注
② "成立"原文为 stands，后面括号中的 constat 为原文所有，意为现状、笔录。——译者注
③ 西塞罗曾作出这样的区分："只靠体力谋生，靠技艺谋生。"这个原则值得赞赏，但表达上不准确，因为西塞罗并不具体知道，在所有较为高级的艺术中，操作的灵巧在多大程度上是必要的；但这个灵巧的成本是不可计算的。无论其成本是大是小，多纳泰罗（Donatello）用斧头敲一下产生的一个凿痕的完美，或者柯勒乔（Correggio）一道铅笔笔触的完美，都不是一般的算术可以计算的。——1863 版注（这是之前的注释，我现在觉得有些令人尴尬，而不是给人启迪，但这些注释是正确的，值得保留。——1872 版注）
④ 译者理解，这里的意思是，交易中用金钱表示的成本是多少"苦"，即没有技术，因而不包含人类本质能力的劳动，它是可以计算的；但一个事物的真正价值实际上在于它包含了多少"工"，即技艺，也是作为人类的本质的才智。一个好的东西，无论用多少"苦"都是做不出来的。——译者注

它需要的能力越多，需要的苦就越少；所以人类最高贵的作品与最低贱的作品比起来，成本要更少。

真正的劳动，或者生命的支出，要么是身体的支出，即身体处于疲惫或痛苦之中，要么是性情或心灵的支出，如寻找什么东西的坚韧、等待什么东西的耐心、因什么东西受苦而表现出的刚毅或气馁，如此等等，或者是智力的支出。人们认为所有这些类型的劳动都可以被劳动这个通用术语囊括，因而劳动的量就是由其延续的时间表示的。所以，从我们可以确定的意义上说，一个劳动单位是"一个小时的工"或一天的工。[①]

61. 成本，像价值一样，既有内在的，也有有效的。内在成本是以正确方式得到事物的成本，有效成本则是以我们所设定的方式得到事物的成本。但是，内在成本并不能成为分析研究的课题，它只是部分地显露的，而且也需要长期经验才能发现它。政治经济学所能探讨的只是有效成本，也就是说根据现有条件和已知过程而得知的事物的成本。

既然成本很大程度上取决于方法的运用，那么它便随着所需事物的数量而变化，也随着为之工作的人的数量而变化。要得到很少的某些事物是容易的，但多了就很困难；用少数人手得到某些东西是不可能的，但用很多人手就很容易。

62. 因此，物品的成本和价值（无论多么难以准确确

---

① 只是要注意，就如有些劳动比其他劳动对生命更有破坏作用，所以一个小时或一天的更有破坏性的苦工应该包括相应的休息。虽然人们通常没有或无法进行这样的休息，除非是死了。——1863 版住

定），都取决于可确定的物质的或身体的因素。①但它们的价格，是取决于人的意愿的。

某一件东西，卖这么多钱显而易见是很合适的。但卖这么多钱也可能显而易见是不合适的。

但是，仍有疑问，而且无论如何都有问题的是，我是否

---

① 因而，请注意，没有什么东西是便宜的（按照这个词平常的用法），否则必有错误或不公。人们说一个东西便宜，不是因为它普通，而是因为应该卖低于其所值。任何特定时间，每个东西都有其相对于所有其他东西的合理和真实的所值；并且应该以这个所值买卖。如果卖得低于这个所值，那么它对于买方而言就是便宜的，卖方则承受相应的损失，不多也不少。两便士一磅的腐肉，并不比七便士一磅的好肉便宜，还可能贵得多；但是，如果你能瞅准机会用六便士买了一磅好肉，那么对你来说，这磅肉就便宜了一便士，这件事情上你赚了一便士，卖方则赔了一便士。因此，当前人们对于便宜的愤怒，真正说来，是因一切商品的劣质而感到愤怒，或者是你试图找到那样一些人，他们因为窘迫而不得不让你们以一定数量的钱得到更多东西。制造这样的人并不难，而且还可以大量制造；因为一个国家里的贫困越多，你能得到的这种便宜就越多；因此，你所夸耀的便宜，不过是你的国家的贫困程度的标尺。

确实，在一种明显的便宜的条件中，我们也有权利以此为荣，也就是通过正确地运用劳动，而使物品的成本得到真正的降低。但是，这种情况下，这个物品只是相对于先前的价格便宜了；所谓的便宜，只是我们对一种感觉的表达，即先前价格与当前价格的对比。一旦生产物品的新方法普及开来，人们就不会再认为新的价格是便宜还是贵，正如不认为之前的价格是便宜还是贵；只有当偶然因素能够使人以低于这个新价值买到这个物品时，他们才感觉这个新的价格是便宜的。更容易地生产这个物品并没有什么好处，除非它能让你增加你们的人口。这个类型的便宜只在于你发现，同样的土地能养活更多的人；不过，你能以额外的手段相应地养活多少人这个问题，条件与之前仍然是一样的。

然而在许多情况下，一种形式的当下便宜不会导致什么苦难，它来自食物充沛之地的人的劳动，或者有些地方的人们在生产食物之后，还有很多空闲时间用于生产"便宜"的物品。

所有这种现象都向政治经济学家表明，有些地方的劳动是不平衡的。在第一种情况下，可以通过把劳动者从生活艰难之地转移到食物丰沛之地，以实现恰当的平衡。在第二种情况下，便宜是一种局部情形，对当地的买方有利，而对当地的生产者不利。商业的首要任务之一是扩大市场，因此使当地生产者充分发挥其优势。

收获、天气等偶然的自然因素导致的便宜，总会在适当时候由同样的偶然因素导致的匮乏加以平衡。明智的政府和健康的商业的职责，就是在丰裕的时节和地方为匮乏的时节和地方作准备，因而永远不会有浪费，也不会有饥馑。

由市场饱和造成的便宜，不过是笨拙而妄为的商业导致的一种疾病。——1863 版注

选择给这么多钱。①

这个选择总是相对的。它是选择给这个东西，而不是给那个东西一个价钱；它是得到一个东西的决心，如果得到它并不意味着失去另一个更好的东西的话。因此，价格不仅取决于商品本身的成本，也取决于它与每一个其他可获得的东西的成本之间的关系。

进一步说，选择的**权力**也是相对的。它不仅取决于我们对这个东西的评估，也取决于每一个其他人的估量，因而也就取决于同时存在的买方的数量，及其意愿的强度，并且也取决于与这个人数和意志构成一定比例的东西的现存数量。

于是，任何事物的价格都取决于四个变量：1.成本；2.按此成本可得到的数量；3.需要它的人的数量和能力；4.需要他的人对它是否令人满意的估量。

这个事物的价值，只有在这个评估中得到考量的时候，才影响其价格；或许也因此而根本不影响。

63. 为了说明价格如何在通货方面表现出来，我们必须假设这四个变量都是已知的，也假设"对意愿的评估"，即一般所谓的需求，也是确定的。我们先把人的数量设为最低。假设 A 和 B 是两个劳动者，他们"需求"，也就是决心为两个物品 a 和 b 劳动。我们再把他们对这两个物品的需求（如果读者愿意，也可以说是他们的需要）设想为是绝对的，他们的生存就取决于是否得到这两个物品。举例来说，假设

---

① 在上文，价格已经被定义为一个事物的所有者愿意为其付出的劳动的数量。最好把价格看作是由所有者确定的，因为所有者都有拒绝出售的绝对权力，而买方则没有强迫其出售的绝对权力；但实际价格或市场价格，是他们的评估取得一致的那个价格。——1863 版注

这两个物品是寒冷地区的面包和燃料，然后也假设 a 代表维持一人一天生存的最少数量的面包，b 代表最少数量的燃料。再假设 a 可由一个小时的劳动生产出来，b 可由两个小时的劳动生产出来。

那么，a 的**成本**是 1 小时，b 的**成本**是 2 小时（根据我们的定义，成本可以用时间来表示）。因此，如果每个人都为他的谷子和燃料工作，那么每个人必须每天工作 3 小时。但是，他们为了更加轻松[①]而进行了分工，那么如果 A 工作 3 小时，生产 3 个 a，就比两人所需多 1 个 a。同时，如果 B 工作 3 小时，生产 1½ 个 b，就比两人所需少½ 个 b。但是，如果 A 工作 3 小时而 B 工作 6 小时，那么 A 就有 3 个 a，B 也有 3 个 b，正好够两人维持一天半的生活；所以每个人都可以休息半天。但是，由于 B 已经工作了双倍的时间，那么他就应该休息一整天。因而，公平的交换应该是，A 用 2 个 a 换 1 个 b，然后就有了 1 个 a 和 1 个 b——正好是一天的所需。B 用 1 个 b 换 2 个 a，然后就有了 2 个 a 和 2 个 b——够两天的所需。

但是，B 无法在第二天休息，否则 A 就得不到 B 生产的物品；除非有第三个劳动者加入进来，否则就无法进行公平的交换。那时，工人 A 生产 a，工人 B 和 C 生产 b；A 工作 3 小时，产出 3 个 a，B 工作 3 小时，产出 1½ 个 b，C 工作 3 小时，也产出 1½ 个 b。B 和 C 各拿出½ 个 b 交换 1 个 a，然后这三个人都用均等的每天工作，获得了均等的每天所需。

---

① 进行了分工的工作，工作时间会减少，因此我们应该认为"更加轻松"是可能的；但是，因为时间的比例会保持不变，所以我没有在计算中引入这种不必要的复杂因素。——1863 版注

把这个例子再推进一步，假设有三种物品 a、b 和 c 都是必需的。

假设生产 a 需要 1 个小时的工作，b 需要 2 小时，c 需要 4 小时，那么要得到它们，一天的工作就必须是 7 小时，因而一人一天的工作能够生产 7 个 a，或者 3½ 个 b，或者 1¾ 个 c。

A 有 6 个剩余的 a，拿出 2 个 a 换取 1 个 b，4 个 a 换取 1 个 c。B 有 2½ 个剩余的 b，拿出 ½ 个 b 换取 1 个 a，2 个 b 换取 1 个 c。C 有 ¾ 个剩余的 c，拿出 ½ 个 c 换取 1 个 b，¼ 个 c 换取 1 个 a。

然后，所有人都有了一天的所需。

通常来说，这样做的结果是，如果需求不变，这些物品的相对价格就等于它们的成本，或者等于包含在生产中的劳动量。

64. 为了用一个通货来表示它们的价格，我们只能将通货转化成指令的形式，让这些指令代表一定数量的某种给定物品（我们这里用黄金代表指令的形式），其他物品的全部数量，都是根据它们与通货所索求的物品的关系来计价的。

但通货本身的所值，绝不仅仅以它所索求或寓于其中的物品（如黄金）的所值为基础，而且也同样以可用黄金交换的每一种其他物品的所值为基础。说"这么多英镑值一英亩土地"，与说"一英亩土地值这么多英镑"，是同样准确的。黄金、土地、房屋、食物，以及所有其他事物的所值，任何时候都取决于它们的现有数量，以及对它们的相对需求；任何事物的所值或对它的需求的变化，都立刻引起所有其他事物的所值或对它们的需求的相应变化；这个变化是不可避免的，也是得到准确平衡的（虽然其过程常常不可觉察），就像从某个大湖溢出的河流的流量的变化，是由流入大湖的一些小溪的流量的变化引起的，虽然眼睛无法发现，工具无法测量湖水表面或深处的运动。

65. 所以，通货的真正作用力量或所值，是建立在由持有人口形成的相对估量的总量之上的；这个估量在任何方面的变化（因而也包括国民性格的每一个变化），立即就在其第二大功能上改变货币的价值，即指导劳动的功能。但是，我们必须始终仔细地、严格地区分通货的两种所值，这里所说的所值依赖于它代表的东西的被设想或理解的价值，而另一种所值依赖于它所代表的东西的**实存**（*existence*）。一种通货的**真或假**，是与它给对土地、房屋、马匹，或绘画等东西的拥有的索求权的保证成比例的；但一种通货的**强或弱**，①值多或值少，则是与一个国家对通货所索求的房屋、马匹或绘画等东西的评估等级成比例的。因此，英国通货的效力，直到最近都在很大程度上建立在国民对马匹和酒类的评估之上；所以，一个人可以总是不计代价去精心布置他的马厩或酒窖，并且也由此受到公众的赞赏；但是，如果他用同样多的金钱布置他的图书室，人们就说他疯了，或者说他有恋书癖。同时，尽管他可能会因其马匹失去钱财，因酒窖失去健康或生命，而不会因其书籍失去任何东西，但却永远不会被说有恋马癖或恋酒癖；②他只会被说有恋书癖，因为

---

① 这就是说，爱钱首先是基于对既定事物的欲望的强度；今天，年轻人会为了哑剧门票和雪茄而抢劫柜台；通货的"力量（strength）"是他难以抗拒的，因为他对这些奢侈品有强烈欲望。——1872 版注

② 参见《芝麻与百合》，第 32 节。——编者注

在当下人们的理解当中，货币的所值理应建立在马和酒上，而不是建立在文学上。人们近来给绘画和手稿的偏低价格，也表明国民性格在这方面的变化的趋势，所以，通货的所值也以公认的方式最终在某种程度上以"贝福德祈祷书"的品相和保存状况作为参考，一如以卡拉克塔克斯或布林克·邦尼①的健康程度作为参考；老画和老波尔图葡萄酒都会被看作财产。老画早就可以被看作财产了，只是鉴别它们比鉴别老波尔图葡萄酒更困难。

66. 请注意，通货效力变化的所有这些根源，完全无关乎邪恶、懒惰和短视的影响。到此为止我们在整个分析过程中都假定，每一个自称是劳动者的人都是诚实地、热心地劳动的，也与其同胞同心协力。我们现在必须进一步把相对的勤勉、荣誉和远见的作用也引入到考量之中，因此而得出我们第二个研究的意义：谁是储备和通货的持有者，他们占人口的比例是多少？

然而，我们必须把这个研究保留到下一章，这里只是要注意，这个课题的几个分支虽然非常清晰，但从根本上说，它们是相互缠绕在一起的，只有对它们全部有了认识，我们才能正确探讨其中一个。因此，与人口数量成一定比例的对通货的需要，受到与非持有者成一定比例的持有者的可能数量的极大影响，同时后者又受到与货物或财富的非持有者成比例的持有者的数量的影响。因为，根据定义来说，通货是

---

① 《贝福德时刻》（Bedford Hours），通常又名《贝福德祈祷书》（Bedford Missal），是为贝福德公爵而写的，并配有注解，1430 年贝福德公爵将其赠与亨利六世；1852 年大英博物馆的图书部购得此书（Add. MSS. 18, 850）。卡拉克塔克斯（Caractacus）是 1862 年德比赛马会的冠军；布林克·邦尼（Blink Bonny）是 1857 年德比赛马会的冠军，并获得 1000 几尼的奖金。——编者注

对尚不占有的货物的索求权，通货数量表明了与通货持有者成比例的，以及与索求权的强度和复杂性成比例的索求者的数量。因为，如果这些索求权并不复杂，那么通货作为一种交换媒介在数量上就不必太多。A出售一些谷物给B，亦即接受了B以牛支付的承诺，然后A又把牛交给C，以得到一些酒。C在适当时间从B那里索要牛，而B则兑现其承诺。这些交换已经，或者可能已经用一种独特的钱币或承诺全部实现了，在这种情形下，通货与储备的比例只表明通货的流通活力，也就是这个国家**习惯于**保持流通的那一部分储备的数量，及其便于分割的特性。如果一个养牛的人，主要是满足于用牛肉和牛奶养活其家庭，并不想要丰富的家具、珠宝或书籍，又如果一个生产酒和谷物的人，主要依靠葡萄和面包养活自己及其家人，然后，如果这些家庭的妻子和儿女为家人和整个国家纺纱织布，但全部都满足于自己土地的产出和双手的产品，那么，流通媒介就没什么机会出现。人们极少作出保证或承诺，只是在生活必需时才进行交换。储备所属的这些人，是自己用双手生产储备的，几乎不需要货币作为权利的一种表达，或作为分工和交换的实际媒介。

67. 但是，随着这个国家的习惯慢慢变得复杂和怪异（并不因此就文明），其流通媒介也必定随着储备而增加。如果每一个人什么都想要一点——如果食物必须种类多样，衣服必须花样翻新——如果群众以之为生的工作是为幻想服务的，也以幻想衡量其工资，所以一个人会给对另一个人来说毫无价值的东西付很高的价格——如果人们在知识上有巨大差异，导致估价上的巨大差异——最后，也最糟糕的是，如果通货本身由于其数量庞大，也由于拥有它便意味着权利，便成为这个国家中许多人欲求的唯一对象，所以他们将持有通货作为生活的主要目标而相互争斗；那么，在所有这些情况下，通货必然随着储备而增加，然后作为交换和分配的媒介，作为权利的纽带①，也作为人们热烈追逐的对象，在这个国家的交易、性格和生活中，发挥越来越重要和有害的效力。

当通货作为**权利**的一种纽带变得过于显著，也给人带来过多负担的时候，针对这种效力，民众就很容易以一种激烈而狂暴的方式表达意见，然后导致革命，而不仅是改革。然而，**经济**的一切可能性，都依赖于对这种权利纽带的清楚的主张和维护，无论这种纽带多么沉重。所有追求经济的政府的第一要务，是保证关于财产的重要法律的运行不受争议，也无可争议，亦即，一个人为一个东西工作，应当被允许安全地得到、保存和消费它，同时，一个人今天不吃掉他的蛋糕，可以在明天也安心拥有这个蛋糕。我要说，这就是社会法律要保证的第一要点，非此就不可能有政治的任何进步，甚至不可能存在任何政治。无论由此会导致什么样的邪恶、奢侈、不公，这都是首要的**公平**；国家必须始终下定决心，用法律和警棍推行这个公平——橱柜的门可以有一把坚固的锁，人们从面包店回家的路上，晚餐不会被暴徒抢走。因此，有了这个大胆主张，我们要在下篇论文中尽力思考，让暴徒②自己把适量的晚餐带回家，在多大程度上是可行的。

---

① a bond of right，意思应该是，通货成为权利传导的媒介，成为权利所依附的东西，谁的钱多，谁的权利就大。——译者注
② "暴徒"应指贫民。——译者注

第三章　钱币的保管

68. 参考上一章可以看出，我们当下的任务是考察储备持有者与通货持有者之间的关系，以及他们与不持有任何一者的人的关系。为此我们必须确定，我们要把黄金这样的物质（通常被称作通货的基础）放在哪一方。借助前面的定义，读者现在能够理解这些详细的论述，而这样的论述之前还是不可能进行的。

69. **任何国家的通货都包括每一个承认债务的文书，这些文书在其国家之内是可转移的。**[①]

这个可转移性，依赖于其可辨识度和信用。它的可辨识度主要依赖于伪造的难度，其信用在很大程度上依赖于国民性格，但最终而言，**始终依赖于满足其要求的实质手段**。[②]

正如可转移的程度是可变的（某些文书仅在某些地方内转让，而其他文书，如果也在转让的话，却以少于其标记的价值被接受），通货的重量和流动性（如果可以这么说的话）

[①] 请记住这个定义，它非常重要，因为它与人们通常给出的那些定义是相反的。当这些文章的第一篇发表的时候，我记得有一位评论者轻蔑地问道："半个克朗也是一份文书吗？"他从来没有想到，文书可以被盖上印章，就像能被书写出来一样，这个印章可以盖在银块上，也可以盖在羊皮纸上。——1872版注

[②] 我的意思不是指持有五英镑纸币的人对五个英镑金币的要求，而是持有一个英镑的人对价值一英镑的好东西的要求。——1872版注

也都是可变的。真实的或完美的通货，是自由流动的，就像纯净的溪流；如有不可转移的物质与其混杂，就使其变得滞涩而浑浊，这些物质虽然体积在增加，但它的纯净度在减少。[有账目记于其上的、有商业价值的物品，会无限地增加通货；具有内在价值的物质，如果不加限制地加盖印章或署名，以至于成为债务认可，也会无限地增加通货。在澳大利亚发现的每一块黄金，只要没有被铸成钱币，就是一个可供出售的物品，与其他任何物品一样；但是，一旦被铸成英镑，它就降低了我们钱袋中每一个英镑的价值。]①

70. 法律授权的通货或国家通货，在其完美状态下，是对债务的一种公开认可，并得到管理和分割，以至于任何人在公共市场上拿出一件其价值经过验证的商品时，如果他愿意，就可以在交换这件商品时接受一份文书，这份文书给他以换回等价物的索求权——（1）在任何地点，（2）在任何时间，（3）以任何种类。

如果通货是非常健康的、活跃的，那么被委托管理通货的人，始终能够即期或按照要求：

A. 为指定数量的货物给出具有指定功能的文书。或者

B. 为具有指定功能的文书给出指定数量的货物。

如果他们不能为货物给出文书，国内的交换就是有问题的。

如果他们不能为文书给出货物，国家的信用就是有问题的。

因而，文书的性质和效力，要在它与地点、时间和种类的三种关系中得到考察。

71.（1）这份文书在任何**地点**发出索求权，以换回等价

---

① 方括号内在文字为 1872 年再版时所加。——编者注

的财富。运用这种功能，是为了节省运输，所以我们在伦敦留下一蒲式耳的谷物，就可以收到可在新西兰和澳大利亚或其他地方取回一蒲式耳谷物的指令。要完美使用这种用途，作为通货的物质就必须尽可能地轻便、可信和可辨。它之所以不被接受或没有信用，始终是因为人们某种形式的无知或拒付：只要面值上的差异导致这种中断，那么在文明国家中它们就没有持续下去的基础。在一个国家主要用铜铸为钱币比较方便，在另一个国家却用白银或黄金——相应地计为生丁（centimes）①、法郎或者塞坎（zecchin）②；但是，一个法郎在重量和价值上不同于一个先令，而一个茨旺齐格（zwanziger）③ 与前两者都不同，就是商业力量的肆意浪费。

72.（2）这个文书在任何**时间**发出索求权，以换回等价的财富。在这第二种功能上，通货是财富积累的指数，它使按照个体要求贮存储备变得无限可能；然而，如果不是因为它的介入，那么所有的积累都会因为财产的体积、腐烂或难以保管，而局限在一定限度内。"要把我的仓房拆了，另盖更大的"，④这句话是不能轻易说的；所有的物质投资都意味着保管负担的增加。国家通货把储备的监护权转移到许多人手中，然后在原初生产者手中保留在未来任何时候重新占有的权利。

73.（3）这个凭证发出索求权（可行的，虽不是法定的），以换回任何**种类**的等价财富。这是一种可转移的权利，

① 法国货币单位，等于百分之一法郎。——译者注
② 十四世纪威尼斯使用的一种金币，到罗斯金生活的时代仍然在意大利托斯卡纳地区流通。——译者注
③ 意大利货币，与里拉等值。——译者注
④ 《路加福音》12:18。——编者注

不仅可转移为此物或彼物，而且可转移为任何事物；它在此种功能中的效力，是与选择的范围成比例的。如果你给孩子一个苹果或一个玩具，你就给了他一种特定的快乐，但如果你给了他一个便士，那就是给了他一种非确定的快乐，这种快乐是与村里商店提供的选择范围成比例的。全世界通货的效力，同样是与世界的集市的开放程度成比例的，并且一般来说，由其货品外观的悦目，而非坚固而得到强化。

74. 我们说过，通货是由换取等价商品的指令构成的。如果要等价，它们的品质就必须得到保证。因此，特殊的索求权可选择的商品的种类，必须能够得到检验，虽然可取的办法是手头有一种储备，以满足通货的要求，它体积不大，却有很大的相对价值；同时至关重要的是，至少在一段时间内不会被破坏。

这个不易破坏，以及便于检验，就结合在黄金当中；黄金的内在价值很大，而且其想象价值更大；所以，一方面是由于懒惰，另一方面是由于组织工作的必要和缺乏，多数国家都同意以黄金作为它们通货的唯一基础。黄金是有重大缺陷的，其可携带性使其成为交换媒介中活跃的一部分，但通货本身的溪流也因黄金而变得浑浊——它一半是通货，一半是商品，两种功能结合起来，一方面抵消，另一方面又强化相互的效力。

75. 它们一方面抵消相互的效力，这是因为，只要黄金是商品，它就是糟糕的通货，因为它容易被出售；同时，只要是通货，它就是糟糕的商品，因为其交换价值会受到其实际用途的干扰；尤其是使它在艺术更高级的分支中的运用变得不安全，因为它很可能被熔化以作交换之用。

其次，另一方面它们强化相互的效力，只要黄金具有公认的内在价值，它就是优良的通货，因为在任何地方都可以被接受；只要它具有合法的交换价值，它作为商品的所值就得到增加。我们不想要粉末或结晶形式的黄金；相反我们追求铸币形式的黄金，因为它可以以这种形式支付给面包师和肉贩。同时，交换中的这个所值，不仅在使用过程中被大量耗费，[①]而且当被运用到艺术中时，这个所值也极大地增加了对想象的影响。[②]简言之，这些功能的效力被增强了，但因为这种合并，它们的准确程度却降低了。

76. 无论如何，黄金因其可携带性和贵重而作为通货基础的时候，也就附带了这些不便。但是，当它作为通货的唯一合法基础的时候，就附带了更大的不便。可以想象，每一块可获得的黄金，其重量都达到几磅，而其价值就像孔雀石或大理石那样与其体积大小成正比；那时它就不会与日用通货相混淆了，但可能依然保持为日用通货的基础。这第二种不便仍然对它有影响，亦即，它作为债务表达方式的意义，就像每一种其他物品，随着众人对其贵重程度的估量而变

①　（请仔细阅读并思考下面的注释。——1872 版注）
　　获取黄金的过程中劳动的浪费，虽然不能借助现有数据得到估量，但可以从它对整个经济的影响中得到理解。我们假设这个经济发生在两个人的交易之中。如果澳大利亚的两个农民数年来一直用谷物和牲畜相互交换，又用简单的方式记录相互的债务，那么，他们各自的财产总量不会减少，虽然借入或借出的那一部分是用刻在石头或树上的记号或划痕来计算的；其中一人算术比另一个人好。但是，下面的情况会使他们中间一人的财产总量减少，就是当他们在田地里发现了黄金，就决定只接受黄金筹码作为计数方法；于是每当他想要一袋谷子或一头牛的时候，就不得不用一个星期的时间去洗沙淘金，直到获得用作谷子和牛的收据的手段。——1863 版注
②　意思应该是：用黄金制作艺术作品时，因为作品中包含思想和技艺等因素，人们会想象这些黄金比其他形式黄金有更大的所值，但也只能是想象，因为思想和技艺的所值是难以估量的。——译者注

化，也随着市场供给的数量而变化。我为其他商品而获取黄金的能力，始终取决于众人想要黄金的热情程度，同时取决于其数量的限度，所以两种因素之一出现时——即人们对黄金的重视程度变小，或者黄金变得更容易被发现——**我的索求权便在同等程度上得到削弱**；有人甚至煞有介事地主张，发现一座金山便可消除整个国家的债务，换句话说，人们可以拿没有成本的东西偿还成本很高的东西。事实上，几乎没有可能突然出现这样的动荡，这个世界的智慧也不会如此快速增加，以至于突然轻视黄金；同时，也许［短时间内］黄金越容易得到，人们对黄金的欲望就可能越急切；然而，债权不应该建立在想象的基础上；一种国家通货的框架也不应该因为每一个守财奴的恐慌和每一个商人的卤莽而震荡。

77. 有两个方法可以避免这种不稳定，而且人们早就应该这样行动，如果人们不去计算黄金供应的状况，而只是考虑这个世界如何可以完全离开黄金而生活和管理事务的话。[①]一个方法是，将具备更真实的内在价值的物质作为通货的基础；另一个方法是，将多种而非一种物质作为通货基础。如果我只能索求黄金，那么发现一座金山也会让我饿死；但如果我能索求面包，那么发现一块长满谷物的大陆，我也不必觉得是什么烦恼。然而，如果我希望用我的面包换取其他东西，那么一年的好收成就会暂时限制我这方面的能

---

① 很难评价这种奇怪而徒劳的讨论有什么意义，最近不列颠协会还设立一个部门，讨论黄金的消耗，然而没有一个人能够提供研究所需的最简单的数据。就拿最早发生的讨论来说：我们用什么手段可以确定欧洲（且不说亚洲）妇女们今年在梳妆上用了多少重量的黄金，而且，假如已经知道的话，我们又有什么手段推测明年有多少欧洲的珠宝商用于满足妇女喜好和风格变化的首饰，是减少还是增长？——1863版注

力，但如果我能够随意索求得到面包、钢铁或丝绸，那么价值的标准就有三种基础而非一种，而且这个标准也相应地是固定的。归根结底，通货的稳定取决于其基础的广度；但社会组织的难度也随着广度而增加，只有经过漫长的分析才能发现既最安全又最便利的条件，[①]不过我们暂时不讨论这个条件。金银[②]始终可以保留在有限的用途上，作为奢侈的硬币和所有国家的砝码和合金的毫无疑问的标准，只是模具各有不同。硬币如果是金属的，其纯度会准确表明国家财政体系的诚正，甚至是这个国家的整体尊严的诚正。[③]

78. 无论国家通货承诺以何种物品支付，都有加在这个物品上的额外费用表明政府在这个比例上产生的亏损，也表明其资产的分配仅仅受制于票据持有者对于公司将再次繁荣的残余信心。[④]强制接受的通货或无限发行的通货，仅仅是伪装税收和缓解压力的各种模式，直至最后为时已晚，无法消除压力的源头。消除这种伪装的可能性，本应是一种真正的经济科学首先的成果，如果存在这么一种经济科学的话；

---

① 见蒲柏给巴瑟斯特勋爵（Lord Bathurst）的信，他描绘了实实在在的"金钱（pecuniary）"通货［由牛群构成。——1872 版注］的用处和不便："陛下将要与怀特的公牛斗智斗勇"，等等。——1863 版注

② 或许两者皆有，或许只有银。将黄金用于艺术而非铸币，可能只是因为方便。黄金作为计量标准可能是，而且在某些情况下一直是非常理想的。见穆勒的《政治经济学》，第 3 卷，第 7 章的开头。——1863 版注

③ 在雅典和威尼斯，德拉克马（drachma）和塞坎（zecchin）的纯度对于知识、艺术和政治的关系并非无关紧要；十年前（即 1850 年。——译者注）有一个事实让我第一次对此有了印象，当时我在威尼斯用银版照相，我发现除了古威尼斯的塞坎，买不到其他足够纯的黄金为照片镀金。——1863 版注

④ 作者的意思应该是：一个政府发行通货，并且承诺这通货可兑换为任何物品，但因为需要加工运输的费用，所以如果通货仅仅是一种交换媒介，政府就必然始终在亏损，直至破产；因此下一句也说，如果政府强制推行通货，就必须以税收弥补亏损。手持通货或票据（notes）的人，有权以之兑换任何物品，他之所以继续持有，是相信政府这个公司不会破产，而且还会繁荣起来，那时通货将升值，可以兑换更多物品。——译者注

但人们有太多动机隐瞒实情，只要还能运用各种诡计将其延续下去，因而迄今为止不允许建立这样一种科学。

79. 确实，只因为顽固不化的邪恶行为，才有通货在理论或实践中的种种困境。当人们保持行为诚实、头脑冷静的时候，国库就不会陷入困境，各种财政问题也会迎刃而解。但是，当政府丢掉了引导、保护或监察等所有职能，而只是沉溺于合法盗窃、锦衣化缘的繁荣之中的时候，或者当人民选择"投机"（Speculation，通常来说开头这个 s 是多余的）而非辛劳，欺诈而不受惩罚，因此行骗而有所得的时候，就没有什么财政术语的把戏能拯救他们，所有的签发和铸币只能放大他们推迟的毁灭；即便是剩余的财富，无论是停滞的还是流动的，都只是从阿佛纳斯湖里的烂泥变成佛勒革同河里的沙子①——而且还是河口的**流沙**；近来有伶牙俐齿的拍卖商推荐，这块土地"适合订立租约"。

80. 总之，真实的通货有四重效力。

（1）信用效力。其在交换中的所值，取决于公众对发行者的可靠和诚实的看法。

（2）实际所值。假设黄金，或者通货清楚承诺的任何其他东西，被人们要求兑换为通货发行者的所有票据，同时这个要求无法被全部满足，那么，文书的实际所值，而且是在任何时候的实际所值，因此将被定义为可以通过分割发行者的资产，以为这个文书拿出的东西。

（3）通货基础的交换效力。即使我们能用手中的票据得到 5 个黄金英镑，仍有问题的一件事情是，我们能用这 5 个

---

① 阿佛纳斯湖（Avernus）和佛勒革同（Phlegethon），在古希腊和古罗马的神话里有地狱的意思。——译者注

黄金英镑换来多少其他东西。现有的其他东西越多，黄金越少，那么这个效力就越大。

（4）给定数量的通货基础，或者劳动所能换得的其他物品，对劳动施加的效力。这种情况下的问题是，需要用多少工作，以及**谁的**（重中之重！）工作，换取能用 5 英镑买来的食物。这取决于人口数量、他们的天赋和他们的性情——小到细微的情绪，大到最强的冲动——通货的效力都会随这些因素而变化。

81. 这就是国家通货的主要条件，接下来我们在通货的宽泛定义下考察全部通货的条件，这个定义是，通货是"可转移的债务认可"；①债务认可有许多形式，但其中实际上只有两种是截然对立的；即会被偿付的债务认可，与不会被偿付的债务认可。坏的债务或坏账的文书（无论是全部还是部分）之于好的债务的关系，就如劣币之于金块的关系，我们

① 注意，我们在这个术语之下包括了所有债务文书，这些文书只要是出自真实意愿，便是可转移的，虽然实际上没有被转移；同时，我们排除现实中一切没有所值的文书，虽然事实上暂时会被转移，例如劣币那样。诚实债务的文书，若未转移，就如纸币的关系，就如退出流通的黄金对于金块的关系。在针对这个问题的推理中，有一种观念造成了很大混乱，即退出流通是一种可确定的状态，然而这其实是一种渐变状态，而且是无法界定的状态。一个金镑，只要我选择让它待在口袋里，它就是退出流通的。如果我把它埋在地下，它也不是退出流通，即使我把它，还有其他金镑做成一个杯子，用这个杯子喝东西，它也不算退出流通；因为如果酒或者其他东西涨价了，我可以在任何时候把杯子熔化掉，使其重新成为通货；而且金块对市场中物品的价格的影响，就如它以杯子的形式，以及金镑的形式存在时的影响一样直接，如果不是具有一样的强制性的话。任何计算，都不是以我两种情况下的心情作为基础的。如果我喜欢把玩一卷硬币，因而保存一定数量的黄金，做成竹子的形状（jointed basaltic columns，直译过来是带节理的石条，比喻一卷没有开封的硬币，这里便于理解译作"竹子"。——译者注）来把玩，那么它对于市场的作用是没有变化的，一如我把它做成金丝或者保持其天然状态，或者把金条捶打成金盘用来吃饭。我可能会打开一卷硬币，而不会熔化掉一个金盘；我还可能怎么做，是不可计算的。所以，文书只有被作废时，才退出流通，而金块，只有在实际丢失的时候，才退出流通，因为找回它的可能并不大于在金矿中发现新金块的可能。——1863 版注

暂且不考虑这些形式的欺诈（就像在分析金属时应该洗掉渣滓），然后按照其确切数量将这个国家的真实通货放在一边，将其储备或财产放在另一边。我们把黄金和所有类似物质放在文书这一边，只要它们凭借签署而发挥作用；但只要它们凭借价值而发挥作用，我们就将它们放在储备这一边。这时，通货代表了这个国家的债务的数量，而储备则代表了其财产的数量。一切财产的所有权，都在通货的持有者与储备的持有者之间得到分配，因而任何时候，通货所索求的任何价值，就是要从储备持有者那里减除的价值。

82. 进一步来看，根据定义，真实的通货代表了将被偿付的债务，同样它也代表了债务人的财富，或其能力和意愿；换言之，它要么代表由债权人转移到债务人手中的现有财富，要么代表这样一种财富，即当债务人一定会在某个时候偿还时，他就在增加这种财富，或者如果他在减少这种财富，他也有意愿和能力再次生产这种财富。因而，一种健康的通货，正如通过增加它就代表了扩大的债务，也就代表了扩大的手段；但以这种奇怪的方式，一定数量的这种通货标志着这个国家财富的欠缺——如果这种通货不曾存在，所欠缺的这些财富却倒会是存在的。[①]从这个方面看，通货就像

---

① 例如，假设一个勤劳的农民将其土地整理得井井有条，并为自己建了一所舒适的房子，然后还发现有空闲时间，这时他看到邻居无力工作，住得很差，就提议给这个邻居建一所房子，并把土地也整理好，条件是为这所房子收取一段时间的租金，同时收取土地收成的十分之一。邻居接受了这个提议，并且收到约定租金和十一税的文书。这个票据就是货币了。只有当这个欠债的邻居恢复了力气，以能够利用他接受的帮助，然后满足票据的要求的时候，这个货币才是有效的货币；如果他任由房屋倒塌，土地荒废，他约定的票据就立刻没有价值了；但是，这些票据的存在毕竟是他不能像他人那样劳动的后果。假设他有了足够收获，能够还清全部债务，而票据却作废了，这时我们就有了两个富有的储备持有者，而非通货。——1863版注

一座山脚下的碎石，假如它是以固定的角度堆积的，那么碎石越多，这座山就必定越高大；但是，如果没有这些碎石的话，这座山本来是比现在更大的。

83. 再进一步看，如前所述，虽然每一个拥有货币的人，通常也拥有一些超出其直接需要所必需的财产，而拥有财产的人，通常也持有超出其直接交换所必需的通货，这大体决定了他们属于哪个阶级；无论在他们眼里，货币是财产的附属物，还是财产是货币的附属物。在第一种情况下，持有者的快乐在于他的财产，其次才在于他的货币，因为后者是改善或增加前者的手段。在第二种情况下，持有者的快乐在于其货币，其次才在于货币代表的财产。（在第一种情况下，金钱就如围绕在财富周围的空气，从财富升到空中，又像雨水一样落回到财富上；但在第二种情况下，货币就像是洪水，上面漂浮着财富，而且多半毁灭于其中。[①]）这两种人之间最显见的区别在于，一个总是想买，另一个总是想卖。

84. 这便是两个阶级之间的重要关系，他们有几种性格对于国家来说是最为重要的；因为国家财富的保存、展示和效用，就取决于储备持有者的性格，而国家财富的分配取决于通货持有者的性格；财富的再生产则同时取决于两者的性格。

因而我们最终必将发现，对于国家而言，东西掌握在谁手里，远比得到多少东西重要；实物持有者的性格可从储备的性质那里推测出来，因为某个人总是要求得到某个东西，他不仅要求得到，而且如果这个东西能被改善，他还会改善

---

① 读者无须费心理解括号里的文字，除非你愿意，但不要认为这仅仅是个隐喻。它只是陈述了我只有用隐喻才能简洁陈述的事实。——1872 版注

它：所以，在国家财产的整个总量范围内，财产与其所有者之间是相互作用的。卑劣的国家，要求得到卑劣的东西，然后其本性日益坠入更深的邪恶，其运用能力日益虚弱；而高贵的国家要求得到高贵的东西，在两方面都变得日益卓越。当然，堕落的趋势是以"ataxia（失调）"为标志的，也就是说（把希腊人的思想扩充一下），掌管财物的人玩忽职守，导致人们竞相抢购；积累财物的人头脑混乱，估价不准，对于财产的整个特性理解糊涂。

85. 通货持有者的数量和影响的增加，始终是与储备持有者的糊涂和愚笨密切相关的；因为人们对事物的利用越少，他们就越是缺少这些东西，而且厌弃得越快，因此就想把这些东西变成其他东西；所有这些变化的频繁，都会导致通货的数量和效力的增加。大量通货的持有者本身，本质上说从来无法决定他将得到什么，因而就开始稀里糊涂地累块积苏，然后随着丰富而自满，思想上贫乏，为征服而骄傲，由此在情感上变得越来越狂暴。

然而，虽然占有通货这种行为的本质叫人捉摸不透，但隐藏通货却有一种魅力，在某些人那里这种魅力让人心痒难耐。享受实在的财产的时候，一定程度上必须有其他人分享。马夫在种马身上得到某种乐趣，园丁在花园当中得到某种乐趣；但金钱是被锁在柜中的，或者看起来如此；它们着实令人艳羡。人们从中得到的满足是其他人无法参与的。

对于没有想象力的人来说，算术上比较的能力也是一件乐事。他们始终知道，自己比以前多了多少钱，比别人多了多少钱；但智慧是不能被这样比较的，性格也不能。我不能说服邻居说，我比他聪明，但能让他相信，我比他多多少钱；这种信念的广被接受，既明白可见，也讨人欢喜。只有少数人能理解，虽然没有人能衡量，其他东西的优势，但很少有人情愿敬慕这些优势；然而，每个人都能理解金钱，每个人都会数钱，而且大多数人也都崇拜金钱。

86. 话说回来，这些徒劳地积累起来的东西，如果有好机会被明智地用掉，那么积累给人的这各种各样的诱惑在政治上是不会有什么害处的。因为积累无法永远持续下去，总有一天要走到其反面——如果这个反面真的是一种有益的分配和使用的话——就像用水库里的水灌溉，收集的狂热，虽然对于收集者而言是危险的，但对于社会却是有用的。然而，经常发生的事情是（经常到了可被称作是少有例外的政治规律），这些不合理地收集起来的东西，最后落到一些人手里，也是被不合理地消耗掉的。它们常常被消耗在战争中，否则就是让人瞠目结舌的奢侈中，这是双倍地有害的，既是因为富人们沉溺于此，也是因为穷人们只能无奈地见证。所以，贪得无厌（mal tener）和挥霍无度（mal dare），就像两种补色那样，是相互关联的；而财富的流通，应该是缓和的、稳定的、有力的、广泛的，且充满温暖，像湾流在狭窄处变成漩涡，集中在一个点上，变成卡律布狄斯交替吸入和吐出的海水。[①]我肯定，这就是那个绝妙寓言的真正含义，如培根所说，"值得细细品味"。[②]

---

① 卡律布狄斯（Charybdis）是希腊神话中海神波塞冬和大地女神该亚的女儿，因偷偷宰杀大力神赫拉克勒斯的牛羊，被宙斯扔进墨西拿海峡，每日吞吐海水三次，造成巨大的漩涡。此句中 mal tener 和 mal dare 两个词出自但丁《神曲·地狱篇》，拉丁文的字面意思为"不好的占有"和"不好的给出"，中文版译为"一毛不拔"和"挥霍无度"，见中文版第 49 页。——译者注

② 从这一句之后到这一章末尾的文字，在第一版中只是一个注释；但为了后文之用，这段文字比书中其他部分都更有价值，所以我移到了正文当中。——1872 版注

87. 聪明的人类有一个奇怪的习惯，就是只用谜语说话，所以，最深刻的真理和最有用的规律，必须经过如梦境一般的整个画廊才能被捕捉到，而对庸人而言却仅似梦境而已。因此，荷马、希腊的悲剧诗人们、柏拉图、但丁、乔叟、莎士比亚和歌德，都把他们作品（还有他们吸收和改编的各种文学）中所有最有用的东西，隐藏到一些象征里，让大众觉得毫无用处。更糟糕的是，荷马和柏拉图这两位最早宣称发现道德的作家，在一定程度上还备受争议；因为柏拉图的逻辑能力削弱了其想象力，这使他无法理解诗歌或绘画中纯粹的想象性元素，因而有些高估了歌曲和音乐领域中充满激情的艺术的纯粹惩戒作用，又没有发现沉思艺术中的纯粹准则作用。然而，他对荷马的怀疑还有更深一层的理由。他对正义的热爱，他那虔诚的宗教品格，使得他像害怕死亡一样害怕每一种谬论；但首先是害怕关于来世的谬论（他自己所讲的神话，不过是对一种合理希望的象征性诠释）。如今我们也许随时都能更清楚地发现，柏拉图在这一点上是正确的，并且越来越对荷马和但丁（还有低一等的弥尔顿）这类人感到惊讶——更不用说每一个时代的雕塑家和画家了，他们虽无比高尚，充满智慧，却杜撰一些关于神秘来世的无聊想象，用他们朦胧虚幻的艺术引导着现世人族的信仰。而那些关于人类生活和责任的毋庸置疑的真理，他们仅有一次提及，而且还是隐藏在幻想的面纱背后，未被探究，也常常让人难以觉察。我会在适当地方从但丁和荷马那里仔细甄别与我们的主题相关的内容，在这里我们先把他们所用象征的第一个明显意图作一概述。

88. 对为其他目的而正当使用财富的奖赏，但丁展现在

天国的第五重和第六重；而对不当使用财富的惩罚，则被指
定在三个地方：一处是惩罚为贪婪和挥霍而丢失灵魂的人
（《地狱篇》，第 7 章）；另一处是为惩罚因贪婪而挥霍而使其
灵魂无法净化的人（《炼狱篇》，第 19 章）；再一处是为惩罚
放高利贷的人，他们无一可被救赎（《地狱篇》，第 17 章）。
第一群人在地狱里面是最多的（"这里的人比别处更多"，①
对比维吉尔所说的"人数最多"②），人流对面相遇，将重物
掷向对方，就像卡律布狄斯卷起波涛。精疲力竭地相互责
骂，是他们所受的一个主要折磨；另一段优美的诗行开头这
样写道："我的儿子，你可以看出……"（但是放高利贷者一
动不动就能赚钱，坐在沙地上，却不得休息，等等）③ 因
为，并非贪婪，而是为了富有的**争斗**，导致了财富的误用，
在但丁眼中，这是不可饶恕的罪行。这种罪恶受罚的地方由
"大敌"普鲁托守卫；④这个神与希腊人的普鲁托大不相同，
后者虽然又老又瞎，却不残忍，因而是可被治愈的，然后还
变得很有远见。（柏拉图在《法篇》第一卷中说他"不是盲
目的，而是视力清晰"。⑤）而且，但丁的这个形象也不同于
歌德《浮士德》第二部分里面那个光彩照人的普鲁托，那个
普鲁托是可善可恶的财富（并非对财富的渴望）的人格化力

---

① 见中文版《神曲·地狱篇》，第 48 页。——译者注
② 参见中文版："这里还住着生前与弟兄们不和的人，忤逆父母的人，罗织门客罪
　名的人，还有那些发了财，独自霸占着，却不肯分一部分来给自己亲人的人（这
　种人在这里是成堆的）……"《埃涅阿斯纪》，杨周翰译，译林出版社，1999 年，
　第 161 页。——译者注
③ 括号里文字描述的内容见《地狱篇》，第 17 章。——译者注
④ 上文参见《神曲·地狱篇》第 6 章；普鲁托（Plutus）是希腊神话中的财富之
　神。——译者注
⑤ 见中文版《柏拉图全集》第 3 卷，王晓朝译，人民出版社，2003 年，第 374
　页。——译者注

量；也不同于斯宾塞笔下代表聚集财富的热情的普鲁托。但丁笔下的普鲁托，显而易见是争斗和竞争（或邪恶商业）的神，因为如我在前文说明，这种商业"使所有人形同陌路"；[1]因而这个普鲁托讲的话让人捉摸不透，而被他毁灭的灵魂，全都面目全非。[2]

另一方面，在但丁看来，贪婪和挥霍的有些罪恶是可被救赎的，因为它们没有处心积虑或精心谋划的实施方法。贪求富有，或者挥霍这种罪恶，是能被净化的，只要不是像奴隶一般为了富有而不停争执和竞争。这种罪恶被说成是因为对土地的热爱造成的堕落，可由更诚挚的谦卑净化——这些灵魂以腹爬行，口中唱着："我的性命几乎归于尘土。"[3]但如此被定罪的灵魂都是清晰可辨的，甚至是对黄金的渴求的最恶劣的样板——这些灵魂被迫在夜里讲述这些样板的故事——是受贪婪的激情的鼓动犯下暴力罪行的人的样板，而不是那些为了金钱而持续工作的人的样板。

89. 为使这些灵魂得到拯救的训诫是，"把眼睛转向永恒的国王通过使诸天旋转所展示的钱财吧"。[4]另外，当但丁的梦开始的时候，诸天的"大吉之象"正在升起。参照乔治·赫伯特[5]的诗——

　　　　抬起你的头；

---

① 参见 59 节注。——译者注

② 参见中文版《神曲·地狱篇》第 6 章，第 49 页。——译者注

③ 《诗篇》119:25。——编者注

④ 参见《神曲·炼狱篇》第 19 章，第 4—7 行；罗斯金把原文中的诱饵（lure）换成了"钱财（lucre）"。——编者注（见中文版，第 234 页。——译者注）

⑤ 乔治·赫伯特（George Herbert, 1593—1633），威尔士诗人，曾在剑桥大学和议会担任高级职务，后来做了圣安德鲁·伯莫顿小教区的神父。——译者注

把明星看作金钱；它们尚未有艺术加以描绘，

却可被买到。

　　柏拉图在《国家篇》第三卷中也有一段著名的话："告诉他们，他们灵魂中永远有来自诸神的金银，他们不需要人类铸造的钱币——他们也不可以把神的金银和凡人的财产混在一处，那样的话，**因为有了城邦居民根据法律铸造的钱币，居民们就要犯下和遭受无尽的罪行，但他们灵魂中的金银却没有污秽，也不会给他们带去悲苦。**"①

　　90. 在惩罚之地的入口处，但丁看到一个恶灵，不同于"大敌"。你可以心甘情愿顺从那个大敌，但这个名叫塞壬(Siren)② 的女鬼魂是"富有的**假象**"，即《福音书》里所谓的 apath ploutou（钱财的迷惑），③是依靠诡计赢得顺从的。这就是富有的偶像，但丁在梦中见到她时，她变得加倍地虚幻：她看起来很妩媚，用甜美的歌声魅惑人，但她的巢穴却令人作呕。此时，但丁不再将她随便称作塞壬之一，就像不再随意提及卡律布狄斯。虽然他只是凭借维吉尔诗中的模糊传说理解荷马的寓言的含义的，但也给了我们足够的线索。培根曾注解，"塞壬，**亦或快乐**"，此后这种解释便广被接受，但却与柏拉图和荷马的意思正相反对。塞壬并非快乐，

————————

① 见中文版《柏拉图全集》第 2 卷，王晓朝译，人民出版社，2003 年，第 389 页："至于金银，我们一定要对他们说，你们的灵魂中已经有了来自诸神的金银，所以不再需要凡人的金银了，你们不需要把神的金银同世俗的金银混在一起，使之受到玷污，因为世俗的金银是罪恶之源，心灵深处的金银是纯洁无瑕的至宝。"——译者注
② 在希腊的神话传说中，塞壬不止一个，通常认为有姐妹三个，前文提到的卡律布狄斯就是其中之一。——译者注
③ 见《马太福音》13:22。——编者注

而是**欲望**：在《奥德赛》里，她们是虚荣的欲望的鬼魂，但在柏拉图的命运幻象中，却是神性欲望的鬼魂；在必然之纺锤的不同圆拱上，各有一个塞壬唱着不同的音符，但构成了命运三女神为之配词的和声。[①]但丁采用了荷马构造的形象，把塞壬说成是"想象"的，而非肉体的恶魔（眼睛的渴望，不是肉体的情欲[②]），因而被说成是缪斯的女儿[③]——但不是天国的或现实的那些缪斯，而是快乐的缪斯。她们起初是长有翅膀的，因为即便是虚荣的希望第一次形成时，也会让人兴奋，给人帮助，但随后她们就与众缪斯争夺想象的财产，然后她们的翅膀被拔掉了。

91. 这样我们就可以区别塞壬的力量和喀耳刻[④]的力量，后者不是缪斯的女儿，而是强大元素太阳和大海的女儿。她的力量是一种坦率的力量，充满了富有活力的快乐；这种力量，如果加以约束和监督，就给人营养，如果不加看管，也不在其中加入苦涩的"魔草"的话，就会使人变成野兽；但它不会把人杀死，相反还留给人复活的力量。喀耳刻自己真正是一个女巫——一种纯粹的动物生命；会变形或退化，但总是非常神奇（她把货物悄悄搬上船，又像鬼魂一样离去[⑤]）；即使

---

① 柏拉图《国家篇》第10卷，617B。——编者注（参见中文版《柏拉图全集》第2卷，第642—643页。——译者注）

② 《以西结书》24:16；《约翰福音》2:16。——译者注

③ 罗斯金这里转述的这个版本晚于荷马。阿波罗尼乌斯·罗迪厄斯（Apollonius Rhodius）把塞壬当作了缪斯忒尔西科瑞（Muse Terpsichore）的女儿；其他作家讲过这样的故事，说塞壬和缪斯进行过一场竖琴和长笛的比赛，获胜的缪斯拔下塞壬的羽毛戴在身上，以示胜利。（凯撒：《书信集》[*Epist*]，41；鲍桑尼亚[Pausanias]，ix，34，3。）——编者注

④ 喀耳刻（Circe），希腊神话中艾尤岛上的女巫，善用毒药，在《奥德赛》中，她邀请奥德修斯的水手到岛上吃饭，却在饭中下药把这些水手变成猪。——译者注

⑤ 《奥德赛》x，571—574。——编者注（未在中文版中找到准确对应的文字——译者注）

野兽也被她驯服，在她的洞穴附近玩乐。她给人能变形的毒药，不是把这毒药混在丰盛的大餐里面，而是混在干净健康的营养物里面——醇酒、奶酪和面粉，[①]也就是酒、牛奶和谷子，即三种维持生命的重要物质。如果这些物质变成了猪，那是人们自己的错（见附录5），猪只是被选出来作为消费品的典型；就像柏拉图在《国家篇》第二卷中所说的uwn poli（我们的城邦），也许荷马也会选择这样的城邦，但他对多样的营养物的相似性，以及身体的内在形式，有更深入的认识。

"请问，这只胆大妄为的、敢将自己装扮得像可爱的小姑娘一样的动物是什么？

我为给他的名字感到羞耻，但您不该怨恨我。是……是猪，对您而言，这并不令人愉快。但事实如此，如果您觉得不快，那应该向上帝抱怨。是上帝安排了这一切。只有猪，才只想着吃，比我们的胃口大多了，这也算是个安慰吧。"（《一口面包的故事》[Histoire d'une Bouchée de Pain]，第9封信）

92. 但是，致命的塞壬在所有事情上都与喀耳刻的力量相反。她们许诺快乐，但从不给人快乐。她们绝不会滋养人，只是慢慢把人杀死。然而，她们不仅仅是欺骗感官，而且还要腐蚀心和脑，使它们再也不能恢复能力；她们不像斯库拉[②]那样把人抓挠撕扯，但人们听到她们的歌声就中了

---

① 　《奥德赛》x，235。——编者注（见中文版《奥德赛》，王焕生译，人民文学出版社，1997年，第181页。——译者注）
② 　斯库拉（Scylla），希腊神话中的女海妖，塞壬三姐妹之一，在《奥德赛》中曾吃掉奥德修斯的六个水手。——译者注

毒，逐渐衰弱下去。注意，塞壬们的领地不仅覆满骨头，还有被吃掉的人的**皮**。在荷马的描写中，她们不是利用尤利西斯的激情，而是利用他的虚荣，唯一能听到她们歌声的同时又能抵御其诱惑的人是俄耳甫斯，因为他用赞美诸神的歌平息虚荣的想象。

93. 因此，但丁只是把其中一个塞壬看作幻影或者富有的假象，但要进一步注意，这个塞壬说，是她的歌声欺骗了尤利西斯。[①]再回顾但丁对尤利西斯的死亡的解释，我们便可发现，不是因为对金钱的热情，而是知识产生的骄傲，出卖了他，由此我们便得到了但丁的完整含义的线索：有些灵魂对于财富的热爱是情有可原的，他们起初被欺骗去追求财富，是因为出于对财富的更崇高用途的梦想，或者是因为雄心。因此他笔下的塞壬，是斯宾塞笔下的财神之女菲洛泰美（Philotimé），

> 人们群集于此，相互争斗
>
> 为的是我的宝贝，我的女儿——
>
> 一切荣耀和名位都独独
>
> 由她而来。[②]

比较斯宾塞对菲洛泰美的描写与但丁对财富-塞壬的描写，我们便可以理解两位诗人的完整用意；但荷马的意思却更加隐晦。因为他笔下的塞壬们很模糊；她们是对一切邪恶

---

① 见中文版《神曲·炼狱篇》，第233页："我是甜蜜的西壬，使水手们在大海中央着迷；我的声音听起来那样悦耳；我用我的歌迷住了尤利西斯，使他不再漂泊远航；习惯于同我在一起的人，很少离开我；我使得他那样心满意足！"——译者注

② 《仙后》（The Faerie Queene），ii.7, 48。——编者注

东西的欲望。他没有特别提到财富的力量，直至写到尤利西斯逃脱了想象中那种和声的危险，不得不在两条务实的生活之路之间作出选择，也就是斯库拉和卡律布狄斯①的两块**岩石**指出两条路。出没于两块岩石附近的怪物与岩石本身很不一样，这些怪物带有许多其他次要的含义，其中主要是关于劳动和懒惰的，或者说关于获取和花费；每一个怪物都有作为侍从的怪物，或者说是背叛的恶魔。标志获取的岩石耸入云端，几不可见，无法攀登；而代表花费的岩石低矮平滑，但有受诅咒的无花果树作为标记，这棵树只有叶子而没有果实。我们知道其他地方也有这种象征，②那里但丁侧面提到了这种象征，也就是雅各波·达·圣安德烈亚③因富有而走向毁灭，自杀而亡，当时他拨开洛托·德格利·阿格里的灌木丛的叶子，试图将自己隐藏其中。我们后文会详细解释这个象征，这里我只是粗略转述一下荷马的文字，它们是晦涩的传说，后人的翻译则使它们更加晦涩。

94.“它们是些突出的岩石。巨大的蓝色海浪在它们周围拍打着；受祝福的众神叫它们流浪者。有翅膀的生命也不能越过它们之一，甚至野生的白鸽也不能把神的食物带给它们的父亲宙斯，但那块光滑的石头抓住它们作它的祭品。”（即使神的食物也需要劳动才能得到。这个词很特殊——指的是用作祭品的东西的一部分，尤其是用作举祭的东西的一部

---

① 今天英文中 Scylla and Charybdis 有“进退两难”的意思。——译者注
② 见《马太福音》21：19；《马可福音》11：13，这个寓言也可见《路加福音》13：6。——编者注
③ 中文版《神曲》第 98 页注释：“雅各波·达·圣安德烈亚……1237 年，他做腓特烈二世的扈从，1239 年，被阿佐利诺·达·罗马诺的刺客杀死。……他继承了巨大的家产，但他是个挥霍无度的败家子，一时心血来潮，想看大火熊熊燃烧的情景，竟然让人放火烧毁了自己的一座别墅，他站在安全的地方观看。”——译者注

336

分。）"它的顶端直入天穹，深蓝的云朵依托其上，却从不能越过它；晴朗的天空也不能将其困住，无论在夏天还是深秋。没有人能攀登上去，即便他有二十只脚和手，因为它是如此光滑，犹如切削而成。

"在它的中间有一个洞穴，转过去就是地狱。在洞穴里面住着斯库拉，为捕食而抱怨；她的喊叫声甚至比不上新生的幼兽，但她自己却是一个可怕的东西——没有动物愿意看到她的脸；不，尽管是神也不愿和她对面。因为她有十二只脚，全部朝前，还有六只脖颈，恐怖的头颅立于其上；每一个头颅都长有三排牙齿，装满黑色的死亡。

"但是对面的石头比这块更低，虽然相距一箭之遥；这块石头上面有一棵巨大的无花果树，长满叶子；在它下面可怖的卡律布狄斯吸下黑色的海水。她每天吸下三次，又吐出三次；她吸下的时候你不要到哪里去，因为海神自己也救不了你。"①

---

① 《奥德赛》，第 12 章，第 59—64 行。罗斯金省略了几行，然后接上了第 73—81 行、第 85—92 行，及第 101—107 行。——编者注（见中文版，第 222—224 页："我可以把两条道路逐一向你描述。一条通往高峻的悬崖，崖前喧嚣着，碧眼的安菲特里泰的巨大波涛相撞击，常乐的神明们称它们为普兰克泰伊。飞鸟也无法从中间飞过，为天父宙斯运送神露的胆怯鸽子也一样难穿越，平滑的悬崖每次要逮住其中的一只，是的天父不得不放进另一只作为替补。……另一条水道有两座悬崖，一座的尖峰直插广阔的天宇，萦绕着浓重的云翳，雾霭从不变稀疏，晴朗的太空从不见悬崖的峰巅，无论是炎夏还是在凉秋。任何凡人都难攀登，登上崖顶，即使他有十二只手和十二只脚，只因光滑的崖壁如经过仔细琢磨。悬崖中央有一处洞穴，云雾迷漫，面向西方的昏暗，你们要把空心船，光辉的奥德修斯啊，径直从那里航过。即使有哪位强健的勇士从空心船上射出箭矢，也射不到那宽阔洞穴，那里居住着斯库拉，吼声令人恐怖。它发出的声音如同初生的幼犬狂吠，但它是一个可怕的怪物，任何人见了都不会欣喜，神明们也不想和它面遇。它有十二只脚，全部空悬垂下，伸着六条可怕的长颈，每条颈上长着一个可怕的脑袋，有牙齿三层，密集而坚固，里面包藏着黑色的死亡。……另一面悬崖较为低矮，与前崖相隔一箭之遥。顶端有棵高大的无花果树枝叶繁茂，崖下怪物卡律布狄斯吞吸幽暗的海水。怪物每天把海水三次吞进吐出，在它吞吸时你不可行船从那里驶过，那时甚至地神也难助你摆脱灾难。"——译者注）

　　（以上就是我发表在《弗雷泽杂志》的散漫笔记。编辑向我表达了恭维，我也感到非常骄傲。出版商的想法如何，我无从得知，[①]我只知道他最后停发了这些论文。我现在对这些笔记思考了很多，因此用大号字体印出来，也愿意多写一点；但我必须克制一下，让这一章到此为止，同时非常感谢能读到这里的读者。）

---

① 　编辑是弗鲁德（Froude），出版商是布朗-帕克父子出版社（Parker, Son, and Brown）；但不久之后杂志被转给了朗曼公司（Messrs. Longman）。——编者注

第四章　商业

95. 正如通货表达了用一个东西交换时从众多事物中选择的权利，商业是获得这种选择权的中介；所以，仅生产木材的国家，能够拿他们的木材获得丝绸和黄金；或者，因自然条件所限而只能生产首饰和乳香的国家，能够拿这些物品获得牛和谷物。在这种功能当中，商业对于一个国家的重要性，是与其产物的局限和其躁动的幻想成比例的；通常来说，商业对于北方高纬度地区更为重要。

96. 然而，商业不仅对于地方性物产的交换是必要的，而且对于地方性技艺的交换也是如此。只有寒冷的国家才能大量拿出需要火这种媒介的劳动；也只有温暖的国家，才能大量拿出需要灵活身体和细腻触觉的劳动；只有气候温和的国家，才能大量拿出包含准确而活泼的思想的劳动。虽然寒热极端、昼夜极长的地方能够产生独特的想象活动，但伟大艺术的生产只限于足够温暖和凉爽的地方，只有足够温暖的地方，人们才能在室外休息，而只有足够凉爽的地方，这种休息才会变得令人愉悦。从风格的细微差异上，人们能够区分出哪种技艺出自哪个地方。任何地方，如果一种劳动是最轻松的，那也就是最便宜的；人们经常渴望把出自一个国家的产品带到另一个国家，因此就有了关于"国际价值"的讨论；总有一天当人们想起这些讨论时，会觉得它们是人类思想中一种十分奇特的活动。在岁月中的某个适当时刻，人们会发现，正如省份之间、教区之间的价值那样，国际价值也是受到调节的。诺森伯兰郡和肯特郡之间交换煤和啤酒花，兰开夏郡和西班牙之间交换铁和葡萄酒，遵循的是绝对相同的原理。更宽阔的海湾增加了成本，但不会改变交换的原理；用两种语言写下的协议与用一种语言写下的协议，也具有同样的经济结果。两个国家之间的距离，是不能由大海衡量的，而是由无知衡量的；它们之间的分工不是由方言决定的，而是由敌意决定的。①

97. 当然，一个国际价值体系总是能建立起来的，如果我们设定道德法则与地理条件之间存在某种关系的话；例如，跨过一条河行骗或抢劫是合适的，虽然跨过一条路这么做就不合适；或者跨过一片海行骗或抢劫是合适的，虽然跨过一条河这么做就不合适，如此等等。这种价值体系也可以通过设定课税与地理条件之间的相同关系建立起来，例如，一件物品跨过一条河时应该被征税，但跨过一条路就不应该；或者一件物品运到十五英里之外就应该被收税，但运到五英里之外就不应该，如此等等。的确，这样一些立场一旦转换成逻辑的形式就不容易得到坚持；但有一条国际价值法则以任何形式都是可以得到坚持的，亦即，你的邻居住得离你越远，对你的了解就越少，**你在跟他做交易的时候就一定**

① 我多次重申这一段和下一段的主旨，以至于为此感到惭愧和疲惫。这件事情太过真实，太过简单，以至于任何人都一直不愿相信。与此同时，现代政治经济学所解释的"国家价值"的各种理论，却在去年引发了德国对法国的掠夺（意指 1870 年开始的普法战争。——译者注），因此之故，莱茵河两岸的居民如今的关系也亲密了起来。——1872 版注

要越诚信；因为你在能力上对于他的优势，是与他的无知成正比的，而他补救损失的难度，是与你的距离成正比的。①

98. 我刚才说到，大海的宽度增加了交换的成本。现在要注意，交换或商业**本身**始终是有成本的；商品价值的总量会因运输成本，以及期间所雇的人的生活费用而减少；所以，只有当生产双方（以一物交换另一物的时候）所能得到的利益大于运输的损失时，这桩交换才是有利的。只有当生产者（通常被叫做商人）养活的搬运工期待得到**单纯的付款**，而不是利润的时候，这桩交换才是公正的。②因为在公正的商业中只有三方，即进行交换的两个人或社会，以及交换的代理人；要被交换的东西的价值是交换双方都知道的，而且每方都接受同等的价值，既不赚也不赔（因为一方赚了，另一方就赔了）。双方也付给中间的代理人已知的抽成，一部分是为了运输中的劳动，一部分是为了保管、知识和风险等因素；任何隐瞒付款数量的企图，要么意味着代理人试图获取不公正的利润，要么意味着交换者试图拒绝给予代理人公正的报酬。但多数情况是前者，即商人一方试图通过贱买贵卖获取更大的（所谓）利润。的确，多出来的这种更大收益有些部分是应得的，而且可以是公开要求的，因为这是给商人的知识，以及对可能出现的必然因素的远见的报酬；

---

① 我希望能有人仔细考察一下开普角（Cape）总督与卡菲尔人（Caffirs）最近所做的交易，并公布一些准确细节。——1872版注（这是1872年版的一条注释，写于1871年。不明白罗斯金指的这个交易是什么。也许是指英国人与格里夸人（Griquas）之间的交易，因为之前人们在金伯利（Kimberley）发现了钻石田，结果［1871年10月27日］英国宣称西格里夸兰为英国领土。可见《给工人的信》，第1封和第62封信。——编者注）

② 所谓"付款（pay）"，我指的是付给劳动或技艺的工资，而"利润（profit）"指的是取决于市场状况的所得（gain）。——1872版注

但比这更多就是不公的，而且是最为致命的意义上的不公，这首先是因为，要得到这笔不公的报酬，他们就需要向交换者隐瞒物品的交换价值，其次需要利用买方的需要和卖方的贫困。因此，这是一种根本的，也是最致命的高利贷之一；因为高利贷的意思仅仅是，因为他人使用了某物就收取过高的费用；[①]并且，无论是针对借用或交换，还是针对租金或价格，收取过高费用，都是高利贷——高利贷的本质是，利用时机或困境而获取费用，而不是作为劳动的适当奖赏。因而，所有伟大思想家都将其视为不正常、不虔诚的，因为它是以他人的困苦或愚昧为生的。[②]然而，试图用法律来抑制高利贷必定永远是无效的，虽然柏拉图、培根和拿破仑一世——他们三人比通常的"大英商人"都更懂人性——都对此有所论述，并且也提出了一些（可能）很不错的温和法律，我们后文谈到他们的时候再说这一点。但是，遏制高利贷的最终手段，必须是对国民性格进行彻底净化，因为，正如培根所说，高利贷是"因为人心太硬而始蒙上帝允许的一种事"，[③]所以只有触及人的内心才可以将其消除；不过，如药物一般的法律也不可缺少——就如在上帝允许的其他"心硬"的事情上那样。[④]但是，尤其是在这件事情上（虽然用

---

① 自从写了这段话之后，我就一直想思考货币利息的问题，直到最近仍让我为难和沮丧；同时我也发现，任何数量、任何形式的利息都是真正的"高利贷"，而且完全是不正当的。我是看了 W. C. 希拉尔先生（Mr. W. C. Sillar）的一些小册子才明白这一点的，虽然我很遗憾地看到，希拉尔先生草率地认为高利贷是政治经济中的一种极端的罪恶，而且还带来其他一些更严重的罪恶。——1872 版注

② 因此但丁笔下的卡奥尔（《地狱篇》第 11 章）得到整个中世纪人们在这件事情上的看法的支持，希腊人也是如此。——1863 版注

③ 见《培根论说文集》，水同天译，商务印书馆，1983 年，第 150 页。——译者注

④ 见《马太福音》19：8："摩西因为你们的心硬，所以许你们休妻，但起初并不是这样。"——译者注

342

在一切〔心硬造成的事情上〕① 也很正确，虽然他自己不会允许把他这些话用在这件事情上，因为他自己针对高利贷的法律已经足够严厉了），柏拉图在《国家篇》第四卷里所说的话是非常正确的，也就是，无论是药物、符咒还是烧灼，都不会触及隐藏极深的政治疾患，正如它们不会触及很深的身体疾患；所以只能正确地、彻底地改变体制："他们不断地制订和修正法律，希望能找到一个办法来杜绝商业方面和我讲过的其他方面的欺骗，他们实在不明白自己这样做实际上就等于想要砍去许德拉的脑袋。"②

99. 确实，这个许德拉似乎是杀不死的，而且罪恶是深嵌在买和卖的夹缝里的，因此，虽然"交易（trade）③"事物按其字面意思说是"赠与（crossgive）"事物，但国家的本能已经将其扭曲成了表示最恶劣的欺诈的词语；因为交易中必须有信任，但对交易的回应中却仿佛只能有伤害，仅在敌人之间才存在的欺诈，变成了朋友之间的背信弃义：因而，"trader（商人）"、"traditor（叛教者）"和"traitor（叛徒）"，就成了同义词。简单的词语包含着比初看之下更多的道理；就如真正的商业是没有"利润"的，所以在真正的商业中也没有"出卖（sale）"。出卖这个想法，是敌人之间的位置互换（interchange），是力图支配对方；但商业却是朋友之间的交换（exchange），其中没有

---

① 方括号内文字为译者增补。——译者注
② 《国家篇》，426E。——编者注（引自中文版《柏拉图全集》第2卷，第399页。许德拉（Hydra）即九头蛇，一颗头被砍掉又会立刻生出两颗来，这里意指严苛的法律无济于事。——译者注）
③ 今天英文 trade 一词实际上来自古中古英语，本意为"踩出的道路"，与拉丁文 dradere（递给）无关。——编者注

其他欲望，只希望交换是公平的，就如同一家庭的成员之间也没有其他欲望。①在针对一碗汤讨价还价的时候，家庭关系就解体了。典型的事情就是，"为我父亲居丧的日子近了"，因此就起了意，"到那时候，我要杀我的兄弟"。②

100. 唯利是图的商业的这种不近人情更为显著。正所谓，最好的东西腐败了，也就成了最坏的东西。③如果把自然的身体比作国家，那么统治和组织的能力可被比作大脑，在公共事务变化时筹划事物的调配；劳动可被比作四肢；商业也可被比作心脏，在公共事务发生变化时负责事物的流通的调配；如果心硬了，那么一切都要失去。这就是英国知识分子的领袖给我们指出的最根本的教训（确实，这个教训不全部是来自他自己，而是人类古老智慧的一部分）；在《威尼斯商人》的故事中，诚实而正直的商人——**在善良和慷慨上超过莎士比亚构思的所有其他人物**——与堕落的商人或放高利贷者正好相反。堕落的商人对清白的商人那种奇怪的憎恨，更加深刻地表现了这个教训——那种憎恨还夹杂着一种尖刻的嘲讽——

"这就是那个放债不取利息的傻瓜。狱官，留心看住他。"④（这是对待罪犯，也是对待疯子）。请注意，这个敌意有其象征意味，它直接瞄准人的内心，因而其意义体现得

---

① 重读这段话的时候，我知道人们会说我"感情用事"。但是这种事情当中没什么感情。这就是残酷无情的商业事实，如果两个人在一起交易而不试图欺骗对方，将来他们会从对方身上得到更多的钱。见第 104 节。——1872 版注
② 《创世记》27:41。——编者注
③ 即，商业本身是人类社会中最有用的活动之一，但如果唯利是图，商业就成了最坏的活动。——译者注
④ 《威尼斯商人》，第 3 幕，第 3 场，第 2 行。——编者注（见《莎士比亚全集》第 2 卷，朱生豪译，人民文学出版社，1994 年，第 63 页。——译者注）

淋漓尽致，最后又通过反衬，清楚揭示了一个重要的道德法则，即肉和血是无法被称量的，这条法则是由"鲍西亚"①（意即"Portion［分配］"）执行的，她是神的财富的象征。这财富不是在金银里，而是在铅里被发现的，也就是在承受和忍耐中，而非在艳丽光彩中被发现的；最后也是她亲口教导，宣布了仁慈（mercy）这个更重要的法则和品质，而非"报酬（merces）"的法则和品质。仁慈不是勉强而来，而是像甘霖从天降下，给祝福于受施的人，也同样给祝福以施与的人。②请注意，这个"仁慈（mercy）"不是指"免除惩戒（Misericordia）"，而是指慷慨的"恩惠（Gratia）"，对此人们要回报以"感恩（Gratitude）"，（再注意夏洛克强调的他所憎恨的 gratis［无偿］一词，并比较《回忆苏格拉底》第二卷第二章中提出的"恩惠［Grace］"和"公平［Equity］"），

---

① 若不是不得已保留罗马人的拼写方式，莎士比亚是肯定不会选择这个名字的。就像珀迪塔（Perdita）是"迷失的夫人"，考狄利娅（Cordelia）是"热心的夫人"，鲍西亚（Portia）是"时运夫人"。Fortuna、fero、fors 和 Portio、porto、pars（还有侧面派生出来的 op-portune、im-protune、opportunity，等等）这两组相互关联的词，有着深刻而微妙的含义；它们有"带来（bringing）""抽取（abstracting）"和"维持（sustaining）"的意思，都由命运之轮（既负重，也运动）凝聚起来，或者更准确地说是由时运之球（spera）凝聚起来——"她是幸福的。……转动着自己的轮子"（见《神曲·地狱篇》第 7 章，中文版第 50页。——译者注）：这个轮子的驱动力量把她的女神区别于带着铁钉的"必然（Necessitas）"的固定威严，或者说区别于必然女神（Anagkh），这个女神带着火柱和多彩轨道，火柱固定在轨道中心。Portus 和 porta，以及与收益相关的大门（gate），构成另一组有趣的派生词；Mors（死亡），凝结了延迟（delaying）的意思，它总是让人想到 Fors，这个词又凝结了带来和忍受的意思，然后转化成Fortis 和 Fortitude。——1863 版注

（这个注释只是准备后来的作品写的一个备忘，也就是我正在写的《万福之源》；当初出版时加入这个注释一方面是出于虚荣，但也是真的希望与人们分享我在仔细研究高贵语言的主要词汇时发现的有趣之处。试参照下一个注释。——1872 版注）

② 《威尼斯商人》第 4 幕，第 1 场。——编者注（参见《莎士比亚全集》第 2 卷，第 76 页。——译者注）

也就是说，是善意地，或者充满爱心地，而不是勉强地，或者相互竞争地施与仁慈，要回报的也不仅是"报偿"或酬劳，而是"恩情（merci）"或感谢。而且这也确实就是"恩惠、仁慈与和平"这些伟大赐福的含义，因为若没有恩惠便没有和平（甚至借助于枪炮也无用），对希腊人来说，甚至要三倍的善意才能得到和平，他们只以一份恩惠开始，但在施与之前要在他们的计划中准备三份。①

101. 长期以来，我们倾向于重复思考，把表面当作深意，认为这些女神仿佛只是将其可爱表现在外面，然而她们真正的职能是将善意付诸行动，然后行动中自然而然生出另一种可爱。在这个职能中，"恩典（Charis）"②变成了"Charitas（仁慈）"，③得到了比信仰或真理更大的名声和赞誉；因为

① 希腊神话中的 Grace 通常是美惠三女神，即 Aglaea（意为光彩壮丽），Euphrosyne（意为欢乐）和 Thalia（意为庆典、宴飨）；但也有很多故事表明，美惠女神不止三位。不知罗斯金的意思是否与此有关——译者注
② Charis 便是 Grace 的希腊文。——译者注
③ 正如 Charis 演化成 Charitas，"Cher（意大利语：亲爱的。——译者注）"或"Dear"，也就从夏洛克理解的意思（贱买贱卖）变成了安东尼奥所理解的意思：强调了温柔的"Chéri"中最后一个字母 i，这个意味在我们语言中高贵的"Cherish"一词中弱化成英国人的冷静。读者不要认为，我们在追溯后面将要使用的这些词汇的联系和力量时，是在浪费精力（见附录 6）。很多教育将自身简化为这样的事情，就是让人们节省自己的词语，理解这些词语。在更为高尚的谋划和行为中，人们不可能认为啰嗦的废话会带来了什么害处，虽然我们可能会通过人们对一种事情的厌恶猜测有这种害处，即他们讨厌我们使用简单的词语向他们谈论与他们宗教有关的事情，认为他们可以用简单的词语理解那些事情。因此，会众每个星期集会在一起，以祈求生活和真理的神灵的启示的时候，如果有人用仪式的刻板程序向他们简明地表达他们在聚会中表现出的性格，无论是哪一方面，他们就会很生气。例如，假如在祈福结束的时候，牧师要赋予"神圣"这个庸俗的词以重要意义，并且说："帮助和诚实的幽灵的团契与你们同在，而且常与你们同在"，首先，对于这样一种简明的表达，有多少人会感到震惊，其次，对于同时带有的令人不快的猜疑，有多少人会感到震惊，也就是猜疑，在一个星期的所有商业交易中，他们否认帮助带来兴隆，否认诚实的可能性，否认他们与之合作的那些人不可能与残忍之人或无赖有什么交情，而他们此时正在请求赐福于他们与那些人的合作（这里的意思是，他们希望自己与之交往的那些人有非常广泛的包容，即使面对的是残忍之人和无赖。参见上一章末尾的那句话。——译者注）。——1863 版注

346

信仰和真理可能让人抱怨和傲慢，而恩典始终保持着喜悦的神态（Aglaia），而且总能提供及时而谦逊的服务；此时她才是伏尔甘（Vulcan）[1] 或劳动的真正妻子。只有当她丢弃真诚的品质，仅由美貌而非耐心得到欣赏的时候，她才重新从海水泡沫中诞生，变成阿芙洛狄忒（Aphrodité）；只有在这时，她才能加入战争，成为人类的敌人，而不是成为劳动，为人类服务。因而荷马化身为得摩多科斯（Demodocus）[2]，选取马尔斯（Mars）和维纳斯的寓言，在阿尔喀诺俄斯（Alcinous）宫廷的游戏中歌唱。在荷马时代，费阿刻斯（Phaeacia）是亚特兰蒂斯海中的一个岛屿，代表了高贵而明智的政体，人们听从其王后的旨意，将其名字中一个短元音换成长元音（太过草率了!），[3]因此隐藏了其本义；这使后来的所有作家都产生误解（即使贺拉斯说"圆滑的费阿刻斯人"时也是误解）。这个寓言表达了人类身上一个永恒的错误，即认为只有军人才能富有慈悲和尊严，而手艺人则永远触及不到，所以商业和实用艺术的荣耀和美就被剥夺了，它们身上只剩下欺诈和劳苦，还有不义之财。确实，这是政府在商业方面不断失职的一大原因。上层阶级耻于从事商业，虽然十分愿意为人民而战斗（偶尔也反对人民）——愿意为人民传道或审判人民，但不愿意分给他们面包；有教养的高级仆人愿意擦拭铠甲，整理图书，却不愿踏进厨房一步。

---

[1] 希腊神话中掌管火和锻冶的神。——译者注
[2] 在《奥德赛》中，得摩多科斯是一个诗人。——译者注
[3] 即，从 "Arkih" 变成了 "Arhth"；在《现代画家》中，罗斯金认为在荷马那里，前者的意思是 "美德"。——编者注

102. 不止于此。Charis 一方面演化成 Charitas，另一方面又演化成 Chara①（更为贴切），欢乐（Joy），更确切地说，这是她母亲的乳汁和她孩子的美貌。因为神不会让劳苦和争斗生出持久的爱，以及任何其他的善。而且，在这个意义上，人的音乐和欢愉、神的音乐和欢愉，以及两者的尺度，都蕴含在她的名字之中。同时，Cher 变成了全元音的 Cheer 和 Cheerful，而 Chara 则演变为 Chior 和 Choral。

103. 最后，一如 Grace 演变成行动的**自由**，Charis 则演变成 Eleutheria②，或者 Liberality——这是与现代语言中通常用"自由（Liberty）"所指的东西大不相同的一种自由：后者更像是某些人所谓的奴役（slavery）。因为希腊人理解的自由，主要来说，始终是指从自己激情的约束中解脱出来（或者从基督教作家所谓堕落的束缚中解脱出来③），这才是一种完全的自由；不仅仅是避开塞壬，而且也是从桅杆上脱离，④因而不必与激情相抗，而是让激情顺服自己，跟随自己——这一定程度上也是塞壬洞穴周围摇尾乞怜的野兽所指的意思，所以乔治·赫伯特又写道：

> 纠正你激情中的怨恨，
> 野兽也可带你到幸福的光明。⑤

---

① 希腊文，也是"欢乐"之意。——译者注
② 希腊文里有"自由"之意，或为自由的化身。——译者注
③ 见《罗马书》8:21："但受造之物仍然指望脱离败坏的辖制，得享神儿女自由的荣耀。"——译者注
④ 在《奥德赛》里，奥德修斯为了抵御塞壬的诱惑，让手下把自己绑在桅杆上。——译者注
⑤ 《教堂门廊》，xliv。——编者注

只有在这样的慷慨中，人们才能够统治他人，以在国家经济的体系中发挥真正的作用。上层阶级与下层阶级之间没有永恒的区别，除了这种形式的自由：上层阶级有Eleutheria，或者善行（benignity），与之相反的是奴役；下层阶级有的是为奴者（Douleia）①，或者恶行（malignity）；这两个等级的人的分裂，以及上层等级对下层等级的统治，是任何**邦国**中财富和经济之所以可能的首要条件——诸神给这个邦国最大的天赋，就是辨认真正的自由人和"邪恶俗人"②的能力。

104. 虽然我已经描述了这个问题上更为美好、更为高尚的法则，讲给与之有关的人们，但我也必须提到一条物质方面的法则——被人们庸俗地用这句谚语表述："诚实是最好的政策。"这个谚语确实完全不适用于私人利益。就物质上的获利而言，说诚实就能给个人带来利益，这是不对的。在一个鱼龙混杂的社会中，聪明而残忍的无赖，总是能比诚实的人更富有。但是，**诚实确实是**最好的"**政策**"，如果政策指的是国家的习惯的话。因为在一个**国家**里面，欺诈将一无所获。欺诈只能让这个国家的无赖以诚实之人的代价生活；虽然每一个欺诈的行为，无论多么微小，对于社会都是一笔财富的损失。无论欺诈的人获得什么，总有其他人要遭受损失，因为欺诈不能产出任何东西；**此外**还有实施欺诈所用的时间和心思这个损失，以及原本依靠相互帮助而能获得的力气的损失（且不说还有血液因焦躁和猜忌的发热，这也是身体上的损失，我会在适当时候说明这一点）。从实践上说，

① 古希腊欠债为奴的人，或战争中被俘为奴的人。——译者注
② "malignum spernere vulgus." 出自贺拉斯《颂歌》，ii，16，39，40。——编者注

当一个国家内在里堕落时，人们就以欺骗还击欺骗，人人都逃不掉；对于这个国家来说，这也是聪明才智的实实在在的损失，同时这种伤害还给每一个受骗之人带来的无法估量的害处，而这还要产生难以预料的附带后果。我的邻居卖给我一块腐肉，我就卖给他一块烂铁。在整个交易中我们双方都得不到一丁点金钱上的好处，却都遭遇了无法预料的不便；我的工人得了坏血病，他的牛车也要翻倒。

105. 所以，对这个形式的 Chais 的考察，也必定促使我们进一步讨论关于一般的政体的诸种原则，尤其是富人统治穷人的那种政体，从中我们会发现，慈悲与伟大如何本为一体，或者爱与威严亦为一体，这就是体现在王者处处的仪态举止中的真正的"蒙主恩典（Dei Gratia）"，或者神授权力；尤其是体现在现世生活中的王座（thrones）、主宰（dominations）、德行（virtues）和权力（powers）上。稳固的（stable），[1]或"统治的（ruling）"王座，字面意思是正确做事的能力（"若你做正确的事，我就认你为王"[2]）；主宰一词，是主人的（lordly），施行教化的主宰，有主导、协调的能力，这主要是指在家内对于"建造"的主宰，如建造住所或房屋，因而内在里具有双重含义，即 Dominus 和 Domina[3]；也就是封国的**主人**（Lord）和**女主人**（Lady），是杰出之人、发起之人、具有创造和示范的能力的人；因此具有诗歌（poetic）和商业（mercantile）方面的能力，在于

---

① 王座（throne）源自希腊文 thronos，有稳固之意。——译者注
② 原文为："rex eris, recte si facies." 出自贺拉斯《书信集》，i, 1, 59。——编者注
③ Dominus，拉丁文，意为主人、上帝；Domina，拉丁文，意为女主人。——译者注

"率先调节韵律",①商人的王子（merchant-prince），是有德行和勇气的人，他们有军事能力，有领导或**统帅**（Ducal）②的能力，最后，也有纯粹的**气力**（Strength）或**强力**（Forces）；也有教导的（magistral）③能力，是力多者教导力少者的能力，是生命元素中有力者和自由者教导弱小者和服务者的能力。

如此一来，下篇论文便有了足够多的论题，并包括一些比较重要的"经济"原理，这里有一句话与这个论题有关，我不想将它翻译，因为用英语说听起来有些刺耳，④虽然它真是人类有史以来说出的最有温情的一句话；与此同时，也希望愿意费点力气的人可以反复思索，或者倒不如说思索**明白**：

> 别人对我说好话，我知道怎样用好话回答他，别人向我做一件好事，我知道怎么以好事回报他，我怎么不知道怎样对自己的弟兄呢？⑤

---

① 出自贺拉斯《颂歌》，iii，30，13。——编者注

② Ducal 一词来自 duke（公爵）：古罗马时代蛮族出身的将领，所以这里把 Ducal 一词译为"统帅的"。——译者注

③ 这个词源自拉丁文 magister：领头人、指导者、教授者，相对于英文中的 master。——译者注

④ 我的办法是把意思说明白，如果我能说明白的话，无论听起来是否刺耳，且将这段话翻译如下："因而，事情是不是可能这样，犹如一匹马对于一个想用它却不知如何用的人来说是个灾难，我们的兄弟也是一样，如果我们想去利用他而不知该如何利用，对于我们是个灾难吗？"（中文版《回忆苏格拉底》如下："那末，是不是有这样的情况呢？……如果你不知道应该怎样对待一匹马而想去驾驭它，它就会加害于你，一个弟兄也是如此。如果你不知道应该怎样对待一个弟兄，他就会叫你感到受损害。"吴永泉译，商务印书馆，1986 年，第 57 页。——译者注）——1872 版注

⑤ 色诺芬：《回忆苏格拉底》，第 2 卷，第 3 章，第 7 节。——编者注（原文为希腊文，引自中文版《回忆苏格拉底》，第 57 页。——译者注）

第五章　政体

106. 正如我在上一章结尾说，我们还需要考察一般的政体①的首要原理，然后是富人统治穷人的政体的首要原理。

一个国家的政体包括这个国家的习俗、法律、议会，及其运行方式。

一、习俗

正如一个人与另一个人的区别，首先在于本性的纯良（fineness），其次在于教养的纯良，同样，一个文明国家与野蛮国家的区别，首先在于其本性的纯雅（refinement），其次在于习俗的精雅（delicacy）。

习俗的完整，即国民的自治，是由三个阶段来达成的。首先，有做事或生存的良好方法，这叫做行为的规矩或道德；其次，在采用这些方法之后就稳固坚持，以至于成为性格中的习惯，亦即始终"持有（having）"或"践行（behaving）"这种方法；最后，在执行和坚持时的伦理能力，也就是遵循习俗的技艺，以及因经常正确做事而达到的自如。

国民的敏感，就通过其习俗的纯良，其勇气、克制，以及坚守这些品质的自尊显示出来。

_____

① 这一章中的 government 一词，根据语境译为"政府"或"政体"，在本书中，读者可以随时在两者之间互换。——译者注

关于敏感，我指的是国民对于美、适当和正确的天然感知，或者是对于何为优美、得体和正义的东西的天然感知：这些能力很大程度上取决于种族，以及人的良好教养的原始标志；但它们是能通过教育培养的，否则就必然湮灭。确实，真正的教育的唯一职能，是发展这些能力，以及相关的意志。现代人的才智中的一个重大错误，是把科学错认为教育。告诉一个人他不知道的东西，这不是教育他，把他塑造成他不曾是的样子，才算是教育他。

同时要把他塑造成他会永远保持的样子，因为褪去的紫色，无论你怎么浸洗水草也是无法还原的。[①]染紫色有两个步骤，首先是清洗和拧干，也就是用水"施洗"，然后把蓝色和鲜红的染料浸入其中，也就是让人变得文雅和正义，这是用火"施洗"。[②]

107. [③]一个敏感的、经过严格锻炼的种族的习惯和风俗，始终是**至关重要的**，也就是说，习惯和风俗是强健生命的有序体现，就像音乐家的手指的习惯性动作。相反，一个卑鄙而粗鲁的种族的习俗和规矩，则是腐败的各种诱因，真正说来，它们不是习惯，而是像硬壳；不是给生命的约束，或生命的形式，而是坏疽、恶臭，是死亡的开始。

并且，通常来说，只要习俗染上了懒惰而非活泼，染上

---

① 参见贺拉斯《颂歌》，iii.5, 28。——编者注（据说紫色染料最初是由腓尼基人从一种特殊的海螺中发现的，被叫作推罗紫，Tyrian purple，用这种染料染色后不易褪色，但它很难被提取，极为珍贵，因此，便有人用一种叫岩藻的海藻的汁液假冒推罗紫，这种染料便宜但很容易褪色。——译者注）

② 参见《马太福音》3：11："我是用水给你们施洗，叫你们悔改；但那在我以后来的，能力比我更大，我就是给他提鞋也不配。他要用圣灵与火给你们施洗。"——译者注

③ 请仔细思量这一段；我本来应该将其展开，使其明白易懂；但我想说的意思全都包括在里面了。——1872 版注

偏见而非洞察，这风俗就表现出致命的特征，所以

> 习俗如重担压在我们身上，
>
> 沉重如霜，深入生命。①

　　但这副重担，如果变成动力（活的重担而非死的重担），那便是赋予习俗以价值的东西，那个时候，它是与生命一同工作，而非反对生命。

　　108. 对一个国家的高级的伦理训练，意味着完美的恩惠、怜悯和平安；这种训练与肮脏的或机械的工作截然不同——后者带着对金钱的欲望，带着焦虑、妒忌或冷漠的精神状态。当前欧洲上层阶级对身旁的苦难、污秽和犯罪麻木不仁，这种麻木不仁，不仅让他们与原罪一同负有不可推卸的责任，而且让他们与腐蚀他们门槛的卑鄙恶习共担耻辱。伦敦和巴黎的治安法庭每日记录的这些犯罪（还有更多是**未被**记录的），对于整个国家都是一种羞辱，②就如在人的身体上，它们是娇嫩脸庞上的污点，让娇嫩本身变得可怕。同样，我们允许自己身边存在或者无视的肮脏和贫穷，对于整个社会来说是可耻的，对于自然的身体来说是洗脸的时候却不洗手脚。基督的做法是唯一正确的：即始于脚下，③脸就自然变得干净。

---

① 出自华兹华斯《不朽颂》（*Intimations of Immortality*）。——编者注（杨德豫译文为："你的身心要承载习俗的重负，像冰霜一样凌厉，像生活一样深广！"见《华兹华斯抒情诗选》，湖南文艺出版社，1996 年，第 257 页。）

② "在浮华生活的中心发达起来的平常粗人，对我们讲到我们跟跄行走于其上的未知深渊的边缘，一定会感谢我们每日生活其下的群星，说这里没有疾病的暴发，因为文明的束缚而没有叛乱。"——《泰晤士报》，1862 年 11 月 25 日社论。作者承认我们要感谢我们的群星给我们安全，但对于我们面临的危险，我们又要感谢谁呢？——1863 版注

③ 见《路加福音》7:45—46；《约翰福音》8:5。——编者注

109. 然而，因为在一个国家的躯体中，必然只有头才是金子做的，而脚，由于它们必须要做的工作，必须一半是铁，一半是土；所以，一个高贵的种族，始终会把肮脏的或机械的工作降到最低数量，甚至人们在履行和忍受这些工作时，也不能不感到窘迫，就像眼睛看到身体的低级功能时，心情也不再愉悦。迄今为止人类社会所达到的最高级的形态，是把这样的工作交给奴隶，但同时认为，从政治上定义的这种奴役应该被消除，所以在一切得到高度组织的国家里，必须把机械的和肮脏的工作当作惩罚或刑罚。所有罪犯都应该立刻被派去做最危险、最艰苦的工作，尤其是矿井里或锅炉旁的工作，①

---

① 我们的政治家，哪怕是其中最好的，也只是关注因机械劳动的**不足**导致的困苦。但因机械劳动的过度导致的堕落，才是需要思考的更为严肃的问题，也是在未来应该担心的问题。后面我会详细考察这个问题。当前，几乎不会有人怀疑上面几段文字的正确，正如所有伟大思想家在这一点上都所见略同。柏拉图任何时候谈到机械艺术，所表达的轻视和怜悯都是振聋发聩的。他甚至都不把从事这种劳动的人看作是人，或者说仅仅部分是人，是最低程度的人，即"anqrwpiskoi"，他把这种工作与高贵职业相对立，不仅是像监牢与自由的对立，而且是像因犯所住的充满耻辱的监狱与神庙的对立（人们逃避这些艺术就像犯人逃到避难所）；机械工作对灵魂造成的损害，不亚于对身体造成的损害。色诺芬也讨论过火炉边的职业的不幸，尤其是"缺乏闲暇"（现代英国，虽然以其教育而骄傲，但已经丢失了"学校［school，希腊文的本义是闲暇时的学习，与战争和政治活动相对。——译者注］"这个词的本义，若不恢复其本义，它便不会正确地找到其他含义）。按他的话说，对灵魂的伤害，就是将其"打碎"，就像我们说心碎一样；因而，荷马、但丁和莎士比亚说到民众的时候，总是带着这种轻蔑，否则就明显太奇怪、太刻薄了；因为在伟大的邦国，较低等级之所以低级既是因为其本性，也是因为其要完成的任务，正如国家中的那个阶层遭受压制是因为其粗俗和无价值（这里的粗俗，我尤其指薪木和不敬——即贺拉斯所谓的"亵渎［profane］"）；同时，当情况不再是这样，而且堕落和亵渎发生在较高等级，而非较低等级的时候，就会首先出现无法消除的混乱；那时，如果较低阶级应该得到权力，就会继而发动迅速的革命，并取得权力；但是，如果民众及其统治者都应该得到权力，结果就是单纯的黑暗和解体，直到摆脱这些腐败的因素，某种建立秩序的新的能力才会出现，就像坟墓上长出草一样；否则，这个国家就没有了希望，甚至没有转变的迹象。从此，阿特洛波斯（Atropos，命运三女神之一。——译者注）就接管这个国家。

所以保持国家健康的规律就像大湖或大海的规律一样，就是要处于恰当完美的、但缓慢的流动状态，使渣滓不断沉落到最底下，然后水便清澈起来；但也因此不能而忽略较低等级，而是应该予以恰当的监管和同情，否则如果一个成员受害，所有成员都要跟着受害。——1863版注从而使无罪的人得到最大可能的解脱：繁重的（并非机械的）体力劳动，尤其是农业劳动，**其中很大一部分应该由上层阶级完成——没有这种劳动，就无法保证身体健康，无法得到发挥精神官能所需要的充分调剂和休息**。还需要完成的低级劳动，尤其是像制造业中的劳动，应该，而且也始终会——当社会的各种关系是虔诚的、和谐的——落到那些暂时不适合其他更好工作的人手里。因为，无论教育体系多么完善，人们的本性和才能总是存在极大的差异。这些差异通常可被归为两种品质，一种是主人的（lordly），或者说有助于统治、建造和协调；另一种是奴隶的（servile），或者说容易导致暴政、破坏和不和。而且，因为主人的那部分只有在处于统治地位时才是有益的，而奴隶的那部分只有当提供服务时才是可被改善的，所以，国家的全部健康就取决于对其心灵的这两种元素的明显区分；因为如果奴隶的那部分没有被分离出来，并使其在服务中显现出来，它就会与国家的整个机体混合起来，并将其腐蚀；同时，如果主人的那部分没有被区分出来，并被安排到统治的地位上，它就要被压制和消失，无以致用，因此国家的这些最稀有的品质都将归于无有。①

———————————

① "olighV, kai allwV gignomenhV"（Little, and that little born in vain.）这句令人感到苦涩的话，用于当今时代最为真实。——1863 版注（这句话出自柏拉图《国家篇》第 6 卷，495B。罗斯金的翻译大意应该是："小人物，因此能力小而是无用的。"但编者注举证说罗斯金的翻译不正确。这句话在柏拉图《国家篇》中所处的段落，中文版译为："我的好朋友，我们说过这种最优秀的天赋在任何情况下都很难得，它适宜从事最高尚的事业，但却会由于我们上述的原因而遭到毁灭和败坏。会给城邦和个人带来最大伤害的人也属于这种类型，他们作恶的势头若能转变为行善，就会给城邦和个人带来极大的好处，而那些天赋平庸的小人物决不会为城邦或个人作出什么惊天动地的大事来。"《柏拉图全集》第 2 卷，第 488 页。——译者注)

356

二、法律

110. 以上就是习俗，或者国民渴望使之成为习俗的那些东西的定义和纽带。

法律，或者是等级的（archic）（用以指导的），①或者是比率的（meristic）（用以分配的），或者是判断的（critic）（用以审判的）。

等级的法律是任命和规训的法律：它规定**做**什么和不做什么。

比率的法律是平衡和分配的法律：它规定**占有**什么和不占有什么。

判断的法律是辨别和判定的法律：它规定**承担**什么和不承担什么。

111. A. **等级的法律**。如果我们选择把规训的法律和分配的法律都归到"法规（statutes）"这个名目之下，那么所有的法律都不过是法规或判断；亦即，首先是法令的确立，其次是根据对法令的遵守或违反而指定应有的奖赏或惩罚。

在某种程度上，这两种形式的法律必定是相互关联的，

---

① （这个注释只是一些便签，但我保留下来作为参考。——1872 版注）

　　Thetic 或 Thesmic（独断的）或许比 archic（等级的）这个词更恰当一些，但容易与我们将要讨论的 Theoria（理论的）相关的一些词混淆。法律的三大分支的执行者分别是 Archons，Merists 和 Dicasts。Archons 是真正的王子，或者事件发起者，或者（管弦乐队的）指挥者。Merists，准确地说是家庭的主人或女主人。Dicasts 则是法官，他们与奥林匹亚山上的审判者一同管辖天堂和地狱。对等级的法律的违反叫作 amartia（过失）、ponhria（渎职），或者 plhmmeleia（不和）。对分配的法律的违反叫作 anomia（不公）。对判断的法律的违反叫作 adikia（伤害）。不公正（iniquity）是一个通用术语；因为所有法律都事关命运（fatal），关乎人们命运的分配；作为草地上的羊圈，它是 nomoV（律法）；作为指定给各人的份额，它是 moira（命运三女神的统称）。——译者注）。——1863 版注

并且对于每一项法令，违反的惩罚也要得到确定。但是，因为违反的程度和责任不尽相同，所以对于应有赏罚的决定也必须根据对特殊事实的辨别而修订，这尤其指法官的职责，与立法者和支持法律者（law-sustainer）的职责，或者国王的职责不同；虽然这两种职责在理论上是分离的，而且在社会的早期阶段或某些社会中也是如此，但实际上它们是集中在同一个或同一些人身上的。

112. 此外，我们也有必要清楚记住这两个类型的法律之间的区别，因为它们可能的范围是与它们的分离成比例的。对于许多方面的行为，国家可能明智地凭借书面命令或决议表达其意志，但却并不通过惩罚来执行：①而惩罚的便利程度，始终需要与法规的便利性本身分开考虑；因为法规执行得仁慈一些，常常可能比严厉一些要好，而且承受起来更容易，也不太可能被废除。进一步说，作为规训的法律特别是针对青少年的，也是着眼于训练；但判断或判决的法律是针对成人的，着眼于纠正和奖赏。英国人对教育的法律有一种非常奇怪的态度：我们认为任何人的自由都不应该被干涉，直到他已经犯了无可挽回的错误；然而到那时，再去进行温和而友善的干涉，以阻止他犯错，就太晚了。把你们的教育法律制定得严格一些，你们的刑事法律就可以温和一些；但是，给青少年以自由，那么你们就得为成年人挖地牢。"人

---

①　修改这些文章时，这是我唯一倾向于质疑的一句话；但要下个定论又是极其困难的。假设存在一条宵禁的法律，即，某某时刻，除非有必要用途，蜡烛必须被熄灭，但这个"必要用途"是非常难以界定的，违反了也不可能施以惩罚；然而，在烛光之下跳舞直到天明的年轻女士，心里对非法行为是有清楚的意识的。——1872版注

在幼年负轭"，是好的，①因为那时的缰绳可以是用丝线编成的，可以在辔头上挂上银铃；但为了监禁成年人，你们就必须锻造铁的镣铐，并铸造丧钟。

113. 因为，在最终的或恰当的意义上，没有什么法律是能够得以确立的，除非是公正的（所有不公的法律都意味着最终必然被废除），因而，就其作为"国王的"能力，或者"正确做事"的能力而言，立法只能成为一种维持法律的能力；就此而言，也就是作为统治的，而非暴政的，作为命令的，而非不当命令的能力，事情要被呈交给它。将王座设在正义的磐石上，王权就得以确立，并使其确立其他事情；如此它是"qeioV"，或神圣的，因而，从字面意义上说，统治者不犯错，只要他还是统治者，这话就是正确的。②因为轻率大意，也因此让所有世人付出一些代价，这句话被歪曲成了，"国王不会做错事情"。

114. B. **比率的法律,**③或者财产保有的法律，它首先确定每个个体占有什么是正当的，并给他担保；同时判定他占有什么是不当的，并予以剥夺。但是，这个法律还有一个更高级的附带功能：它最终确定一个人**应该**占有什么，并在适当条件下由其支配，同时确定他不应该占有什么，并解除其支配权。

115. 人类财富中的每一件物品被得当（merited）④ 占有，都有其特定条件；不注意这一点，占有就成了掠夺。同

---

① 《耶利米哀歌》3:27。——编者注
② 出自柏拉图《国家篇》，见中文版《柏拉图全集》第2卷，第293页。——译者注
③ 请仔细阅读这一段和下一段话；它们包含了对最必然的事情的清楚描述，而且我是不会修改的。——1872 版注
④ 请注意这个词与本章中"比率的"一词的同源关系。——译者注

时，比率的法律的目标，不仅是保护每一个人的合法份额（这个份额是他为之工作的东西，是他生产的东西，或者作为礼物从合法物主那里接受的东西），而且也迫使人接受这种占有的适当条件，只要法律可以方便地管辖。例如，一块土地不能被允许随意抛荒，一条河流不应该被流经区域的人投毒，空气不应该被污染到特定限度。这个类型的法律已经是初步存在的，但仍需大力完善。直至今日，关于艺术作品的占有的公正法律，甚至还没有被构想出来，因而，每日损失的国家财富以及其用途，是难以估量的。而且，无论是针对国家手里的还是个人手里的财产，这些法律都需要修订。举例来说：公众有一种模糊的印象，即，因为他们已经给大英博物馆里的藏品付了钱，所以人人都有同等的权利观看和把玩；但是，公众同样也给伍尔维奇军火库付了钱，他们却不指望随意接近或把玩里面的东西。大英博物馆既不是免费的流动图书馆，也不是免费的学校。它是安全保存和在适当时间展示稀有的图书、自然历史遗迹、艺术作品的地方；任何人都不能使用里面的图书，犹如不能把玩里面的钱币，也不能把里面的雕像当作铸造的模子。不过，伦敦的每一个区都应该有免费的图书馆，里面配有宽敞开阔、设施齐全的阅览室，另外也应该有免费的教育博物馆，全天开放直至深夜，里面灯光明亮，编目条理，有丰富的艺术作品和自然历史藏品。但是，大英博物馆和国家图书馆都不是学校；它们是**国库**；应该被严格限制进入和使用。除非及时为博物馆的手稿部门制定这种制度，否则（里面的负责人屡次伤心地告诉我），就像现在被随手反复翻阅，那些最珍贵的手稿将被无可挽回地毁坏。

最后，在国家发展的某些阶段，人们会发现，限制积累任何类型的财产的法律，可能是有利的。

116. C. **判断的法律**，这类法令决定关于伤害的问题，并为相关行为指定应有的奖赏和惩罚。

这个分支的法律，附带有两个不同寻常的经济问题，即，犯罪的成本和审判的成本。国家不明就里地承担了犯罪成本，它们的预算中也没有说明这项花费：至于审判的成本，国家却要仔细说明（只要可以用金钱来说明），因为人们感觉，法律的科学，或许我们应该说法律的艺术，是要创立一种高尚的职业和学科，所以，文明国家通常很高兴有一定数量的人通过在雄辩和分析中施展才能而得到供养。但人们还没有计算这样一种才智在其他方面的实际价值，现在它被用来花费数年时间确定本可以花费几个小时就可以公正确定的东西，如果审判日期已经定了下来的话。想象一下，如果大型国家用来借用法律争辩的资金，有一半被用来解决医学、农业和理论科学等方面的物理问题[1]，那么未来十年可能会产生什么结果！

我还完全没有谈到那些更为致命、更为可悲的损失，包括使用买来的正义（而非人格的正义）的损失——"因为本国缺乏——需从别国引进"。[2]

117. 为了正确分析判断的法律，我们必须理解"伤害"[3]

---

① physical questions，应该指物质条件方面的问题。——译者注
② 柏拉图《国家篇》第3卷，405B："**由于你们自己缺乏公正的品性，竟然需要从别的城邦引进**一些人来维护公正。让他们成为你们的主人和法官，你难道不认为这是一件丢脸的事，是你们的教育不好的一个显著标志吗？"（引自中文版《柏拉图全集》第2卷，第374页。——译者注）——编者注
③ Injury，源自拉丁文 injurius，意为不公正的。——译者注

一词的真正含义。

　　我们通常认为，伤害的意思就是一个人给另一个人的损害①；但我们尚未定义损害这个观念。有时我们将其限定于受害人意识到的损害；然而很多最大的伤害，却是受害人**没有意识到的**损害；另一些时候，我们也把这个观念限定于暴力或约束；然而，很多最恶劣的伤害是因懒惰和撤销约束造成的。

　　118. 因而，"伤害"不过是指拒绝或违背一个人对其同胞的权利或要求。在现代，这个要求很多时候是被放在"权利（right）"这个词汇之下谈论的，主要可被分为两个分支：第一，一个人要求不被阻止做他应该做的事情；第二，一个人要求被阻止做他不应该做的事情。这两种形式的阻止，一方面由报酬、帮助、运气，或者**命运**（Fors）得到加强，另一方面由惩罚、阻止，甚至囚禁，或者**死刑**（Mors）得到加强。

　　119. 一个人要获得这两个权利，我们无疑需要知道他大概的**所值**（worth），也要知道他的所值的**缺乏**，而这，很不幸通常就是判断法律要研究的主要课题，目前为止，我们只是小心指出缺点（de-merit）而非优点（merit）的程度，这的确对**无效**（*De*ficiencies）予以了（可惜的是，甚至对于这些也并不总是这样）公正的估量、罚款或处罚，但是另一方面，对于**高效**（*Ef*ficiencies）——这个问题更有意思，也是这个课题唯一有益的部分——却既没有予以估量，也没有予以帮助。

----

① 　Harm，源自古英语 hearm，也有疼痛之意。——译者注

120. 在这种更高级、完善的功能中，亦即**使能够**（ena-bling）而非**使不能够**（disabling），判断的法律变成了真正**地高贵的**（Kingly）法律，而非**严酷的**①法律（上天为何会给这个强大的，也是愤怒的立法者这样一个名字呢？）这就是说，这种法律成为了关于人和生命的法律，而不是关于蠕虫和死亡的法律——这两种法律保持着不变的平衡，而施行这两种法律也就是立法者的永恒职能，也是每一个活着的灵魂的真正要求。这种要求非常强烈，乃至需要仁慈地阻止，而且如果必要，甚至还需要被剥夺；这个时候，生存越长久，只意味着破坏越严重，但是，更强健的生存，仍然需要得到仁慈的帮助，需要重新创造，到这个时候，更长久的生存和新的创造意味着更高贵的生命。②所以人们会发现，奖赏和惩罚主要③是将自身转化为帮助和阻止，而这个帮助和阻止自然而然地源于对应得的崇敬和愤慨的认识，从这种认识又本能地生出公正的崇敬和公正的愤慨。

121. 我说是"生出"，但实际上，崇敬与愤慨就是认识的一部分。崇敬与愤慨一样都是本能的，人一见到真实的东西马上就产生这两种情感。我们要教给人的正是视觉和理解，而这两者就是崇敬。让一个人察觉到所值，然后在对这个所值的反省中，他就见到自己的相对不值（unworth），于

---

① Draconic，这个词源自古希腊雅典的执政官 Draco（德拉古），公元前621年他颁布古希腊第一部成文法，规定对刑事犯罪一律处以死刑，因而非常严酷。Deraco，本义是"龙（dragon）"。——译者注

② 从下文（第124节）来看，罗斯金的意思应该是：任何高贵的法律只能通过反复的斗争来确立，中间既有仁慈也有残忍。——译者注

③ 主要地，而不是完全地。对于德行的最终奖赏是爱和赞扬（crowning），而不是帮助；而对穷凶极恶的最终惩罚则是恨和制伏（crushing），而不仅仅是阻止。——1872版注

是，他就必然地产生崇拜之情，这个崇拜不是要带着刻板的礼貌，而是欢悦地、热情地，而且最好是**平静地**（restfully）崇敬，因为在人心里，敬畏和爱的内在能力是无限的，而且只有在发现敬畏和爱的时候，我们才能发现平安（peace）。民众通常的傲慢和易怒，还有他们关于平等的谈论，丝毫不是他们心里的不敬，而是纯粹的盲目、麻痹，是头脑中的雾霾。①消除这些雾霾的第一个标志是，他们获得辨别他们真正的顾问和长官的某种能力，也具备服从他们的耐心。国家的真正"宪法"就包含在这种辨别的方式中，而不是在被辨别出来的人的头衔或职务中；因为，一个人被任命为什么职务是无关紧要的，如果他不能胜任的话，且不说造成什么程度的危害。

122. 三、议会政体

议会政体，就是由活生生的权威决定，在现有环境下，什么样的国家行为应该得到监察，同时，根据当下需要或目的决定，国家法律的规范是否应该得到修订或扩充，废除或推行。这种政体或政府必然要始终依靠议会，因为，虽然其权威可被赋予一个人，但这个人无法在关乎公共利益的事情上形成任何意见，除非（自愿或非自愿地）让自己接受他人的影响。

---

① 参见乔叟笔下的"维拉尼"（乡巴佬）（"villany"——clownishness）

> 她看着满身污秽和粗俗，
> 因此就像个乡巴佬，
> 但几乎无法培养
> 去崇拜任何生命。

——1863 版注（《玫瑰传奇》，第 177—180 行。——编者注）

由此而来的政府始终有两个部分——可见的和不可见的。

可见的政府名义上处理国家事务，决定外交关系，提高税负，征发士兵，发出战争或和平的命令，并且在其他方面成为国家命运的仲裁者。不可见的政府由富有精力和才智的人运作，控制人民的内在意志和隐秘动向，本质上说是塑造其性格，预示其命运。

可见的政府在某些国家是玩具，在其他国家则是病患，在有些国家是马具，在更多国家是负担，但又是所有国家都必需的。有时它们的生涯与人民的生涯截然不同，要将这个生涯像写国家历史那样写下来，就像是罗列一个人的武器和衣橱经历的偶然事件，然后将这个清单看作这个人的传记。然而，一个真正高贵而明智的国家，必然有一个高贵而明智的可见政府，因为其智慧最后会产生这个政府。

123. 可见的政府，根据其代理人可分为三种纯粹的形式，也只有三种。

它或者是君主制的，即其权威被赋予一个人；或者是寡头制的，即其权威被赋予少数人；或者是民主制的，即其权威被赋予多数人。

但实际上，这三种形式不仅以各种各样的方式是有限的和混合的，而且在其特征和用途上，也有无限的差异，因此根据不同变体而有特定的名称。由于人们对这些名称完全没有一致的意见，也不是前后一贯地使用这些名称的，所以无论是在思考还是在写作中，现在人们谈到任何类型的政府时，都无法说清楚他是否得到了其他人的了解，而且在听到这些名称时，也无法说清楚他是否理解其含义。因此，我们通常说由一个人控制的正义的政府是君主制的，说由一个人控制的不义的、残暴的政府是僭主制的。如果就真正的政府的神性而言，这样说可能是合理的；但是，把由少数富人控制的政府叫作"寡头制"，而将由少数明智或高贵的人控制的政府叫作"贵族制"，则显而易见是荒谬的，除非人们能证明富有的人绝不会明智，或高贵的人绝不会富有；而且，说因为人的性格、财富或智慧等其他方面的差别（例如，更纯正的血统，或更坚定的目标），会导致政府的权力集中到少数人手里，这就更加荒谬了。所以，我们如果必须给每一个少数人的群体或类型都起个名字，那就太啰嗦了。但正确的名字只有一个，那就是"寡头制"。

124. 另外，"共和制"和"民主制"①这两个术语也很混乱，尤其是在现代用法中；并且它们都容易被人误解。一个共和国，确切地说是这样一种政体，国家全心全意为每一个人服务，而每一个人也全心全意为国家服务（人们很容易忽视后一个条件），但是其政府却可以是寡头制的（例如共同执政官制，或十人委员会制②），或是君主制的（独裁官制③）。但是，民主制意味着，在一个国家中，政府是直接掌握在大多数公民手中的。同时，人们也仅仅是根据个人经

———————————

① 写这段文字时，美国战争正在肆虐，现在我把这些文字一字不动保留下来；然而，这段文字主要是针对北方的；其中如果有什么尖刻的和偏颇的词语需要修改，我会在其他地方修改；这段文字就先保持原貌吧。——1872 版注

② Consular, or decemviral，古罗马共和时期的政体。公元前五世纪平民运动后，贵族承认了平民选举保民官和召开平民大会的权利，后来成了由贵族和平民构成的十人委员会。执政官则指古罗马共和时期的最高行政长官，一般有两名；他们可统帅军队，主持元老院会议。——译者注

③ Dictatorial，源于古罗马的独裁官 dictator。古罗马共和时期的元老院在非常时期可以任命一个人主政，他可不受法律约束，任期不超过六个月；公元前 81 年，苏拉迫使公民大会选举他为终身独裁官，开启了终身独裁官的先河。——译者注

历过的一些偶然特征和表象来判断这两种情况的；有时人们又把这两种情况与无政府状态混淆，就如人们现在谈论"美国共和宪法的失败"时的情形一样，而美国却根本没有宪法这种东西，有的只是对宪法的蔑视；那里不存在 **res-publica（公共事务）**这样的东西，有的只是 **res-privata（私人事务）**；每一个人都是为了他自己而活。现在的美国，失败的不是共和制，而是你们的政治经济学范型在实践中的完美体现。你们在那里可以看到竞争，以及"供需法则"（尤其是纸面上的供需法则）的畅通无阻。[1]贪求财富，信任财富；粗俗地崇拜宏大和众多；除了边远地区居民对"小树林"的自然的信仰[2]——永远都是导致强烈虚荣的自我谋算，全然无视更为优美和高雅的艺术，无视它们教导和赠与的一切。精力充沛的心灵无所事事，渐生愤懑，痴迷不明所以的改变，渴望不知方向的进步[3]——这些就是在美国已经"失败"的事

---

[1] "供给和需求！哎！你们听见哪里有对高贵工作的那种贫乏意义上的'需求'吗？"（《过去与现在》Past and Present）。不，甚至对卑鄙的工作，呼声也并不高涨。见"贝蒂·泰勒的平均所得（Average Earnings of Betty Taylor）"《泰晤士报》1863 年 2 月 4 日："从星期一早上八点工作到星期五下午五点半，赚到了 1 先令 11 便士。"这就是自由放任（Laissez faire）。主张这样废除奴隶制的人，我真是闻所未闻。——1863 版注

[2] "那个神圣的小树林除了木头一无所有。"——1872 年版注（出自贺拉斯《书信集》i,6，31。1863 年罗斯金给其父亲的一封信中解释了"lucum ligna"；"Lucus 尤其指的是神圣的小树林；贺拉斯曾对有道德和信仰的人说——他转过身来，说道：'但是，如果你认为美德不过是个名词，神圣的小树林不过是木头，那你想赚多少钱就能赚多少——*Virtutem verba putas，et lucum ligna*。'"——编者注）

[3] 根据沃尔多·艾默生的说法，埃姆斯说："君主政体是一艘顺利航行的商船，但有时会撞到礁石，沉到海底；而一个共和政体则是一个筏子，从不会沉没，但你的脚却永远在水里。"是的，千真万确；尽管你的筏子不会沉没（因为对海洋来说太过轻贱），但却可能成为碎片，当四种风竞相从四个角落吹来（你是唯一的领航员），把它带走，"有如秋天的北方吹动原野上的蓟丛"（出自《奥德赛》，5，358，见中文版，第 97 页。——译者注）那时就不只是你的脚在水里了。——1863 版注

情，虽然还没有完全失败——只是发生碰撞，尚未坍塌；有记录以来最大的铁路事故当中，大火从锅炉蔓延出来，然后人们像喀提林所说的那样"不是用水，而是用废墟"①灭火。②但在我们关于美国人的讨论当中，我没有看见，在他们的妇女和儿童所认为的正义事业中，他们对目的有持之以恒的决心，并在此过程中表现出足够的正义，也没有看见他们对人们忍受国内悲苦的那种力量有任何评价。有一天，这些忍耐和痛苦会结出果实［然而**不是**奴隶制的废除。见 130节］；而卡莱尔关于他们的预言中（1850 年 6 月），第一条是已经兑现的，最后一条也将兑现：

"美国人也将发现，党团会议、分裂主义者、巡回演说，还有夸夸其谈的演讲，**不会**把人们带向不朽的诸神；华盛顿国会，不顾死活的宪法战斗，就像在这里一样，对于这个目标无济于事，也无能为力；最终，所谓崇高的宪法约定，（随着这些很少有人希望看到的可怕的磨难和苦痛）将需要得到修订、删减、扩充、废止，撕毁，然后又重新拼在一起；有一天，这些必然要经历英勇的奋斗和努力，而不是巡回演说和复兴布道。"③

125.④永远要明白，所有政体中，没有一种，只要它还是政体，应该得到这样的谴责或赞美，或者值得让人们这样

---

① 喀提林（Catiline），古罗马政治家，曾任大法官和非洲总督等职；公元前 61 年因发动政变而战死。——译者注

② "non aquâ, sed ruinâ（不是用水，而是用废墟）"。这是美国人自诩的最严重的毁灭。他们派最善良最诚实的年轻人——哈佛大学学生这样的人，去加入那场可恶的战争，几乎全部战死；然后给他们写出优美的传记（享年 17、18、19 岁）和墓志铭；这样，他们就把这个国家所有的盐从血里洗了出来，任由自己的肉身和纽约的道德腐败。——1872 版注

③ 《当代短论》，第 5 篇：议会（1850 年 6 月 1 日）。——编者注

④ 这一段包含了前文的主旨。——1872 版注

为之奋斗，除非他们是傻瓜。①相反，一切形式的政体，只要必然会制定这样的政策，就是好的政体——**也就是，明智的和善良的人，无论有多少，都应该管理愚昧和奸恶的人**；一切形式的政体，只要不能制定这样的政策，就是邪恶的政体。任何情况下，形式本身都无关紧要，紧要的在于其**坚定**，并适应需要；因为，如果一个国家愚人多而智者少，那么最好还是由少数人来治理；同时如果智者多而愚人少，那么最好还是由多数人来治理；并且，如果多数人是明智的，但有一个更明智，那么最好还是由这一个人来治理；如此等等。如此，我们就可以得到"蚂蚁的共和国，蜜蜂的王国"，对于它们所属的类型来说，它们都是好的；一个是为了不断探索，另一个是为了建造蜂巢。当然也可以有更高贵的形式，如果是为了飞翔的话；这就是公爵君主政体②：

> 有的更聪明些，知道节候，
>
> 成群结队，组成楔形的阵式，
>
> 高飞远走，或超陆，或越海。③

126. 在无论是坚强的还是放荡的低级动物中，我们不必

---

① 参见《岁月》，第158节。——编者注

② 如果你们对这些文章中明显误用的词语感到疑惑，那么请你们打开字典查一查，然后记住我不得不确定的术语，以及原理。一个 Duke 就是"将领（dux）"或"领导者（leader）"，鹳鸟飞行时的楔形队伍就属于"公爵君主政体"——这个 duke 是一个与蜂后截然不同的角色。威尼斯人有一种出色的直觉，用这个名称称呼他们的大海之王。——1872版注

③ 弥尔顿《失乐园》，第7章，第428、429行。——编者注（这两句诗是形容鹰隼和鹳鸟的。这里的译文引自中文版《失乐园》，朱维之译，上海译文出版社，1984年，第272页。——译者注）

期待看到政体的范例。我在瑞士北部见过一种甲虫，它们很好地展现了民主政体的样子，在五月的一个黄昏，它们会通过普选，以及翅鞘的呼啸声发挥这种政体的功能，然后会飞过楚格（Zug）湖；飞不了多远，它们就到了楚格湖的大缺口——甲虫港口（Kanqarou limhn）——占据几平方里格的地方，然后结束这一年的甲虫民主政体。对于暴君政体，青蛙和鹳鸟的古老寓言就与其中一种形式有关；[1]但事实比寓言更能给它形象的说明，因为暴君政体，如果只是统治着懒人，那它就是不彻底的，只有统治着勤劳却盲目的人，它才是彻底的。我发现一部流行的自然历史著作，引用了艾默生·坦南特爵士的《锡兰》[2]中对于鹈鹕和攀鲈的描写，这些描写很接近暴君政体的真相：

"大雨来了，但我们站在一处高地上，看到浅水滩边上有一只鹈鹕正在吞食什么，我们的人跑过去，大声叫道：'鱼，有鱼！'我们匆忙跑了下去，发现小溪里有很多鱼沿着草地奋力往上跳，小溪很浅，是因为雨水流动形成的。溪里的水很少，很难没过鱼身，但它们还是快速冲到溪流外边，我们的同伴就在那里收了大概有两筐的鱼。这些鱼使劲向土

---

[1] 这里指的可能是一个人们熟知的寓言，说一群青蛙想要一个国王，朱庇特先是扔给它们一根木头，但它们抱怨这个主人死气沉沉。然后朱庇特就派给它们一只鹳鸟做国王，这只鹳鸟立刻就把它们吞到肚里。但罗斯金的这个寓言来自真实生活的故事，也就是锡兰的鹳子，但他这里也可能是暗示另一个寓言（《伊索寓言》第 158 则），说一只青蛙和一只老鼠，为一个水注争吵，结果两者都被一只鹳子叼走了。——编者注

[2] 《锡兰岛的物理、历史和地形》（*Ceylon*：*an Account of the Island*，*Physical*，*Historical*，*and Topographical*），第 1 卷，1859 年，第 215—216 页注。作者詹姆斯·艾默生·坦南特爵士（Sir James Emerson Tennent，1804—1869），旅行家、政治家和作家，曾任印度议会秘书（1841—1843）、锡兰殖民政府秘书（1845—1850），贝尔法斯特下院议员，1867 年被封从男爵。——编者注

堆上冲，如果不是前有鹈鹕捕食，后有我们的堵截，它们可能几分钟就会冲到最高点，然后下到另一边的水塘里。然而，在这段路程上，它们必须足够努力，去征服半英里的平地；因为这些地方到处都是从邻近地方赶来喝水的牛和其他野生动物，所以地面上到处都是参差不齐的脚印，周围还有干旱时留下的裂缝，这些鱼在前进途中也会掉进去。这些小坑很深，而且有边上还是垂直的，这些鱼就在那里等死，然后被鹞子和乌鸦衔走。"①

127. 但是，各种政体无论是好是坏，在现代，看起来都有一个普遍的缺点，也就是**成本高昂**。②然而从本质上说，这并非政体或政府的错误。如果国家选择以战争为游戏，它们总会找到乐意主导这种游戏的政府，并很快就变成阿里斯托芬所说的"贩售盾牌者"。而当盾牌变成带有"防御流动之火"的装置的铁船的形式时（犹如"铁砧上的铁"③）——据最近报道，英国造船厂也在甲板上安装这种装置——更是变成了棺材，这棺材对于丧主之潮的灰色舰队来说足够昂贵；棺材上覆盖泡沫，以把死者放在上面带回来；但是，承载尸体的宽厚肩膀本来是用作其他目的的，并且背负活人，以及给活人的食物，如果我们愿意的话。

128. 只要我们让政府**做这种没有回报的工作**，我们就没

---

① 这就是革命前，鹈鹕式国王的暴君政体统治下的法国的完美写照。但是，他们必须找到不同于鹈鹕式国王的国王，毋宁说是有神圣血统的鹈鹕式国王，用他最好的血喂养他们的孩子。——1872版注

② 请仔细阅读从此以下的文字，这里所说的正是当下需要做的事情，现在我也试图在《万福之源》中予以重新定义。——1872版注

③ phm' epi pihmati，德尔斐神谕，铁砧上的铁，比喻恶上加恶。——1872版注

有任何权利抱怨这个政府的昂贵。如果我们当下的政治经济学的信条是正义的，那就让我们最大程度地信任它们；把战争的买卖从政府手中拿走，然后放到供需原则那里进行检验。让我们把未来的围攻塞瓦斯托波尔（Sebastopol）的业务，通过签订合同来完成——不去占领，不出费用——（我承认有时候这样做会更好）；也让我们把对未来战争的需求（还有我们的教区牧师住宅），卖给出价最低的投标人；这样就会得到最便宜的胜利，还有最便宜的神性。另一方面，如果我们非常怀疑我们的科学，以至于不敢在军事或精神的事务上信任它，那么尝试一下，某种权威的处理方式是否不会在功利的事情上取得成功，这难道不是更合理吗？如果我们派遣我们的政府做有用的事情，而不是有害的事情，那么，或许甚至是那些防御装备，也很快变得不那么昂贵。机器，如果用于建造房屋，也许会产生利润，如果用来推倒房屋，仿佛就是不产生利润的。如果我们在造船厂制造船只，是为了运输木材和煤炭而非大炮，考虑的是点燃家庭里用于烹饪的固体火焰，而不是喷射充满敌意的液体火焰，那么它们可能还对税收有些作用。又假如，我们是在陆地上，而非水上载具上做实验，那么政府就会（并非得不到批准）用这些载具为我们运送信件和包裹，更大的包裹也可以及时派送；甚至也可以运输一般的货物，我们为什么不这样做呢？如果花在地方错误和徒劳的私人诉讼上面的钱，花在建造英国铁路上的钱，在适当政府约束下被花在铁路真正该做的工作上，而不是用于荒唐地装饰火车站，那么我们就可能已经拥有了四倍铁路——最后也必然会有的——在每条重要线路上，两倍用于客运，两倍用于货运；而且快捷又安全，有收入不错的检查员看管和养护，而费用却是现在的一半。〔当然，因为铁路公司不过是税收关卡看守人构成的社团，他们把费用设置得尽可能高，却不是为了修补铁路，而是为了装进自己口袋。公众会及时发现这一点，并拆除铁路上的税收关卡，正如拆除公路上的税收关卡。〕①

129. 最后的结果是否应该是这一点，一个工作的政府，开始干真正的工作，就不是一架昂贵的机器，而是一架带来好处的机器？你们的政府，如果被恰当地组织，而不是靠所得税自我维持，是不是会给国民创造出收入红利形式的生活所需？警察和法官，除了有适当的收入之外，所干的工作也比国家现在交给他们的还要少。

一个真正的政府开始干真正的工作！这很难想象，而且更难实现；但是，这并非超出人类的希望或才智。只是你们首先必须稍微变革一下你们的选举制度；不是依靠普遍选举，也不是依靠拿啤酒买来的选票，才能有这样的政府。这就是说，不是依靠普遍的**平等**选举权。每个过了二十岁的人，如果没有犯罪记录，在这件事情上就有发言权；当年龄更大一些，也证明自己更聪明了，就可以发出更大的声音。如果他二十岁时能投一票，到了三十岁时就应该投两票，四十岁时就应该投四票，五十岁时就应该投十票。他一年有一百镑收入时，可以投一票，有一千镑时就应该投十票（前提是你们首先要保证，这笔财富是——就如人性所应当——睿智和勤奋的回报，而不是因为争抢或买彩票时的好运）。因为他所拥有的每一张选票都是他所在行业

---

① 　方括号里面的文字为1872版所加。——编者注

所附带的，所以，当他成为雇主时，他就应该有两张选票；国家所赋予的每一种职位和权威，如果意味着担任者的忠实和智力，那就应该按照众所周知的比例，给予相应数量的选票。但我们现在还无法深入探讨这些事情上的正确制度的细节和运作方式；目前为止，我们关心的只是定义，以及对首要原理的阐述；到我们考察完第 105 节的列表上最后那种形式的政体的性质时，对于我们的目的来说，这些定义和原理会被确立起来——目前为止，我们关心的只是定义，以及对首要原理的阐述；到我们考察完第 105 节的列表上最后那种形式的政体的性质时，对于我们的目的来说，这些定义和原理会被确立起来——那种政体是纯粹"独断的"，如今被人们含糊地称作"奴隶制的"，吸引了充分的注意。

130. 然而，我还没能用清晰的术语确定，反对奴隶制的演说家们是如何理解奴隶制的。[①]如果他们所谓的奴隶制就是一个人对另一个人的囚禁或强制，那么这样的囚禁和强制在许多情况下倒是非常有利的，这样定义的奴隶制本身并没有害处，只有被人滥用时才有害处；也就是，当其被滥用时，不应该成为奴隶的人成了奴隶，不应该成为主人的人成了主人，或者甚至是有做奴隶或主人的性格的人，在不应该成为奴隶或主人的时候成了奴隶或主人。例如，

———————————

① 应当注意到，罗斯金并不是为一般意义的黑人奴隶制辩护（见《岁月》，149 节）。正如他反对"天然平等"这个信条，他认为存在一种"天然的奴隶制"，后文他也提醒读者，既存白人奴隶制，也存黑人奴隶制；他也认为，人们不能在抨击国外的黑人奴隶制的同时在国内纵容经济上的奴役。关于这些观点可见《威尼斯的石头》，第 2 卷；《岁月》，第 105 节；《野橄榄花冠》（*Crown of Wild Olive*），第 119 节；《光辉女神的腰带》（*Cestus of Aglaia*），第 55 节。——编者注

父母与孩子分离，或者丈夫与妻子分离，不应该是奴隶制必要的，也不是可取的条件；但是，战时制度导致这样的分离，而且常常是以一种非常永久的方式，对此人们反对的声音倒并不那么强烈。压迫水手，强征白人青年入伍当兵，或者抓走黑人青年当劳工，根据某些需要或情况，可能都是对的行为，也可能都是错的。不必要地鞭笞一个人肯定是错的，枪杀他也是错的，但有时必须这样做。用鞭子赶一个人去工作，比任其懒惰直至他去抢劫，然后再去鞭笞他，要更好，也更能体现善意。对于所有生物都一样，根本任务是让他们去做正确的事情，至于怎么做——是以利诱惑还是饿其体肤，是苦口婆心还是加以鞭笞——相对而言都不重要。[①]被欺骗就如被鞭笞，或许有损于人的尊严；窃以为，为了帮助许多人，后面这个办法并不是最坏的。在一个号称并非不贤明的君王手里，犹太民族遭遇了鞭打；只是把鞭子换成蝎尾鞭，[②]是不明智的；而这个改变可能在特权方面发生，就如在法律方面会发生一样。因为真正的蝎子鞭是国家的"风流罪过"这种蝎尾鞭，[③]对于这个国家，这些"风流罪过"就像圣约翰的蝗虫——头戴金冠，嘴里有牙，尾上有刺。[④]如果国家生不能忍受雅典娜和

---

① 衷心请求你们允许我再三强调这句话。在教育这个问题上，这是人们最需要深思的一句话。——1872 版注

② 见《列王纪上》12：11——编者注（"我父亲用鞭子责打你们，我要用蝎子鞭责打你们。"指所罗门之子罗波安不听老臣的劝告，虐待他的人民，让一些人有特权奴役另一些人。——译者注）

③ 语出莎士比亚《李尔王》，第 5 幕，第 3 场，第 170—171 行。——编者注（见中文版《莎士比亚全集》，第 5 卷，朱生豪译，人民文学出版社，1994 年，第 545 页："公正的天神使我们的风流罪过（pleasant vices）成为惩罚我们的工具。"——译者注）

④ 见《启示录》9：3—10。译者注

阿波罗的统治——阿波罗放牧不用鞭子，[①]雅典娜最后不在城中角落呼喊——那么继之而来的就是提西福涅[②]的统治，她不放牧，只会残杀。

131. 然而，如果奴隶制并非绝对强制，而是指**用金钱购买强制的权利**，那么这种购买会为了金钱而必然随时把任何一部分领土，从一个君主转移到另一个君主手中；这样的事情在历史上发生得足够频繁，但人们并没有认为这些领土上的居民因此就变成了奴隶。犹如前一种情况，人们这里争论的并非事实本身，而是事情发生的方式。举例来说，假如在大海中央有两个礁岛，有少数居民在上面自在生活，教导和商业的力量都对他们不管不问。后来有两个商人为这两项财产竞价，但要求的条件不同；一个商人要上面的人，然后买下**他们**，让他们在残酷的鞭打下工作；另一个商人要的是礁岛，买下之后把上面的居民推到海里。前者是美国人的奴役方式，后者则是英国人的奴役方式；人们对此说了很多赞成或反对的话，我也希望在适当的时间和地方说说这个事情。[③]

132. 然而，如果奴隶制指的不仅仅是购买强制权利，而

---

① 参见柏拉图《克里底亚篇》，109B："远古的时候，诸神把整个大地划分为若干区域，但没有为此而发生争斗。以为诸神不知道什么是他们自己应得的，或者以为他们虽然知道这一点，但有些神想要通过争斗而攫取属于其他神的东西——这些都是歪曲事实的想象。他们通过公正的抽签划定了各自的领地，但在自己的领地上安顿他们自己的兽类和畜类的时候，他们却没有像牧人对待牛群一样很好地喂养我们。不过，他们不像牧人用鞭子抽打羊群那样用强力来逼迫我们的身体，而是按照生物自己的意向来调节它们的生命进程，用说服的方式控制它们的灵魂，为它们掌舵，从而使整个有生灭的族类活动和前进。"——编者注（引文出自中文版《柏拉图全集》，第3卷，第350页。——译者注）

② 提西福涅（Tisiphone），希腊神话中复仇三女神之一。——译者注

③ 上面这段话很有意义，可用来类比英国和苏格兰的地主们，就是他们把他们的人民从土地上赶走的。——1872 版注

且还包括**用钱购买生灵的身体和灵魂**，那么我认为，这种购买不属于广泛进行的购买黑人种族的那种奴隶制，或者，不是把灵魂从精巧结构中分离出来，以卖出最高的价钱。关于这个部分的研究，我们后面也有机会详细展开，因为在这些出卖灵魂的最恶劣的事例当中，如果我们要问这种出售是否有效，那么大概只有皮浪能给我们答案："没人能知道。"①

133. 事实是，奴隶制根本就不是一种政治体制，而是很大一部分人类**天生的、自然的和永恒的遗传**，对于这部分人，你给予他们越多的自由意志，他们就越是把自己当成奴隶。用通俗的话说，我们懒得细想，因而混淆了囚禁（captivity）和奴役（slavery）。我们总是想着松树树干（住在松树里的爱丽儿）和莲香花（"我要躺在莲香花里"②）之间的区别，或者是扛木头和喝酒之间的区别（凯列班的奴役和自由），而不是注意爱丽儿和凯列班之间更为重要的区别，尤其是没有注意，在实际生活中这些区别是如何发生或缩小的。③

134. ④柏拉图在《国家篇》里所说的奴隶干净整洁，衣

---

① 琉善（Lucian）的对话《出售生活》（*The sale of lives*）。——1872版注（中文版《琉善哲学文选》中译为《出售哲学》，可见《琉善哲学文选》，罗念生、陈洪文、王焕生、冯文华译，商务印书馆，1980年，第78页以下。——译者注）

② 见莎士比亚《暴风雨》第5幕，第1场。——编者注（见中文版《莎士比亚全集》第1卷，朱生豪译，人民文学出版社，1994年，第76页："在一朵莲香花的冠中我躺着休息"。——译者注）

③ 爱丽儿（Ariel）和凯列班（Caliban）是莎士比亚《暴风雨》中的形象。爱丽儿是个精灵，原本是孤岛上女巫西考拉克斯的仆人，但由于本性善良，无法服从邪恶的命令，遭到幽禁，后来被普洛斯彼罗（Prospero）救出，从此为普洛斯彼罗效劳。凯列班则是孤岛上住在松林中的野蛮人，女巫西考拉克斯的孩子，丑陋无比，被普洛斯彼罗囚禁为奴隶，喝酒之后唱出了自由的心声。——译者注

④ 我在正文里引入对《暴风雨》的分析，但它实际上不过是匆忙写成的笔记，也许我根本没时间予以解释。不过我在某些方面进行了一点润色。——1872版注

冠楚楚，渴望得到主人的女儿，与攻击波罗斯彼罗的洞穴的凯列班有一种有趣的相似。在《暴风雨》和《威尼斯商人》这两部作品中都有一种潜在的意义，在前者当中寓指政体，在后者那里寓指商业。米兰达（首先被费迪南称为"精灵"："哦，你是精灵！"）与荷马的阿雷特（Arete）[1] 也有些相似；爱丽儿是忠实的、富有想象力的劳动的精灵，反之，凯列班是反叛的、有害的和奴性的劳动的精灵。波罗斯彼罗（意即"为了希望"）是一个真正的统治者，与西考拉克斯，即奴隶制之母，是相对立的，西考拉克斯的名字意思是"猪和乌鸦"，这一下子就表明了其残忍和可怕；因此就有这么一句诗："我那老娘用**乌鸦毛**从不洁的沼泽上刮下来的毒露……"[2]

莎士比亚的所有这些梦，正如真诚而强健之人的梦，必定是神造的幻象和事物本身的影子。[3]我们几乎不情愿给我们的孩子讲那种没有主旨的寓言，但我们还是认为，神派遣他最好的信使来，只是为了吟唱美妙的故事，迷人却空洞。《暴风雨》正像内蕴丰富的祈祷书中的怪物，"异教徒祈祷时紧握的那本福音书"。[4]在由无知和野蛮暴政压迫的人类早期社会，爱丽儿是宽容而慷慨地为人服务的精灵，这野蛮暴政"像水车轮拍水那样急速地、不断地发出你的呻吟来"，[5]当

---

① 意为德行，见《美诺篇》。——译者注
② 莎士比亚《暴风雨》第1幕，第2场。——编者注（引自中文版《莎士比亚全集》第1卷，第19页——译者注）
③ 出自柏拉图《国家篇》，第7章，532C。——编者注（见中文版《柏拉图全集》，第2卷，第534页："那个从锁链中解脱出来的人，从看阴影转到看投射阴影的影像，再从看影像转到看火光，然后走到地面上来，这时候他还不能直接看动物、植物和阳光，但能看到神造的水中幻影和真实事物的影子。"——译者注）
④ 见济慈《圣爱格尼斯之夜》（The Eve of St Agnes），xxvii。——编者注
⑤ 见中文版《莎士比亚全集》，第1卷，第17页。——译者注

国家这艘大船撞得粉碎时，这呻吟尤为恐怖；所以，"除了水手们之外，所有人都逃出火光融融的船跳入泡沫腾涌的海水中"。①然而，因为在这灾难中蕴含着最真实的平和的意志，还有着和平的甜美，所以爱丽儿才特意放声歌唱："来吧，来到黄沙的海滨，把手儿牵得牢牢，深深地展拜（courtesied）细吻轻轻，叫海水莫起波涛——柔舞翩翩在水面飘扬；可爱的精灵，伴我歌唱。"②（注意，这里说的是"coutesia［展拜］"，而不是"curtsey［屈膝］"），如果你们要领会其中全部的意思，就要"静静"地读，不要"出声"。那时，你就可以迈着轻盈的步伐，甜美的灵魂为你肩负重担——在夜里守望，在清晨呼唤。元素变形过程中，生命（vis viva）流溢而出："五噚的水深处躺着你的父亲，他的骨骼已化成珊瑚。"③此时，劳动之后得到了休息，这个生命"去采集永远为波涛冲打的百慕大群岛上的露珠"，并在"［那些水手们］精疲力竭之后"，"用魔术"让他们昏睡过去。④这生命掠走残忍之人的筵席，而被看作是女妖；但随之而来的是彻底的罪恶，他们看不到任何形态的生命，在他们眼中生命只是"虚空的影像"，但生命依然用嘹亮的音乐歌唱他们虚假而可笑的收获："思想多么自由"；⑤但生命也将他们引向荆棘和污秽之地，让猎狗追赶他们。打击大罪人的命运使者化身为"狂怒的海水和海岸"——插入其中的剑

---

① 见中文版《莎士比亚全集》，第1卷，第15页。——译者注
② 见中文版《莎士比亚全集》，第1卷，第21页。根据中文版有所增加。——译者注
③ 见中文版《莎士比亚全集》，第1卷，第22页。爱丽儿给腓迪南唱的纪念其溺亡父亲的歌。罗斯金引用这句话的意思应该是：珊瑚是有生命的，所以骨骼化成珊瑚就是形容其精神的复活或在腓迪南身上传承。——译者注
④ 见中文版《莎士比亚全集》，第1卷，第16页。——译者注
⑤ 见中文版《莎士比亚全集》，第1卷，第56页。——译者注

无法被拔出："你们的用风、火熔炼的刀剑不能损害我们身上的一根羽毛，正像把我们砍向呼啸的风、刺向分而复合的水波一样，只显得可笑。"①真正的爱的向导和助手，②总是被普洛斯彼罗称作"美好的"（是法语的"fine"，而不是英语中的"fine"），或者"雅致的（delicate）"——解释这个词需要另一个很长的注释。最后，生命的工作完成了，同时把战争消融到元素之中。最后的歌唱"蜜蜂吸吮之处"当中的深意，我会在适当的地方加以解释。

凯列班身上体现的奴役较为明显，现下无需多说：虽然我在其他地方也多有提及——他内心里的奴役在于他的崇拜："那是一位英雄的天神；他还有琼浆玉液。"③在拉丁文中有与埃鲁特里亚（Eleutheria）和为奴者（Douleia）相关联的两个词，"benignus"和"malignus"，④就这两个词所指的意思而言，要注意，凯列班所受的折磨始终是其本性的身体反应，即"抽搐（cramps）"，"叫你的腰像在震动，使你喘得透不过气来；所有的刺猬们将在漫漫的长夜里折磨你，你将要被刺得遍身像蜜蜂窠一般，每刺一下要比蜂刺难受得多。"⑤奴役的全部本质就在于一种抽搐和痴呆的蜷缩

① 见中文版《莎士比亚全集》，第1卷，第60页。爱丽儿对阿隆佐、西巴斯辛和贡柴罗说的话，罗斯金用以阐明贪婪和反叛终究无法战胜理性。——译者注
② 应该指的是米兰达和腓迪南之间的爱情，为了米兰达腓迪南愿意干普洛斯彼罗交给他的苦工，而米兰达不愿腓迪南受苦而帮助他。看到这一幕普洛斯彼罗心里同意了他们的爱情，并说："一段难得的良缘的会合！上天赐福给他们的后裔吧！"（中文版《莎士比亚全集》，第1卷，第51页。）——译者注
③ 莎士比亚《暴风雨》第2幕，第2场。——编者注（见中文版《莎士比亚全集》第1卷，第44页——译者注）
④ 见第101节注。——译者注
⑤ 见中文版《莎士比亚全集》第1卷，第19页。译文根据中文版有所增加。——译者注

（cretinous contraction）。再想象一下爱丽儿被囚禁的样子。你们可以给她戴上镣铐，但无法给她打上烙印；你们可以让她做苦工，可以流放她，但无法让她抽搐。[1]

135. 虽然这只是些前言式的文章，我也应当对奴隶制这个题目进行更详细的论述，如果我想要说的话不算白费的话（我希望不是白费）；我也推荐读者用最严肃的态度读一下卡莱尔的《当代短论》的第一篇——其中关于模范监狱的文章多半被人忽视了，但却是现下非常需要注意的；还有就是关于"永恒"的那个章节（《过去与现在》最后一章的第 5 节）——这些文章总结了过去的国家纪律，而且也预示了，或者确切地说预见了人们应该学习的国民纪律。上面我只是进一步考察了一种普遍的、永恒的奴隶制，这种奴隶制在实践中是有益的，但却被滥用了，也就是让穷人为富人服务。

---

[1] 罗斯金的意思应该是：与凯列班相反，爱丽儿内心有正义的精神，即使身体上遭受囚禁或鞭打，也不会形容猥琐，而能保持精神上的自由和快乐，不会真正变成奴隶。——译者注

第六章　主人

136. 正如前面关于我们课题的所有讨论,[1]在这里我们必须从其最简单的因素研究命令的富人与服从的穷人之间的关系,以便得出其基本原理。

这种关系最简单的情形是这样的:[2]一个聪明而节俭的人工作很多而消费很少,然后有了储备;一个挥霍的人工作很少却消费其所有产品,然后没有储备。若有偶然原因打断日常工作,或者降低其生产效率,那么,懒惰的人就必定要挨饿,或者需要节俭的人的帮助。那个节俭的人拥有了他,因此可以随意处置他,他可以完全拒绝供养他,或者明显是更多出于自己的利益对他说:"我确实会供养你,但你现在应该努力工作,而不是怠惰偷懒,也不能把你省下的东西存贮起来,如你可能做的那样;如果你能自力更生了,**我**会将所有剩余的东西拿走。你不能为自己储存;你现在由我掌控,完全是你自己的错,而我会强迫你工作,否则就让你挨

---

[1] 这一章是发表在《杂志》上的第四篇文章的续篇。当下这一章中包括的那一部分文章有标题:"富有的来源;富有的代价;劳动的运用;富有所需的节制;墓志铭。"——编者注

[2] 在当下这种对一般情况的考察中,我对通常的经济学作了让步,以至于会忽略了所有**无辜的**贫穷。仅在这个地方,我会顺从现代英国的实用思想,也就是假设贫穷始终是有罪的;至于可以设想的例外,我们会在后面考察。——1863 版注

饿；然而，你也能从你的工作中得利，除了每日工作所需的面包；[竞争将决定你能得到多少面包①]。②"这种对待方式在今天变得非常普遍，以至于人们认为，这就是唯一自然的——甚至是唯一可能的——对待方式；而市场工资则被经济学家们冷静地定义为"可维持劳动者生活的金钱总额"。

137. 对这个节俭之人的这种权力形成制约的，唯有有着类似俭朴习惯的邻居的同样的权力，他们会对那个挥霍的劳动者说："我会比他多给你一点，来为我工作吧。"

因此，节俭之人对于短视之人的权力，主要取决于他们的相对人数，其次，取决于当事双方的协议模式。偶然的工资水平是世界上节俭之人和懒惰之人的数量的一个可变函数，也是他们作为阶级的相互敌对关系的可变函数，也是同一阶级的人之间的协议的可变函数。**自始至终，这种权力取决于道德条件。**

138. 假如富人完全是自私的，那么，**始终符合他们利益的情况是：穷人数量应该是他们能够雇用和约束的最大数量**。因为，假定总体人口不超过土地所能轻易维持的数量——两个阶级截然分离——富人有足够的理智和力量保证穷人的服从——那么，如果一个国家十分之九都是穷人，第十个人就可得到那九个人的服务；③但是，如果十分之八是

---

① 在英语，还有希腊语和拉丁语，以及我所知道的强硬措辞中，我都找不到更适合的词表达我对现代那种残忍的白痴理论的鄙夷，即工资是通过竞争而得到衡量的。——1872 版注

② 方括号及其中的文字为 1872 版所加。——编者注

③ 我还没有提到仆人的素质，而这却是问题的关键。你愿意让保罗·委罗内塞给你的天花板作画，还是路对面的水管工？他们所要的钱是一样的；如果有一点差别的话，那就是保罗的要价会少一点，如果你让他有不错的心情的话；只是你首先得认出他来，而这需要眼力。——1863 版注（最后一句中"工业的弊病"原文为 industrial disease，应该指生产体系的弊端，而不必作狭义理解。——译者注）

穷人，那每个富人就能得到四个人的服务；如果有十分之七是穷人，那每个富人能得到二又三分之一个人的服务；如果是十分之六，那就只能得到一个半人的服务；如果是十分之五的话，那就只能得到一个人的服务。但实际上，如果富人始终设法获得对于穷人的更多权力，而不是提高他们的地位，而且另一方面，如果富人的怠慢和压迫让穷人变得越来越凶恶，且数量众多——尽管富人的权力**范围**是增加的——那么这种权力的**期限**（tenure）就越来越得不到保证；直到最后，不平等的程度到了极限，就会发生革命、内战，或者这个国家被另一个更健康、更强大的国家征服，道德上的腐败和产业上的弊端就以这种方式完结。①

139. 然而，事情很少有这么极端。富人中友善的和穷人中聪明的，会调整阶级之间的关系；一方面是提高穷人地位，缓解其贫苦的努力，另一方面是让诚实的苦干得到成功的努力，把社会中的各个等级加以捆绑和混合，导致混乱无序的状态，人们在其中三心二意地履行义务，消极勉强地服从命令，七嘴八舌地指导劳动，这些都是由于日常生活的扭曲。但是，有一个重要法则控制着所有混乱的规划，也就是成功（如果社会是由竞争的法则引导的）**始终意味着对你的邻居的胜利**，因而能够指挥他的工作，并从中获利。**这就是所有巨富的真实来源**。没有人能凭借个人的辛苦变得非常富有。②

---

① 修订时，我对第 137、138、139 节一字未改，但用很多地方用斜体标出：这里阐明的原理至关重要，但人们却知之甚少。——1872 版注（译文中用加粗标注。——译者注）

② 他可以凭借自己的艺术变得富有，但唯一的条件是，这种艺术的产品，或者人们对这产品的看和听，成为争议的话题，因而使艺术家拿产品换回自己所需要的东西时，能够从大众的劳动中抽取很大份额。——1863 版注

<

他双手的工作，如果得到聪明的指导，的确始终可以维持自己及其家庭的生活，并可颐养天年，**但是，只有通过发现某些能够从他人劳动中抽取份额①的方法，他才能变得富裕。②** 他的资本的每一次增加，就能使他更广泛地抽取份额；也就是说，投入更多资金以维持劳动者的生存，因而就是指挥越来越多的劳动，并侵吞这些劳动的收益。

140. 对于侵吞这个问题，人们有很多糊涂的观念。当然，向受雇的人隐瞒这种侵吞，对雇主是有利的；并且为了自己的舒适和得意，他常常渴望对自己隐瞒。对此我有诸多疑惑：在多大程度上，人们在这个问题上习惯使用的这些邪恶而愚蠢的理由，真正的邪恶而愚蠢的信念的表达；或者毋宁说（正如我有时也不得已从它们由以提出的令人恼怒的事实得出这样的结论），这些信念彻头彻尾是虚伪的、蓄意的和恶毒的诡辩，如此精心编造，是为了最终掩盖真正的经济规律和人类未来的责任。举一个简单的例子加以详细完整的推论，我们便可以纠正对于这个论题的所有貌似不容辩驳的歪曲。

141. 让我们想象一个由农民构成的社会，他们生活在一片河岸边的土地上，每隔几年就要面临毁灭性的洪水；每个农民都拥有一块肥沃但危险的土地，面积超过他需要用来满足当下生计的程度。我们进一步假设（这样假设也很有可能是符合正义的），大部分农民懒懒散散，只耕种满足日常吃

---

① "抽取份额"原文为"tax"。——译者注
② 意即，在与他人的交换中得到多于应得的东西，就等于攫取了他人的劳动。——译者注

喝的土地，他们的孩子也是游手好闲，对于河水的上涨不加防范。但其中有一人（为了更清楚一点，我们会说只有一个），精心耕种了他的**所有**土地，让他的孩子们辛勤而健康地劳作；在空闲时间，他和孩子们在河边建了一座壁垒抵御洪水；几年之后，他们的仓库储存了许多食物和衣服，牛棚里有一头健壮的牛，有两堵墙围着田地，可以防御洪灾。

终于有一天，河水涨起来了，冲毁了庄稼，也淹没了麻痹大意的半数农民的房屋，使他们沦为赤贫。自然而然，他们来向那位有远见的农民寻求帮助，他的田地未被冲毁，谷仓盈满。他有权拒绝帮助，没有人能质疑他这个权利。[①]但是，他也可能**不**拒绝；他不是那种乐善好施的人，这样做甚至完全是出于自私和残忍。对他而言，唯一的问题是，他同意提供援助的条件是什么。

142. 显而易见，他的援助不仅仅是出于慈善。如果邻居们一如既往地懒惰，那么要维持他们的生活，不仅要使他自己破产，而且邻居们也要破产。所以，他将要求他们为他工作，以交换他们的给养；并且，无论是出于友善还是残忍，他要求的是他们所有的成果。他们不能再像往常那样在田地里劳动三四个小时，而应该是八到十个小时。[②]但是，他又将怎样运用这些劳动呢？现在，这些人就是他的奴隶，真真正正的奴隶。以挨饿为惩罚，他可以迫使他们这样工作，如

① 注意这一点，保有你工作所得的合法权利，并随意运用这种权利，是所有经济的基石：参照第 2 章末尾。——1872 版注
② 我现在把必要劳动时间规定为一天的三分之一之下而非之上。——1872 版注

果他愿意，也可以不给他们工作，让他们挨饿。他在这两者
之间进行选择的智慧，可以证明他的主人身份，或者作为主
人是否够格。显然，他必须首先暂时派他们去排干洪水，其
次让他们清理他们的田地，重新播种；否则无论如何，这些
人的给养都是不可能有的。这些事情完成之后，虽然他仍然
必须养活他们，但是，假如他让他们给他们自己的土地修建
稳固的壁垒，以防止未来的洪水，同时在更安全的地方重建
房屋，要用他们能找到的最好的材料；他允许他们在工作时
间到远处去取这样的材料。对于预支的这些食物和衣服，他
要以他们的土地作为抵押，然后让他们在适当的时间全部
归还。

143. 我们可以设想，几年之后这个抵押被赎回，债务
也被偿清。那时这个节俭的农民没有损失，**但他也不比之
前更富有，他的操劳也没有什么回报**。但是，他实质上让
他的邻居们变富了：改善了他们的房屋，保全了他们的土
地，从世俗意义上说，他让他们跟自己同等地富有。在
理性的和最终的意义上，他自始至终一直是他们的主人
和王。

144. 下一步我们将描述他可能的行为方式，假设他的
目标是仅仅增加自己的财富。大致上恢复和清理了土地之
后，他仅允许破产的农民在上面修建简陋的小屋，他觉得
给他们挡风遮雨，以让他们健康地工作即可。他们其余的
时间，他首先用来推倒自己原来的房子，重建一所更宽阔
的房子，还要增加许多附属建筑。完成这些之后，他以持
续供应谷物为交换条件，尽可能多地购买邻居们的土地，
只要他认为自己能够管理过来；同时让之前的业主修筑牢

固的围堤，以保护他割让的部分。通过这样的安排，他给一定数量的农民留下的土地刚够维持现有数量的生存；人口增加之后，他便带走多出来的那些，作为自己的奴仆，因为他们无法被削减的地产养活；他雇用其中一些人耕作买来的土地，土地的产出中，只给他们生活必需的部分，而剩下的那一部分，由于他积极细心的监管，将会很多。这样，他就给自己这个王国维持了一群奴仆，还有大量的工人，他教他们学习装饰的艺术。现在，他可以把他的房子装饰得富丽堂皇，庭院也宽敞阔大，餐桌愈加丰盛，家人和随从的生活也富足起来。因此我们就看到，无须滥用权利，贫穷和富有的现象就确立了起来，而这（人们认为是必然的）也伴随着现代文明。在这个地区的一处，我们会看到贫瘠的土地、破败的居所，还有食不果腹的穷人；在另一处，则有井然有序的庄园，衣食无忧的仆人，条件优渥、教育良好的奢侈生活。

145. 我举的两个例子很简单，也有些极端。但是，一切的社会关系，也不过是这两种行为和结果导致的典型后果的扩大而已，虽然运作方式要更加复杂，需要更高明的手段。请注意，我没有说第一种过程是值得推荐的，甚或完全合理的，更没有说第二种是完全错误的。奴仆和艺术家，以及豪华的住所和随从，都有各自的用途、礼节和职能。但我确信，读者应该清楚理解它们的代价是什么，并看到其发生的条件是一定数量的不智的或不幸的人（或者也可能比他们的主人更幸运）服从于我们，对于他们的命运我们有无限的控制权。在永恒的、本质的意义上，"富有"指的就是这个；而且上帝最终会告诉我们，什么时候我们最负盛名的经济学家的那些话是正确的，什么时候我们应当"都知道什么是富有"；①也就是当奴隶主，主宰最远的土地，主宰人们所有的行为和思想。你所雇用的每一个技工都是你真正的仆人：无论远近，都直接服从你的命令，帮助你实现任性的想法——为了约束他的薪水，或者诱惑他的价钱——一切都像在黄金这种伟大的主宰之下那样。制作衣服的衣帽商是仆人，一如给你穿上衣服的侍女（她更是仆人，因为她在服务中用了更多才智）；打磨门板的木匠是仆人，一如开门的侍从也是仆人；供应餐桌的商人是仆人，一如供应商人的劳工和水手也是仆人。为什么要说到这些低级的服务呢？画家和歌唱家（无论是唱音符还是唱旋律），小丑和说书人，道德家、历史家、牧师——只要他们画画，或唱歌，或讲故事，或逗乐，或"执行"他们的仪式，是为了报酬——就此而言，他们都是奴隶；如果只是**为了薪水**而服务，就都是非常卑贱的仆人；他们的职责中包含或能够包含越多的爱和智慧，就越是卑贱，只要他们的职能是完成强大之人的命令和工作，或者逗乐、诱惑和欺骗幼稚之人。

146. 在一定程度上，在这种娱乐和诱惑中，总是存在一种富人对穷人的统治，一如存在穷人对富人的统治。但是，富人统治穷人是普遍的和必然的，这种统治，如果是正直的，就在于从将会不当使用劳动的人那里收取劳动的利润，并且管理这些利润，以在将来为同样一些人或其他人所用；如果是不正直的——在现代这种情况更多——就在于从将会正当使用劳动的人那里收集劳动的利润，并将

---

① 见《给那后来的》前言。——1872 版注

这种侵占为己所用。

147. 对收集和使用财富的各种不同模式的考察，将构成我们后面研究的第三个分支；[1]但这整个论题的关键，都在于清楚理解自私的支出和无私的支出的区别。用简短的话就可以定义无私的支出，不过，对那些不愿意听的人来说，不管用什么推理过程，都很难让他们接受。如果你是个资本家，那么无私的支出不会给**你**产生利益，而是给其他人产生利益；如果你是个消费者，那么无私的支出不会取悦**你**，而是会取悦别人。在进一步阐述上文给出的一般类型之前，我们先举一个特殊的例子。上面所举的那个例子不是我虚构的，真的有一条河，也真的有一些农民，那是懒散而体弱的一个族群，他们居住在，或者说出没于——因为他们更像是幽灵，而不是活生生的人——萨沃伊（Savoy）的阿尔沃（Arve）河畔荆棘丛生的荒凉之地。[2]几年前，一个在日内瓦成立的协会提议给这条河修筑堤坝，如果实施的话，将可以恢复河边的土地；但（撒丁王国）政府拒绝了这项提议。资本家们看到，如果被恢复的土地能归他们所有，这笔花费是可以"产生利益"的。但是，当有望这样获益的提议被拒绝的时候，如果他们坚持一下，并且仅仅以他们花费的回报作为担保，然后贷款给这项工作，也因此避免让整个族群的灵

---

[1]　指的是当时计划的后续研究。——编者注

[2]　1860 年 8 月 6 日罗斯金从洛桑给约翰·布朗博士的一封信中写道："将萨沃伊并入法国将给萨沃伊带来巨大好处。这件事在法国一帮白痴一样的麻木人群当中激起了一些骚动，但法国工程师正在阿尔沃河岸勘测。这条河已经流淌千年，今天在山谷这边，明天在那边。明智而审慎地花上几百万法郎将会给萨沃伊带来几百万英亩最肥沃的土地和健康的空气，而不是瘴气。"关于洪水这个话题也可见《给那后来的》，第 72 节注。——编者注（1858 年撒丁王国和法国缔结反奥军事同盟，约定法国出兵协助撒丁王国把奥地利逐出伦巴第和威尼斯，撒丁王国则将萨沃伊和尼斯割让给法国。——译者注）

魂在瘴气笼罩的沼泽中萎靡下去（就像我假设的那样，他们中间有些人会冒着个人风险把洪水里面的尸体挖出来，而且不指望得到什么报酬），那么这样的支出恰恰就像我们第一个例子中假设的富裕农民使用自己的权力时的支出——这本来是作为国王的恩惠的支出，而不是高利贷者为了收益的支出。

148."这不可能，太荒唐了，乌托邦才有这样的事情！"读到这里的少数读者里面，十个有九个会这样叫嚷。

不，善良的读者，**这**不是乌托邦。如果我们没有见过乌托邦的话，那么我会告诉你们，从坏的一面，而不是好的一面看，乌托邦会是什么样子；人们曾经把钱看得比命还重要，但如果你号召他们成为士兵，说不准某一天一颗子弹会射入他们的心脏，留下妻儿孤苦伶仃，那么为了尊严，他们二话不说就会上战场；但是，如果你请求他们为国家花一百镑而连五镑的利息也得不到，①他们会当面笑话你。

149. 这并不是说，比起其他形式的游戏来，这场决定生杀的游戏最终要付出更高昂的代价。练习步枪确实并非不健

---

① 到这里我还没有触及货币的利息问题（见98节注——编者注），这个问题太复杂，必须留到这部作品适当的地方再讲。利息（排除风险补偿）的定义是："与其力量分离的、已完成劳动的安逸指数。"劳力是被出借的东西：有法国经济学家坚持利息为完全非法，这是错误的，但这个错误也绝不像与其对立的英国和法国经济学家的错误那样荒谬或野蛮，后者的观点被总结在惠威尔博士（Dr. Whewell）的《讲义》的第41页；编者和被引用的作者都没有想到，人们像蚂蚁和老鼠那样为使用而非为高利贷而贮存是十分可能的，甚至是有远见的（按照犹太人的箴言［《箴言》6:8:"懒惰人哪，你去察看蚂蚁的动作，就可得智慧。"——译者注］）；他们为冬夜贮存东西，以期待能分享，而不是出借残渣。萨瓦的松鼠，如果不愿意节约，也会在被雪覆盖的松树枝下安然生存，因为没有人会为坚果给它们付利息。——1863版注（我没有修改这个注释，但如我上文所说，我现在完全支持法国经济学家的话：利息绝对是非法的。——1872版注）

康的消遣，头顶上的羽毛也是一件漂亮的装饰；①但是，学习风琴和动听乐器的指法的时候，有人曾经算过一首序曲的成本吗？在吹出悠扬的笛声时，提泰鲁斯②在沉思什么呢？那颗铅做的种子，③广泛播撒，真正是圆锥形的"狮子牙齿"般的种子——不需要像植物的种子那样考虑在风力中校准——你能从中收获什么呢？④你们会犁过去犁回来吗，而不是这样志愿行军和后退？相比起单纯的有节奏的行军，把犁沟犁得直要更难，不过如此被搅动的尘土会表示更大的感谢。同样，黄金做的杯子送给犁地的好手，从色泽上看更合适（红玉杯子用来盛将其颜色给予地面的酒，⑤可能更适合放在淑女手中，作为步枪比赛的奖品）。或者，设想一下用铁锹进行的一次小小的志愿练习，而不是护城河和胸墙所需要的，或者甚至不是掩埋子弹的果实所需要的练习，接受勒姆瑞斯⑥的尖声责骂：

> 是谁把房屋建得这么糟？⑦

你们是否会在林肯郡的海边建筑更坚固的堤坝？或者是否会

---

① 罗斯金的意思应该是，为了得到羽毛而拿枪把鸟儿打死，实际上是付出了很高的成本，但很少有人计算这个成本。——译者注
② 提泰鲁斯（Tityrus），维吉尔《牧歌》中牧羊人的名字。——译者注
③ 铅做的种子（leaden seed），意为子弹。——译者注
④ 射击时需要考虑风力风向来校准，但植物种子在风中飘荡不需要考虑这些，罗斯金以此寓指，射击游戏和战争成本高昂，但却看不到有什么利润。——译者注
⑤ 见《箴言》23：31—32："酒发红，在杯中闪烁，你不可观看，虽然下咽舒畅，终久是咬你如蛇，刺你如毒蛇。"——编者注
⑥ Lemures，死者之魂。——译者注
⑦ 出自歌德《浮士德》，梅菲斯特埋葬浮士德时鬼魂的歌曲："是谁用的铲和锹，把房屋造得这么糟？"见《浮士德》，绿原译，人民文学出版社，2003年，第435页。——译者注

去索尔威（Solway）挖煤泥，去普林利芒（Plinlimmon）种落叶松——然后等时节到了，生手们去收割和打谷？

"不，在这个先进的时代，我们用蒸汽机收割和打谷。"

我知道，我聪明而节约的朋友们。上帝给你们结实的臂膀让你们赢得面包，而你们却乐意用来打击你们的邻居和来自上帝的甜美歌者①，②然后又请求魔鬼到你们的农场服务：

> 当老老少少们到一起
>
> 在这地狱的节日嬉戏，
>
> 就叫恐怖的妖精去受苦
>
> （他的残渣盛宴刚备好），
>
> 管他晚上吃得饱，早上精神足
>
> 昏暗中他拿枷锁去打谷

---

① 指鸟儿。前面的 arms 一词罗斯金有意用其双关义，既是武器也是臂膀。——译者注

② 试比较乔叟对于鸟儿的感情（从卡那刻的隼到夜莺的歌唱，"献给主的爱"）与通常现代英国人对鸟儿的情感。甚或参照考利的诗——

> 王子的唱诗班如何出色
>
> 他们就居于这树荫之下，
>
> 我们难道无以回报，无所赠与？
>
> 就像其他所有诗人，
>
> 得不到奖赏，他们的辛劳也得不到感恩！
>
> 他们没有成为猎物已算幸运。

是的，这已经是好上加好了，尤其是因为播在路边的种子，已经有教会拨了一部分专用款项加以保护，这笔款项来自全国各教区的教会税。见一位"乡村牧师"的抗议书（《泰晤士报》1862 年 6 月 4 日或 5 日，这封信的日期是 6 月 3 日）："我在法衣室会议（vestry meeting）上听到许多人为了用于清理教堂的几个先令讨价还价"，但我从来没有听说，有人为打中 50 或 100 只乌头花多少钱而表达过什么不满。——1863 版注（如果我们能查明现代战争的最内在的原因，那么我相信人们能发现，这个原因不在于一些国家的贪婪或野心，而仅仅是上层阶级的懒惰。他们无事可做，只能教农民如何自相残杀。——1872 版注）

你用十天劳苦也比不了。[①]

150. 言归正传，我们来把这个例子作更细致的分析。在阿尔沃河畔，克鲁斯和博纳维尔之间的平原上，有一座树木青翠的小山，1860 年，在这座小山上有一个幸福的家庭居住在一所小屋中：男人和妻子、三个孩子，还有他们的祖母。我叫那所房子为"小屋（cottage）"，但事实上，倒不如说是地面上的一个巨大烟囱，底部很宽，所以一家人可以围着火生活；透光的只是一扇破碎的小窗，供人进出是一个关不上的门。我说这个家庭"幸福（well-being）"；至少它

---

① 罗斯金化用了弥尔顿的诗歌《欢乐颂》（*L'Allegro*）中的一段：第 97—109 行。——编者注

（弥尔顿的原诗为：

And young and old come forth to play

On a sunshine holiday,

Till the live-long daylight fail;

Then to the spicy nut-brown ale,

With stories told of many a feat,

How Faery Mab the junkets eat,

She was pinch'd and pull'd she said,

And he by friar's lanthorn led,

Tells how the drudging goblin sweat,

To earn his cream-bowl duly set,

When in one night, ere glimpse of morn,

His shadowy flail hath thresh'd the corn

That ten day-labourers could not end;

罗斯金的改写为：

When young and old come forth to play

On a sulphurous holiday,

Tell how the darkling goblin sweat

(His feast of cinders duly set),

And, belching night, where breathed the morn,

His shadowy flail hath threshed the corn

That ten day-labourers could not end.

可参见中文版《欢乐颂与沉思颂》，赵瑞蕻译，译林出版社，2006 年，第 25 页。——译者注）

充满了希望和欢乐；妻子很健康，孩子们作为萨瓦人来说是很漂亮、很活泼的，但丈夫却年老体弱，因为他白天在威尔基山的峭壁下工作，寒冷的夜里还要忍受门板缝隙进来的寒风。

"他为什么不能给缝隙抹上灰泥呢?"理智的读者会问。这就好像，只有你给你的孩子洗上好几天脸和手之后，他才学会自己洗，而且，如果你不强迫他洗，他就不洗。

151. 我散步的时候经常路过这所小屋，给它修修门窗；有时也送给他们一些酸面包和肉汤，通常，无论是孩子还是老人，都会跟我善良地打个招呼，对我笑一笑；到了今年，打招呼的时候，年长的孩子好像有点不认识我了，而老年妇女则流着泪，因为父亲和母亲都去世了，一个死于疾病，另一个是死于悲伤。碰巧我不是一个人路过这里，同行的还有一个熟练的英国木工；当这些人正在寒冷中奄奄一息的时候，这位木工受人雇用，在两个月期间从早上六点到晚上六点，给伦敦一所豪宅安装墙板。这些墙板用的是橡木，严丝合缝地固定，虽然本不必要这么细致；如果他能抽出三天时间，用适当的力气，用普通的松木，给这户萨沃伊人家钉上门板，是可以救这家人的命的。**他**这样做会得到同样的待遇（我假设那座豪宅的主人为此付给了他同样的薪水，只是这份工没有被他自私地用在自己的墙上），而这两个农民，也许还有他们的孩子，最终能得救。

152. 所以——允许我最后强调这个粗略的结论，并交给读者自己思考——在雇用任何穷人的时候，都有三件事情需要考虑。首先，仅仅雇用他们是不够的。你们首先必须雇用他们生产有用的东西；其次，如果他们可以把好几件东西做得同样好（假设也都同样有用），那么你们必须安排他们去生产那些能让他过上最健康的生活的东西；最后，在生产出来的东西里面，有多少你打算自己拿走，又有多少留给他人，这是个关乎智慧和良心的问题。记住，大量的产品，除非你毁掉，否则**必定**迟早要有剩余的；你们唯一必须决定的问题，不是你将给出去**什么**，而是**什么时候，以什么方式**给出去，以及给**谁**。人类生命的自然法则当然是，一个人应该在年轻的时候为年老时劳动，并储存东西；等老年到来，就应该使用他储存的东西，逐渐减轻自己的劳苦，允许自己心安理得地使用自己的储备；始终要注意留给自己足够多的东西，不管自己活多久都足够用。他已经得到的东西，或者通过轻松悠闲的劳动继续获得的东西，如果是完全超过了自己的需要，他活着的时候就应该善加管理，以看到这些东西在其他人手里重新开始发挥用处；这样，他自己就从其中得到最大的快乐，并且在保管这些东西的时候充分运用自己的睿智。然而，多数人看起来不愿意看到自己的财富再次发挥作用，然后这样对自己说："我确实无法阻止这笔钱最终落到他人手中，也不妨碍他人从中得到好处；不过，至少让我有个好死，不要让我眼睁睁看见他们的满足；愿神慈悲，不要让我看着我的这笔钱产生任何好处。"

153. 假设这种情感是无法克服的，那么对资本家来说，理智地放纵这种情感的最安全的办法是，马上把所有财富都花在自己身上；实际上，这在许多情况下也是最正确、最快活的事情了，如果他有合理的趣味和可敬的爱好的话。然而，无论只是为了他自己，还是经过他人之手，也为了他人，明智生活的法则是，挣钱的人同时也应该是花钱的人，而且在他死之前几乎全花光；所以，作为一个讲究经济之人，他真正的志向应该是，在正确而冷静地计算财富的衰退与生命的衰退之间的比例的时候，①不要富死，而是尽可能穷死。②这个法则——可以束缚空谷之中积累的欲望的翅膀，③在年老时带来平静的拥有和丰硕的成就——也是有益健康的，因为，通过慷慨的礼物，以及当下的帮助和忠告，这条法则立刻就让年轻人敬爱和尊重老年人，因而不会让死者毫无尊严，而是接受生者的恩典。这个法则的主要用处会是（或者将是，因为人们确实能够使他们的理性实现这样的用处），商业上的占有欲，可以有某种程度的节制和权衡。④因为就目前情形而言，一个将饮食和身体上的节制作为自己的义务加以坚持的人，却不会将他在富有上的节制作为心灵的义务加以坚持。他知道，他不应该为了奢侈而浪费他的青

① 见《费内隆生平》："他最深情关切的一直是劳动的农民；他在康布雷的住宅，连同他的书籍和作品，都被大火烧尽，但他平静地接受了这个不幸，并说，他的住宅被烧掉总好过穷苦农民的小屋被烧掉。"（这位十足的好人走得太早了，大众也失去了他的影响力）他的死是一个榜样，意味着他始终知道慷慨与贪婪的区别，既不留下债务，也不留下金钱。——1872 版注（费内隆［Fenelon, 1651—1715］，法国作家，康布雷主教。——译者注）

② "确信贫困的产生更多地在于人们的贪婪，而不是更多地在于个人财产的减少。"柏拉图《法篇》。——作者注（引自中文版《柏拉图全集》，第 3 卷，第 495 页。——译者注）请阅读这句话的上下文，然后再将其与这句话比较："一个人在高贵的事情上花钱，并且只从正义的来源中获取时，这样的人不容易变得极为富有或极端贫困。"——柏拉图《法篇》。（见中文版《柏拉图全集》，第 3 卷，第 501 页："一个在荣耀的事情上花钱，并且只从诚实的来源中获取时，这样的人不容易变得极为富有或极端贫困。"——译者注）

③ "确信贫困的产生更多地在于人们的贪婪，而不是更多地在于个人财产的减少。"读一下这句话的上下文，并与下一句话比较："一个在荣耀的事情上花钱，并且只从诚实的来源中获取时，这样的人不容易变得极为富有或极端贫困。"——1863 版注（这两句话出自柏拉图《法篇》，见中文版《柏拉图全集》，第 3 卷，第 495、501 页。——译者注）

④ 现代贸易招致的愤怒，主要来自这样一种可能，即通过大规模的交易，以及偶然的发现或发明，人们可以一夜暴富。我敢肯定，遏制这种商业彩票的行为，符合每一个国家的最终利益；而且所有这些偶然得来的巨大收益或损失都应该是国家的，而非个人的。但是，一个国家中与商业的努力无关的投机，绝对是十足的罪恶，也是其他无数罪恶的根源。——1863 版注

春和肉身，但他却会为了金钱而浪费他的年龄和灵魂，同时认为自己没有犯错，也不知道智力上的**震颤谵妄**（delirium tremens）乃是一种疾病。但生命的法则是，一个人应该固定自己每年要挣多少钱，正如应该固定每天要吃多少食物；而且，当他达到这个限度时，就应拒绝增加业务，而是把它留给别人，以为更美好的思想获得适当的自由时间。①生意上的暴食要受到怎样的惩罚呢？每年给最豪华的城市住宅的委托人颁发一张健康证明，就会以足够醒目的方式向人展示出来。

154. 当然我知道，现代商人接受这些说法，就如十六世纪活跃的边境骑手听说，边境地区的人们靠铁锹而非马刺谋生才是合适的。但我的任务只是陈述其真实性和必然性；我既不期待现代商人接受这些说法，也不希望边境骑手在我身边。无论如何，这样的时代迟早**将会**到来，即一个国家的商人，应该成为它的交换活动真正的管理者，成为它的搬运工，这个搬运工既是运输者，也是看门人，使所有地方都加入坦率而诚实的交往之中，并且知道他们行会的主人是信使赫尔墨斯，而不是收益的守护者墨丘利。②

155. 最后，我们来讨论愿意接受这种财富的人要立即遵守的规则。

任何族群所面临的困境都在于，他们需要食物、房屋、衣服和燃料。因而，你们雇用任何劳动者生产食物、房屋、衣服或燃料，都永远是没错的；但是，如果你们雇用劳动者却不让他生产任何东西，则**始终**是错误的（那时其他的劳动

① 我希望本段内容能得到最大程度的重视。——1872 版注
② 赫尔墨斯和墨丘利是同一个神在希腊神话和罗马神话中的不同名字，他既是宙斯或朱庇特的信使，也是商人的保护神。——译者注

398

者就必须工作双倍的时间来养活他）；当前，如果你们雇用他（除非他无法干别的工作）生产艺术作品或奢侈品，一般来说也是错误的；因为现代艺术多半建立在错误的基础上，而现代奢侈品的伟大则是有罪的。①

156. 生产更多食物的途径，主要是开垦新的土地，增加运输工具；要打破岩石，交换土壤，排干沼泽，灌溉旱地，整修道路，建造避难港。这样花掉的税款会耗干税款，而花到战争中的税款，则会耗干财源。

157. 建造房屋的途径，首先是把你的力气用到最朴素的居所上。当你们的砖瓦工失了业的时候，不要去新修宽阔的大道，而是要修缮旧路；派你们的铺路工和石板瓦工到最贫穷的村庄，保证你们的穷人住得健康，然后再想着兴修堂皇的大厦。往后的日子里，你会发现这大厦在泥刀之下更加堂皇；但在此时，我们的建造技艺远未精湛，不必急着向后人炫耀。相反，要让装饰议会大厦的劳动，去米德尔赛克斯的乡村填补墙壁和屋顶上的缝隙；我们的助手集合谈事的地方，墙壁要在五百年里都无需灰泥——往后可以有更好的装

① 读者尤其应该注意消费和破坏的各种方式，因为这些正是国家的贫困的真正根源。人们倾向于把每一次交换都称作"支出（expenditure）"，但是，只有消费才是支出。富有阶级的大量购买行为不过是未被使用过的财物的互换，对于国家的繁荣毫无作用。对于国家来说，一个瓷罐是否值一百镑是无所谓的，结果不过是，A有了罐子而B有了英镑，或者A有了英镑而B有了罐子。但是，如果罐子很漂亮，而A或B把它打碎了，这是国家的损失，而不会是其他损失。所以，当这个损失真实发生了，无论转移给谁，都不能抹除这个现实。在公众思想中有一个极其荒谬的看法，就是认为否认债务就是消除债务。如果一项债务被否认了，那是贷方的损失，而非借方的损失，仅此而已；而这个损失却是真真切切、永永远远的损失。美国人借来钱是用于炸掉自己的房子。他们已经否认了自己三分之一的债务，因为黄金上涨了百分之五十；而且他们可能还要否认掉全部。但他们的损失一点没少，并且不可挽回；实施爆炸花掉的是一定数量的人类勤劳，还有一定数量的被炸掉的货物。荣誉只决定谁来偿还这些损失，而不决定是偿还，还是不偿还。偿还是必定要偿还的，而且一分不少。——1863版注

饰，现在还是先谈事吧。甚至抚摸我们脚踏实地修建的教堂的时候，我们不妨记住，在教堂设计的鼎盛时期，石匠们称自己是"上帝的地主（logeurs du bon Dieu）"；因为，根据最可信的记载，上帝在小屋的时间与在教堂的时间一样多，或许他还更喜欢住在小屋里。

158. 得到更多衣服，不，得到更多棉花的途径必然是这样的。下面这些话是二十年前写的，[①]如果人们能及时记住，我们中间许多人就不必冻得瑟瑟发抖了。我们是不是应该再读一遍呢？

"看起来大陆的人民正在进口我们的机器，开始纺棉花，为他们自己制造；然后把我们挤出这个市场，然后又挤出那个市场！这消息着实让人难过，但也无可挽回——这还不是最让人难过的消息。最让人难过的消息是，我们会看到我们的国运，正如我有时听有人说，依赖于便宜出售加工过的棉花，1埃尔便宜1法新。[②]一个伟大的国家，眼界竟然如此狭隘！如果是废除了所有谷物法，我以为，这个国家连这个眼界也保持不住。

"朋友们，假如我们摆脱这种眼界，假如我们真诚放弃这个眼界，并且说：'这就是我们棉花的最低价，眼下而言，我们不想让棉花更便宜。你的肺里充满棉花绒毛，心里充满绿矾烟气，充满愤怒和狂暴，变成欧洲的侏儒，变成汽灯的奴隶，你还能让棉花更便宜吗？'——一个国家，如果不能低价

---

① 《过去和现在》，第3编，第9章。过去二十年——到现在是二十六年了——思考这些话，不由得认为，卡莱尔的这些话是整个英国唯一诚挚的、有用的话，虽然自始至终听起来都是徒劳的！见《万福之源》，第10封信。——1872版注
② 埃尔（ell），长度单位，相当于45英寸或115厘米。——译者注

抛售，让其他国家都穷途末路，就死不瞑目，那么我是崇拜它的。兄弟们，我们要停止贱卖，我们甘愿卖一样的价钱；我们很高兴这样做！我看不到贱卖有什么好处。棉布已经到了两便士一码，甚至更便宜；然而，我们中间从来没有这么多人赤裸后背。愿那些聪明人不要再想方设法让棉花的成本更便宜，而是让他们有个小小的发明，能让棉花以现在这么便宜的价格，更公平地分配在我们中间。让聪明的人想想，这个宇宙的秘密……是否就在于赚钱……如果'赚不到钱'，就觉得如同生活在地狱一般，那么我不认为有哪个天堂适合这样一个人……简言之，这部'财神福音'说的都是供应需求、竞争、**自由放任**，后来者遭殃"，（卡莱尔先生，倒不如是先来者，对吗？）"开始成为有史以来人们宣扬的最卑鄙的福音书"。

159. 生产更多燃料的途径，首先是安装更多柱子，使你们的煤矿更安全，然后派你们所有的罪犯到里面工作；并且，如果（如人们希望的那样）你们成功地减少了这个类型的劳动者的供应，那么再想想有什么办法，首先栽培树林，让它们改善气候；其次，砍掉现在使土地肥沃的大陆变得道路堵塞、空气有毒的森林，把它们用作生火的木柴——这样就同时主宰了朝着冰原和阳光的地方。你们最终会发现，你们的蒸汽动力就是用来干这些工作的，而不是用于短途旅行的火车，冒着让劳动者永远失去气息的风险，给他片刻的喘息，让他离开各个城市，那里的气息已经被挤压成一团一团，充满了腐烂的味道。当你们知道如何建设城市，如何治理城市的时候，你们就能够扩大那里的街道，而所谓"短途旅行"会成为午后在城市周围田野里的散步或游戏。

160. "但这些工作毫无回报吗？"

不，这些工作的回报，不过是除去你们房间的灰尘，或者洗净你们的门阶。它会有回报的，但首先不是以通货的形式，而是作为通货之目的和来源的东西——生命；往后将会有丰富的通货。它的回报还是比生命更多的东西——光明，其真正价格至今没有以任何通货的方式得到计算；所有的财富，都必定要以这样或那样的方式融入这个形象之中。因为，你们的富有必定要么是像闪电，

> 生于一团乌云中，
> 虽光彩明亮，声若洪钟，
> 但刚刚出现，就化作暴烈的激流；
> 它金光闪耀之处，便灼伤土地——①

要么是作为神圣符号的闪电，在天空中从这处照到那处。你们没有其他选择，必须要么把尘土当作神，把幽灵当作财产，把禁锢的梦想当作生命，并将希伯来人这句关于经济的伟大的赞美诗颠倒过来当作墓志铭（《诗篇》112）："他集聚钱财，剥削贫穷，他的罪孽存到永远"；要么有公义的日头照在你们身上，②有善的真正实体在你的财产之中，有生命的纯洁法律和自由在你心中，让人们在你的墓碑上写下这句更好的文字：

"他施舍钱财，周济贫穷。他的仁义存到永远。"③

---

① 源自亚伯拉罕·考利《片段》（*Fragments*），论"生命的短暂和财富的虚幻"。——编者注（考利，Abraham Cowley，1618—1667，玄学派诗人。——译者注）
② 《玛拉基书》4:2；参见《给那后来的》，第 44 节。——编者注
③ 《哥林多后书》19:9，引自《诗篇》112:9。——编者注

附 录

我把一些注释集中到书末，它们不适合包含在正文当中，而且作为脚注也会干扰读者对主要论点的注意。然而，这些注释包括了我希望能够在自己的其他书中参考，或者已经参考的几个说法，所以我觉得将它们保留住是比较合适的。

附录 1[①]

最伟大的经济学家都反对"自由放任"的学说，换言之，他们是在宣扬德行，而古往今来最聪明的人将这些德行分为以下几种：审慎（Prudence）或明辨（Discretion）（正确地辨别和采纳的精神）；正义（Justice）（正确地统治和分配的精神）；刚毅（Fortitude）（正确地坚持和忍耐的精神）；节制（Temperance）（正确地停止和拒绝的精神）。这几种基本的、守卫的德行，不仅是保护和延长生命自身的手段，而且也是生命的物质手段的主要卫士和来源，是经济的统治力量和王子。所以，一个国家有多少正义之人，就有多少避免内战和外战的力量。如果有足够多的人得到培养，谨遵正义的原则，那么所有争端都可以和平化解；而不义之人只能凭

---

① 见正文第 8 节。——译者注

借暴力解决争端，所以其数量越多，就越是必然导致战争。无论这种不义表现为主宰的欲望、拒绝服从主宰、对领土和金钱的贪欲，还是仅仅表现为反复无常的情感和放纵的意志，其结果在经济上都是一样的，即，除了战争所导致的物质和精神上的毁灭之外，还要损失因压制不义而耗费的力量和生命。英国早期的内战，以及美国正在进行的内战，[①]就是一些奇特的例子，前者发生在君主政体之下，后者发生在共和政体之下，但它们都是缺乏以正义为原则的教育在很多国家产生的结果。但事实证明，单纯是对因信仰和慈善等内在德行的缺乏而导致的猜疑的担心，便常常是与战争本身一样的巨大损失。法国和英国的相互惧怕，每年要让各自耗费大约一千五百万英镑，这还不包括因商业的各种瘫痪带来的损失；这笔钱是花在了毁灭的工具上，而非生产的工具上。从本质上说，英国和法国没有理由相互敌对，一如英格兰和苏格兰之间，或者兰开夏郡和约克郡之间不应该有敌对；比之古代切维特山（Cheviots）两侧的对战和劫掠，或者英国用红白玫瑰的茎秆为自己编织带刺王冠的行为，现在英吉利海峡两岸相互的恐惧更加不必要、不经济，也不高尚。

附录 2[②]

书中有些段落，现今在文明上最先进的一些国家至少会

[①] 写于 1862 年。我几乎没有想到，接下来我修改字体的时候，最能说明这句话的"正在进行"的战争，竟然在极乐世界（Elysian Fields）发生在法国人之间。——1872 版注（这里指的是巴黎公社运动；"极乐世界"位于香榭丽舍大街。——译者注）

[②] 见正文第 34 节。——译者注

将某个部分理解为对最终真理的表达，但它们很多地方跟讨论偶像崇拜的那些段落遭遇的曲解一样大。因为那里所抨击的偶像既不是雕像，也不是对雕像的敬拜，而只是用一种关于善的"幻象（Eidolon）"、幽灵或想象，代替真正的、永久的善——从给予生命的最高级的活生生的善，到辅助它的最低级的物质的善。造物主，以及被造物（据说他在创造中"看见是好的"①），因其永恒的善，而被指定要永远"受崇拜"，也就是说，造物主从内心赋予它们善和价值；但偶像崇拜的范围，却扩展到拒绝任何或所有这些善和价值的程度，"称恶为善，称善为恶"，②认苦为甜，认甜为苦。③因为在这拒绝和替代当中，我们违背了所有忠诚中首要的那种忠诚，就是拒绝生命的固定律法，代之以相反的忠诚，以满足我们自己对善的想象的需要，这不是家园的律法，而是坟墓的律法（不然就被叫做"错过标记"的律法，我们将其转译为"罪恶的律法"④）；这"两个主人"之间，我们必须选择为其中一个服务，他们一个是上帝，另一个是玛门，⑤这个玛门，虽然我们仅将其视为金钱的力量，其实是错误的和痴妄的欲望的大恶灵，或者是"作为偶像崇拜的贪婪"。所以，破坏偶像——打碎**形象**——是容易的，但偶像是无法被打碎的，它必须被抛弃；做到这一点，或劝人做到这一点，则是不容易的。因为人们愿意相信一个形象的脆弱，却不愿相信想象的虚空。

------

① 见《创世记》1:31。——编者注
② 《以赛亚书》5:20。——编者注
③ 参看《潘泰列克山的犁》第四讲的结尾。——1863 版注
④ 见《罗马书》7:23；《马太福音》6:24；《歌罗西书》3:5。——编者注
⑤ 关于玛门崇拜这个问题，可见《岁月》，第 59 节。——编者注

附录 3[①]

我没有试图借助其他作家的权威而支持书中的立场；确实，如果有人把这些权威恰当地收录在一起，我也就根本没必要自己写了。即使卡莱尔的《旧衣新裁》（*Sartor Resartus*）、《过去和现在》和《当代短论》这三本书，对这个题目也都偶有论及，里面需要说的都说了，而且比我再说一遍要好很多。但是，当前公众的习惯是，凡事都要求得到广泛讨论，大声强调，说上一百遍，他们才会听；人们曾厌恶我这些文章，仿佛它们说了些大胆而新颖的东西，但里面的主张，没有一个其真实性不是很久以来就被最聪明的人知道的，不是被最雄辩的人宣扬的。从今往后，我最大的乐事，会是［我曾写成"将"；也有一个条件从句——但我现在到了这个年纪，只有一个想法］收集这些人的言论，而不是把它们添加到我自己的言论里；这里马上就可以举出贺拉斯的几句诗，对于正文中一些段落的主旨，它们已经表达得很清楚了：

> Si quis emat citharas, emptas comportet in unum,
>
> Nec studio citharae nec Musae deditus ulli;
>
> Si scalpra et formas non sutor; nautica vela,
>
> Aversus mercaturis, delirus et amens

---

① 见第 37 节。——译者注

Undique dicatur merito. Quî discrepat istis

Qui nummos aurumque recondit，nescius uti

Compositis，metuensque velut contingere sacrum?

[如果有人买了琴，还收藏了一堆，

但他从来没弹过，也不喜欢音乐；

或者他不是鞋匠，却收藏了许多锥子和楦子，

或者他没心思进行海上冒险，却买了很多船帆；

所有人都要叫他疯子，而且是名副其实。

但是，储藏钱币和金子的人跟他有什么区别呢?

他们只管得到这些东西，却不懂怎么用。]①

　　或许色诺芬的说法也值得引用在这里，他比所有英国人说得更清楚，因为希腊文里表达财富的词一般是"可用的东西"，这比英语更有力。

　　[我略去了希腊文，因为我不想费事纠正变音符号，而且一看到变音符号就头疼；这里我尽我所能译成英文：

　　若是这样的话，那结论就是，所有东西只有在那些知道怎么用的人那里才是财产；就如笛子，对于吹得好的人来说是财产，对于不知道怎么吹的人来说就不是财产，除非他能用这笛子换回有利的东西……因为如果这些笛子没有被卖出去，它们就不是财产（对其他东西也没有用），但是如果被卖出去，就成了财产。对此苏格拉底回答说："只有当他知道怎么卖出去的时候，它们才是财产，因为如果他卖给了同

---

① 《讽刺诗》，ii. 3，104。——编者注（见中文版《贺拉斯诗全集》上册，第 515 页。——译者注）

样不懂吹笛子的人，这些笛子仍旧不是财产。"]①

附录 4②

　　这里，读者会在"政府"这个观念中包括任何执行部门，或者是任何私人构成的团体，他们被委托以管理与其个人利益并无直接关系的公共利益的实际权力。在理论上讨论对政治经济学的立法干预时，人们通常，当然也是不必要地假设，政府必须是我们习惯看到的那种形式，拥有我们习惯看到的那种力量——它的滥用从来不会更少，其智慧不会更大，其权力也不会更多。但实际上，多数文明国家的习俗是这样的，每个人都会在事情有利于个人好处的时候反对政府的干预，而当不利的时候又要求政府的干预。曼彻斯特经济学家们要求政府供应棉花（当时的供需体系令人悲哀地无法满足这些讲究科学的人的期待），便是一个非常贴切的例子。人们希望，有必要让范围更小、强度更大的苦难，而且也是无辜之人的苦难存在，这样，国家，或者局部地区就会被迫反问自己，为什么自称已经能够管理自身军事和宗教方面事务的一群人，不应该被允许，甚或被要求，在紧急时刻为生活和防务供应一定的物资，同时，如果可以的话（我认为，甚至是**当然**），为什么不保障身体和精神上的食粮的纯洁？既然已经为军队的通行修建了许多道路，为什么不可以为粮

---

①　《经济论》（*Economist*），i.10—12。——编者注（引自中文版《经济论・雅典的收入》，张伯健、陆大年译，商务印书馆，1961 年，第 3 页。——译者注）
②　见第 40 节。——译者注

食运输修建几条道路；同时，在掌声中为公众规划了各种神学指导的方案之后，为什么不可以进一步为他们身体上的营养规划一些办法呢？或者从本能上来说，灵魂是否比肉体更不可信，灵魂上必要的立法，是否不适用于肉体？

附录 5[①]

我曾与自己争辩，是否要为荷马写一个更长的注释，就是考察尤利西斯的海难，以及他借助那里的冷杉从卡律布狄斯手里逃脱，这些事情的象征意义；但因为我不得不进一步探讨琉喀忒亚[②]的面纱这个美妙的神话，也不愿意因为匆忙叙述而毁掉这个神话，所以就留待以后再去考察。这篇文章发表三天之后，我注意到有评论家惯于助人为乐，通过纠缠一个疏忽（如他们所想象），努力要把整个问题重新搞得混乱不清。[③]说到喀耳刻的药术和海伦的草药园（试比较《奥德赛》中两者的关系，xvii., 473, 等等）的时候，我也省略了关于"Ingron（有毒的）"一词的注释，这个注释本可以进一步说明喀耳刻的能力的本质。不过，我们不要对这些神话中的细微之处想得太多，从整体上说要注意，甚至在非常

---

① 参见第 93 节。——译者注
② 琉喀忒亚（Leucothea），海中女神，《奥德赛》里波塞冬将奥德修斯（尤利西斯）的船击碎后，她搭救了奥德修斯。——译者注
③ 这里指的是 1862 年 12 月 6 日的《每周评论》（*Weekly Review*）上的一篇文章，作者说："罗斯金先生在生长在卡律布狄斯的漩涡上面的无花果中，发现了与福音书中的无花果相似的道德象征。然而我们记得，尤利西斯是通过抓着这棵无花果树才逃脱最大危险的，因而我们反对将它看作是受了诅咒的。"——编者注（见第 93 节。——译者注）

简单的寓言中，人们也并不始终能够轻易对它们的每个部分都给出毫无争议的解释。我想起了几年前参加的一些博学之士的聚会，他们自娱自乐地解释起了败家子这个寓言①（到那个时候，解释一直很顺畅），我无意间问道，谁是不败家的儿子呢，人们能从**他**身上学到什么呢？这个问题让他们大感扫兴。发起聚会的神学家莫利纽克斯先生（Mr. Molyneux）最后向我解释说，不败家的儿子不过是个配角，为的是起到戏剧性的效果，让故事更有趣一点而已，人们不需要注意他。然而，即使不承认荷马写尤利西斯的最后一次逃脱，仅仅是为了让他的故事有趣一点，但有一点是真的，即所有希腊神话都是有许多相反的光和影的；它们就像猫眼石一样多变，借反射光看是一种颜色，借透射光看又是另一种颜色。但这些神话却因此而是货真价实的珠宝，在会用它们的人眼里，充满着高贵的魅力，而对那些不会用它们的人来说，我愿意重复四年前我在《两条路》（*Two Paths*）的附录中所说的话：②

"人们很难看透一个伟大思想家的全部用意，在猜测他的意图时，我们可能不断犯一些或大或小的错误；但是，真正的、严重的，可能也是无法理解和难以饶恕的错误是，有傻瓜认为，这个思想家根本**没有**什么意图。"

---

① Prodigal 词源上来自拉丁文 prodigus，由两部分合成，pro（在前面）和 agere（拉动、推动），意为被诱惑驱动而花钱。但很有意思的是，英语中还有一个与它拼写很相近的词 prodigy，意为天才、神童，不过这个词是源自中古法语。关于这个词的来源可见 Eric Partridge, *Origins: Short Etymological Dictionary of Modern English*, London: Routledge & Kegan Paul Ltd., 1966. 另外，《圣经》中有一个非常著名的浪子回头的故事，见《路加福音》15。——译者注

② 附录 1。——编者注

附录 6[①]

　　词语的源流就像河流的源流一样;[②]远在群山之间,河流有一个真正的,通常也是细小的源头,人们难以相信,也很难发现它;因而,一个词从发源到被使用的过程中,吸收了来自其他来源的其他词语的力量,然后成为另一个截然不同的词——而且经过交叉之后,常常变成不止一个词——就像许多河水那样,有时既甜又苦。我们英文中"charity"这个词的力量,依赖于与拉丁文"carus"[③]一词中 c 的发音相混淆的"charis"[④]一词中的喉音;从那之后,经过整个中世纪,这两种观念也就合而为一了,也都与圣保罗所说的agaph[⑤]一词相混淆,后者在所有方面都表达了一种不同的观念;我们的"charity"不仅毫无保留地引入了"施舍(almsgiving)"这个完全外来的意思,而且丢掉了"满足(contentment)"这个根本意思,最终在偏离福音书里的赐福(benedictions)所指的"charis"的过程中,丢掉的意思就更多了。确实,因为我们继承了美好的基督精神,它承认自己期待其创立者的恩惠或 charity,但它自己并没有足够的恩惠或 charity,以阻止它在六便士的交易中坑害朋友;再有,这种精神从晚上到早晨都祈求宽恕自己的债,但到了中午却过去掐住同为仆人的人，说不仅"你把所欠的还我"，①还要"把你**不曾**欠我的还我"。

确实，我们有时别致地戴着奥菲利娅的芸香，也叫它"礼拜天的慈悲草（Herb o'grace o'Sundays）"。②可是又从捐赠里取走安慰，说："看，他所借出的，必要被偿还。"③这话听起来很受用，也正好用来与古老王族的慷慨施惠形成对照：

> 谁的快乐最多，唯有我知，
> 当她恩赐，并说："收下吧。"④

近来，我们只听到太多人说"普施恩惠"，隐含的意味并不仅仅是非难"普施"，而且还要非难"恩惠"。一定程度上，我们成功地迫使穷人相信，接受〔恩惠〕是丢脸的事情，而且也可能轻易说服不少富人认为，给予是丢脸的事情。但是，在一个伟大的国家中，政治经济让给予和接受都成为体面的事情；而且，对于"施比受更为有福"⑤这句话，真正的宗教的政治经济不会将其解释为，为今世屈辱的自私，许诺以来世的回报，而是解释为，赐予我们甜美和善良的本性的誓约，不会在赐予时使人受辱。

1871 年 10 月 5 日，科尼斯顿，布兰特伍德

---

① 见《马太福音》18:28："那仆人出来，遇见他的一个同伴欠他十两银子，便揪着他，掐住他的喉咙，说：'你把所欠的还我！'"——编者注
② 《哈姆莱特》第 4 幕，第 5 场。——编者注（见《莎士比亚全集》，第 5 卷，朱生豪译，人民文学出版社，1994 年，第 387 页。——译者注）
③ 见《箴言》19:17。——编者注（罗斯金没有照搬《圣经》原文："怜悯贫穷的，就是借给耶和华，他的善行，耶和华必偿还。"——译者注）
④ 《玫瑰传奇》，1142。——编者注
⑤ 《使徒行传》20:35。——编者注

图书在版编目(CIP)数据

永久的欢乐：罗斯金政治经济学三论 / (英) 约翰·罗斯金著 ；董志刚译. -- 上海 ：上海三联书店，2025. 4. -- ISBN 978-7-5426-8688-6

Ⅰ. F095.614

中国国家版本馆 CIP 数据核字第 2024JV9096 号

永久的欢乐:罗斯金政治经济学三论

著　　者 /［英］约翰·罗斯金
译　　者 / 董志刚
责任编辑 / 苗苏以
装帧设计 / 陈岚圆
监　　制 / 姚　军
责任校对 / 王凌霄

出版发行 / 上海三联书店
　　　　　(200041)中国上海市静安区威海路 755 号 30 楼
邮　　箱 / sdxsanlian@sina.com
联系电话 / 编辑部：021 - 22895517
　　　　　发行部：021 - 22895559
印　　刷 / 上海雅昌艺术印刷有限公司

版　　次 / 2025 年 4 月第 1 版
印　　次 / 2025 年 4 月第 1 次印刷
开　　本 / 889mm×1194mm　1/32
字　　数 / 300 千字
印　　张 / 14
书　　号 / ISBN 978 - 7 - 5426 - 8688 - 6/F·932
定　　价 / 129.00 元

敬启读者,如发现本书有印装质量问题,请与印刷厂联系 021 - 68798999